KB273441

메리토크라시

미래 사회와 우리의 교육 ❷

일러두기

• 이 책은 국립국어원 한글맞춤법을 따랐으며, 외국의 인명과 지명을 비롯한 고유명사는 외래어표기법에 맞추어 한글로 옮겼습니다. 다만 국내에서 이미 굳어진 몇몇 인명과 지명은 익숙한 표기를 썼습니다.

행복한북클럽
Happy Bookclub

메리토크라시

모두를 위한 21세기 실천 교육

미래 사회와 우리의 교육 ❷

이영달 지음

행복한북클럽
Happy Bookclub

우종수 박사 현 대구경북과학기술원DGIST 이사장, 전 포스코교육재단 이사장

한국 교육은 우리를 현재의 성공으로 이끈 가장 큰 원동력이었지만 미래로의 발전에는 가장 큰 걸림돌이 될 가능성이 높다. 국가 주도의 획일화된 교육정책, 주입식 교육, 객관식 시험, 과도한 대학 입시 경쟁 등의 결과가 우리가 겪는 많은 사회적 병리현상의 근본 원인이 되고 있다. 지금 가장 필요한 것이 교육 혁신이란 점에서 이영달 박사의 이 책은 아주 시의적절하다. 교육정책을 만드는 사람들은 초등에서 고등교육까지, 생생한 경험과 방대한 이론을 바탕으로 한 저자의 혜안을 필히 숙고했으면 좋겠다. 이 책이 열정과 인내의 가치관을 바탕으로 자율과 책임, 그리고 다양성을 지향하는 교육 혁신으로 나아가는 계기가 되기 바란다.

한정화 박사 현 아산나눔재단 이사장, 전 중소기업청장, 전 한양대 경영대학 학장, 전 한양대 기획처장

경영학자의 시각으로 유아 및 초중등 교육부터 대학과 기업 교육 영역까지, 한국 교육만이 아닌 미국, 중국, 일본, 영국과 유럽 등 전 세계적 교육의 문제를 살핀 역작이다. 정의와 불공정 사회를 말하는 마이클 샌델, 경제적 불평등을 이야기하는 토마 피케티, 글로벌 세계를 말하는 토머스 프리드먼이 제기한 문제들에 '모두를 위한 21세기 실천 교육'이라는 유효한 대안으로 답하고 있다.

국양 박사 현 대구경북과학기술원DGIST 총장, 전 삼성미래기술육성재단 이사장, 전 서울대연구처장

교육 때문에 우리는 더 이상 도약할 수 없다고 걱정하는 사람이 많다. 저자는 현 상황을 정확히 분석하고, 이를 타개할 교육 방법을 방대한 자료를 근거로 정확히 제시하고 있다. 이 책을 읽은 많은 독자들의 의지가 모여 우리 교육을 새로 시작하는 힘이 되었으면 하는 바람이다.

바꾸어야 할 것을 바꿀 수 있는 용기

"주여. 우리가 바꿀 수 없는 것을 평온하게 받아들이는 은혜와 바꾸어야 할 것을 바꾸는 용기, 그리고 이 둘을 분별하는 지혜를 우리에게 허락하소서."

이 구절은 신학자인 라인홀트 니버Karl Paul Reinhold Niebuhr가 쓴 〈평온을 비는 기도Serenity Prayer〉의 일부다. 종교를 떠나 누구에게나 통찰과 지혜를 주는 기도문이다.

이를 한국의 미래 교육에 대입해서 생각해본다면, 바꿀 수 없는 것은 무엇이고, 또 바꾸어야 할 것은 무엇일까?

입시를 위한 교육, 시험을 위한 교육에서 벗어나 한 사람, 한 사람 각자의 행복한 삶을 위한 교육으로 바뀌어야 한다는 것, 그 방향에 대해 부인하거나 부정하는 사람은 없을 것이다. 그런데도 한국 교육에 근본적인 변화가 일어나지 않는, 또는 변화를 만들어내지 못하는 이유는 또 무엇일까?

정부 주도의 경직된 대학 입시 제도는 한국 교육이 미래로 나아가는 데 발목을 잡는 근본 원인이자 핵심이다. 대학 입시 제도의 혁신이 없는 교육 혁신은 모두 허상이고 구호에 지나지 않는다고 해도 과언이 아닐 것이다.

지금의 기업 세계와 산업은 그야말로 '창조적 혁신creative innovation; something new'의 대 전장과 같다. 기업들도 과거에는 주어진 과업에 충실한 '표준화된 인력'으로 더 싸게, 더 낫게, 그리고 더 빠르게 비즈니스를 펼쳐 성공했지만, 그와 같은 '생산적 혁신productive innovation; something better'을 통한 성공 방정식은 더 이상 유효하지 않다. 우리는 이제 새로운 기술, 새로운 지식, 새로운 비즈니스 모델, 새로운 조직의 운영 형태를 통해 기존 산업의 질서와 그 판을 송두리째 바꾸어버리는 '와해적 혁신disruptive innovation'이 일상화되는 환경 가운데 살아가고 있다. 이런 상황에서 '줄 세우기'식 교육을 잉태하는 현재의 대학 입시 제도는 기업과 산업의 경쟁력은 물론 국가의 경쟁력까지 저하시키는 문제로 이어진다.

한 사람의 창조적 혁신 역량은 성인이 되기 전, 즉 초중등 교육과정에서 대부분 결정된다는 것이 이미 과학적으로 증명되었다. 다양한 실험적 경험과 도전을 통해 한 사람의 잠재성이 극대화되어야 할 시점에 우리의 아동과 청소년 학생들은 일찌감치 '표준화의 함정'에 깊게 빠져 다른 생각이나 다른 시도는 해볼 엄두조차 내지 못한 채 성인이 되고, 노동시장에 진입한다. '창조적 혁신의 전장'에서 경쟁력이 없을 수밖에 없다. 따라서 이제 우리의 교육은 유치원이든 초등학교 이든 중고등학교와 대학교이든, 더 나아가 기업 현장이든 간에, 정해진 질서에 순응하는 사람을 양성하는 교육이 아니라 한 사람, 한 사람 각자가 자신의 꿈을 꾸게 하고, 그 꿈을 이루게 하며, 각자의 잠재력과 가능성의 한계를 넘어서게 하는 '변혁적 교육transformative education'으로 나아가야 한다.

과학기술의 발달과 지속적인 혁신은 이제 교육 영역에서도 예외 없이 전개되고 있다. 타 산업에서 이미 검증된 기술들이 교육 산업으로 넘어와 '교육기술Ed-Tech'로 새롭게 거듭나고 있다. 그리고 학교 교육과 기업 교육 모두를 관통하는 교육기술의 핵심 키워드는 '개인화된 학습personalized learning'과 '클라우드 인프라cloud infrastructure'다. 이 두 키워드에 기반한 교육활동이 아니라면, 여전히 20세기식 교육활동을 하고 있는 것이다. 반면 '모두를 위한 21세기 실천교육'은 '변혁적 교육'이라는 기본적인 방향 아래, 교육기술을 적극 활용하여 '전인적 인재개발holistic talent development'을 향해 나아가는 여정이다. 한 사람, 한 사람에게 숨어 있는 잠재성을 찾고, 여기에 감성지능emotional intelligence과 직업적 지능occupational intelligence을 더하여 자기주도적 삶을 살아갈 수 있도록 힘을 불어넣는 교육이다.

한편 지금은 기업과 대학 간 교육의 경계도 허물어지고 있다. 기업은 대학화되어가고, 대학은 기업화되고 있다. 기업교육과 대학교육 모두 혁신에 혁신을 거듭하고 있으며, 혁신 엘리트에 의한 새로운 엘리트주의가 만들어지고 있다. 이제는 사회와 기업 세계의 질서 역시

'열심히 하는 시대'에서 '스마트하게 잘하는 시대'로 바뀌고 있으며, 수평적 협력과 개방형 혁신도 일상화되고 있다.

이런 상황에서 국가도, 기업도, 인재 개발talent development에 실패하면 경쟁력을 잃어간다. 사회적으로 불평등 구조가 고착화될 수 있다. 기업의 글로벌 경쟁 환경은 그야말로 인재 전쟁이라 해도 과언이 아니다. 미국에서 태어나지도 않고, 자국에서 대학까지 모두 마친 상태에서 대학원과정으로 유학한 이민자들이 세계적인 미국 기업의 CEO 자리에 올라 혁신을 주도하고 있기도 하다. 교육 경쟁력이 탁월하다고 하는 싱가포르에서는 국립대학이나 공립고등학교의 리더십 지위에 국적이나 민족적 배경에 따른 자격요건의 제한이 없다. 그 결과 외국인들이 총장과 교장이 되어 일한다. 그것도 임기가 따로 정해지지 않은 종신직으로 말이다.

"인간 경험의 지속적인 미스터리 중 하나는 우리 삶에 형태를 부여한 가치, 사고 방식, 자아 개념 및 인도하는 이상에서 중대한 변화를 겪을 수 있는 능력이다. 음악 속 숭고한 아름다움의 만남에 감동하고, 외국으로 이주한 후 새로운 삶의 방식에 몰입하고, 소설 속 인물의 용기에서 영감을 얻거나, 신뢰할 수 있는 선생님의 모범에 이끌린 우리는 우리 자신을 위해 새로운 길을 택하기로 결정했다. 그 길은 얼마 전에는 예측할 수 없거나 기대할 수 없는 것처럼 보였다. 우리는 이러한 경험을 '변혁적'이라고 부르며, 그들이 우리를 만든 사람에 대한 감사와 그들 내면의 모호함에 약간의 경외심을 가지고 종종 그들을 되돌아본다."

위의 글은 교육이론을 다루는 학술 저널 《Educational Theory》의 2020년 11월 '변혁적 교육' 특별호의 서두에 기술된 내용이다.

다시 물어보자. 한국의 대학 입시 제도와 입시 교육은 바꿀 수 없는 것에 해당하는가, 아니면 바꾸어야 할 것에 해당하는가? 답은 당연히 바꾸어야 할 것이고, 바꿀 수 있는 사안이라는 것이다. 그렇다면 이제 우리에게 필요한 것은 바꾸어야 할 것을 바꾸어내는 용기와 실천하는 행동이다.

또한 한국의 미래 교육과 관련해서는 정부의 역할이 매우 중요하다. 바꿀 수 없는 것이 무엇인지 파악하고, 바꾸어야 할 것들에 대해서는 담대하게 행동하며, 이 둘을 분별할 수 있는 정부와 국가의 리더십이 필요하다. 수학능력시험 한 번으로 대학 입시 결과가 결정되는 단순한 접근법으로는 교육 공정성이 담보되지 않는다. 국가가, 그리고 정부가 국민의 교육을 통한 기회 추구를 제약하고 있는 것은 아닌지 진지하게 묻고 답하는 성찰의 시간이 필요하다.

이 책(2권)은 '실력과 매력이 학력과 재력을 이기는 시대'를 말하고 있다. 그리고 이렇게 변화되는 시대에 필요한 '모두를 위한 21세기 실천 교육'을 이야기하고 있다. 사람을 평가하는 교육이 아닌, 사람을 세우는 교육을 이야기하고 있다.

함께 사람을 세우는 여정을 떠나보자.

2021년 8월

이영달

차례

1장

기업대학

The Future Society and Our Education

전통적 대학 vs. 기업대학

2020년 8월 주요 미디어 채널을 통해 구글이 전통적인 대학의 4년 학사 학위 교육과정을 대체할 수 있는 6개월 기간의 단기 과정을 제공하는 계획을 실행한다는 뉴스가 소개되었다. 정확한 소요 비용이 공식적으로 알려진 건 아니지만 관련 미디어들의 추정에 의하면 300달러 수준이 될 것이라 예상하고 있다.[1] 구글 버전의 기업대학 탄생을 예고하고 있다.

이 소식이 전해지자, 미국의 사립대학 관계자들 사이에서는, "드디어 올 것이 왔다"라는 탄식을 주고받았다고 한다.

뉴욕 일대에서 구글대학Google University의 출현은 이미 예상되던 내용이었다. 구글이 뉴욕 첼시에 대규모 조직 기반의 활동 여건을 갖추면서 중요하게 착수했던 사항 중 하나가 교육이었다. 특히 코넬대 공과대학을 자사 첼시 캠퍼스에 입주시키면서 공동 연구개발 및 인력 양성 활동을 함께 펼쳤다. 그리고 코넬대가 루스벨트아일랜드에 뉴욕시 캠퍼스를 설립하는 과정에 구글은 컨소시엄(협력 공동체) 파트너로 참여하여 지금까지 함께 활동하고 있다.

미국 내 구글의 사업장 위치를 보면 대체적으로 혁신적인 대학 캠퍼스 인근에 자리하고 있다. 보스턴 사업장은 MIT 캠퍼스와 마주하고 있다. 이는 스탠퍼드대학교를 기반으로 창업한 배경, 사업의 범주 등의 관점에서 대학과 연구개발 및 인력 양성을 함께하기 위한 목적이라고 할 수 있다. 최근까지 구글이 기술과 인재를 수급하는 전형적인 방식이라 할 수 있다.

구글이 이번에 소개한 학사 학위를 대체할 구글 커리어 인증Google Career Certificates[2] 프로그램은 구글의 이전 교육 활동과는 다른 접근법을 취하고 있는 것으로 확인된다. 기존처럼 구글 내부에 필요한 인력 확보 차원의 목적 외에 그 시선을 외부로 향하며 산업 내 구글 인재 풀의 규모와 활동 범주를 확대하기 위한 목적으로 추정된다. 구글의 기업 대상 사업이 비즈니스 도메인에서 확대됨에 따라 고객 기업에 종사하는 인력들이 구글의 솔루션이나 플랫폼을 전문적으로 이해하는 것이 매우 중요한 전략 포인트로 대두되었다. 특히 클라우드 서비스가 확대되면서, 각 기업에 종사하는 IT 및 디지털 그리고 데이터 관련 인력들이 구글의 솔루션과 플랫폼에 대한 전문적인 이해를 갖는 것은 구글의 사업을 확대하는 데 매우 중요한 사항으로 강조되는 흐름이다.

즉, 구글의 학사 학위 대체 교육과정을 단지 교육 및 사회 혁신의 시각과 목적만으로 해석해서는 안 된다는 것을 의미한다. 기본적으로 자사의 사업 확장 목적의 한 접근법으로 이해하는 것이 더 현실적이다.

교육과 산업 사이에 시장 실패가 존재하는 만큼 이를 해결할 수 있는 대안을 제시한다는 관점에서 사회적인 주목과 지지를 받고 있다. 구글이 제공하는 학사과정 대체 교육의 본질을 이해하기 위해서는 사회와 산업에서 유의미성을 평가받으며, 이를 통해 자사의 지속 가능성을 확보하는 차원 높은 비즈니스 전략 전개 방식으로 해석하는 것이 도움이 된다. 기업들이 인재 양성, 전문 인력 확보 등을 대학에 의존하지 않는 이른바, 기업들의 대학 통과Passing Universities 현상이 확산되고 있다. 이러한 현상은 또한 거래 비용 이론transaction cost theory •으로 명료하게 설명된다. 대학이 혁신 활동에 필요한 양적·질적 측면에서 인력을 원활하게 공급해주지 못함에 따라 기업은 인재 확보에 어려움을 겪게 되었고, 그 결과 운영의 불확실성이 증가되었다. 이는 총량 거래 비용의 증가로 귀결된다. 따라서 기업은 대학의 교육 기능을 거래(시장 기반의 역할 분담)하는 관계에 의존하지 않고, 내부화시키는 전략적 의사 결정을 하게 된다. 기업 입장에서는 운영의 불확실성을 줄이거나 제거하는 합리적이고 유효한 방향 설정인 셈이다.

혁신 기업들은 연구개발을 위해 이제 더 이상 대학을 찾지 않는다. 앞장에서 설명한 바와 같이 대학이 생산하는 지식과 기술이 상업적 측면에서는 분명한 한계를 보이고, 의학이나 생명과학 등 일부 분야

• 어떠한 재화 또는 서비스 등을 거래하는 데 수반되는 거래 비용에 기초하여 기업의 외적 시장에서 거래할 것인지 내적 거래를 할 것인지 그 효용성을 비교 판단해 그 결과에 따라 기업의 범주와 경계가 설정된다는 경제학 이론.

를 제외하고는 특히 디지털 산업의 경우 산업과 기업 부문에서 대학에 새로운 기술과 지식을 이전해주어야 하는 역전reverse 현상이 발생했기 때문이다. 이제 기업과 산업이 대학의 지식 수요자라는 등식은 성립하지 않는다.

컴퓨터 과학, 데이터 과학Data Science, 소프트웨어 공학Software Engineering, UXUser Experience, 사용자의 경험/UIUser Interface, 사용 방식 디자인 등 디지털 영역은 대학이 산업의 혁신과 변화를 쫓지 못하는 게 현실이다. 연구개발의 인풋Input과 아웃풋Output 모두 기업 부문이 대학 부문을 압도하고 있다. 관련 분야에서 박사 학위를 받은 고급 인재들은 대학에서 교수로 활동하기보다 기업 연구원과 엔지니어로 일하기를 원한다. 컴퓨터 과학 분야의 경우 박사 학위 취득자의 약 80퍼센트가 곧장 기업으로 향하고, 소득도 대학에 종사하는 것의 두 배 이상 높은 것으로 나타났다. 연구 활동 기반 여건도 대학보다 기업 부문이 우위에 있다. 이로 인해 대학의 연구 역량은 기업 부문과 비교할 때 상대적으로 취약한 자원과 낮은 역량 수준으로, 혁신의 성과 격차는 계속 커지고 있다. 바이오 과학 분야에서도 이러한 흐름이 형성되고 있다.

대학과 기업 간 기술과 지식 생산력의 격차로 인한 '역전 현상'은 전문적인 교육 부문에도 지대한 영향을 주고 있다. 기업 부문은 고도의 자체 연구 역량을 기반으로 전문 인력을 양성할 수 있는 자원과 역량 모두를 더 강화하며, 그 지위가 갈수록 공고해지는 데 반해 대학의 경우 산업의 변화와 속도 모두를 쫓아가지 못하게 된 것이다. 즉, 대학의 연구 역량의 상대적 취약성이 교육 품질에도 영향을 미쳐, 대학을 졸업한 인력들의 직무 역량이 산업과 기업의 기대 수준을 충족시키지 못하고 있는 실정이다. 그러자 기업들은 대학에서 인력을 공급 받은 후 재교육을 통해 실무에 투입시켜야 하는 전통적 방식에 대한 문제 인식을 갖게 되었다. 시간과 비용 투입 측면에서 생산적이지도 합리적이지도 않다는 결론에 이르게 된 것이다.

기업들은 대학 교육의 시장 실패가 발생하는 현상을 냉정하게 바라보며 새로운 대안을 적극적으로 찾기 시작했다. 인재 양성과 확보 문제를 더는 대학에 의존하지 않고, 기업대학 모델을 통해 스스로 해결하는 방법을 모색한 것이다. 또 혁신 대기업이 이끄는 혁신 생태계에 참여하는 기업들도 우산 효과를 볼 수 있다는 측면에서 이에 동참하고 있다. 혁신 대기업의 전문 교육 역량과 교육 품질 보증 시스템이 대학보다 우수하기 때문이다. 이미 IT 및 디지털 산업에서 특정 대학 졸업장 및 학사 학위보다 구글이나 마이크로소프트 같은 혁신 대기업이 발행하는 수료증Certificates이 구인, 구직 과정 그리고 경력 관리 모두에 있어 직무 역량 수준을 판단하는 데 더 유효하게 기능하고 있다. 오히려 업계에서는 국가 자격증보다 더 객관적으로 평가받는 경우가 많을 정도다.

구글은 자사 교육을 통한 수료증이 대학의 학사 학위를 대체할 수 있는 객관성을 확보하자, 이를 다른 대규모 기업에도 함께 활용할 것을 독려하고 있다. 이러한 구글의 노력에 동조하며 인텔Intel, 인도에서 두 번째로 큰 기업인 IT 서비스 업체인 인포시스Infosys, 미국의 통신사 스프린트Sprint 같은 정보통신기술ICT, Information and Communication Technologies 대기업, 뱅크오브아메리카Bank of America, 피앤씨뱅크PNC Bank 같은 대형 시중 은행, 월마트Walmart, 베스트바이Best Buy 같은 초대형 유통 기업 등이 이 대열에 공식 합류해 '구글 커리어 수료증=4년제 대학 학사 학위'라는 새로운 인정 시스템을 만들고 있다[3]. 구글의 기업대학이 산업과 시장으로부터 교육 전문성을 객관적 인정받고 있는 것으로 해석할 수 있다. 현재는 이를 통해 규모의 경제가 이루어져 인재 양성을 위한 교육과 기업 활동의 지속 가능성을 담보하기 위한 기본적인 시스템을 확보한 것으로 평가하고 있다.

구글대학 모델은 기업대학의 3세대 모델에 해당한다. 기업대학의 역사는 사실 전통적 대학과 크게 차이 나지 않는다. 기업대학의 효시는 1919년 설립된 제너럴모터스 엔지니어링 및 경영 연구소General Motors Engineering and Management Institute라고 할 수 있다. 이 기관은 현재 케터링대학Kettering University이라는 일반대학으로 전환되었다. 하지만 여전히 기업대학의 정체성을 지니고 있다.

기업대학의 모델이 본격적으로 확산되는 1세대 모델로는 맥도널드에서 설립한 햄버거대학Hamburger University을 들 수 있다. 맥도널드 매장에서 일하는 파트타임 근로자 등 주로 현장 근로자들을 체계적으로 교육시키고, 훈련시키는 종합 품질 관리 목적에서 설립되어 운영되었다. 1961년 설립되어 반세기가 넘는 시간 동안 높은 수준의 교육 전문성을 축적했으며, 맥도널드가 사업을 전개하고 있는 주요 국가에 대체로 현지 캠퍼스를 운영하고 있다. 현재는 외부인에게도 개방하며, 기존 대학과 연계하여 학사과정도 제공한다.

세계 최초 사내 대학이자 GE 리더십 양성의 산실인 GE 크로톤빌GE Crotonville, 디즈니대학Disney University, 모토로라대학Motorola University 등이 1세대 모델의 추가적인 대표 사례다.

1990년대에 절정을 이룬 1세대 기업대학 모델은 1990년대 초 약 1,600여 개와 미국에서 가장 오래된 경제 전문지《포춘Fortune》에서 선정한 500대 기업의 40퍼센트가 운영할 정도로 당시 혁신적인 인재 양성을 위한 방법이었다. 1990년대 후반에는 '포춘 500대 기업'의 80퍼센트가 운영하는 수준인 약 2,400개에 이르게 되었다[4]. 닉슨과 헬름스Nixon&Helms, 2002의 연구에 의하면, 1세대 기업대학 모델은 '포춘 500'에 속한 기업 중 약 89퍼센트가 내부 임직원 교육 훈련 목적의 기업대학을 설립한 것으로 조사되었다.

2세대 기업대학의 대표적 모델은 애플대학Apple University, 2008이다. 애플이 갖는 고유의 철학과 방법론을 내재화하기 위해 설립한 기업대학이다. 1세대 모델과의 차이점은 유명 대학교수를 적극 활용하여 회사 내부의 임직원들과 함께 애플 고유의 페다고지를 개발하고, 이를 적용하는 접근법을 취했다는 점이다. 1세대 모델이 개별 기업 고유의 역량과 자원에 중심을 두고 개발했다면, 2세대 모델은 기업이 주도권을 가지고 전통적인 대학과 협력 관계를 맺으면서 개별 기업 고유의 교육과정을 만들었다. 애플의 교육과정은 외부에 공개되지 않고 있는데,《뉴욕타임스The New York Times》에 부분적으로 소개된 내용을 보면, 애플 고유의 커뮤니케이션 방법, 프로젝트 관리법, 공급망 관리법, 애플식 제품 개발 방법론 등을 교육과정에서 제공하는 것으로 파악된다.[5] 현재는 협력 업체 관계자들까지도 교육 대상으로 포함하고 있으며, 상하이시에 중국 캠퍼스를 운영하고 있다.

같은 시기에 설립된 에이티앤드티대학AT&T University도 2세대 모델에 해당한다. 특히 5G 관련 기술 및 사업 개발 교육은 미국 내 최고 수준의 교육과정 중 하나로 꼽힌다. 지금은 교육 전용 애플리케이션을 만들어 모바일 교육까지 확대 제공하고 있다. 이와 같은 2세대 모델 기업대학은 양적으로 계속 팽창해 4,000여 개에 이르게 되었다.[6]

3세대 기업대학 모델은 유데미Udemy, 15만 5,000개 이상의 강좌와 수많은 수강생이 있는 개방형 온라인 학습 플랫폼, 코세라Coursera, 온라인 공개 강좌의 선두주자로 온라인 학습 플랫폼, 유다시티Udacity, 온라인 공개 수업 업계에서 선택과 집중 마케팅을 제일 잘 펼치고 있는 기업 등 오픈 러닝 플랫폼Open Learning Platform 서비스를 제공하는 기업대학이다. 3세대 모델의 두드러진 특징은 우선 대학 학점으로 인정되거나 대체된다는 것이다. 이로 인해 부분적으로는 전통적 대학과 경쟁 또는 대체 관계의 구도가 형성되기도 한다. 두 번째는 산업 수요가 높은 영역을 중심으로 현장 전문가가 교수자가 되어 매우 밀도 높은 교육을 다수에게 제공한다. 마지막으로 교육기술Ed-Techs이 본격적으로 활용되기 때문에 단위당 교육 원가를 대폭 낮출 수 있다는 장점이 있다.

학점으로 인정되거나 대체되는 나노학위 또는 마이크로학위로 불리는 주요 교육과정들은 다음 상황에서 더욱 두드러진다. 교육 수요가 높음에도 불구하고, 전문 교수자가 부족하거나 대학이 미처 제공하지 못하는 인공지능, 데이터 과학, 컴퓨터 과학, 바이오 과학 등의 영역에서 나노학위와 마이크로학위로 대체되는 흐름이 만들어지고 있다. 이러한 면에서 고등교육 비즈니스를 하는 기업대학은 전통적인 대학보다 앞선 행보를 보이고 있다. 구글의 '6개월 학사 학위 대체 교육과정' 역시 3세대 기업대학 모델에 해당한다.

4세대 기업대학 모델은 한국에 거의 소개되지 않은 내용으로 인공지능 기술을 활용한 채용 연계형 교육Al-guided Learning Programs이다. 이를 가장 먼저 도입하고 있는 기업은 JP모건 체이스다. 세계에서 가장 큰 금융 기업으로 종사하는 임직원 수만 약 25만 명에 이르며, 이중 기술인력 비중은 약 60퍼센트 정도다. 이 거대 조직에서는 직무 적합도가 높은 직원을 채용하고, 기초 교육을 행한 후 일선에 배치하는 일련의 활동에 많은 비용과 시간 그리고 에너지를 소비하고 있다. 이를 현저하게 줄여 효율을 높이고, 생산성을 극대화하기 위한 차원에서 JP모건 체이스에서는 인공지능 기반 학습 프로그램을 개발했다.

먼저 기업은 인공지능 플랫폼을 통해 회사에서 채용해야 할 인력 수요 5년치 정도를 전망한다. 그리고 이러한 정보를 구직자 및 현재의 학생들에게 제공한다. 구직자 및 학생들은 각자 관심 직무를 파악하고, 자신이 희망하는 특정 직무를 선택하면 인공지능 플랫폼에 의해 먼저 개인별 직무 역량 기초 테스트를 받는다. 그러고 나면 이 결과를 토대로 해당 직무를 수행하기 위한 교육과정이 학생 개인별로 맞춤 제공된다.

구직자나 학생들은 AI가 안내해주는 역량 대시보드Competency Dashboard를 통해 어떻게 자신의 역량이 개발되고 있는지 실시간으로 확인할 수 있다. 또한 학습 대시보드Learning Dashboard에 따라 기업 내부 교육 프로그램 학습과 교육과정을 이수하면 별도의 채용 절차 및 연수 과정 없이 취업해 바로 직무를 수행할 수 있도록 구조화되어 있다. 기업 내부 교육 프로그램과 인턴십이 필수 교육과정으로 들어가 있어 자연스럽게 채용 절차를 밟게 되는 효과가 있기 때문이다.

이를 위해 기업의 인공지능 플랫폼은 '직무 소요 – 대학 교과(강의계

획서) – 외부 비학위 교육과정(주로 오픈 러닝 플랫폼) – 기업 내부 교육 프로그램 – 인턴십 – 학습자' 관계가 실시간으로 연결될 수 있도록 기술적으로 뒷받침해준다. 특히 학사 학위 과정 이수가 필수 요건이 아니기 때문에 구직자 및 학생들은 대학의 정규 교과 학점 이수보다 이디엑스MicroBachelors® Programs for Undergraduate Education, 이하 edX 같은 무료 오픈 러닝 플랫폼을 이용한 학습, 그리고 기업에서 제공하는 자체 교육 프로그램을 이수하기만 하면 된다. 이러한 새로운 방식으로 구직자 및 학생들은 준비하는 단계에서부터 실제 취업에 이르는 소요 기간과 비용을 대폭 줄일 수 있다.

또한 기업 내부에는 박사 학위 수준에 준하는 수준까지 사내 전문 교육 프로그램이 후속적으로 제공된다. '대학 졸업장(학사 학위)' 없이 세계 최대 금융사에 취업하고, 그 이후에 제공되는 체계적인 역량 계발 프로그램을 통해 세계적 수준의 전문가로 성장할 수 있다. JP모건 체이스에서 일정한 경력을 축적하면 학위 없이도 이직 등이 가능하다. 그래서 전통적인 대학에 다니는 대신 JP모건 체이스 교육 프로그램을 이수하기 위한 지원자의 수가 대폭 증가하고 있다. 취업은 물론이고, 금융사관학교, 금융기술사관학교의 명성을 가진 JP모건 체이스의 프로그램 이수 경력이 대학에서 학사 학위를 받는 것보다 업계에서 더 유효한 평가를 받는 흐름 때문인 것으로 보인다.

이러한 채용 연계형 교육 프로그램은 현재 아마존, 마이크로소프트 등 주요 혁신 대기업으로 빠르게 확산되고 있다. 혁신 대기업들이 학사 학위를 입사 지원 자격 요건으로 요구하지 않는 흐름의 확산에는 이와 같은 4세대형 기업대학 모델이 있기 때문이다. 심지어 사립대학 학생들이 중퇴하고, 기업대학 혹은 이에 준하는 기업 교육 플랫폼으로 이동하는 현상이 벌어지고 있다. 이는 일반 사립대학 학생들의 이탈을 예고하는 것으로 보인다.

5세대 기업대학 모델은 행동에 의한 학습Learning by Doing 및 학습에 의한 행동Doing by Learning이 교차 실현되는 모델이다. 업무 활동 자체가 학습으로 이어지는 형태다. 최근 실리콘밸리와 뉴욕 일대에는 개방형 혁신 플랫폼open innovation platform들이 대거 등장하고 있다. 대표적인 기업으로는 실리콘밸리에 소재한 팰로 앨토 리서치 센터(이하 PARC)가 있다. 이 기업은 세계적 수준의 박사급 연구원 200여 명이 종사하면서 여러 기업들의 원천 기술을 발명하고, 개발하는 프로젝트를 수행한다. 이때 의뢰한 기업과 연구개발을 진행하는 전문 기업 관계자 등이 함께 참여한다. 그리고 이 과정에서 상호 학습이 이루어지고, 인적 교류도 활발히 일어난다. 이 과정을 통해 상당한 지식이 새롭게 생산됨으로 참여 인력들 역시 해당 분야의 세계 정상급 전문가 반열에 오르게 된다.

PARC 외에도 뇌 연구 및 바이오 과학 분야에서 탁월한 업적을 만들어내는 앨런인스티튜트Allen Institute, 하이테크 분야는 싱귤래리티대학 등이 5세대, 즉 미래형 기업대학 모델에 해당한다고 할 수 있다.

더 나아가 기존 혁신 기업이 대학의 장점과 강점을 내부화시키면서 대학 같은 기업도 나타나고 있다. 구글, 분석용 소프트웨어 기업인 SAS 같은 기업이 대표적 사례다. 즉, 기존 대학이 강점으로 지니고 있던 기초 탐구 및 연구 활동 영역을 비즈니스 맥락으로 다루는 연구개발 전문 회사가 등장하고, 기존 기업들이 대학이 지닌 고유한 문화를 자신들의 연구 및 혁신 활동에 접목하는 기업의 대학화 현상이 나타난 것이다.

교육기술의 발달로 기업대학은 1, 2세대 모델과 같이 기업 내부 임직원의 교육 훈련 목적에 그치지 않고, 적극적으로 기업 외부를 향하면서 전통적인 대학들의 지위를 빠르게 잠식하고 있다. 교육기술을 적극 활용하여 학습자의 목적에 각각 부합하도록 개인화 관점에서 교육 서비스를 제공하고 있기 때문에 가능한 일이다. 교육기술을 대학보다 더 잘 다루고, 그 기반 자체가 유연한 관계로 민첩성과 효율성이 탁월하다. 그리고 소요 비용과 학습 기간의 관점에서 생산성은 전통적 대학과 견줄 수 없을 정도로 비교 우위에 있다. 무엇보다 학습 과정을 거친 후 해당 기업에 고용될 수 있는 가능성이 있기에 학습자의 참여와 몰입도가 높아 학습 효과는 물론 교육 효과도 극대화하는 장점을 지니고 있다.

전통 대학 중 혁신을 선도하는 대학들 역시 기업대학의 부상을 견제하며, 연구와 교육에서 축적된 자원과 역량 그리고 전문성을 토대로 새로운 혁신의 모델을 속속 선보이고 있다. 기업대학에 대한 일종의 응전 모델을 제시하는 셈이다.

이를 가장 적극적으로 주도하는 대학은 MIT다. 연간 1,000명 수준의 학사과정 신입생을 선발하는 MIT가 연 1만 5,000명을 선발하는 온라인 학사과정을 제공할 수 있다는 가능성이 제기되었다.[7] 이미 MIT에서는 일명 edX라는 플랫폼을 통해 대학에서 학점으로 인정받을 수 있는 교육과정을 제공하고 있다. 이 플랫폼을 활용할 경우, 학점을 인정받을 수 있는 특정 교과목을 이수하는 데 소요되는 비용은 '166달러/학점credit'로 미국 정규 대학의 평균 소요 비용 '594달러/학점credit' 대비 30퍼센트 미만 수준으로 최고의 교육과정을 이수할 수 있다.[8] 만약 이를 통합하여 정규 학위 과정으로 구성하는 것이 현실화된다면, 구글대학으로 대변되는 기업대학과 교육기술을 기반으로 한 혁신의 경쟁(전통적 대학 vs. 기업형 대학)이 점입가경에 들 것으로 예상된다.

MIT는 이미 edX로 알려진 온라인 공개 강좌를 기반으로 온라인 교육을 광범위하게 제공해오고 있다. 축적된 인프라와 전문성을 충분히 지니고 있다고 할 수 있다. 'MIT×MicroMasters 프로그램'[9]은 온라인 대학원 교육과정을 국경과 국적에 관계 없이 제공하는 모델이다. 본 프로그램은 입학 정원이 없고, 학사 학위 없이도 지원할 수 있다는 큰 장점이 있다. 먼저 학위 취득에 필요한 기초 교과목을 MIT의 MOOCmassive open online course, 대규모 온라인 개방형 코스인 edX를 통해 수강하고, 단계적 과정을 거쳐 MIT의 석사 학위를 정식으로 받을 수 있다. 가장 핵심적인 것은 기업과 연계한 온라인 마이크로학위 과정으로 MOOC 기반의 일정한 코스워크를 마치고 MIT의 정규 시험을 통과할 경우 참여 기업에서 마이크로학위를 석사 학위 수준으로 인정해주는 협력 네트워크에 기반하고 있다는 것이다. 구글 커리어 수료증과 같은 맥락이다. 시간과 비용 그리고 취업 등 효과 면에서 일반 사립대학의 학사과정을 이수하는 것보다 훨씬 생산적이다. 이와 같이 연구나 교육에서 최상위 수준의 전통적 대학들은 기업대학의 부상 흐름에 대응하기 위해 개별 대학 고유의 모델과 지위를 만들기 위해 노력하고 있다.

사회적인 관점에서 전통적인 대학과 기업대학 간 혁신 경쟁은 여러 측면에서 후생효과厚生效果, 시장에 대한 정부 간섭으로 발생하는 이득이나 손실를 만들어낸다. 무엇보다 학생 입장에서 고등교육 이수를 위한 경제적 부담을 대폭 완화할 수 있는 대안 모델이 현실화되고 있다는 점에서 큰 의미가 있다. 또 고등교육의 생산성을 극대화할 수 있게 되었음을 시사하기도 한다.

전통적인 대학이 한정된 인프라와 교수진에 기반하여 양질의 교육을 제공하려다 보니, '단위당 교육 원가'는 높아질 수밖에 없다. 특히 지배력을 지닌 유명 사립대학들은 학비를 지속적으로 인상함으로써 일반 학생들이 감당할 수 있는 임계 수준을 이미 넘어섰다. 교육 기회 불평등이 사회적 이슈로 제기될 수밖에 없는 구조다. 그러나 구글 교육을 통하면 '소요 기간 6개월, 비용 300달러'로, 전통적 사립대학 이수를 위해 요구되는 '소요 기간 4년, 소요 비용 20만 달러' 모델을 대체할 수 있다.

입시에 대한 부담 완화도 매우 중요한 담론으로 강조되어야 한다. 전통적인 대학은 캠퍼스 인프라 및 교수진 보유 등 교육 가능 여력을 고려해 학생 선발 규모를 산정한다. 그러니 선발할 수 있는 인원이 한정될 수밖에 없다. 그러나 기업대학들은 교육기술을 활용해 대규모 학습자를 수용할 수 있다. 전통적 대학들이 물리적인 제약으로 인해 '입학 정원제'를 채택할 수밖에 없다면, 기업대학은 '졸업 정원제' 개념을 적용할 수 있다. 그렇게 되면 입시라는 개념은 사라지게 된다.

중고교 학생들이 전통적인 대학에 진학하지 않고, 기업대학을 선택하면 지금처럼 대학 진학을 위해 학업에 매몰되지 않아도 된다.

재직자들에게도 경력 개발과 전환을 위한 기회가 많아진다. 이전에는 직무 전환을 위해 필요한 교육을 받기 위해서는 보통 대학이나 대학원에 진학하여 관련 전공을 이수했다. 물론 투자수익률이 상대적으로 높았다. 하지만 이를 위해서는 시간과 비용, 에너지까지 삼중고를 감당해야 했기 때문에 재직 중 직무 전환을 위한 도전이 쉽지 않았다. 그러나 이제는 시간과 비용에 대한 부담이 대폭 낮아지고, 자신의 노력과 열정만 투자하면 새로운 분야에 대한 전문적인 학습과 이에 대한 사회적 인정이 가능한 환경이 만들어졌다. 기업대학인 구글을 활용해도 되고, 전통적인 대학인 MIT의 MicroMasters 프로그램 같은 기반을 활용해도 된다.

이와 같이 기업대학으로 인해 사회 전반에서 교육을 통한 '사회적 이동성social mobilities, 사회 계층간 이동이 역동적으로 이루어지고 있다. 그리고 유의미성이 담보되지 않는 교육을 제공하는 대학은 시장에서 도태되는 흐름이 반대급부로 형성되고 있다. 이제 전통적인 대학이 사회와 산업으로부터 유의미성을 평가받기 위해서는 기업대학의 모델을 쫓아야 하는 실정이다. 기업대학의 부상은 새로운 교육 시장 메커니즘을 형성시키고, 정부도 해내지 못한 교육 혁신의 길을 열고 있다.

이제 정부는 교육 영역에 기업들이 더 자유롭게 참여할 수 있도록 제도적 장벽을 낮추고, 공정한 혁신 경쟁이 될 수 있도록 정책과 제도적 개선을 해야 한다. 자칫 관행대로 대규모 예산을 대학에 투입해 직접 교육 현장에 관여하는 것은 또 다른 시장 실패로 귀결될 수 있다.

인도 릴라이언스그룹의
캠퍼스 프로젝트

릴라이언스그룹Reliance Group은 인도에서 가장 규모가 큰 기업 집단 중 하나다. 한국의 SK그룹과 유사한 비즈니스 포트폴리오 그리고 시장 지위를 지니고 있다. 핵심 회사인 릴라이언스 인더스트리Reliance Industries Ltd는 인도 내 최대 규모의 시장가치를 지닌 기업이다. '에너지-통신-유통'을 중심 축으로 인프라, 방위 산업, 엔터테인먼트, 금융, 의료 산업 영역 등 인도의 주요 성장 산업에서 비즈니스를 영위하고 있다.

릴라이언스 재단Reliance Foundation은 지오 인스티튜트Jio Institute라는 대학을 직접 설립했다.[10] 한국의 포스코가 포스텍을 설립한 것과 같다. 지오 인스티튜트는 2021학년도부터 신입생을 받아 대학 교육 기능을 수행한다. 디지털 미디어, 인공지능, 데이터 과학, 통합 마케팅 및 커뮤니케이션, 공학, 컴퓨터 과학, 스포츠 과학, 인문학, 법학 등 릴라이언스그룹의 비즈니스 포트폴리오 그리고 혁신 활동과 직접 연계된 학제를 두고 있다.

릴라이언스그룹은 교육에 대한 투자 그리고 변혁 활동을 인도에서 가장 잘하는 기업으로 평가받는다. 내부 임직원과 협력 업체 임직원을 위한 기업 교육, 그리고 사회 공헌 차원에서 교육 현장의 혁신 활동 지원 모두 매우 적극적이고 탁월하게 수행하고 있다. 지오 인스티튜트는 릴라이언스그룹의 교육에 대한 열정과 혁신 전략의 결정판이라 할 수 있다.

총장은 화학 분야 그리고 과학 정책 분야에서 인도를 넘어 세계적으로 유명한 학자인 라구나트 아난트 마셀카르Raghunath Anant Mashelkar 박사다. 그는 릴라이언스 인더스트리, 타타자동차Tata Motors, 힌두스탄 유니레버Hindustan Unilever, 서맥스Thermax, 피라말Piramal Group, KPIT기술KPIT Techno ogies 등 인도의 대표적인 혁신 기업 이사회에 참여한 경력을 지니고 있다. 미국의 마이크로소프트, 핀란드의 VTT 기술연구센터, 프랑스의 미쉐린Michelin 등 인도 외에 국제적인 혁신 기업들을 위한 자문 역할도 활발히 수행했다. 세계의 혁신 기업에서 그를 찾는 이유는 무엇일까? 인도국립과학원 이사장, 인도국가과학혁신학술원 회장 등 인도의 과학 부문 핵심 리더라는 배경도 있지만 그가 집대성한 '간디 공학Gandhian Engineering'의 영향이 크다. 간디 공학은 인도의 정신적 지도자인 마하트마 간디Mahatma Gandhi의 사상과 철학을 혁신 방법론으로 승화시킨 이론으로, 소수가 아닌 다수를 위한 혁신 즉, 포용적 혁신inclus ve innovation에 대한 내용을 담고 있다. 그리고 이를 통해 사회적 불평등을 완화시키고, 사회적 이동성을 증진하는 간디식 사회 혁신이 내재화된 방법론이라 할 수 있다. 간디 공학을 간단하게 설명하면, 초저가의 상품과 제품을 개발 및 생산하여 더 많은 사람들에게 혁신 결과물과 혜택이 돌아가도록 하는 접근법이다. 이를 위해서는 '혁신, 열정, 연민'이 조합되어야 함을 피력한다. 그래서 그는 간디 공학[11]을 기술적 혁신technological innovation이 아닌 변혁적 혁신transformational innovation으로 표현한다.

이와 같이 인도의 사회 및 국가적 혁신에 중요한 방향 제시자 및 실행자를 지오 인스티튜트의 총장직에 임명한 것은 릴라이언스그룹의 지향점 역시 그와 동일하다는 것을 의미한다. 또 부총장 지위에는 디팍 자인Dipak C. Jain 박사를 내정했는데, 프랑스의 유명한 비즈니스 스쿨인 인시아드INSEAD 학장을 역임했다. 또한 그는 미국의 노스웨스턴대 켈로그 비즈니스 스쿨의 학장으로도 일한 경험이 있어 미국과 유럽의 경영학에 대한 전문적 이해를 지닌 인사다. 즉, 세계적 과학자이자 포용적 혁신가인 총장과 미국과 유럽 최고 수준의 비즈니스 스쿨 학장을 역임한 부총장의 조합을 통해 릴라이언스그룹을 넘어 인도의 국가적 혁신을 이끌어갈 수 있는 인재를 양성하겠다는 것이 이 대학의 기본 설립 방향이라 할 수 있다.[12]

지오 인스티튜트의 설립과 운영을 위해 릴라이언스 재단은 일곱 명의 국제적인 자문단을 구성했다.[13] 미국 캘리포니아공과대학California Institute of Technology, Caltech의 전 총장인 장-루 샤모Jean-Lou Chameau 박사를 필두로, 미국 스탠퍼드대 부총장 마이클 켈러Michael Keller, 미국 예일대 전 총장 릭 레빈Rick Levin, 싱가포르 난양공대 총장 수브라 수레

시Subra Suresh, 사우디아라비아 NEOM CEO 나드미 알-나스르Nadhmi A Al-Nasr, 미국 노스웨스턴대 저널리즘스쿨 부학장 프랭크 멀험Frank J Mulhem, 미국 노스웨스턴대 원자 및 나노스케일 특성화 센터 설립 디렉터 비나약 드라비스Vinayak P. Dravis로 구성되었다. 미국과 싱가포르 그리고 사우디아라비아를 배경으로 한 이 자문단들은 공통적으로 과학기술 분야를 중심으로 대학의 혁신 활동을 이끈 경험들이 풍부한 인사들로 구성되었다. 이것으로 그들의 대학 혁신 경험을 지오 인스티튜트에 이식하겠다는 릴라이언스그룹의 의지를 볼 수 있다.

기업에서 시작된 신생 혁신 대학으로 지오 인스티튜트는 전통적인 대학에서 볼 수 없는 새로운 시도를 하고 있다. 바로 대학 교육의 기초 인프라를 처음부터 인공지능 플랫폼으로 구축하겠다는 계획을 세우고 있는 것이다. 이를 위해 인공지능 교육 플랫폼 기업인 엠비베Individual Learning Private Limited, Embibe를 인수했고, 지오 인스티튜트의 교육 인프라 구축은 물론, 더 나아가 인도의 K-12(유치원-고교 과정)에 이르는 전 주기적 학습 플랫폼을 인공지능 기반으로 구축하겠다는 계획이다.[14] 또 특별히 지오 인스티튜트의 입학 전형과 연계해, 인도의 교육 혁신을 하겠다는 관점도 매우 주목할 만하다. 인도는 중국, 한국, 일본 등 대학 입시 경쟁률이 매우 치열하고, 이를 위한 사교육 투자가 높은 대표적인 국가 중 하나다. 릴라이언스그룹과 지오 인스티튜트가 제공하는 인공지능 기반 학습 플랫폼은 사교육 부문을 대대적으로 혁신함은 물론 사각지대에 있던 저소득층 자녀들에게 무료로 이를 제공하여 새로운 사회적 이동을 이끌어내겠다는 방침이다.

또한 지오 인스티튜트의 브랜드로 마이크로/나노학위 프로그램을 운영하겠다는 계획도 새로운 시도다. 몇몇 소수의 대학을 제외하고, 고등교육 전반의 영역이 미국이나 유럽처럼 성숙하지 못한 인도의 제반 환경 여건에서 지오 인스티튜트의 마이크로/나노학위는 경쟁력이 상대적으로 약한 대학의 졸업장이나 학사 학위보다 산업에서 더욱 유의미한 교육 경력으로 작용할 것으로 예상된다. 이 역시 경제적 취약 계층에는 비용 없이 교육에 참여할 수 있도록 하겠다는 방침을 설정한 바, 인도의 고등교육 시장 전체에서 상당한 반향을 불러일으킬 것으로 예상된다. 이미 인도 내에서 릴라이언스그룹은 가장 혁신적인 조직과 기업으로 평가받고 있다. 그래서 릴라이언스그룹에서 일한 경험이 있는 사람의 경우 타 기업으로 이직할 때 높이 평가받고 있다. 이와 같이 릴라이언스그룹은 이미 인도 내에서는 일반적인 대학보다 더 중요한 지위를 지닌 기업대학으로 자리하고 있다.

전 세계에서 비즈니스를 펼치고 있는 인도의 대표적 IT 기업인 인포시스가 설립한 인포시스대학Infosys University, 유통 대기업인 퓨처그룹Future Group이 설립한 퓨처이노버시티Future Innoversity 역시 인도 내 기업대학으로 유의미한 평가를 받고 있다.

미국에서 1950년대부터 1990년대 초까지 매우 활발하게 기업대학이 설립되었던 것처럼 인도의 대기업들도 사세 확장과 더불어 기업대학 설립에 적극 나서고 있다. 다만, 설립 시점부터 기업 내부 임직원에 한정하지 않고 외부로 시선을 향해 사회 혁신적 성격과 함께 다루는 것, 교육기술을 적극 채택하여 그 효과를 확산하고자 하는 흐름이 미국 기업대학들이 과거 지녔던 모습과는 다른 행보다.

칭텅대학과 후판대학
그리고 중국의 기업대학들

중국 내 시가총액 1, 2위 기업 텐센트腾讯와 알리바바그룹阿里巴巴集团의 창업자들은 최근 기업대학 설립과 투자에 열정적인 모습을 보이고 있다.

텐센트가 설립한 칭텅대학은 중국을 대표하는 기업대학으로 가장 역동적으로 성장하는 사례로 들 수 있다. 칭텅대학은 사실 2015년 장강경영대학원과 제휴한 칭텅 기업가정신 캠프를 계기로 설립되었다. 그 이후 2017년 칭화대학 경제관리대학과 2019년 베이징대학 광화경영대학원과 협력 관계를 맺으면서 중국의 3대 경영대학원의 혁신 교육과정들을 도입하고 있다.[15] 산업학원产业学院, 과학기술학원科技学院, 문화창조학원文创学院으로 구성되어 총 세 개의 교육과정을 제공하고 있으며, 이는 전통적인 관점에서 보면 세 개의 전문대학원을 운영하

는 것과 같다.[16]

칭텅대학은 또한 세 개 그룹을 대상으로 교육을 제공한다. 첫 번째는 회사 내부의 임직원이다. 주로 인공지능, 디지털 등 신기술 분야와 생산 및 시스템 혁신 등과 관련된 내용으로 전문적인 중간 간부 및 사내 기업가intrapreneurs 양성을 목적으로 한다. 두 번째는 기업의 혁신 생태계에 함께할 기업가entrepreneurs를 양성할 목적으로 기업 외부가 대상이다. 구글이 혁신 생태계를 조성하고 개발하는 성장 과정을 보인 것처럼 텐센트 역시 이러한 방향을 추구한다. 잠재성이 높은 기업가를 발탁하고, 이들에게 전문적인 교육을 제공하는 등 전략적으로 투자함으로써 텐센트의 혁신 생태계의 한 축이 될 수 있도록 이들의 사업을 보육 및 육성하는 것이 목적이다. 세 번째는 대중 대상 고품질 고등교육이다. 디지털 중국Digital China을 이루는 데 개별 기업 차원에서 공헌하고 또한 이를 선도하겠다는 관점에서 시작된 것[17]으로 보인다.

칭텅클럽은 텐센트의 고위 경영진들과 칭텅대학 동문 기업가들이 함께하는 커뮤니티로 사례 연구, 콘텐츠 개발 및 공유, 소셜 네트워킹 및 자원 공유와 같은 고급 회원 서비스를 제공하여 생태계를 성장 및 가속화시키는 것을 목적으로 조직되었다. 인터넷+인터넷 융합의 의미, 하이테크, 문화 및 창조 콘텐츠, 스마트 소매, 스마트 창작 같은 혁신적인 분야를 소그룹으로 두고 있다.

교육 대상과 내용 그리고 커뮤니티 활동을 통해 살펴본 칭텅대학의 지향점은 명확하다. 자사의 혁신 생태계를 확장하고 또한 번성시키는 것이 그 주된 목적이다. 즉, 기업의 혁신 전략 차원에서 내부 및 외부와의 인적 관계를 텐센트 혁신 생태계라는 틀로 재구성하는 일련의 과정으로 해석할 수 있다. 그 일환 중 하나로 텐센트는 세계에서 두 번째 규모로 유니콘 기업에 투자하고 있다. 기업 가치 10억 달러 이상의 비상장 스타트업을 뜻하는 '유니콘 기업'에 투자하여 29개의 포트폴리오를 보유하고 있을 정도다.[18] 칭텅대학은 텐센트가 혁신 상태계를 확장하기 위해 하고 있는 공격적 투자의 베이스캠프 역할을 하고 있다.

알리바바그룹의 창업자 마윈马云을 중심으로 기업가와 학자들이 함께 설립한 후판대학 역시 중국에서 주목받는 기업대학이다. 공동 설립자들은 마윈을 포함하여 류촨즈柳传志, 펑룬冯仑, 궈광창郭广昌, 스위주史玉柱, 선거쥔沈国军, 첸잉이钱颖一, 자이훙빈蔡洪滨, 샤오시아오펑邵晓锋 등 총 아홉 명의 중국 내 유명 기업인과 학자들이다.

이들은 후판대학을 통해 중국의 차세대 기업가를 양성하기를 기대하고 있다. 300년의 운영 유지 기간을 목표로 하며, 향후 30년 동안 3,000명의 기업가를 양성하는 것을 목표로 하고 있다. 창업 후 3년 이상 경과, 연간 매출액 3,000만 위안RMB 초과, 3년 이상 기업 납세 실적 보유, 30명 이상 고용, 3인 이상 추천 등의 요건을 모두 갖춘 기업의 창업자를 학생으로 선발한다. 그 이후 3년간 집중적인 교육과 네트워킹을 통해 중국의 차세대 기업가로 성장할 수 있도록 돕는 교육 프로그램을 운영하고 있다. 또 3년의 집중 교육이 끝나 졸업한 이후에도 학생 신분을 유지해 계속 학습할 수 있다는 점도 특징적이다. 숫자 '3'을 기초로 중후 장대한 계획을 세운 셈이다.

필수 교육과정은 정신력과 지력, 체력을 함양하는 내용을 담고 있으며, 선택 과정으로 인문학, 역사, 예술 등의 분야를 다룬다. 아울러 플랫폼 경제, 미래 조직 구축, 기업가정신 등 기업 경영 활동과 관련된 내용을 현장 기업가와 학자가 함께 교수하는 고유의 '기업가 양성 교수법'을 개발하여 적용하고 있다.

칭텅대학과 후판대학은 중국의 차세대 혁신 기업가 양성이라는 공통적인 목적을 가지고 2015년에 설립되었다. 하지만 설립 후의 행보와 지향점은 다소 차이를 보인다. 칭텅대학이 개별 기업이 직접 설립하고 운영하는 전형적인 기업대학의 성격이라면, 후판대학은 일본의 사설 정치지도자 양성 학교인 마쓰시타 정경숙松下 政経塾처럼 공공적 이익과 목적을 더 추구한다. 이와 같은 지향점의 차이는 자연스럽게 교육과정 구성과 운영에도 영향을 미쳐 현재 전혀 서로 다른 형태로 진화하고 있다.

칭텅대학은 기존 전통적인 대학과 협력하면서 '전통적인 대학과 기업대학'의 결합 모델을 만들어가고 있다. 그에 반해 후판대학은 비정형화된 교육과정으로 국가관과 이를 기초로 한 기업 세계관을 충실히 고양시키고, 동시에 초기 기업가들이 기업과 비즈니스를 규모 있게 성장시킬 수 있도록 실제적인 경영 활동 관련 내용에 중점을 두고 교육한다. 또 칭텅대학보다 더 광범위한 인적 네트워크를 갖추어 중국 특유의 관계 문화가 투영되어 있다.

2000년 이래 중국을 여러 차례 방문하면서 중국 기업과 정부 그리고 사회가 얼마나 빠르게 변화하는지 몸소 체감할 수 있었다. 미국에서 기업대학이 1960년대부터 1990년대 후반까지 매우 빠르게 확산되고, 기업 혁신에 중요하게 기능했던 것처럼 중국의 기업대학 부상은 경제의 가파른 성장과 함께 발생하는 자연스러운 흐름으로 볼 수 있을 것이다.

하지만 기업대학이 엄청난 영향력을 띠게 되면서 다양한 문제점도 발생하고 있다. 우선 후판대학의 입학생이 선택된 소수의 기업가 학생이다 보니 등록금이 매우 비싸다. 또 앞서 말한 것처럼 '꽌시關係 문화'라 일컬어지는, 중국 고유의 관계 활동 기반의 교육을 행해 중국 내에서 파벌 이슈가 제기되고 있다. 칭텅대학의 경우도 대학과 학생 간 투자 관계가 만들어지면서 교육보다는 비즈니스 공동체적 성격을 지닌다는 비판을 받고 있다. 그럼에도 불구하고 중국 내 기업대학은 계속 늘고 있다.

2019년 중국 내 최대 음식 배달기업 메이퇀美團이 설립한 메이퇀대학Meituan University은 최대 1억 명 이상을 대상으로 디지털 기술을 교육할 것을 목표로 하고 있다. 교육생의 80퍼센트에게는 무료로 관련 교육을 제공하며, 케이터링Catering *, 음식 배달, 미용, 레크리에이션, 피트니스 및 호텔 관리를 포함한 생활 서비스 범주에 대한 교육과정을 제공하는 여덟 개 대학에서 제공한다.[19] 중흥통신대학ZTE University **은 이들의 비즈니스가 국제적으로 확장된 만큼 전 세계 15개의 학습 센터를 운영하며, 통신 네트워크 및 관련 기술을 내부 임직원 및 외부의 고객들에게 제공하고 있다. 정보통신기술 기업인 만큼 이미 클라우

---

* 호텔, 병원, 펍, 항공기, 유람선 등 이벤트 장소 등의 지역이나 원격지에서 음식 서비스를 제공하는 사업.
** 중국의 다국적 전기통신 장비 및 시스템 기업에서 세운 대학.

드 기반 교육 인프라를 구축하여 미국의 기업대학 못지않은 수준의 인프라와 운영 체계를 지니고 있다.[20]

중국에는 1993년 모토로라 중국대학Motorola China University을 시작으로 기업대학 설립 붐이 일어 2020년 기준 약 400개 이상에 이른다.[21] 이들은 중국기업대학연합회中国企业大学联合会 등 공식적으로 활동하는 기업대학들이고, 치앤잔산업연구소千战工业研究院의 조사에 따르면 협회나 연맹 등의 가입 없이 교육과정을 제공하는 중국의 기업대학은 2019년 기준 약 3,000개에 달할 것으로 추정된다. 그리고 이들의 전반적인 추세는 기업 내부의 임직원 교육 목적만이 아닌 기업 외부를 교육 대상에 포함하면서 전통적인 대학들과 경쟁 및 보완관계를 형성하고 있다.[22]

앞서 소개한 사례 외에도 상당한 영향력을 가진 중국의 기업대학들 또한 참고할 만하다. 화웨이대학Huawei University, 하이얼대학Haier University, 바이두황푸대학Baidu Huangpu University, 핑안대학Ping An University, JD칼리지JD College, TCL대학TCL University, ZTE대학ZTE University, 히센세대학Hisense College, 칼리지, 씨트립대학Ctrip University, H3C대학H3C University, 하이딜라오대학Haidilao University, 중국모바일대학China Mobile University, 항저우금융대학Hangzhou Insititute of Financial Studies, HIFS, 중국건설은행대학China Construction Bank University, 넷이즈 게임아카데미Netease Game Academy, 지리대학Geely University, 중국자원대학China Resources University, 싱아오대학Xin'ao University 등이 전통적인 대학에 견줄 수 있는 중국의 기업대학들이다.

일본의 토요타공업대학과
라쿠텐대학 그리고 기업대학들

토요타공업대학豊田工業大学은 40여 년의 역사를 지닌 일본을 대표하는 기업대학이다. 1977년 사회 공헌 차원에서 추진이 결정되고, 1981년 정식 개교했다. 초기에는 주로 기업 내부 임직원 등 산업 경력을 지닌 지원자에게만 입학을 허가했지만, 1993년부터는 고교 졸업생에게도 문을 열어, 특히 자동차 분야의 현장 기술 인력과 고급 연구 인력까지 함께 양성하고 있다. 1995년 박사과정을 개설했고, 2003년부터는 시카고대학University of Chicago과 제휴하여 토요타공대 시카고 캠퍼스Toyota Technologica Institute at Chicago, 이하 TTIC를 설립했다.[23] TTIC는 토요타자동차가 약 2억 6,000만 달러의 기부금을 출연하고, 시카고대학 캠퍼스 내에 독립적인 대학원으로 설립된 전문대학원이다. 인공지능, 바이오 정보 기술 등 컴퓨터 과학 분야 박사 학위 과정을 제공하고 있으며,

박사 후 연구원 과정을 규모 있게 운영해 연구기관 기능도 함께 수행한다.[24] 이는 자동차 분야에서는 최고의 전문가 집단이지만 제한적인 첨단 컴퓨터 과학 분야에서는 세계적인 대학과 연합하여 인재 양성 및 기술 개발을 함께 도모하기 위한 전략적 차원의 접근법이라 할 수 있다.

토요타공업대학의 교육과정 구성과 편성 그리고 운영 체계 등은 전통적인 대학들이 참고해 학습해야 할 만한 사례다. 학사과정의 경우 모든 1학년 학생은 캠퍼스 내 기숙사에 거주하며 협동심, 책임감 및 리더십을 함양한다. 그리고 학사 및 석사 학위 과정이 통합된 6년제 교육과정을 기본 교육 체계로 제공한다. 4학년이 되어 학사 학위만 수여받고 졸업할지, 계속 학습할지 판단하는 과정이 있지만 기본적으로 학·석사 연계 과정의 틀을 유지하고 있다.

교수 1인당 10명 미만 비율을 지니고 있으며, 모든 1학년과 3학년 학생들은 실제 산업 생산 현장에서 1개월의 인턴십 과정을 의무적으로 거친다. 이를 통해 엔지니어링 문해력Engineering Literacy 수준을 고도화한다. 토요타자동차그룹 외 산업 현장에서도 인턴십을 가짐으로써 엔지니어링 영역 전반에 대해 이해하게 된다. 외국인들에게도 입학 기회가 제공되며, 국제적인 수준의 교육을 위한 다양한 프로그램이 제공된다.

적기 공급 생산 방식 체계Just-in-Time를 창시한 기업답게 첨단 하이브리드 엔지니어링은 토요타공업대학의 특화된 학제 간 융합 엔지니어링 교육과정으로 산업 내 가장 앞선 수준이다. 또한 박사과정은 미국 시카고대학교 캠퍼스 내에 설치한 토요타공업대학 시카고 캠퍼스와 교류하고, 토요타자동차그룹의 세계 곳곳의 생산 현장과 기술연구소와도 협력한다. 또 영어로 논문을 작성하도록 함으로써, 국제적인 연구 역량을 배양할 수 있는 기초를 제공하고 있다.[25]

토요타공대 시카고 캠퍼스의 박사과정은 특히 재정적인 지원에 있어 전통적인 대학의 박사과정보다 우위에 있다. 무엇보다 전통적인 대학에서 제공하는 박사과정에 대한 재정 지원은 가변적이어서 다소 불확실한 측면이 있다. 하지만 토요타공대 시카고 캠퍼스의 박사과정에 대한 재정 지원 프로그램은 대부분 보장된 내용이라 예측 가능성과 안전성 차원뿐 아니라 금액 크기 면에서도 상대적 우위에 있다.

박사과정 학생들은 기본적으로 4년간 학비연간 3만 달러가 전액 지원되며, 2020년 기준 1년차 때부터 월 3,120달러의 생활 지원비가 지급된다. 그리고 2년차 이후에는 연구조교 신분을 지니며, 급여 형태로 지급된다. 또한 파르타 니요기 메모리얼 펠로십Partha Niyogi Memorial Fellowship 프로그램을 통해 일반대학의 박사과정 학생보다 추가 지원을 받아 높은 수준의 급여를 받는다. 그로 인해 학생들이 연구하는 도중에 돈 문제로 고민하는 일은 없을 정도의 충분한 재정 지원을 하고 있다.[26]

토요타공업대학이 오랜 역사를 기반으로 전통적 대학 형태의 기업대학이라면, 1997년도에 설립되어 일본의 아마존으로 불리는 라쿠텐樂天이 설립한 라쿠텐대학樂天大学은 전통적 대학 모델과는 확연히 다른 정체성을 지닌 신흥 기업대학이라 할 수 있다.

라쿠텐대학은 회사의 설립과 그 역사를 같이한다. 전자상거래 플랫폼을 판매자들이 자유롭게 활용할 수 있도록 하기 위한 교육이 필요했다. 그 과정에서 2000년 1월 라쿠텐대학이라는 이름의 공식적 기구가 출범했다. 그 이후 현재까지 20년 이상 유지되고 있다. 2014년 7월에는 온라인 교육 플랫폼인 라쿠텐대학 XRakuten University X, 이하 RUx 를 출범하여 기업대학 차원의 온라인 공개 수업 MOOC 서비스를 일본에 처음으로 제공하기 시작했다. 마케팅, UX/UI, 웹디자인 및 상품 운영, 고객 관계 관리, 배송 및 공급망 관리, 기초 지식, 경영 일반 등 현재 RUx에는 2,000개 이상의 온라인 강좌가 서비스되고 있다.[27]

몇 년 전 한국의 MBA과정 학생들을 인솔해 견학 차 도쿄의 라쿠텐 본사를 방문한 적이 있다. 라쿠텐 플랫폼을 통해 상품 판매자를 대상으로 교육하는 과정을 볼 수 있었는데, 마치 경영대학원 세미나 수업 같은 분위기였다.

도쿄에 소재한 라쿠텐 본사는 라쿠텐 크림슨하우스라는 애칭으로 불린다. 창업자 미키타니 히로시三木谷 浩史는 하버드 비즈니스 스쿨 MBA 졸업생으로 자신이 경험한 하버드식 비즈니스 교육을 경영 활동에 접목하고자, 하버드대학교의 고유 컬러인 크림슨색과 하버드 비즈니스 스쿨의 원형 강의실 등 인프라를 참고해 설계한 복합 건축물이기 때문이다.

라쿠텐기술연구소이하 RIT는 라쿠텐의 연구개발 조직으로, 그 운영 방식을 마치 MIT 등과 같은 전통적인 대학의 공학대학원처럼 운영한다. 도쿄, 파리, 싱가포르, 보스턴, 산마테오(실리콘밸리), 벵갈루루(인도)에 각 캠퍼스를 두고 있다.[28] RIT는 연구한 기술과 지식을 워크숍, 컨퍼런스, 논문, 도서 등 전통적인 대학들이 연구 결과물을 산업과 사회에 소개하는 방식으로 공유한다. 또한 오픈 데이터 센터도 운영하면서 개방형 혁신 플랫폼으로써의 역할과 기능을 감당하고 있다.

라쿠텐대학이 하버드 비즈니스 스쿨을 벤치마킹했다면, RIT는 MIT의 혁신을 참고한 것으로 볼 수 있다. 설립자 미키타니 히로시는 '대학 같은 기업, 기업 같은 대학a company as a university; a university as a company' 개념을 내세워, 회사 자체가 교육 기능을 충실히 행하는 개방형 혁신 플랫폼으로 기능하는 비즈니스 모델을 만들었다. 실제 라쿠텐의 사명 선언문은 '혁신과 기업가정신을 통해 가치를 창출하는 것에 의해 사회에 기여'하는 것을 목표로 삼고 있다. 다음 소개하는 회사의 사명 선언문은 마치 대학의 것 같은 느낌이 들 정도다.

"사람들이 자신의 희망과 꿈을 실현할 수 있도록 힘을 불어넣어 주며, 새로운 생각을 수용하는 라쿠텐은 혁신을 통해 세상을 변화시킨다."[29]

2010년에 설립된 소프트뱅크아카데미아SoftBank Academia 역시 최근 일본의 혁신적인 기업대학 사례에 해당한다. 통신 산업에 종사하는 기업인 소프트뱅크 내부와 외부에서 선발한 학생을 각각 50퍼센트로 구성하여, 세계적 수준의 경영 및 혁신 관련 교육을 행한다. 학생들의 연령은 20대부터 50대에 이를 정도로 다양하게 분포되어 있으며, 국적에 관계없이 선발한다.[30] 2019년 12월 도쿄대학과 인공지능 교육과정을 공동으로 개설하는 것을 협약하고 현재 관련 교육을 제공하고 있다. 이는 일본 내 최고의 인공지능 교육과정으로 평가받고 있다.[31]

유니클로Uniqlo에서 제공하는 패스트리테일링대학Fast Retailing

University, 이하 FR, 100년 이상의 업력을 가진 광고 홍보 전문회사 하쿠호도博報堂가 설립한 하쿠호도대학Hakuhodo University, 오랜 역사와 전통을 지닌 기술 기업들이 설립한 후지츠대학Fujitsu University, 도시바 e-대학Toshiba e-University 등 일본도 미국 못지않은 많은 기업대학이 전통적인 대학보다 앞선 혁신을 전개하고 있다.

21세기 공학 교육의 새로운 표준,
영국의 다이슨공과대학

한국의 과학기술 특성화 대학의 교육과정 및 미래 전략에 대한 여러 연구 과제에 참여한 경험이 있다.[32] 본 연구 과제를 수행하면서 세계의 주요 혁신적인 대학의 사례들을 심층적으로 조사·분석해보았다. 이 경험을 통해 21세기 공학 교육의 새로운 표준을 꼽으라면, 주저 없이 영국의 다이슨공과대학The Dyson Institute of Engineering and Technology이라 답하고 싶다. 가장 최근 설립된 신생 공과대학인 만큼 가장 진일보한 교육을 하고 있는 대학 중 하나다.

다이슨공과대학은 영국의 정규 학사 학위를 제공하는 정부 인가 정규 대학으로, 진공청소기로 유명한 기술 기업 다이슨Dyson과 이 회사의 설립자가 출연한 제임스 다이슨 재단James Dyson Foundation이 2,300만 파운드(약 340억 원)의 기금을 출연하여 설립한 대학이다.[33] 기존 회사 다이슨의 인프라를 활용하기 때문에 대학 신규 설립에 따른 재정 부담을 줄일 수 있는 장점이 있다.

다이슨공과대학은 일반적인 학사 학위 과정보다 더 심화된 고등 공학사Bachelor of Engineering, Honors를 제공한다. 이는 전통적인 대학에서는 볼 수 없는 매우 독특한 학위 과정이다. 특히 일주일에 이틀은 풀타임으로 수업하고, 사흘은 다이슨의 기술 인력들과 근무하면서 실제 프로젝트를 수행하는 산학 일체 몰입형 고등 공학사 과정을 제공한다는 것이 핵심이다. 따라서 학생들은 학생인 동시에 회사 직원이다. 학비는 전액 무료이며, 1학년 재학 중에는 연간 1만 8,000파운드(약 2,700만 원)의 급여를 받으며, 2학년이 되면 연간 2만 1,000파운드(약 3,100만 원)로 인상된다. 또한 추가적인 프로젝트에 참여할 때 이에 따른 보상을 받게 되어 학비는 물론 생활비에 대한 부담을 전혀 갖지 않고, 세계적 수준의 공학 교육을 이수하고, 전문적인 경험 또한 쌓을 수 있다. 1학년 때는 의무적으로 다이슨빌리지Dyson Village라는 타운하우스 형태의 아름다운 기숙사에서 공동으로 생활한다는 사실도 특징이라 할 만하다.

1학년과 2학년에는 공통 공학 교육으로 기초 학습을 하며, 특히 공학에 대한 깊은 호기심을 갖도록 하는 데 중점을 둔다. 이를 위해 전통적인 대학들이 갖는 과목별 평가가 아닌, 4년 과정의 종합적 평가 시스템을 갖추고 있다. 1학년 교육과정은 평가하지 않으며, 2학년 10퍼센트, 3학년과 4학년 각각 40퍼센트씩 반영되는 구조다. 싱가포르와 말레이시아 연수 과정을 포함하여 다이슨 글로벌 연구 네트워크와 맞물려 국제적인 학습과 경험할 수 있도록 구조화하고 있다.

|도표 1-1| 다이슨공과대학 학년별 이수 교과 현황

1년차 모듈Year One Modules	2년차 모듈Year Two Modules
공학 수학 및 시스템 모델링Engineering Mathematics and System Modelling 전기 및 전자회로 Electrical and Electronic Circuits 역학 I - 통계와 구조Mechanics I-Statics and Structures 열역학Thermodynamics 공학 재료Engineering Materials 응용 프로그래밍I Applied Programming I	공학 수학 및 기술적 컴퓨팅Engineering Mathematics and Technical Computing 전기 및 전자 응용Electrical and Electronic Applications 컨트롤 시스템Control Systems 역학 II - 다이내믹스 및 진동Mechanics II-Dynamics and Vibration 유체역학Fluid Dynamics 응용 프로그래밍 IIApplied Programming II
3년차 모듈Year Three Modules	4년차 모듈Year Four Modules
기계Mechanical 제조 및 계측Manufacturing and Metrology 기계 설계Mechanical Design 음향Acoustics 진동 및 회전역학Vibration and Rotordynamics 시스템 모델링 및 제어Systems Modelling and Control 신호 처리Signal Processing 전자Electronics 임베디드 시스템Embedded Systems 아날로그 시스템Analogue Systems 전자 제조 및 조립Electronics Manufacturing and Assembly 시스템 모델링 및 제어Systems Modelling and Control 신호처리Signal Processing 소프트웨어Software 소프트웨어 개발 라이프사이클Software Development Lifecycle 사이버 보안Cyber Security 시스템 및 네트워크 아키텍처Systems and Network Architecture 시스템 모델링&제어Systems Modelling&Control 신호처리Signal Processing	기계Mechanical 고급 유체역학Advanced Fluid Dynamics 고급 구조 분석Advanced Structural Analysis 고급 열역학Advanced Thermodynamics 공기역학Aerodynamics 업무 기반 개인 프로젝트Work Based Individual Project 전자 Electronics 로보틱스Robotics 고성능 전기 드라이브High Performance Electric Drives 전력 전자Power Electronics 업무 기반 개인 프로젝트Work Based Individual Project 소프트웨어Software 애자일 소프트웨어 개발Agile Software Development 기계 학습Machine Learning 사물인터넷Internet of Things 비전 및 처리Vision and Processing 작업 기반 개인 프로젝트Work Based Individual Project 전자기계Electromechanical 로보틱스Robotics 사물인터넷Internet of Things

전자기계Electromechanical 임베디드 소프트웨어Embedded Systems 아날로그 시스템Analogue Systems 진동 및 회전역학Vibration and Rotordynamics 소프트웨어 개발 라이프 사이클Software Development Lifecycle 시스템 모델링 및 제어Systems Modelling and Control 신호처리Signal Processing	고급 유체역학Advanced Fluid Dynamics 고급 구조 분석Advanced Structural Analysis 업무 기반 개인 프로젝트Work Based Individual Project

* 출처: https://www.dysoninstitute.com/the-degree/modules/

교육 방법은 강의, 소그룹 지도tutorials, 데모demonstration, 작동 과정이나 사용법에 대한 시범, 워크숍workshops, 프로젝트 감독project supervision, 교수의 지도 하에 수행하는 프로젝트, 그룹 과제group work, 업무 기반 학습work-based learning, 견습 활동 요소 및 학위 과정의 응용 학습으로 구성되어 학위 취득 시 현장 전문 엔지니어로 실질적인 문제 해결과 성과를 창출할 수 있도록 교육하고 있다.

캐나다 최고 수준의 공학 교육으로 평가받는 워털루대학University of Waterloo은 현장 실습 교육co-operative education, 이하 Co-op으로 매우 유명하다. 학사과정 학생들은 매 학년 4개월 정도는 기업 현장에서 경험을 쌓아야 한다. 이 대학의 탁월한 교육적 성과로 현재 공학 분야에서 현장 실습 교육은 표준으로 자리 잡았다. 현장 실습을 매 학기별로 다른 기업에서 수행하는 것은 다양한 현장에 대해 이해하고, 경험할 수 있다는 장점이 있다. 이와 달리 다이슨공과대학의 학생들은 실제적인 실무 역량을 쌓는 데 집중한다. 한 기업에서 학생이 아닌 직원 신분으로 4년 동안 다이슨의 모든 인프라와 네트워크 기반에서 학습하고 경험한다. 다이슨공과대학의 산학 일체 몰입 교육은 학생들을 실질적인 기업의 기술 프로젝트에 참여시킴으로써, 실무 현장에서 구체적인 성과를 창출할 수 있는 전문성을 갖는다는 측면에서 효과성이 매우 높다. 이러한 관점에서 기존 현장 실습 교육보다 더 진일보한 교육으로 평가되고 있다.

다이슨공과대학은 전인적인 엔지니어를 양성하기 위해 다양한 비교과 교육과정을 제공하고 있다. 커뮤니케이션, 자아 및 자기 계발, 팀워크, 프로젝트 관리, 윤리, 지속 가능성, 엔지니어와 사회 등에 대해 학습할 수 있도록 한다. 또 매년 여름 방학에는 학기 중 부족했던 각종 기술들을 학습할 수 있는 여름 시리즈Summer Series로 다양한 교육과정을 제공한다. 학생들은 회사의 직원 신분이지만 여느 대학생들처럼 학기 중 다양한 취미 및 클럽 활동을 하고, 방학을 이용해 여행도 다닌다.

다이슨공과대학의 사명과 비전은 이 대학이 추구하는 목적과 방향이 무엇인지를 명료하게 보여준다. 세계 최고의 엔지니어를 양성하는 대학이 되는 것을 기본 방향으로 설정하고, 실력과 역량 그리고 자질과 태도까지 모두 겸비한 전인적 엔지니어를 양성하는 것을 목표로 한다.

다이슨공과대학의 설립을 주도한 제임스 다이슨은 사회 공헌 차원에서 2002년 제임스 다이슨 재단을 설립하고, 영국과 인류 사회를 위해 공헌할 엔지니어 양성을 시작했다. 특히 저소득층 가정의 어린이와 청소년을 상대로 공학적 호기심과 창의성을 배양하는 전문적인 교육 활동을 매우 신실하게 수행했다. 이 과정에서 전문적인 엔지니어

|도표 1-2| 다이슨공과대학의 사명과 비전

사명 (Mission)	매일 우리는 학비 부담 없이, 학생 중심적이며, 산업계의 요구에 부합하는 도전적이고 풍부한 교육 경험을 구축하기 위해 노력합니다.(Every day, we work to build challenging and enriching educational experiences which are free, student-centric and aligned with the needs of industry.)
비전 (Vision)	우리의 비전은 미래의 엔지니어링 리더를 양성하는 세계 최고의 엔지니어링 대학이 되는 것입니다.(Our vision is to become the best engineering university in the world, which develops the engineering leaders of the future.)
가치 (Values)	우리의 가치는 우리의 전통적 유산을 반영하며 더 광범위한 다이슨그룹과 일치됩니다.(Our values reflect our heritage and are aligned with the broader Dyson group.) 다름의 추구Different 우리는 용감한 탐험가이며, 미지의 것에 의해 호기심과 뜨거운 열정을 가집니다. 공학적 논리와 독창적인 사고로 우리는 기존의 통념을 뒤집고 우리 자신의 미래를 창조합니다.(We're brave explorers, curious and excited by the unknown. Using engineering logic and ingenious thinking, we create our own future, verturning conventional wisdom.) 진정성Authentic 우리는 전적으로 스스로 새로운 것을 창조하고 흥미로운 경험을 만들기 위해 함께 노력합니다. 타인에게 의지하는 것은 없습니다.(We work together to create new and exciting experiences that are entirely our own. Nothing is borrowed.) 개척Pioneering 우리는 혁명적인 아이디어를 형성하기 위해 스스로 탐구하고 발견하고 배웁니다. 그런 다음 반복하고 개선하고 빠르게 발전하여 앞서 나갑니다. 결코 만족하지 않고 모든 것이 항상 더 나아질 수 있다고 믿습니다.(We explore, discover and learn for ourselves, to form revolutionary ideas. Then we iterate and refine, eveloping fast to stay ahead. Never satisfied, we believe everything can always be made better.)

* 출처: https://www.dysoninstitute.com/about-us/

가 절대적으로 부족한 실정에 대해 영국 정부와 교감하며, 2016년 공식적으로 설립 인가를 받아 2017년 드디어 다이슨공과대학을 개교하게 되었다.

　제임스 다이슨은 이미 잘 알려진 대로, 십수 년간 수천 번의 실패를 거쳐 오늘날 세계적인 명성을 얻은 진공청소기를 개발할 수 있었다. 그의 실험 정신과 도전 정신 그리고 세계적 수준의 목표 지향성 등은 고스란히 다이슨공과대학의 교육과정과 인프라에 투영되어 미래의 또 다른 제임스 다이슨을 키워내는 역할을 하고 있다.

06

SAS, 기업인가?
대학인가?

분석용 소프트웨어 분야에서 세계적 경쟁력을 지닌 SAS는 대학에서 출발한 스타트업의 대표적인 사례다. 대학의 연구 프로젝트가 사업화되었고, 이를 위해 교수들이 직접 회사를 설립하고 경영하는 시대적 흐름에서 시작되었다. 이러한 배경 때문인지 SAS는 기업이지만 대학 고유의 문화와 정체성을 여전히 유지하고 있다. 그래서 때로는 SAS가 기업인지 대학인지 헛갈리기도 하다. 그래서 사람들은 SAS를 '대학 같은 기업'으로 그 정체성을 표현하고 있다.

SAS는 'Statistical Analysis System통계적 분석 시스템'의 이니셜로 1966년 미국 국립보건원National Institutes of Health으로부터 연구비를 지원받아 농업 분야의 데이터 분석을 위해 개발된 소프트웨어 이름이다. 노스캐롤라이나 주립대학North Carolina State University의 교수였던 앤서니 바Anthony Barr 그리고 동 대학에서 박사과정 학생으로 이 소프트웨어 개발 프로젝트에 참여하고, 학위 취득 후 같은 대학 교수로 재직하며 추가적인 개발 및 사업화를 리드한 현 CEO이자 회장인 제임스 굿나이트James Goodnight, 그리고 창업 후에 개발 프로젝트에 참여한 존 샐John Sall, 이상 세 명이 중심이 되어 1976년 '주식회사 SAS 기술원SAS Institute Inc.'이라는 주식회사를 설립했다.[34]

현재는 기존 통계 분석용 소프트웨어에 더해 데이터 관리 및 인공지능 영역의 소프트웨어와 솔루션을 금융, 헬스 케어, 생명과학, 제조, 공공, 유통, 교육 부문에 공급하는 비즈니스를 펼치고 있다. 전 세계 약 150개 국가에 고객을 두고 있으며, '포춘 100대 기업' 중 92개 기업이 SAS의 고객일 정도로 관련 분야에서 지배적인 경쟁력을 지니고 있다.[35] 글르벌 기업 SAS의 전 세계 임직원은 약 1만 4,000명 정도다. 임직원의 대부분이 석·박사급 소프트웨어 전문 인력으로 연구와 교육을 병행하고 있다. 그래서 SAS를 달리 표현하면, 세계에서 가장 규모가 큰 소프트웨어 전문대학원으로 불러도 무방할 듯하다.

SAS의 즈된 비즈니스 활동은 새로운 지식과 기술을 개발하고 이를 개인과 산업의 연구, 업무, 교육, 개발, 행정 등의 영역에서 활용될 수 있도록 보급하고, 확산하는 것이다. 따라서 대학의 본원적 기능인 연구와 교육이 기업 비즈니스 현장에 접목된다는 고유한 특성이 있다. 미국 노스캐롤라이나주 캐리Cary에 자리하고 있는 SAS 본사는 외관상으로도 대학 캠퍼스 같다. 도심 속 기업의 상업적인 분위기가 아닌 대학의 캠퍼스 문화가 느껴진다.[36]

SAS가 경쟁력과 지속 가능성 모두에서 여느 기업보다 우위에 설

수 있는 배경에는 현 CEO이자 회장직을 역임하고 있는 제임스 굿나이트의 리더십과 기업의 소유 구조가 남다르다는 점에 있다. 공동 창업자 세 명 중 일찍 회사 지분을 처분한 앤서니 바를 제외한 나머지는 지금까지 회장과 부회장으로 기업을 경영하고 있고, 그 결과 45년 동안 일관된 방향과 흐름을 유지할 수 있었다. SAS는 업계 내에서 비상장 기업으로 가장 규모가 큰 소프트웨어 회사다. 기업을 상장하지 않는 이유는 창업자들이 지닌 기업관과 경영 철학을 굳건하게 유지하기 위해서다. 복잡하고 광범위한 소유 및 이해관계를 맺는 것보다 합의된 소수의 주주가 책임 경영을 하는 것이 더 합목적이라고 판단했기 때문이라고 한다.

SAS는 데이터 분석용 소프트웨어라는 비즈니스 고유의 특성상 내부 임직원에 대한 HRD 차원의 교육뿐만 아니라 산업 인력과 일반인을 대상으로 한 다양한 교육 활동을 전개한다. 현재 노스캐롤라이나 주립대학의 분석학대학원 과정은 SAS와 공동으로 운영되고 있으며, 세계 최고 수준의 대학원으로 그 전문성을 평가받고 있다. 또 현장에서 이루어지는 교육부터 온라인 교육 그리고 1 대 1 맞춤형 교육까지 제공하고 있으며, 교육 대상은 초중등 학생, 석·박사과정 학생, 그리고 고도의 산업 전문가까지 폭넓다.

SAS의 조기 경력 개발 프로그램Early Career Programs은 대학생들이 학교를 졸업하기 전 직무에 필요한 전문적인 지식과 기술들을 함양하도록 하는 교육 프로그램이다.

세일즈와 마케팅에 대해 전문적으로 교육하는 세일즈 아카데미Sales Academy, 컴퓨터 과학, 정보기술, 통계학, 경제학, 공학 등의 분야에서는 고객 자문 아카데미Customer Advisory Academy, 프로그래밍과 컴퓨터 과학 등의 분야에서는 기술 구현 아카데미Technical Enable Academy 등을 학사와 석사 학위 취득 예정자를 대상으로 운영하고 있다. 교육 프로그램이지만 SAS의 실무와 연계되어 인턴십 효과를 볼 수 있다. 본 과정 교육 참여자는 SAS에 취업할 기회를 갖게 되고, SAS는 인재상과 잘 부합하는 인력을 선발 및 채용할 수 있는 기회를 갖는 것이다. 더 나아가 SAS의 소프트웨어 전문 인력 양성 및 교육 역량이 매우 우수함을 잘 알고 있는 업계에서도 본 아카데미 프로그램 수료자들을 우선적으로 채용하고 있다.

SAS는 기업 조직의 HRD 분야 시상 프로그램 단골 수상 기업이다. 혁신을 창즈하고, 이끄는 탁월한 리더십, 자율적이고 창의적인 조직 문화, 고도화된 HRD 프로그램 등이 SAS가 수상하는 주요 부문들이다. 이는 SAS를 대학 기반으로 교수들이 창업한 기업자, HRD에 대한 남다른 철학과 방법론 그리고 인프라와 문화를 만든 대표적인 사례로 꼽는 이유일 것이다.

SAS는 그간의 HRD 과정에서 스스로 개발한 방법론과 경험적인 노하우 등을 기업 고객과 공유하는 데에도 열심이다. 그 일환으로 SAS의 기업 교육 영역에는 자사의 영업 차원에서 행하는 소프트웨어와 솔루션 관련 교육 이외에 특별히 인재 개발 관련 교육 프로그램을 제공한다. 기업들은 SAS의 제품을 구매하는 동시에 유수의 경영대학원에서는 배울 수 없는 매우 독특하고, 구체적이며, 현장에서 적용 가능한 솔루션을 공급받는 셈이다. 분석학, 데이터 관리, 인공지능 영역, 컴퓨터 과학 영역 등에서 일반 개인이나 학생 그리고 기업이 만약

SAS와 관계를 맺는다면, 여느 대학에서보다 더욱 효과적이고, 전문적인 학습 기회를 얻을 수 있을 것이다.

정보기술 분야의 경우 대학 같은 기업을 지향하는 트렌드는 이미 보편화된 현상이다. 구글, SAP, 액센츄어Accenture, 오라클Oracle 등의 기업들도 대학 같은 기업의 모습을 지니고 있다. 고객 관계 관리 분야에서 세계에서 가장 선도적 기업인 세일즈포스Salesforce는 대학 같은 기업의 새로운 강자로 부상하고 있다. 세일즈포스의 본사가 있는 샌프란시스코에서 매년 열리는 드림포스Dreamforce는 기업의 전시회와 대학의 학술대회가 결합된 '학술대회 같은 전시회'다. 고객 관계 관리와 클라우드 컴퓨팅 및 서비스 관련 새로운 지식과 트렌드를 살피고, 전문 네트워킹을 위해서 드림포스에 참여하는 것은 이제 IT 기업의 필수 활동이 되었다.

기업이 대학화되는 흐름은 최근 바이오 및 헬스 케어 분야에서도 두드러진 양상으로 나타나고 있다. 코로나 백신을 개발한 모더나Moderna, Inc.의 창업자들은 하버드대, MIT, 캘리포니아대 샌디에이고 캠퍼스의 교수들로, 자신들의 연구 결과물을 상업화하기 위해 모더나를 설립했다. 그래서 회사의 경영과 운영 방식 그리고 문화에 대학 연구실이나 실험실에서 나타나는 고유의 특성들이 내재화되어 있다.

이렇게 첨단 지식과 기술을 기반으로 하는 기업 활동은 대학의 연구와 교육 그리고 문화와 방법론을 일정 부분 내재화하는 것이 필요하다. 깊은 몰입, 실험적 도전, 개방적 문화, 인재 양성에 대한 헌신,

다학제적 교류 등 대학의 DNA가 첨단 지식 및 기술 기반 기업과 결합되면 의미 있는 시너지를 만들어낼 수 있다.

세계의 똑똑하고 지혜로운 기업들은 이를 잘 알고 있고, 이미 실천하고 있다.

07

다섯 개의 에피소드와
인재 개발 패러다임의 변화

1. 자동차: 테슬라 vs. 토요타 vs. 현대차

테슬라 719조 원, 토요타 23조 원, 현대자동차 51조 원. 2021년 3월 23일 기준 각 기업의 시가총액이다. 지난해 6월 테슬라는 처음으로 자동차 업계 글로벌 시가총액 1위 기업인 토요타를 넘어섰다. 현재 자본시장에서 테슬라는 토요타의 세 배, 현대자동차의 14배 높은 수준으로 기업 가치를 평가받고 있다. 공개된 기업의 시장가치는 '재무적-비재무적 요소의 총합'이자, 기업 경쟁력의 바로미터다. 테슬라는 2003년 설립되어 아직 20년이 채 안 되었다. 그럼에도 불구하고 현재 시가총액 1위가 되었다. 설립된 지 84년 된 토요타와 54년 된 현대차의 업력이 무색할 정도다.

이들 세 회사의 주가수익률은 하나의 그래프에 담기 힘들다. 지

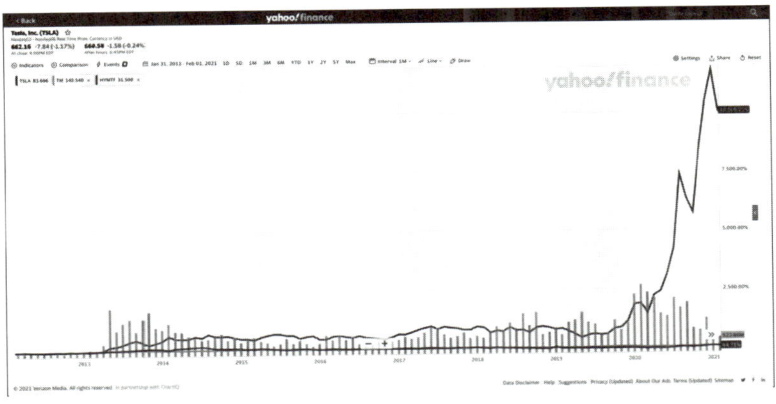

* 이미지 출처: Yahoo Finance

난 10년간의 주가수익률을 보면, 현대자동차는 64퍼센트, 토요타는 83퍼센트 수준이고, 테슬라는 무려 10,000만 퍼센트가 넘는다. 특히 2020년 이래의 폭발적인 성장은 전 세계 상장된 주식 중 으뜸이다. 거품 논란이 있지만 2020년을 기점으로 오히려 자동차 산업의 세대 전환을 가장 잘 보여주는 기업이 되었다.

테슬라가 20년도 안 되는 기간에 자동차 산업의 세대 전환을 주도하는 동안 토요타와 현대자동차는 어떤 대응을 해왔을까? 또 앞으로 어떤 대응을 하게 될까?

2. 유통: 쿠팡 vs. 신세계 vs. 롯데 vs. 라쿠텐

쿠팡 89조 원, 신세계 8.1조 원, 롯데 4.3조 원, 라쿠텐 33조 원. 2021년 3월 23일 기준 각 기업의 시가총액이다. 신세계의 경우 유통 부문인 '신세계 2.7조 원, 이마트 4.8조 원, 광주 신세계 0.26조 원, 신세계백화점(홍콩) 0.27조 원' 이상 네 개 회사의 시가총액을 합한 금액이다. 롯데의 시가총액 역시 '롯데쇼핑 3.5조 원, 롯데하이마트 0.88조 원'을 합산한 금액이다. 신세계와 롯데는 한국 유통업의 가장 대표적인 기업이고, 이들 기업의 역사가 한국 유통업의 역사와 같다고 해도 과언이 아닐 정도로 오래되었다. 하지만 2010년도에 설립되어 이제 막 10년 된 쿠팡의 시가총액은 66년 역사의 신세계 유통 부문의 약 11배, 54년 역사의 롯데의 약 20배에 달한다. 또 1997년에 설립되었고, 현재 일본뿐 아니라 미국에서도 주요한 커머스 기업으로 활동하고 있는 일본의 라쿠텐의 시가총액은 같은 시점 33조 원이다. 라쿠텐의 절반도 되지 않은 역사를 지니고 있는 쿠팡의 시가총액은 이미 두 배를 훨씬 넘어섰다.

설립된 지 오래되어 비즈니스의 기반과 노하우를 충분히 갖추고 있는 전통 기업들의 기업 가치가 최근 설립된 신생 기업에 비해 현저히 낮은 이유는 무엇일까? 지난 10년간 유통업에 어떤 변화가 있었고, 전통 기업들은 어떻게 대응했던 것일까?

신세계는 '쓱닷컴SSG.com'을 핵심 전략 사업으로 키우기 위한 초대형 규모의 투자를 수 년 전부터 해왔고, 그 일환으로 '이베이 코리아'를 인수하기도 했다. 롯데는 최근 '중고나라' 지분 인수에 참여하기로 했다. 과연 이러한 전략적 결정과 투자는 기대하는 결과를 이끌어낼 수 있었을까? 이러한 전략적 선택과 판단보다 더 유효한 방안은 없을까?

3. 통신 및 인터넷: 텐센트 vs. 소프트뱅크 vs. 카카오 vs. SK텔레콤

텐센트 865조 원, 소프트뱅크 178조 원, 카카오 44조 원, SK텔레콤 20조 원. 2021년 3월 23일 기준 각 기업의 시가총액이다. 앞서 언급한 기업들은 중국과 일본 그리고 한국에서 각각 통신, 콘텐츠 및 서비스 플랫폼 비즈니스를 대표하는 기업들이다. 각 국가의 배후 시장 규모의 차이로 인한 시가총액의 차이는 분명 존재한다.

카카오는 1995년 설립된 포털 및 모바일 서비스 업체인 다음duam. net을 모태르 한다. 2014년 (주)카카오와 (주)다음커뮤니케이션이 합병했다. 결국 카카오가 본격적으로 사업을 전개한 지는 7년 정도다. SK텔레콤은 1984년 설립된 한국이동통신서비스가 그 기원이다. 1994년 당시 선경그룹에 인수되어 민영화되었으며, 1997년 현재의 SK텔레콤으로 비즈니스를 영위하고 있다. 그리고 현재 37년 역사의 SK텔레콤 시가총액은 비즈니스를 본격화한 지 약 10년 정도 된 카카오의 절반 수준이다.

일본의 GDP 규모는 약 5조 달러이고, 한국은 약 1.6조 달러다. 일본의 인구 수는 약 1억 3,000만 명이고, 한국은 약 5,200만 명이다. 일본의 경제 규모는 한국 대비 대략 세 배 정도 크다고 할 수 있다. 일본 통신 서비스 기업인 소프트뱅크의 시가총액은 한국을 대표하는 SK텔레콤의 약 아홉 배다. 인구 수로 인해 경제 규모가 세 배 차이 난다는 점을 감안하면 두 기업의 시가총액은 서너 배 정도 격차가 나는 게 합리적이다. 하지만 두 기업의 시가총액이 아홉 배라는 큰 격차를 보인다. 이는 SK텔레콤이 소프트뱅크보다 기회 창출의 최대치를 실현하지 못하는 것으로 분석할 수 있다.

짧은 시간에 비약적인 성장을 일군 텐센트, 소프트뱅크, 카카오와 비교했을 때 한국이동통신서비스부터 지금까지 37년의 역사를 가진 SK텔레콤의 성장과 혁신이 상대적으로 뒤처지는 이유는 무엇일까?

4. 금융: JP모건 체이스 vs. 시티그룹_{Citi Group} vs. 캐피털원_{Capital One} vs. KB금융그룹

JP모건 체이스 516조 원, 시티그룹 167조 원, 캐피털원 64조 원, KB금융그룹: 21조 원의 2021년 3월 23일 기준 각 기업의 시가총액이다.

JP모건 체이스는 전 세계에서 가장 규모가 큰 금융 기업이다. 1799년도에 설립되어 미국 내 세 번째로 오래된 금융 기업이기도 하다. 네 번째로 오래된 시티그룹은 1812년에 설립되었다. 그러나 두 기업의 시가총액은 JP모건 체이스가 시티그룹보다 세 배 이상 크다.

캐피털원은 21세기 들어 미국에서 가장 빠르게 성장하는 금융 기업이다. 자산 규모 기준 미국의 10대 은행인 캐피털원은행을 보유하고 있다. 2000년 이래 주가수익률은 184퍼센트를 보이고 있다. 같은 기간 JP모건 체이스는 154퍼센트 성장했다. 이에 반해 시티그룹은 -83퍼센트로 큰 폭의 역성장 흐름을 보이고 있다. 한국의 금융 기업 중 시가총액 기준 최고인 KB금융그룹 역시 주가수익률은 -13퍼센트로 역성장하고 있다.

보수적 성향이 강한 금융 산업에서 캐피털원이 21세기 들어 빠르게 성장할 수 있었던 배경은 무엇일까? 가장 규모가 크고, 200년이 넘는 오랜 역사를 지녔으며, 금융 산업의 공룡으로 불리는 JP모건 체이</p>

* 이미지 출처: Yahoo Finance

스는 어떻게 산업 내에서 군계일학 수준의 변화와 혁신을 이룰 수 있었을까? 시티그룹과 KB금융그룹은 다른 경쟁사들이 가파르게 성장하는 동안 왜 역성장의 흐름을 보이고 있을까? 왜 시장으로부터 우월한 평가를 받지 못할까?

5. 클라우드 서비스: 아마존 vs. 세일즈포스 vs. 네이버

아마존 1,788조 원, 세일즈포스 224조 원, 네이버 63조 원. 2021년 3월 23일 기준 각 기업의 시가총액이다. 이들 기업은 최근 클라우드 서비스를 중심으로 성장한 복합 IT 기업들이다. 아마존에서 클라우드 서비스를 전담하는 아마존 웹서비스Amazon Web Service, 이하 AWS는 2006년 설립되었다. 2006년 이래 아마존의 주가수익률은 6,990퍼센트 성장했다. 같은 기간 세일즈포스는 2,715퍼센트 성장했고, 한국을 대표하는 네이버는 1,455퍼센트 성장했다. 네이버의 성장 정도가 상대적으로 뒤처지는 이유로는 클라우드 서비스 사업 개시 시점이 늦은 것이 결정적이라는 평가가 많다.

클라우드 서비스 대표 기업들의 성장세는 놀랄 만한 수준이다. 클라우드 서비스는 네트워크 비즈니스와 성격이 유사해 시장점유율 싸움으로 경쟁의 속성을 표현할 수 있다. 말 그대로, 임계 시장 점유율을 누가 먼저 확보하느냐에 따라 시장 지배력이 좌우된다. 규모의 경제economy of scale와 범위의 경제economy of scope가 모두 유효하게 작동하는 특성을 지니고 있다. 일류Top-tier 그룹과 그 다음 그룹 간 격차도 상당해서 선두 그룹에 속하지 못하면 생존 자체가 불투명해진다.

디지털 트랜스포메이션Digital Transformation●은 결국 클라우드로 수렴된다. SaaSSoftware as a Service●●, HaaSHardware as a Service●●●, IaaSInfra as a Service●●●● 등 여러 신조어를 만들어내며 서비스 모델as a service로 기업과 개인의 일하는 방식을 바꾸고 있다. 시장점유율이 높을수록 축적되는 데이터와 기술 능력 수준이 달라지기에 서비스 수준과 범주도 상호 연계되어 강화되는 속성을 지니고 있다. 국가 간 경계도 쉽게 넘나든다.

과연 네이버는 아마존 AWS, 구글 클라우드Google Cloud, 마이크로소프트 애저Microsoft Azure, 세일즈포스 등의 클라우드 서비스 분야 선두 그룹이 국내에 진출한다면 유효한 경쟁을 할 수 있을까? 네이버 메저

● 정보통신기술을 활용해 기존의 전통적인 구조에서 디지털의 구조로 전환하는 과정을 일컫는 용어.

●● 소프트웨어를 구매하지 않고, 사용 계정 수 또는 사용 시간 기준 비용을 지불하며 사용하는 방식.

●●● 하드웨어를 사용한 만큼 비용을 지불하는 방식.

●●●● 인프라를 사용한 만큼 대가를 지불하고 이용하는 방식

* 이미지 출처: Yahoo Finance

애플리케이션인 라인Line을 일본과 아세안 지역에 유효하게 론칭하여 뉴욕증권거래소에 상장한 것처럼 클라우드 서비스를 글로벌 서비스로 확대시킬 수 있을까?

　앞서 살펴본 다섯 개 산업 주요 기업들의 성장 전략과 관련한 몇 가지 질문들을 해보았다. 이들 다섯 가지의 에피소드는 최근 기업 세계에서 펼쳐지는 역동적인 산업 주도권의 재편 과정을 잘 보여준다. 신생 기업이 오랜 역사와 전통을 가진 기업의 시장 지위를 흔들고 새로운 트렌드를 주도한다. 그리고 그 과정에서 알 수 있는 혁신에 성공하는 기업들의 특징들을 몇 가지 정리할 수 있다. 첫째, 디지털과 직접적인 관계 없던 기업이 새롭게 부상하는 한 산업의 테마를 선점하여 짧은 시간에 글로벌 시장의 지배자 지위에 자리한다. 둘째, 매우 큰 조직 규모를 지니고 있고, 100년 이상의 전통 있는 기업임에도 불구하고 신생 기업처럼 민첩하고 과감하게 변화한다. 셋째, 최근 혁신 기업들의 성장 전략에 어김없이 기업 벤처링corporate venturing이 자리하고 있다. 넷째, 이를 유효하게 전개하는 기업은 배타적 경쟁 지위와 초고성장hyper-growth을 구가한다. 물론 그렇지 못한 기업은 산업과 시장에서 도태되는 흐름이 확연하다.

"기업 벤처링이란 개방형 혁신의 구체적 실천 전략이다. 기업의 내부와 외부를(특히 스타트업 부문) 모두 아우르는 혁신 생태계를 조성하고, 본 생태계가 선순환적으로 성장할 수 있도록 이를 개발하는 전략적·개방적 상호 협력 혁신 활동이다."[37]

결국 기업 벤처링과 이를 기초로 한 비즈니스 혁신 생태계의 맥락에서 기업 내부의 구성원을 어떻게 보느냐에 따라 기업의 지위도 달라진다. 즉, 내부 구성원을 인적 자원이 아닌 인적 자본human capitals으로 보는 것만으로 그 성격과 지위가 달라진다는 의미다.

인적 자본의 성격과 지위를 갖는 개인은 언제든 기업을 떠나 혁신 스타트업을 만들고 이를 토대로 파괴적 기술disruptive technologies이나 비즈니스 모델을 개발할 수 있다. 이를 이전에 직원으로 근무했던 기업과 인수 합병M&A의 관계를 만들 수도 있다. 또는 해당 기업의 자회사로 편입되거나 기업 내부로 다시 들어가 사내 벤처corporate-ventures 형태 또는 사업 부문 형태로 해당 사업을 이끄는 경영자 역할을 하기도 한다. 전통적 맥락에서 기업과 직원의 관계가 아닌 직원이 언제든지 경영자가 될 수 있으며, 기업에 고용되는 일방적이고 고정적인 관계가 아닌 자유로운 계약관계에 있을 수 있음을 의미한다. 이러한 역동적 상호관계 설정은 21세기 들어 어쩌다 가끔 일어나는 일이 아닌 일상에서 늘 일어나는 일반적인 사례가 되고 있다. 대표적인 예로 1998년 설립한 구글은 2018년 10월까지 20년 동안 총 220건의 인수합병을 단행했고, 산술적으로 월 1.8건, 월평균 최소 두 명 정도의 경영자급 인력의 유입과 교류가 발생했다.

인수 합병, 지분 참여 등 전략적 투자의 빈도가 증가함에 따라 외부 인재들이 조직이나 기업의 단위로 내부에 들어왔다가 나가기를 반복하는 개방적이고, 유연한 관계 설정도 일반적인 내용으로 자리하고 있다. 구성원과의 관계도 조직의 역사와 전통을 깊이 내재화하고 조직 고유의 DNA를 갖는 변혁적 관계transformative relationship보다 프로젝트팀과 프로젝트 조직 형태로 과업 또는 프로젝트를 수행하는 계약적 관계transactional relationship 비중이 점차 늘고 있다. 자본의 개념인 인재들을 유연하게 활용함으로써 새롭고 혁신적인 사업이 이루어지기 때문이다. 따라서 혁신 산업과 기업의 영역에서는 인재 채용과 운영 그리고 개발의 모든 내용이 기업 벤처링이라는 새로운 패러다임에 따라 전개해야 한다. 조직에 깊이 몰입할 수 있는 사람을 채용하고 이들에게 교육과 개발 프로그램을 제시하는 전통적 방식의 HRD 접근법이 더 이상 유효하지 않는 패러다임으로 기업의 조직과 운영 방식이 빠르게 전환되고 있다.[38]

기업가형 인재entrepreneurial talents와 기업가형 전문가entrepreneurial professionals를 선발하고, 이들이 독립적인 기업가independent entrepreneurs와 조직 내 기업가intrapreneurs로 기능할 수 있도록 개발의 맥락이 아닌

투자의 관점에서 인재 정책과 전략을 다루는 새로운 패러다임이 확산
되는 것은 어쩌면 당연한 흐름Seamless이다. 기업 조직의 운영과 문화
가 전체적으로 가볍고, 민첩하게agile 움직이면서도 일관된 흐름으로
관리되는 플랫폼cloud의 개념이 혁신 기업 영역에서는 보편적 조직 운
영 방법으로 자리하고 있기 때문이다. 이러한 흐름에서 과연 각 기업
들은 어떻게 조직을 운영해야 할 것인가?

08

기업의 대학화 vs.
대학의 기업화, 그리고 혁신 생태계

2018년 5월 기업 조직의 '학습 최고 책임자'들의 플랫폼이자, 커뮤니티인 'Chief Learning Officer학습 최고 책임자'[39]에는 〈기업대학의 미래 The Future of the Corporate University〉라는 글이 실렸다. 1960년대부터 본격적으로 확산되기 시작한 기업대학의 설립 붐 현상이 21세기 들어 새로운 변곡점을 맞이하고 있다는 내용이다. 기업대학이 이제 그 수명을 다했다는 시각과 여전히 유효한 모델이라는 관점이 상충하고 있는 최근의 논쟁과 함께 교육기술이 가미된 기업대학의 새로운 미래를 소개하고 있다.[40]

이 글에서 기업대학에 대한 현직 학습 최고 책임자chief learning officer, 이하 CLO들의 토론을 살펴본 결과, 이들의 시각과 논점은 여전히 기업대학의 1세대 및 2세대 모델에 기반하고 있는 것으로 해석된다. 즉,

기업 내부 임직원의 학습과 역량 개발 차원에서 교육 기능에 중점을 두고 기업대학의 현재와 미래를 논하는 것으로 설명할 수 있다.

앞서 기술한 것처럼 기업대학은 이미 5세대 모델까지 진화했다. 3세대 모델부터 기업대학은 해당 기업 외부의 잠재적 고객 및 일반 대중과 기업을 상대로 한 교육을 제공하고 있다. 4세대 모델은 교육과 채용 그리고 채용 후 조직 내 역량 개발까지 이어지는 전주기적 통합 모델이다. 기업은 잠재적 채용 대상자에게 전문적인 교육과정을 제공하는데, 본 교육과정은 필요한 직무 역량의 학습과 계발 그리고 인턴십 등을 포함함으로써, 채용 절차 및 평가의 단계와 과정들이 교육 프로그램에 내재화되도록 구성되어 있다. 또한 채용 이후 기업 내부의 직무 활동 및 역량 계발까지 연계된 모델이다.

그리고 5세대 모델은 외부를 대상으로 한 교육 기능에 더해 개방형 연구 기능이 결합된 개방형 혁신 활동 관점에서 전개되는 모델이다. 기업이 마치 대학의 모습을 지니는 형태다. 특히 해당 기업의 비즈니스가 새로운 지식과 기술의 개발 그리고 이를 대중적으로 보급하는 것을 기초로 이루어지는 속성을 지닌 경우, 구글이나 SAS 등과 같이 '대학의 속성을 지닌 기업a company as a university' 형태로 진화되고 있다. 대학 고유의 탐구 정신과 개방성을 지닌 연구 및 교육 활동을 기업들이 내재화하는 개념이다. 특히 교육 기능에 있어서는 내부 및 외부 교육과정을 통합적인 관점에서 매우 전문화하고, 이에 대한 엄격한 품질 관리를 행함으로써 기업의 각 교육과정별 수료증이 내부 조직 운영 및 외부의 구인·구직 시장에서 학위를 대체하도록 하고 있다. 즉, 과거 내부 임직원을 대상으로 HRD 차원의 교육 기능 중심의 기업대학이 이제 기업 외부의 대중과 산업을 대상으로 범주를 넓히며, 개방형 연구 및 사업 개발 활동을 추가해 대학화universitizing되는 경향을 보이고 있다. 기업대학이 해당 기업의 혁신 생태계의 한 축으로 기능하는 것이 더욱 중요하게 강조되고 있기 때문이다.

혁신 생태계라는 개념은 마치 자연의 생태계와 같이 혁신 활동의 '생산-소비-분해·촉진 기능이상 생태계의 구성 요소'과 혁신 활동을 위한 '제도 및 문화자연 생태계에서 무기 환경의 역할과 지위'가 상호 작용하며, 혁신 활동이 번성하거나 쇠퇴, 파괴되기도 하는 개념이다. 국가혁신시스템National Innovation System, 이하 NIS과 지역 혁신 시스템Regional Innovation System, 이하 RIS 그리고 연장선에 있는 혁신 클러스터Innovation Cluster에서 파생된 개념이기도 하다. '국가-도시(지역)-대학-기업' 각각의 단위에서 구분되어 다루어지기도 한다.[41]

국가 차원에서 혁신 생태계는 기업(산업)과 대학 및 연구기관의 협력 활동에 중점을 둔다. 기업(산업)이 대학 및 연구기관들과 새로운 지식과 기술의 개발, 이전, 사업화 등 혁신 활동을 적극적으로 전개할 수 있도록 제반 환경 여건을 조성하는 것이다. 미래형 일자리 창출, 국가적 기술 경쟁력 제고 및 혁신 선도, 경제적 부가가치 창출을 핵심 성과 지표로 삼는 정책적 활동인 셈이다. 이때 정부의 역할은 정책과 제도를 통해 이들의 협력 관계 순환 흐름이 원활하게 촉진되도록 지원하고 부분적으로 감독한다. 특히 기업이 역동적으로 혁신 활동을 영위할 수 있도록 기업(산업)과 대학 및 연구기관 간 상호 협력을 촉진하는 정책과 제도를 정교하게 다루는 것이 중요하다. 지역 차원의 혁신 생태계도 같은 맥락으로 설명할 수 있다.

대학이 주체적으로 혁신 생태계를 조성하고 개발하는 사례도 증가하는 추세다. 물론 MIT, 스탠퍼드대학교, 케임브리지대학교 등 혁신 역량이 탁월하고, 충분한 자원과 기반이 있는 일부 대학들이 주도하는 경우가 아직 대부분이라는 한계가 있다. 이러한 혁신 생태계는 학생, 교수, 연구원, 동문 등이 스스로 자신의 지식과 기술을 기반으로 창업할 수 있도록 전문적인 지원과 투자를 해 비즈니스를 개발하도록 입체적으로 돕는다. 과거에는 대학이 개발한 지식과 기술을 기업에게 이전하는 방식으로 혁신 활동을 전개했지만 대학 혁신 생태계 관점에서는 스스로 기업을 만들고 상당한 규모로 성장시키고 있다. 학교에서 시작된 기업이 세계적 수준의 혁신 대기업으로 성장하고 독립하는 개념이다. 독립한 혁신 대기업은 해당 대학의 혁신 생태계에서 기업 부문 주체로 참여하여 더욱 성장, 발전시킨다. 후배 스타트업에 투자하고, 인수 합병을 하기도 한다.

기업과는 달리 대학의 혁신 생태계는 지역이나 중앙 정부로부터 자원과 정책적 지원을 받기 위해 지역 정부 및 국가의 정책 방향에 더 부합하는 방식으로 접근하는 경향이 있다.

기업들이 바라보는 혁신 생태계는 국가나 지역 그리고 대학 차원의 시각이나 관점과는 그 결이 다르다. 우선은 국가, 지역, 그리고 대학의 관심사나 이해관계보다 개별 기업의 전략과 목적에 더 집중하고 충실한 접근법을 취한다. 또한 국가를 초월한 관점에서 혁신 생태계를 개발한다. 마이크로소프트, 아마존 같은 빅 테크Big Tech 기업들은 이미 비즈니스 대상이 전 세계인 만큼 혁신 생태계 역시 그에 맞게 개발하고 운영한다. 고객 및 시장이 직접 참여할 수 있는 개방형 혁신 생태계의 모습도 국가(지역) 및 대학 차원의 접근법과 다르다.

기업 차원에서 혁신 생태계 개념을 가장 잘 이해하고, 이를 성장 전략 그 자체로 채택한 대표적 사례로 구글Google을 들 수 있다. 구글의 혁신 생태계 기반 성장 전략은 같은 업종의 IBM과 비교했을 때 더 극명하게 대비된다. 1998년 설립되어 20년 조금 넘은 구글의 2021년 1월 시가총액은 1조 1,000억~1조 2,000억 달러(약 1,200조~1,400조 원) 수준이다. 같은 기간 IBM은 1,100억~1,200억 달러(약 120조~140조 원) 수준이다. 이제 23년 된 구글의 기업 가치가 100년 이상의 역사를 지닌 IBM보다 10배 이상이라니 놀라울 따름이다.

하지만 이러한 결과는 지난 11년 동안 구글의 주가수익률이 1,700퍼센트 이상 상승한 데 반해 IBM은 30퍼센트를 조금 넘는 수준에 머물렀다는 것으로 설명된다. 최근 10년 기간 동안 이들 간 시장가치 격차는 현재의 혁신 역량과 이에 따른 미래 기대 가치를 반영한 결괏값이다.

이 두 기업의 성장 속도와 규모 그리고 질적 수준 차이가 이렇게 커지게 된 핵심적 배경과 원인은 무엇일까, 더 구체적으로 혁신의 성과 차이가 이렇게 크게 나는 이유는 무엇일까?

2018년 가을 본 사례를 기초로 '한국벤처창업학회 추계 학술대회'에서 주제 발표(키노트 스피치)를 한 바 있다.[42] 구글은 창업 후 만 20년 (1998년 9월 설립) 동안 총 220건의 인수 합병을 단행했다. 구글은 내부의 자체 역량에만 의존하여 성장한 것이 아니다. 구글 혁신 생태계를 조성하고 이를 통해 외부에서 인재를 비롯해 기술, 비즈니스 모델,

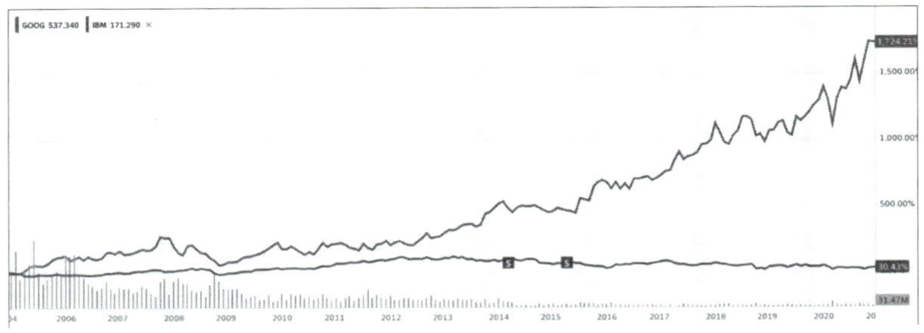

* 이미지 출처: Yahoo Finance

비즈니스 활동, 조직, 그리고 시장과 고객 경험 등을 적극적으로 흡수했다. 또 외부에서 영입된 인재와 기업들을 구글 혁신 생태계에 안착시키고 혁신과 성장을 주도하도록 적극적으로 여건을 만들었다.

구글은 혁신 생태계를 완성하기 위해 우선 회사 밖 개인 및 기업을 대상으로 꾸준하게 다양한 영역의 전문적인 교육 서비스와 관련 인프라를 제공하며 '구글 혁신 커뮤니티'를 먼저 형성했다. 대학교수는 물론 연구자, 타 기업의 엔지니어, 외부의 기업가들에게 회사를 개방하고, 이들이 구글 안식년Google Sabbaticals●, 구글 개발자 대회, 구글 스타트업 프로그램 등을 통해 구글의 데이터, 인프라, 비즈니스 모델을 경험하도록 했다. 그 후 여기에 참여한 개인과 기업들이 구글 경험을 추가해 자신들의 연구, 기술 개발, 비즈니스 개발 등을 더욱 혁신적으로 해나갈 수 있도록 지원하는 제도와 문화적 기반을 만들었다.[43] 그리고 이들이 만들어낸 혁신적인 결과물들을 정당한 가치를 평가해 매입하

● 구글에서 1년간 체류하며 자유로운 연구 활동을 하도록 편의를 제공하는 프로그램.

거나 인수하면서 구글의 기술과 비즈니스 그리고 플랫폼을 확장시켜 왔다. 마치 대학이 행하는 개방적 연구 및 교육 활동과 유사한 활동들을 전개한 것이다.

이는 구글 혁신 생태계를 완성하기 위해 꾸준히 일반 대중과 기업 그리고 미국과 전 세계를 대상으로 범주를 확장한 20년이라고 요약할 수 있을 것이다. 즉, 혁신 생태계의 규모와 질적 측면 모두를 고도화시킨 것이다. 바로 이것이 현재의 구글을 만든 결정적 전략 행위였다. 그리고 이러한 방향성을 위한 시도는 현재까지 유지되고 있다.

구글이 개방형 혁신을 통해 혁신 생태계의 규모와 질적 수준을 고도화하는 성장 전략을 채택한 데 반해, IBM은 상대적으로 내부의 혁신 역량 개발에 집중하는 성장 전략을 취했다. IBM의 내부 임직원 교육 역량 그리고 기초 연구 활동 지원 인프라는 매우 탁월한 것으로 알려져 있다. 그러나 이를 외부로 확장하여 혁신 생태계로 패러다임을 전환하지 못한 결과 업계에서 리더 지위를 빼앗겼고, 추종자 또는 후발자 지위에 머물며 업계의 평균적 성장보다 낮은 수준을 보이게 되었다. IT 산업의 기업 혁신 생태계 지도를 보면 구글과 IBM 간 혁신 생태계 규모와 범주의 차이를 쉽게 비교할 수 있다.

기업 세계에서 혁신 생태계를 기반으로 한 성장 전략의 실행은 보편화되었다. 동시에 개별 기업의 혁신 생태계 간 협력과 경쟁 또한 활발히 전개되고 있다. IT 산업에 이어 금융 산업과 바이오 및 헬스 케어 산업 등 최근의 혁신 성장을 주도하고 있는 산업에서는 기업 내부와 외부가 유기적으로 협력 및 교류 활동을 전개하는 개방형 혁신 플랫폼을 만들고 운영하는 것은 이제 일반화된 사항이다.

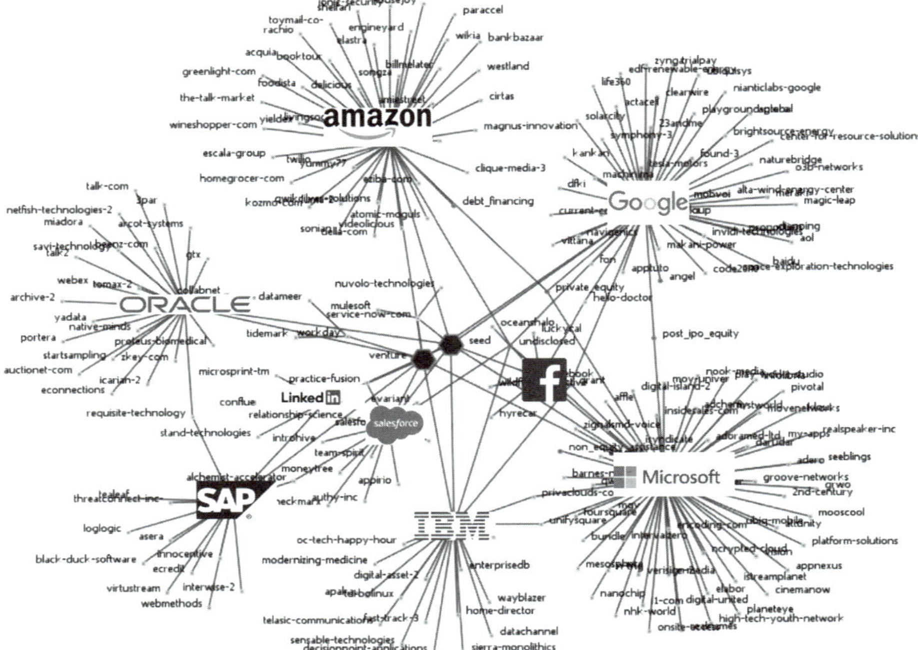

* 이미지 출처: https://jayvanzyl.me/an-ecosystem-perspective-on-microsofts-acquisition-of-linkedin/

자유로운 탐구와 도전적 실험, 창의적 문화와 개방적 혁신 활동, 혁신 인재의 양성과 활용, 대중적 교육 프로그램의 제공 및 해당 교육의 품질 관리 등 대학의 기능과 문화를 내재화하는 것은 기업들의 개방형 혁신과 혁신 생태계 그리고 이를 통한 성장 전략을 실행하는 데 선행되어야 할 필수 조건에 해당한다. 기업이 대학화하는 이유다.

기업들이 대학화를 추구하는 방향이 두드러진다면, 그 반대 지점에는 대학이 기업화되는 현상이 일어나고 있다. 2000년대 이래 대학의 기업화는 미국 학계에서 뜨거운 논쟁의 주제다.

미국학의 저명한 학자 니콜라우스 밀스Nicolaus Mills 교수[44]는 펜실베니아대학에서 발행하는 매거진《디센트The Dissent》에 〈고등교육의 기업화The Corporatization of Higher Education〉라는 글을 통해 대학의 기업화에 대한 비판적 견해를 밝혔다.[45] 미국에서 대학의 기업화 현상은 1980년대 초부터 대학 관련 규제가 완화되며 본격화되었다. 이것이 미디어에 의한 대학 평가 프로그램과 맞물리면서 공립대학에서도 보편화되는 양상을 보이고 있다. 사실 처음에는 기업 경영 방식과 논리가 대학 운영에 투영됨에 따라 합리성이 더 강조되면서 순기능적 발전 흐름을 보일 것으로 기대했다. 하지만 대학의 고위직과 임시 하위직 간 큰 임금 격차, 임시 교원(비정년 교수 등) 운영의 확대, 연구나 교육과 직접적이지 않은 인프라나 활동에 대한 과도한 투자 등 대학 내 불평등과 비생산적 격차를 만들어내, 결국 학생들의 학비 부담만 가중하는 것으로 귀결되었다. 밀스 교수는 바로 이 점을 문제로 꼬집었다.

뉴욕시 소재 유대인 대학인 예시바대학Yeshiva University의 역사학 교수인 엘런 슈런 커Ellen Schrecker 역시 저서《고등 교육의 잃어버린 영혼: 기업화, 학문적 자유에 대한 공격, 미국 대학의 종말The Lost Soul of Higher Education: Corporatization, the Assault on Academic Freedom, and the End of the American University》을 통해 미국 대학의 기업화에 대한 비판적 견해를 밝혔다.[46] 대학을 기업 조직의 논리로 운영하는 추세가 확장됨에 따라 학문의 자유 그리고 학문 탐구를 위한 대학 고유의 도전적 특성이 자취를 감추어 '대학다운 대학'의 종말이 올 수 있다는 주장이다.

그러나 대학이 기업화되는 현상은 대학 스스로 시대의 변화에 따른 역할 정체성을 찾아가는 과정이라는 주장도 있다. 캐나다 웨스턴 온타리오대학University of Western Ontario의 사회학 교수인 제임스 코테James Cote 그리고 안톤 L. 알하르Anton L. Allahar 교수는 그들의 저서《쇠락하는 고등교육: 기업대학의 부상과 자유 교양 교육의 추락Lowering Higher Education: The Rise of Corporate Universities and the Fall of Liberal Education》을 통해 전통적인, 특히 자유교양 교육을 행하는 대학들은 현대사회에서 스스로의 역할 정체성을 찾지 못하고, 과거의 패러다임에 머물러 있기 때문에 기업대학에게 잠식당하고 있다는 내용을 설명하고 있다.[47] 물론 이러한 흐름이 만들어진 데는 정부의 정책 실패도 큰 영향을 미쳤지만 고등교육의 영역은 기본적으로 소비자주의적 시각에서 바라봐야 하는 현실을 간과해서는 안 된다는 것이다. 사립대학들의 경우 학생 등록금에 대한 대학 재정 의존도가 높을 수밖에 없기 때문에 기업이 고객과 관계하듯 학생을 고객의 시각에서 바라보고 대학은 교육 서비스를 제공해야 한다는 현실적 주장이 점점 수용되고 있는 추세다. 특히 외국인 유학생에 대한 북미 사립대학의 재정 의존도는 더 높아져 이와 관련된 학생 유치와 교육은 기업의 비즈니스 활동과 같은 맥락에서 이루어지는 게 현실이기 때문[48]이라고 피력한다.

사립대학 중 등록금이 대학 재정에서 차지하는 비중이 낮은 대학들은 더욱 기업화되는 경향을 보이고 있다. 단지 외부 기부금 수입을 늘리기 위한 활동에만 머물지 않고, 대학이 지닌 지식과 기술을 산업과 기업에 이전하여 이에 대한 재정 수입을 확보한다. 대학 관계자의 창업을 독려하고, 설립한 창업 기업에 직접 투자하고, 교육 외 부대 사업을 개발하여 직접 수익화를 추구하고 있다.

학생들 역시 기업화된 대학에 진학하는 것을 더욱 선호하는 추세다. 장학금을 받을 수 있는 기회가 많으며, 더 우수한 교수진, 고도화된 교육 및 연구 인프라, 취업이나 창업 등에 있어 실효적인 커뮤니티 및 인적 네트워크 등을 누릴 수 있기 때문이다.

많은 사립대학에서 기업에서 사용하는 직위 표현인 'CEO' 등 'C-level' 관련 직위 타이틀을 접하는 것은 더 이상 낯설지 않다. 영리 목적의 사립대학 설립과 운영을 허가하는 국가에서 고등교육은 더는 대학만의 전유물이 아니다. 기업들이 직접 고등교육에 참여하기도 하고, 전략적 제휴 관계를 통해 개별 기업의 필요와 목적에 최적화된 고등교육을 행하기도 한다.

앞서 소개한 제임스 코테 그리고 안톤 L. 알하르 교수의 또 다른 저서 《아이보리 타워 블루스: 위기에 직면한 대학 시스템Ivory Tower Blues: A University System in Crisis[49]》에는 '투자자와 관리자로서의 부모: 엄마와 아빠 은행Parents as Investors and Managers: The Bank of Mom and Dad'이라는 주제의 내용이 소개되고 있다. 과거 맹목적으로 진학해야 하는 대상 맥락에서 대학을 바라볼 것이 아니라 학생과 부모 그리고 기업 세계의 영역 모두에서 고등교육을 '투자'의 시각에서 바라볼 때, 고등교육의 역할 정체성과 이에 대한 판단을 더 합리적으로 할 수 있다는 내용이다.

물론 기초과학과 순수 학문을 연구하는 교수 집단에서는 대학의 기업화에 다한 우려와 불편한 시각이 여전히 공고하다. 그러나 고등교육의 수요자인 기업과 학생 그리고 학부모의 관점에서 대학의 기업화 그리고 고등교육의 상업화는 거스를 수 없는 흐름이다. 새로운 지식과 기술의 생산력에 있어 전통적인 대학보다 기업대학이 비교 우위에 있다.

오늘날 기업이 고용력은 물론 대학이 지닌 고유한 장점과 강점을 내재화한 기업대학은 이제 일반 대중과 학생들에게까지 그 문을 활짝 열고 있다. 학생과 학부모들은 어떤 선택을 하게 될까? 최근의 이러한 흐름에서 전통적인 대학들은 어떤 생존법을 찾아야 할까?

기업의 대학화 그리고 대학의 기업화, 이 교차 영역에 혁신 생태계가 자리하고 있다. 기업과 대학의 지속 가능성과 성장은 혁신 생태계의 수준과 경쟁력에 달렸다. 스스로 지속 가능한 혁신 생태계를 조성하고 개발하던지, 아니면 경쟁력 있고 지속 가능한 혁신 생태계의 일원으로 참여해 공고하게 자리 잡던지, 한 방향을 제대로 설정해야 한다. 이 선택과 결단을 하지 못한다면 곧 생존 여부를 결정해야 하는 기로에 서게 될 수 있다. 기업과 대학 모두 말이다.

09

애자일 조직과
클라우드 시대의 기업 교육

크로톤빌 리더십 개발원The Crotonville leadership institute는 20세기 세계 최고 기업 GE의 걸작품이다. 전설적인 경영자로 불린 잭 웰치Jack Welch가 CEO를 역임하는 기간 동안 GE 혁신과 성장 핵심 배경으로 평가되기도 한다. 크로톤빌에서는 조직이 추구하는 가치와 실행하고자 하는 전략을 차세대 리더십들이 충실히 내재화할 수 있도록 매우 전문적인 교육 기능을 수행했다. 크로톤빌은 기업의 시설이라기보다 마치 자유교양대학 캠퍼스 같은 인프라와 문화를 갖추고 있다. 그중에서도 13주간의 합숙 몰입 교육residential immersive education을 통한 GE 차세대 리더십 양성 교육과정을 제공하는 것이 핵심 기능이었다.

회사 입장에서는 핵심 차세대 리더십 그룹을 현장 직무를 완전히 떠나 약 3개월간 합숙 몰입 교육에 참여하도록 하는 것은 상당한 비용과 위험이 수반되는 투자 활동이었다. 그러나 20세기 GE가 세계 최고 기업의 반열에 올라선 데는 크로톤빌의 역할이 결정적이었다고 평가될 만큼 투자수익률이 높은 교육이었다. 특히 리더십 개발 관련 교육은 그 어떤 대학이나 기업의 교육과정보다 탁월했고, 효과가 입증된 것으로 평가되며 전 세계적으로 주목받았다.[50]

21세기 들어 크로톤빌이 축적한 교육 경험과 역량은 GE그룹 밖을 향하며, 고객[51] 그리고 일반 대중과 기업을 포함해 국제적인 활동으로 범주가 확장되었다[52]. 다양한 교육과정들이 추가되고 교육 기간도 각 과정별 탄력성을 가지게 되었다. 교육기술이 가미되면서 분산형 학습 플랫폼 'BRILLIANTYOU™'를 통해 원격·가상 교육을 활발히 전개하고 있다. 그럼에도 불구하고, 여전히 GE의 핵심적인 교육 방법론은 '합숙 몰입 교육'이다.[53]

코로나19 상황 이전까지 기업들의 교육과정 구성과 운영은 GE의 크로톤빌을 모델로 '대면·집합·합숙형 몰입 교육' 중심으로 이루어졌다. 온라인 교육은 보조적으로 활용되었으며, 직급이나 계층, 직군 등으로 구조화된 교육과정을 운영했다. 마치 대학에서 학점을 이수하거나 학위, 졸업장 그리고 자격증을 취득하는 것과 같은 맥락이었다. 연간 단위의 교육 계획에 맞추어 개인이 참여하고, 승진 및 승급 그리고 직군 전환 등 선형적 단계에 기반하여 진행되었다.

그러나 기업의 비즈니스 환경이 역동적으로 바뀌고, 특히 파괴적 기술의 등장과 코로나19 상황이 일상화되면서 기업들은 비즈니스 전개와 운영의 방식을 전혀 새롭게 하고 있다. 이에 따라 기업의 교육 및 인재 개발 역시 그 관점과 철학, 방법과 프로세스, 인프라, 그리고 운영 체계 등 빠르게 변화하고 있다.

최근의 이러한 패러다임을 관통하는 표현은 '애자일(민첩한) 조직Agile Organization 만들기'다. 이 표현은 소프트웨어 개발 프로젝트 관리 방법이 선형적이고 단계적인 접근법Waterfall approach을 취하던 것에서 기민하고 유연한 접근법Agile approach을 적용하자, 생산성이 현저하게 증가해 효과가 높은 결과를 얻은 데서 영감을 받아, 이를 기업 조직의 운영에 적용한 것으로 설명할 수 있다.

애자일 조직에서는 조직의 구조와 운영, 조직과 개인의 일하는 방식, 단위 조직과 개인 구성원에 대한 평가와 보상, 인적 자원 개발 정책과 핵심 인재의 육성, 인력의 채용과 활용 등 사람과 조직의 운영 전반이 이전과는 완전히 새로운 패러다임으로 전개된다. 역동적으로 변화하는 환경 속에서 생존과 성장을 도모하기 위한 기업의 대응이라 할 수 있다.

펜실베이니아대 와튼 비즈니스 스쿨Wharton Business School의 피터 카펠리Peter Cappelli 교수와 뉴욕대의 애나 타비스Anna Tavis 교수가 《하버드 비즈니스 리뷰Harvard Business Review》에 기고한 글 〈HR은 민첩하게 간다HR goes Agile〉[54]에는 기업들이 왜 '애자일 조직 만들기'에 열심인지, 그리고 어떤 것을 중심으로 전개해야 하는지에 대한 내용이 실려 있다. 그 예로, IT 산업의 90퍼센트 기업에서 보편적으로 채택하고 있는 '애자일 조직 만들기'가 전 산업으로 확대되고 있는 다양한 사례를 소개한다.

세계 최고의 컨설팅 회사 중 하나인 맥킨지McKinsey&Company에서는 2020년 11월 〈코로나19 시대의 민첩성: 난기류 시대의 운영 모델의 변화Agility in the time of COVID-19: Changing your operating model in an age of turbulence〉라는 보고서를 통해 코로나19 시대가 전통 산업에서도 표준 운영 모델로 '애자일 조직'을 선택하고 있다는 강조와 함께 네 개 회사의 사례를 소개했다.[55] 그러나 IT 산업을 제외하고 제조나 전통 산업에서 '애자일 조직 만들기'는 실제 유의미한 효과를 내지 못하는 경우가 많다.

맥킨지는 '애자일 조직'을 만들기 위해 '전략-구조-프로세스-사람-기술' 이상 다섯 가지 영역을 기민하고 유연하게 할 수 있도록 정합성 관리를 전제해야 함을 강조한 바 있다.[56] 그러나 실행의 관점에서 상기한 다섯 가지 영역을 정교하게 개발 관리하는 것은 결코 쉬운 일이 아니다. 이와 관련하여 카펠리와 타비스 교수는 '애자일 조직'이 비즈니스 혁신에 유효한 방법론이 되기 위해서는 첫째, 조직과 개인 단위의 성과 평가 주기와 방법을 프로젝트팀 중심으로 변환할 것, 둘째, 코칭 시스템과 인프라 도입을 통한 성장을 지원할 것, 셋째, 프로젝트팀 중심으로 조직을 운영할 것, 넷째, 다면·다방향의 피드백 시스템을 갖출 것, 다섯째, 프로젝트팀에서 최종 의사 결정권을 갖도록 권한 위임empowering을 제도적으로 갖출 것, 여섯째, 팀의 역동성을 증진할 수 있는 지원 시스템을 갖출 것, 일곱째, 유연하고 역동적인 보상 체계와 시스템을 갖출 것, 여덟째, 기민하고 유연한 채용 활동을 수행할 것, 아홉째, 기민하고 유연한 학습과 인적 자원 개발 인프라를 갖출 것 등이 필요함을 설명했다.

'애자일 조직'을 만들기 위해서는 소위 '머리부터 발끝까지' 조직의 모든 것을 바꾸어야 함을 시사하는 것이다. 이러한 이유로 방향성 관점에서는 '애자일 조직'으로 변화하는 것에 대해 동의하더라도 실제 실행 단계에서는 머뭇거리거나 기존 방식을 고수하는 것으로 결론에 이르는 경우가 많다.

클라우드 환경은 애자일 조직의 구축과 운영 모두가 효과적으로 기능하도록 '인프라-콘텐츠-소프트웨어-빅데이터-활용 기술' 등을 일괄적으로 제공하는 역할을 수행한다. 앞서 제반 논의와 설명에서 세부적으로 다루어지지 않은 '기민하고 유연한 학습과 인적 자원 개발 인프라' 등을 갖추는 구체적인 실행 방법에 해당하는 사항이다. 애자일 조직 만들기는 곧 '클라우드 환경으로 대전환하기'로 달리 표현해도 될 정도로 상호관계가 밀접하다. 기업 규모가 상당히 큰 조직임에도 불구하고 애자일 조직이 효과적으로 잘 기능하는 사례에 해당하는 기업들은 클라우드 분야의 선도 기업으로 아마존, 마이크로소프트, 구글, 세일즈포스 등이다. 결국 극단적으로 표현하자면, '클라우드 환경으로의 대전환'이 전제되지 않은 '애자일 조직 만들기'는 실패로 귀결될 확률이 매우 높다. 또 다른 측면에서는 비즈니스와 조직 그리고 업무 활동이 클라우드 환경으로 전환되지 않은 조직에서는 애자일 조직처럼 역동적인 변화에 능동적으로 대처하는 것이 매우 어렵다는 것을 시사하기도 한다.

규모 있는 기업들에서 애자일 조직 만들기와 클라우드 환경으로 대전환하기 흐름은 최근 매우 빠르게 확산되고 있다. 또한 이 과정에서 스타트업의 사고와 혁신 방법론도 적극적으로 채택되고 있다. 그만큼 비즈니스 환경이 역동적으로 바뀌고 있음을 시사한다. MIT의 기업가센터를 이끌고 있는 에릭 라이즈Eric Rises가 고안한 린 스타트업

Lean Startup[57]의 개념과 방법론은 규모 있는 기업의 실제 비즈니스 현장에 활발히 접목되고 있다. '구축-측정-학습'이라는 세 가지 사이클을 빠르게 반복하며 시장과 고객의 기대를 충족시키거나 이끌 수 있는 상품과 서비스 그리고 비즈니스를 개발하는 프로세스를 지니고 있다. 이는 시장과 고객에 대한 불충분한 이해, 상품과 서비스를 개발하기 위한 자원의 결핍 상태의 스타트업들이 가볍고 기민하게 혁신 활동을 전개하도록 일련의 가이드를 제시하는 내용이다.

외부적으로 보이는 조직의 운영 방식에 애자일 조직이 해당한다면, 클라우드는 그 조직이 운영 가능하도록 하는 인프라이자 각종 툴의 허브다. 즉, 린 스타트업은 애자일 조직의 일하는 방식과 철학으로 설명할 수 있을 것이다.

린 스타트업의 핵심 원리를 기업 교육과 인재 개발 영역에 접목하면 업무 활동 자체가 학습의 의미를 지니게 된다. 혁신의 영역에서는 시장이나 고객의 기대를 이끌거나 충족시킬 수 있는 상품이나 서비스를 개발하는 일련의 업무 활동 자체가 '가설 설정과 최소 기능 제품marginal viable product, MVP의 제작 – 고객 검증과 시장 테스트 – 측정과 분석을 통한 피드백과 학습 그리고 학습 결과의 재적용'으로 이어지는 일련의 빠른 순환 흐름이기 때문이다. 요약하자면, 업무가 곧 학습이 된다는 개념이다.

따라서 연간 임직원 교육 계획을 수립하고, 예산을 할당하며, 내부와 외부의 강사를 섭외하고, 각 교육과정별 만족도와 효과성을 측정하고, 교육 참여 실적을 인사 시스템에 반영하여 승진과 승급에 활용하는 등의 복잡한 20세기식 기업 교육의 전개 방식은 근본적으로 '린 스타트업’ 원리와는 부합하지 않는다.

기업 교육의 투자 대비 수익률에 대해 갑론을박하며, 교육 투자의 효과성에 대해 결국 불신하는 기업들은 아마존의 ‘업무 활동-학습-고객 경험 혁신-성과 창출’로 이어지는 업무 활동으로써의 학습에 관심을 가지고 꼼꼼히 살펴볼 필요가 있다. 대부분의 조직에서 업무 활동과 학습 또는 교육 사이에 일정한 간격이 존재하지만 아마존에서는 ‘업무 활동=학습’의 관계성을 지니고 있다. 아마존의 고객 중심 혁신의 핵심 배경으로 평가되고 있는 ‘리더십 원칙Leadership Principles[58]’은 많은 기업들로부터 벤치마킹 대상이 되고 있다.

최근 캘리포니아주 산호세에 있는 AWS를 방문해 ‘리더십 원칙’을 관리하고 교육하는 책임자를 만났다. 그 과정에서 아마존의 임직원들이 리더십 원칙을 어떻게 업무 활동에 적용하는지 직접 설명을 듣는 기회를 몇 차례 가졌다. 그는 ‘메커니즘-아키텍처-문화-조직’이라는 용어를 아마존 관점에서 재정의해두고 있었다. 그리고 고객 중심 혁신을 위해서는 이들이 각각 따로 해석되고 적용되는 게 아니라 상호 간 정합성을 이루는 것이 매우 중요하다고 했다. 리더십 원칙은 벽에 걸어두는 장식이 아닌 실제 업무에 적용되는 원칙이자, 가이드라고 강조했다. 궁극적으로 고객 경험 혁신과 개인 및 조직의 성장을 지향한다는 점도 강조했다. 리더십 원칙은 업무 활동 자체가 학습이며, 결국 업무를 통해 학습 효과를 얻을 수 있도록 구조화된 것이라는 설명을 덧붙였다.

아마존에서 ‘업무 활동=학습’의 의미는 업무 활동이 개인과 조직의 성장을 이끄는 핵심 동력임을 의미한다. 아마존 업무 경험(경력)을 갖는다는 것은 회사 내부에서, 그리고 이직이나 전직 과정에서도 개인의 성장을 이끄는 강력한 브랜드로 기능한다. 아마존 경력 선택Amazon Career Choice[59]은 숙련도 향상 지원 정책upskilling initiative으로 직무 전환, 신규 프로젝트 참여 활동 등의 목적으로 제공되는 학습 프로그램을 말한다. 정보 기술, 운송, 헬스 케어, 숙련 기계 기술Mechanical and Skilled Trades 이상 산업 수요가 많은 네 개 영역에서 임직원들에게 전문적인 학습이 필요할 때 본 학습 소요 비용의 95퍼센트를 회사에서 지원한다. 관련 교육 콘텐츠나 인프라는 모두 회사 내에 세계 최고 수준으로, 당연히 클라우드에 기반하고 있다.

'Amazon HQ2'에서 인력 개발 담당 부사장을 맡고 있는 아르딘 윌리엄스Ardine Williams는 〈MIT 슬로안 매니지먼트 리뷰MIT Sloan Management Review〉와 가진 인터뷰를 통해 '업무 활동＝학습→성장'으로 이어지는 '아마존 업무 경험'에 '새로운 기술에 대한 학습'이 추가된 조합은 회사 내부 및 외부 모두에서 의미 있는 '경력 성장 동력career momentum'을 만들어내게 되며, 이로 인해 인재를 회사 밖으로 빼앗길 우려가 있지만 우수하고 열정적인 인재들을 유치하고 유지하기 위한 효과적인 정책임을 강조한 바 있다.[60]

즉, 업무 활동에 내재화된 학습과 함께 학습자 주도형 클라우드 학습 인프라를 제공해줌으로써 기업과 개인 모두 강한 혁신에 깊이 몰입하고, 이를 통해 성장한다는 개념이다.

20세기 기업 교육의 역할 모델과 표준이 크로톤빌을 기반으로 한 'GE식 교육'이라다면, 21세기 현재와 미래 기업 교육의 역할 모델은 고객 관계 관리 클라우드 서비스 전문 기업인 세일즈포스라고 소개하고 싶다. 은행과 금융업의 클라우드 환경으로 전환하기 위한 탐방 조사 차원에서 이 회사의 샌프란시스코 본사와 뉴욕 사무실을 여러 차례 찾았다. '고객 관계 관리customer relationship management, 이하 CRM' 전문 기업이라는 특성도 있겠지만 세일즈포스의 회사 리셉션 데스크 근무자들은 여느 기업과 다르게 진정한 환영이 무엇인지 방문자들이 느끼게 해준다. 그간 전 세계의 주요 혁신 기업 현장을 방문해보았지만 단연코 가장 인상 깊은 경험이었다. 리셉션 데스크 직원들은 경직되지 않았고, 너무 과하지도 않게 방문객들을 맞았다. 매우 밝고 유쾌하게 그리고 방문자로 하여금 세일즈포스와 편안한 친구가 될 수 있도록 분위기를 만든 것이다. 그리고 이 긍정적 경험은 회사의 일선 직원부터 최고의급 임원까지 이어졌다. 그간 여러 계층의 임직원들을 만나는 과정에서 공통적으로 발견할 수 있는 '세일즈포스에서 일하는 사람의 특성'을 요약해보자면, '밝고 유쾌한 전문가 집단'이었다. 이는 조직에 체계적인 임직원 교육 시스템이 유기적으로 작동하고 있음을 방증하는 것이기도 하다.

세일즈포스의 내부 임직원 교육은 21세기 기업 교육의 결정판이라고 할 만하다. 요약하여 정리하자면, ① 기업의 임직원을 고객으로 정의하는 조직 철학과 기업 교육 접근법, ② 기업 비즈니스의 프로세스 및 업무 흐름 그리고 빅데이터와 연계된 교육, ③ 대면·집합·합숙형 몰입 교육의 각 장점 활용, ④ 개인 및 조직 성과 창출과 연계된 개인화된 교육 체계, ⑤ 반응형 가상 교육 인프라와 콘텐츠 활용, ⑥ 최신의 클라우드 및 교육기술 적용, ⑦ 학습 활동을 조직 비즈니스와 문화로 내재화, ⑧ 고객 및 일반 대중(잠재적 고객)들과 공유할 수 있는 교육 자원과 역량 이상의 여덟 가지가 유기적인 조합을 이룬다. 여덟 가지 사항의 주요 포인트는 최근 혁신 선도 기업들인 마이크로소프트, 아마존, 그리고 구글 등의 기업 교육에서도 발견되는 공통점이다. 그 중에서도 세일즈포스의 교육은 고객 관계 관리 솔루션 기업답게 고객에 대한 관점이 더욱 정교하게 투영된 교육을 전개하고 있다.

매년 12월 초중순 샌프란시스코 다운타운은 수십 만 명의 방문자로 매우 번잡하다. 그리고 이들 방문자들은 드림포스와 세일즈포스라고 적힌 가방을 들고 거리를 누빈다. 드림포스는 매년 일주일간 여는 '산업박람회, 학술대회, 투자 데모 데이, 전문가 축제, 혁신가 교류회'가 모두 결합된 세일즈포스 고유의 초대형 이벤트다. 이때는 각 산업별로 디지털 혁신의 다양한 사례와 방법들이 소개되고, 세계적으로 저명한 연사들의 강연과 학술적 세미나 등이 열린다. 참가자 간 다양한 교류의 장들도 열린다. 드림포스는 최근 라스베이거스Las Vegas에서 열리는 세계 가전 전시회The International Consumer Show, CES를 능가하는 이벤트로 '산업계와 학계, 연구계' 간 융합을 통한 새로운 지식 창출과 교류의 장으로 각광받고 있다.

크로톤빌로 대변되는 20세기 기업 교육의 대표 모델 GE, 그리고 21세기 기업 교육의 대표 모델로 소개할 수 있는 세일즈포스, 이들의 기업 교육이 현재의 비즈니스 환경 그리고 성과와 어떤 상호 작용을 하는지 이들 기업의 시장 평가를 통해 가늠해볼 수 있다.

20세기의 마지막 해 세계에서 시가총액 1위 기업이자, 약 130년의 역사를 지닌 GE의 2021년 1월 기준 시가총액은 1,000억 달러를 밑

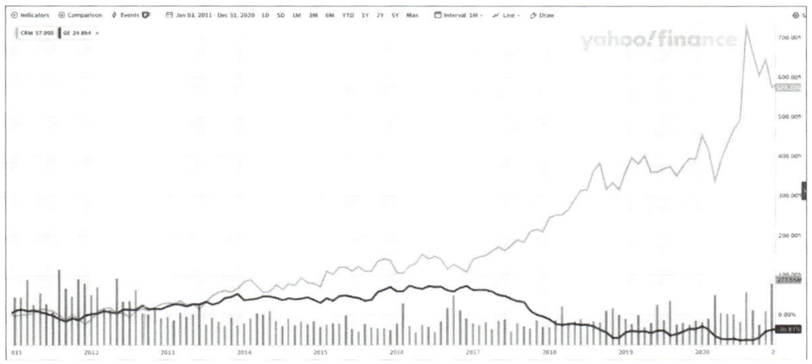

* 이미지 출처: Yahoo Finance

돈다. 21세기 기업(1999년 설립)이자, 21세기 기업 교육의 대표 모델인 세일즈포스의 시가총액은 같은 시점 2,000억 달러를 넘었다. 시가총액으로만 비교했을 때 GE의 두 배 이상이다. 최근 10년간의 1개월 단위 주가수익률로 비교해보면, GE는 -39.1퍼센트, 세일즈포스는 574.3퍼센트다.

그간 기업 교육과 관련한 가장 큰 도전은, 경영진들이 자주하는 '회사는 학교가 아니다'라는 표현에 제반 사항들이 함축되어 있다. 교육에 대한 투자가 성과로 연결되는 경험을 하지 못하고 있는 것이다. 대표적 글로벌 HRD 컨퍼런스를 개최하는 인재개발협회Association for Talent Development, ATD는 2018년 인터넷 생방송을 통해 '학습자는 화성 출신, 학습 및 개발 리더는 금성 출신: 기업 학습에서 모든 사람이 원하는 것의 이해'라는 대담을 진행했다.[61] 개방형 교육 플랫폼 기업인 코세라의 고객 성공 글로벌 책임자인 카비르 차드하Kabir Chadha와 어도비Adobe에서 기술 인력의 학습과 개발 프로그램 매니저 역할을 하는 세스–아론 마르티네스Seth-Aaron Martinez 박사 간 전문적인 대담이었다.

이들 대화의 핵심은 기업의 학습자는 자신이 필요로 하는 현재와 미래의 교육이 무엇인지 상세하고 정교하게 정의를 내리지 못하고 있고, 조직의 학습 및 인재 개발 책임자나 리더는 현장의 학습자들에게 어떤 학습과 개발을 위한 가이드를 제공해주어야 할지 정확히 파악하지 못하다 보니, 마치 화성과 금성에서 온 사람처럼 각각 서로 다른 이야기와 활동을 하고 있는 기업의 교육과 인재 개발의 현실적 문제점을 이야기했다. 결국 기업 교육의 효과성 측정의 어려움과 한계로 인해 투자 대비 효과를 얻지 못하는 기업 교육과 인재 개발의 구조적인 제약 사항과 이를 극복하기 위한 대안 모색이 필요하다는 것이다.

실제로 측정 및 평가 전문 기관인 투자자본수익률 연구소ROI Institute의 회장 잭 필립스Jack J. Phillips 박사는 인재 개발 전문 잡지인《TD 매거진TD Magazine》, 2010년 10월 호를 통해 CEO의 96퍼센트가 학습 및 개발이 비즈니스에 미치는 영향에 대한 측정과 분석 데이터를 보고 싶다고 말하지만 실제 데이터를 만들 수 있는 환경을 갖춘 정도는 8퍼센트 미만이었다고 밝혔다. 또한 74퍼센트의 CEO가 교육 투자와 이에 대한 효과성 관련 데이터를 보고 싶어 했지만 실제 가능한 여건을 갖춘 정도는 4퍼센트 수준이라는 조사 결과를 소개했다.[62] 10여 년 전 조사 결과이지만 현재도 크게 상황이 달라지지는 않았다.

그러나 클라우드 환경으로 전환된다는 것이 전제되면 조직의 학습과 비즈니스 성과, 그리고 교육과 인재 개발에 대한 투자 효과성을 측정할 수 있다. '직무 기술-학습자-직무 활동 흐름-조직 행동-조직 성과'로 이어지는 조직 성과 창출의 각 과정과 단계를 상세하게 측정할 수 있는 환경이 만들어지기 때문이다. 측정이 가능하면 개선도 가능하다. 즉, 교육 투자를 통해 조직의 성과 창출을 기대할 수 있게 된다.

최근 현장 방문 조사를 통해 직접 확인 및 경험해본 결과, 세일즈포스의 '마이트레일헤드myTrailhead'[63]와 'IBM 왓슨Watson'의 '인공지능 기반 페르소나 만들기'[64]는 모두 조직 및 개인 학습 솔루션으로 교육 투자의 효과성을 담보하기 위한 대안으로 소개할 수 있는 솔루션이다. 세밀한 측정과 평가 그리고 동료 학습을 포함한 피드백 등이 생산적으로 이루어질 수 있다.

이들 솔루션 외에도 개별 기업이 처한 상황과 가장 적합한 클라우드 학습 솔루션을 도입한다면, 교육 투자와 조직 성과 창출 사이의 효과성 문제를 유효하게 개선할 수 있을 것으로 기대된다.

기업 교육의 빅뱅,
클라우드가 이끄는 개인화된 학습

영국《파이낸셜타임스Financial Times》의 기업 교육 전문 특파원 조나단 몰스Jonathan Moules는 '고용주는 임직원 교육의 넷플릭스화에 동의합니다.Employers buy into 'Netflixisation' of executive education.'라는 기사[65]를 통해 기업 교육과 인재 개발의 '넷플릭스화'라는 관점을 소개했다. 넷플릭스의 핵심 성공 요인으로 평가되는 개인화 기반 접근법, 즉 개인화된 학습을 기업 교육에 활용해보자는 개념이다. 최근에는 기업 교육 영역을 넘어 대학 교육 영역에서도 많은 관심을 보이고 있다.[66]

개인화된 학습을 개별 기업이 도입하는 것은 결코 쉬운 일이 아니다. 기업 교육 부문의 넷플릭스 모델을 추구하는 쿱아카데미Coorpacademy, 노보에드NovoEd, 스킬소프트skillsoft, 스마트업smartup 같은 '기업 교육 서비스 전문 기업'을 활용하는 것도 검토해볼 수 있다. 그러나 특정 기업은 내부의 역량과 자원에 절대적으로 의존해야 하는 고유의 영역이 있어 외부 업체에 의존하는 것이 불가능한 내용도 있다.

기업에서 개인이나 단위 조직의 학습을 그동안 공급자 중심에서 다루었다면 기술적인 환경과 여건이 갖추어진 만큼 철저히 수요자 중심에서 살펴보자는 시각에는 절대적으로 동의한다. 학습용 콘텐츠 큐레이션content curation, 효과적인 학습 및 교육 경로 제공, 학습자의 필요한 부분 충족 및 실효적 목표 관리, 고품질의 학습 콘텐츠 검증, 학습 문화 구축 등 기대할 수 있는 사항이 많기 때문이다.

개별 기업 교육의 넷플릭스화는 개념적으로는 구현 가능한 모델이다. 그러나 실제 인프라를 구축하기 위해서는 넷플릭스가 현재 지위에 오르기 위해 거쳤던 과정과 소요된 기간에 준하는 수준의 투자를 개별 기업이 투자해야 기대하는 정도의 '개인화된 학습' 제공이 가능한 여건을 만들 수 있다. 그밖에도 기술적 기반 구축, 파트너 네트워크 구축, 콘텐츠 라이브러리 구축, 운영 체계 정립 등에서 현실적인 제약 사항이 많기 때문에 결코 쉽지 않은 일이다.

기업은 대학처럼 교육을 전문으로 하는 조직이 아니다. 따라서 교육과정을 기획, 구성하고 운영하는 데는 앞서 설명한 것처럼 일정한 제약 사항이 따를 수밖에 없다. 그래서 해당 사업 활동과 직접 관련되지 않는 영역이나 주제 교육은 그 효용성 문제로 내부에 기능과 역할을 두기보다 외부의 기업 교육 서비스 전문 기업이나 대학에 아웃 소싱해 처리하는 기업이 많다.

기업들이 기업 교육을 기획하거나 준비할 때, 반드시 고려하는 내용이 규모의 경제와 범위의 경제 모두를 충족하는지 여부다. 일정한 수준을 갖추지 못하면 효율과 효과를 담보할 수 없기 때문이다. 임직원 개개인에 맞춤형 또는 최적화된 '개인화된 학습' 환경을 제공하는 것은 규모의 경제와 범위의 경제에서 모두 효용성 확보가 어려워 현장에서는 검토조차 쉽지 않다.

그러나 클라우드 기반으로 조직의 업무 활동 및 교육과 인재 개발 인프라를 구축하게 되면, 이러한 제약 사항들을 극복할 수 있는 유효한 모델을 만들 수 있는 장이 열린다. 기업 내부의 기존 교육 자원과 역량에 클라우드 서비스 업체가 제공하는 광범위한 최신 인프라와 소프트웨어 그리고 콘텐츠를 추가해 함께 활용할 수 있기 때문이다. 더 나아가 외부의 개방형 교육 플랫폼과 대학 등에서 제공하는 MOOC 콘텐츠까지 아우르게 되면, 메가-콘텐츠 풀Mega-Contents Pool을 두는 것과 같은 효과를 얻을 수 있다. 또한 교육기술과 접목을 통한 새로운 학습 방법 또한 클라우드 서비스 업체로부터 공급받을 수 있게 된다. 기업 차원에서는 효용성을 충실히 담보하는 '개인화된 학습'을 조직 내부 임직원들에게 제공하는 것이 가능해진다. 더 나아가 기존 조직 내 인재 개발 정책 및 프로그램과도 일괄적으로 연계 처리가 가능한 통합적 인프라를 구축할 수 있다.

클라우드 서비스를 제공하는 마이크로소프트, 구글, 아마존, IBM 등은 이들의 혁신 사업 목적에서 기존 내부 임직원 교육을 단지 온라인으로 전환하는 데 그치지 않고, 클라우드 환경 기반으로 전개하면서 기업 교육의 근본적 변화 방향을 탐색했다. 개인화된 학습과 '능동형·반응형 가상 학습'은 앞으로 기업의 교육과 인재 개발 영역에 새로운 표준으로 자리하게 될 것이다. 이는 기업 교육의 빅뱅을 예고하는 것과 다름없다. 스마트폰이 피처폰을 대체하면서 일상의 생활과 일하는 방식에서 새로운 표준이 만들어진 것 같은 양상이 펼쳐질 것으로 예상된다.

마이크로소프트에서 인수한 전문가들의 소셜 네트워크 플랫폼 링크드인은 '린다Lynda'라는 온라인 학습 플랫폼 기업을 인수하면서 클라우드 환경의 기업 교육 영역에 본격적으로 뛰어들었다. 링크드인 러닝LinkedIn Learning이 기존 개방형 교육 플랫폼과 비교할 때 나타나는 눈에 띄는 차이점은 광범위한 전문가의 인적 정보와 네트워크에 마이크로소프트가 지닌 기술적 역량과 자원이 결합되면서 고품질 교육 콘텐츠가 매우 빠르게 생산 및 공급 그리고 운영되는 '원스톱 교육 서비스' 기반을 갖추었다는 점이다. 링크드인에는 각자의 직무, 경력 기간, 교육 배경, 사회적 전문가 네트워크 등에 대한 정보가 있어, 특정 전문 영역의 교육자가 필요할 때 최적의 인사를 빠르게 찾을 수 있다. 조금 아쉬운 점이 있다면 아직까지 교육 수요자 및 공급자 모두에 대한 개별적 이해도를 바탕으로 맞춤형으로 추천해주는 수준이라는 점이다. 하지만 학습 관리 솔루션learning management solution, LMS과 결합되면서 개인화된 학습이 가능한 플랫폼으로 진화하고 있다.

2021년 12월 1일부 사용 중단이 결정되었지만, 'IBM Watson™ Personality Insights' 서비스[67]는 기업 교육에 있어 클라우드 환경이 전제되면 기술적으로 개인화된 학습이 가능하다는 것을 증명했다. '딥 러닝Deep Learning'을 활용하여 특정인의 개인적 특성을 시각화하고 이를 다양한 목적으로 활용하는 개념이다. 소셜 미디어에 노출된 개

* 이미지 출처: LinkedIn Learning, How to Make Strategic Thinking a Habit

인의 활동이나 자료를 딥러닝을 통해 분석한 후 기업들의 마케팅 정보로 활용했다. 개인 정보 및 데이터 거버넌스● 등의 문제가 파생될 수 있어 현재 서비스가 중단된 상태다.

기술적인 측면에서만 보면, 특정 기업의 조직과 업무 활동이 클라우드 환경에서 수행된다고 전제하면 기업들은 실시간으로 조직과 구성원 각각에 대한 업무 흐름을 파악할 수 있고, 추출된 데이터를 활용하여 필요한 개인에게 최적화된 학습을 제안할 수도 있게 된다.

● 기업에서 사용하는 데이터의 가용성, 유용성, 통합성, 보안성 등을 관리하기 위해 정책과 프로세스를 다루며 프라이버시, 보안성, 데이터 품질, 관리 규정 준수를 강조하는 것을 표현하는 용어이다.

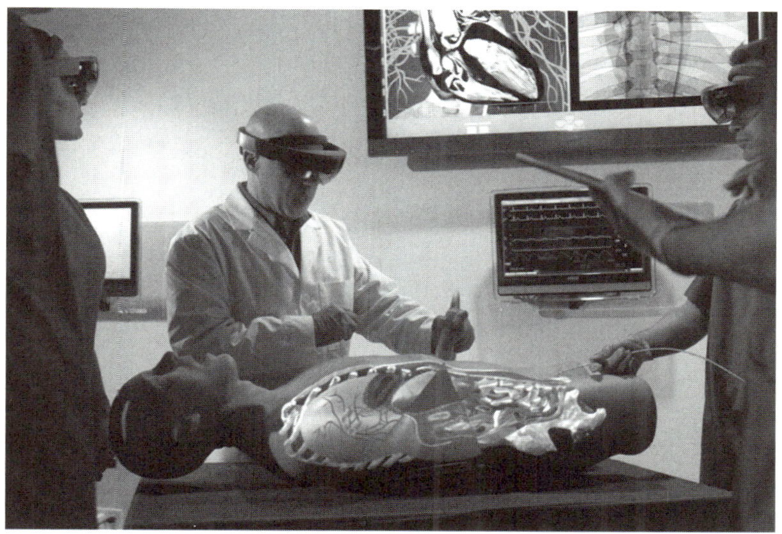

* 이미지 출처: https://caehealthcare.com/hololens/

앞장에서 소개한 바와 같이 마이크로소프트의 클라우드 서비스인 '애저'는 인공지능 기술이 탑재된 홀로그램 형태의 디지털 복제 가상 강사virtual tutor가 교육을 진행하는 기술을 개발해 상용 서비스를 추진 중이다.[68] '인공지능과 신경 과학 기술이 가미되어 텍스트를 말로 변환하고 홀로그램이 사람을 대신해 행동을 취할 수 있는 기술AI neural Text-to-Speech and holograms' 서비스가 상용화된다면, 세계 최고 수준의 각 분야별 전문 강사나 교육자들이 '디지털 복제'되어 개별 학습자의 모국어로 언제 어디에서나 균등한 품질로 맞춤형 교육을 제공할 수 있게 된다. 기존에 '대면·집합·합숙형 몰입 교육'이 반드시 필요하던 교육 영역마저 '반응형 가상 학습'으로 대체될 수 있다는 말로, 누구나 각자의 전용 '일타 강사'와 함께 학습할 수 있게 된다. 이제 교수법이나 교육 콘텐츠에서 경쟁력을 갖추지 못한 교수자의 설 자리가 없어지는 시대가 도래하고 있다.

의료는 '반응형 가상 학습'이 가장 어려운 분야다. 하지만 가장 진보적 발전 흐름을 보이는 학습 영역이기도 하다. 마이크로소프트의 '혼합 현실Mixed Reality' 기술 등은 의료, 기계 장비, 건설 및 토목, 스포츠 등 물리적 시설과 현장을 기반으로 하는 교육 영역에서도 반응형 가상 학습이 가능한 미래형 대안 모델들을 현실화시키고 있다. 수술이나 치료, 정비 등 반복적 실습 활동이 필요하여 지정된 시간과 장소에 물리적으로 참여해야 하는 교육 영역에서도 시간과 장소에 구애받지 않고, 개인화된 학습이 가능한 환경이 열리는 것이다. 여러 디지털 및 교육 기술과 클라우드 인프라가 맞물리면서 규모의 경제, 범위의 경제, 기술적 장애 요인 등 제약 사항이 빠르게 사라지고 있다.

개인화된 학습, 능동형·반응형 가상 학습, 클라우드로 대변되는 기업 교육의 빅뱅은 코로나19로 인해 시작 시기가 상당 부분 앞당겨졌다. 영리 목적의 사립대학인 카플란대학Kaplan University에서 대학 협력 부문 책임을 맡고, 리서치 전문 업체인 갤럽Gallup에서 교육과 HRD 부문 임원을 역임했던 브랜든 부스티드Brandon Busteed는 2020년 5월《포브스》에 〈기업 교육은 강의실로 결코 돌아오지 않을 것이다Corporate Education Will Never Return To The Classroom〉라는 제목의 글을 소개했다.

전 세계 기업의 최고 교육 및 인사 책임자들과 수많은 대화를 통해 기업 교육 및 훈련이 대면 기반의 집합 강의실 교육 형태로 돌아오지 않을 것임이 분명해졌다는 내용이다. 물론 대면 교육이 필요한 의료 실험실 등 예외적 영역이 있지만 온라인으로 수행할 수 있는 모든 교육 및 훈련은 이제 항상 온라인으로만 이루어진다는 견해다. 코로나 19에 의해 근로자의 업무 방식이 반강제적으로 비대면 중심으로 전환되고 있고, 기업들은 온라인을 통해 더 빠르고, 더 효율적이며, 더 낮은 비용으로 필요한 교육을 수행할 수 있다는 것을 이미 경험했기 때문이라는 것을 근거로 내세우고 있다. 그리고 임직원들도 이를 선호하는 게 확인된 이상 다시 과거와 같은 대면·집합 교육으로 돌아가는 일은 없을 것이란 점을 분명히 하고 있다.[69]

기술적 완성도가 불완전함에도 불구하고 비대면 교육을 할 수밖에 없는 상황이 발생하면서 비대면 교육 플랫폼 사용자 및 활용자 모집단이 커지게 되었다. 그 결과 온라인 기업 교육 관련 시스템과 프로그램의 기술적 완성도가 빠른 속도로 개선되고 있다.

기술적 완성도가 높아지고 클라우드 기반에서 업무 활동과 학습이 함께 이루어지는 경험들은 기업 교육의 대상과 범주를 회사 밖으로 확장되도록 적극적으로 이끌고 있다.

머신러닝대학Machine Learning University, MLU은 아마존에서 제공하는 '기계 학습'을 위한 교육 플랫폼이다. 회사 내부의 개발자 학습용으로 구축한 플랫폼으로 외부인에게도 동일하게 조건 없이 제공하고 있다.[70] 머신러닝대학에서는 세부 교육과정별 수료증을 발행한다. 이 역시 내부의 개발자와 외부 학습자에게 동일하게 적용하여 평가 및 관리한다. 개방형 기업 교육이라 가능하다.

구글의 구글 커리어 수료증 프로그램도 같은 맥락이다.[71] 이들의 교육은 개인화된 학습, 반응형 가상 학습, 그리고 클라우드라는 기업 교육의 빅뱅을 일으키고 있는 요소들을 모두 갖추고 있다. 이에 더해 기업 외부에도 내부 교육과정 일부를 동일하게 제공하고, 교육 수료 결과를 학위나 자격으로 대체할 수 있도록 함으로써 기업 교육의 시장 및 고객 범주까지 확장하고 있다.

중장비 전문 기업으로 고객을 대상으로 중장비 정비 등 전문적인 교육을 제공하는 캐터필라대학Caterpillar University[72], 유명 예술품 경매회사가 현재의 고객 및 잠재적 고객 그리고 예술 산업과 시장 진흥 목적으로 정규 석사 학위 및 다양한 비학위 과정 교육을 전문적으로 제공하기 위해 설립한 소더비예술대학Sotheby's Institute of Art[73]처럼 기업들은 단지 내부 임직원 역량 개발 목적의 기업 교육이 아닌, 시장과 고객을 개발하기 위해 적극적으로 기업 외부로 교육 대상의 범주를 넓히고 있다.

즉, 기업 교육을 비용 지출 영역이 아닌, 시장과 고객 그리고 비즈니스 개발 효과를 얻는 가치 창출 영역으로 전환하고 있다고 할 수 있다. 클라우드 환경은 이러한 전환이 가능하도록 하고 있다. 기술적인 영역을 포함하여 가장 핵심적인 고려 요소인 규모의 경제와 범위의 경제 문제를 극복할 수 있도록 그 기반을 제공하기 때문이다.

클라우드에 기반한 개인화된 학습 그리고 '능동형·반응형 가상 학습'에 기반하는 기업과 20세기 방식을 여전히 유지하는 기업, 이들의 미래는 충분히 구분될 것으로 예상할 수 있다.

2장

새로운 질서를 만드는
고등교육의 스타트업

고등교육의 경험 혁신

미국에는 2018년 기준 인가 및 등록된 전체 고등교육기관은 6,502개이며, 이중 약 42퍼센트인 2,721개가 영리 목적이다. 이중 4년제 사립대학은 488개, 2년제 사립대학은 510개, 그리고 비학위 고등교육기관이 1,723개다. 영리 목적 고등교육기관이 가장 많았던 해는 2013년으로 총 3,452개가 교육 활동을 수행했다.[1] 가장 많았던 해보다 731개 교육기관이 감소했으나 여전히 고등교육 영역에서 영리 목적 교육기관들이 차지하는 비중은 높은 편이다.

한국에서는 아직 도입하지 않은 영리 목적 사립대학 제도는 미국 외에도 영국, 스페인, 네덜란드 등의 국가에서 시행하고 있는 모델이다. 또 남미 대부분의 국가와 필리핀, 말레이시아, 인도 등 아시아 국가에서도 시행하고 있는 곳이 많다.

최근 다소 하락세를 맞고 있지만 학위 과정 재학생만 약 9만 명에 가까운 피닉스대학University of Phoenix의 경우 미국 전역에 캠퍼스를 두고, 온라인 인프라를 기초로 '학사-석사-박사 학위', 전 과정 및 비학위 고등교육을 제공하는 전국적인 대학이라 할 수 있다. 피닉스대학은 아폴로교육그룹Apollo Education Group 소유로, 미국과 영국 그리고 호주와 남미 지역에서 다수의 고등교육기관을 소유 운영하는 기업이다. 과거 나스닥에 상장된 이력도 지니고 있다. 현재는 상장을 철회하고, 비스트리아그룹The Vistria Group, LLC 등의 투자자 컨소시엄에 관련 사업을 매각한 상태다.[2]

미국 군사대학American Military University과 미국 공립대학 시스템American Public University System, APUS 그리고 혼드로스 간호대학Hondros College of Nursing, HCON 등을 소유하고 있는 아메리칸 퍼블릭 에듀케이션American Public Education Inc.도 일반 주식회사로 현재 나스닥에서 주식이 거래되고 있는 상장 기업이다.[3]

카플란대학교를 소유하고 있는 카플란 고등교육Kaplan Higher Education 역시 기업으로, 공립대학인 퍼듀대학Purdue University에 인수되어 화제가 되기도 했다(공식적으로는 온라인 학위 과정을 운영하는 퍼듀글로벌이 인수했다).[4]

영리 목적 고등교육기관(사립대학 포함)은 비영리 목적 사립대학이나 공립대학 등에 비해 상대적으로 직업교육에 더 집중된 교육과정을 제공한다. 특히 시장 논리에 기초한 교육과정, 유연한 운영 체계, 입학 편의성 등의 장점을 지니고 있다. 따라서 이들이 우수한 교육 경쟁력을 지닌 경우, 지속적으로 지원자 및 등록자가 증가하며 성장이나, 확장이 가능한 구조다. 반면 그렇지 못한 경우 학생과 구인-구직 시장 job markets 모두로부터 선택받지 못해 고등교육 시장에서 도태되거나 소멸되는 운명과 마주할 수밖에 없는 본원적 속성을 지니고 있다.

2000년대 이래 공립 및 비영리 사립대학들은 온라인 학위 과정을 본격적으로 제공하고, 교육기술 기업들에서 이수한 수업을 대학 학점으로 인정하며, 마이크로학위 프로그램을 빠르게 확장시켰다. 그러자 영리 목적 고등교육기관들 중 일부는 학생 이탈로 생존 문제에 봉착하게 되었다. 혁신을 통한 생존법을 찾기보다 위법한 행위를 통해 위기 탈출을 도모하여 많은 민형사상 소송과 사법 당국의 수사를 받는 등 심각한 문제들을 야기하는 교육기관들이 다수 발생했다. 영리 목적 고등교육 전반에 대한 비판적 시선이 강하게 제기되었다.

대표적 사례로, 미국과 캐나다에서 영리 목적 고등교육을 제공했던 코린시안 칼리지 Corinthian Colleges Inc. 는 여러 위법 행위로 민형사상 소송과 연방 수사 당국의 수사를 받았고, 2013년 캘리포니아주 정부에 의해 소송을 당했고, 결국 2015년 폐쇄되었다.[5] 이로 인해 약 1만 6,000여 명의 학생이 피해를 입었다. 이 외에도 많은 폐해와 폐단의 사례들이 지속적으로 발생하고 있다.

이렇게 영리 목적의 고등교육은 여러 문제점들을 야기하고 있지만 일정 부분 순기능적 역할을 하기도 한다. 특히 시장 메커니즘에 의해 작동되는 특성으로 인해, 공립대학이나 비영리 사립대학이 역할 기능을 충실히 하지 못하는 고등교육의 사각지대를 찾아 순발력 있게 대응할 수 있다. 이런 점은 고등교육 시장 및 산업 전체적인 측면에서 일정한 기여를 하고 있는 점으로 평가할 수 있다. 결국 영리 목적의 고등교육기관이 사회에서 순기능할 수 있는 여지가 충분하며, 오히려 필요한 부분이라는 말이다. 어떻게 하면 영리 목적 교육기관들이 사회에 이바지하면서, 이익도 취할 수 있을까?

고등교육 영역에서 영리 목적, 즉 비즈니스 관점에서 지속 가능한 혁신 모델을 만들어내는 것은 쉽지 않다. 그럼에도 불구하고, 이런 어려운 과업에 도전하는 스타트업들이 있다. 특히 2000년대 이후 새롭게 시작한 고등교육의 스타트업에 대해서는 더 관심을 가지고 주목할 필요가 있다. 이들 중 일부는 기존 전통적인 고등교육의 질서를 새롭게 재편하는 와해적 혁신의 모습을 보이고 있기 때문이다.

정규 학사 및 석사 학위를 수여하는 대학의 형식을 지닌 스타트업 모델로 미네르바스쿨Minerva School at KGI이 있으며, MBA 학위를 수여하는 비즈니스 스쿨 확장형 모델, 즉 경영대학원을 혁신하는 모델로 싱귤래리티대학, 사회적 기업 모델로 피플대학University of the People, 전통적 대학의 형식을 지니지만 스타트업처럼 혁신적으로 활동하는 모델로 올린공과대학 정식 명칭은 Frankiln W. Olin College of Engineering을 각각 소개하고자 한다.

사례 소개에 앞서 비즈니스 관점에서 고등교육의 지속 가능한 혁신 모델은 어떻게 만들 수 있는지 방법론을 살펴보자. 디자인 씽킹Design Thinking은 아이데오IDEO라는 기업을 통해 전 세계에 확산된 사람 중심 혁신의 철학이자 방법론이다. 보통 특정 상품이나 서비스를 디자인하는 디자이너가 '사람(고객)-비즈니스-기술'이라는 각각의 영역이 지니는 본원적 필요 요소를 충족시키고, 이를 조합함으로써 유의한 결과물을 만들어낸다. 이때 비즈니스나 기술 영역보다 사람(고객)을 우선적으로 살피자는 것이 디자인 씽킹의 핵심 철학이다. 사람(고객)에게는 '필요needs-선호wants-갈망desires'의 수준에 따른 문제 해결 또는 기대 수준이 있는데, 이들 중 최상위 수준인 갈망을 충족시킬 수 있는 가능성을 줄 수 있다면 그것은 곧 최상의 상품과 서비스가 될 수 있다는 의미다. 이와 동시에 비즈니스 관점에서는 무엇보다 해당 상품이나 서비스의 존속 가능성을 우선적으로 고려해야 한다. 기술의 경우, '실현/실행 가능성'을 핵심적으로 고려해야 한다. 이렇듯 '갈망 충족 가능성, 존속 가능성, 실현/실행 가능성'이라는 본원적 고려 요소 간 균형 있게 조합되었을 때, 유의한 상품이나 서비스가 만들어진다.

비즈니스 영역에서 디자인 씽킹이 궁극적으로 추구하는 것은 고객의 경험 혁신experience innovation이다.[6] 경험 혁신은 기능적 혁신functional innovation, 과정 혁신process innovation, 그리고 감성적 혁신emotional innovation의 교차 영역을 의미한다. 경험 혁신 과정은 먼저 '사람-욕망 충족 가능성'과 '기술-실현 가능성' 간 관계에서 기능적 혁신이 일어나야 하고, '기술-실현 가능성'과 '비즈니스-존속 가능성' 간 관계에서는 과정 혁신이 일어나야 한다. 그리고 '비즈니스-존속 가능성'과 '사람-갈망 충족 가능성' 간 관계에서는 감성 혁신이 일어나야 한다. 즉, 본원적으로 고려되어야 하는 '사람-갈망 충족 가능성', '기술-실현 가능성', '비즈니스-존속 가능성' 간 상호 관계의 교집합적 영역이 경험 혁신의 대상이자 결과라는 의미다.

고등교육의 영역에서 수요자인 학습자/학생을 중심으로 경험 혁신을 어떻게 이끌어낼 것인가? 기능을 비롯해 과정, 감성 혁신은 각각 어떻게 이끌어낼 것인가? 이들의 교집합적 혁신인 학습자/학생의 고등교육 경험 혁신을 어떻게 이끌어낼 것인가? 이 세 가지 관점에서 다음 사례를 살펴보자. 이들 스타트업의 영향 정도와 그 지속 가능성을 가늠해볼 수 있을 것이다.

스위스 고등교육 스타트업인 쿱아카데미는 가장 많은 국가에 기업 교육 콘텐츠, 프로그램, 기술을 포함한 종합 솔루션을 제공하는 기업이다. 유데미, 유다시티, 코세라, edX, 링크드인 러닝 등은 미국의 오픈 러닝 플랫폼 기업들로 지식의 취득과 함양 관점에서는 이미 웬만한 대학보다 더 넓은 범주의 내용들을 제공한다. 플랫아이언스쿨The Flatiron School은 학습자들이 단기간에 필요한 디지털 기술을 학습하고 프로젝트 수행을 통해 현장 적응력을 키워 취업 및 직무 전환 기회를 갖도록 하는 미국의 고등교육 스타트업이다. 캠퍼스와이어Campuswire, 노보에드 등도 매우 빠르게 고등교육 시장의 혁신 그룹에 합류하고 있다. 이들 스타트업들은 어떤 경우는 기존 대학 모델을 대체하는 접근법을 취하고, 또는 그들이 제공하지 못하는 고등교육 영역의 사각지대를 보완하기도 한다.

고등교육 영역은 그간 오프라인 대학들의 전유물로 여겨졌다. 그러나 이제는 고등교육의 소비자들이 선택할 수 있는 스펙트럼이 매우 넓고 다양해지고 있다. 역사는 도전과 응전의 반복 과정을 통해 성장, 발전해왔다. 이러한 역동성이 고등교육의 건강한 성장과 발전을 이끌어내리라 기대한다.

대학 교육의 경험 혁신,
미네르바스쿨

"이 기업가는 하버드와 예일을 대체할 수 있는 '완벽한 대학'을 설립하려고 합니다.This entrepreneur is trying to create a 'perfect university' to displace Harvard&Yale."[7]

2014년 1월 '벤처비트VentureBeat'라는 스타트업 전문 미디어에 실린 기업 미네르바 프로젝트Minerva Project의 CEO인 벤 넬슨Ben Nelson의 인터뷰 기사 제목이다. 이로부터 6년의 시간이 지난 2020년 가을, 미네르바 프로젝트가 소유 운영하는 미네르바스쿨의 학사과정 입학생 모집에는 180여 개 국가 2만 5,000명 이상이 지원해, 최종적으로 43개 국가 136명에게 입학 허가를 통지했다.[8] 합격률은 1퍼센트 미만이었다. 같은 시점 하버드대학교의 5.0퍼센트[9], 예일대학교의 6.3퍼센트[10]

보다 현저히 낮은 합격률을 기록함으로써 그의 공언이 일정 부분 현실로 이루어지고 있음을 알 수 있다. 물론 합격률만으로 대학의 경쟁력이나 수월성 그리고 지속 가능성을 평가할 수는 없다.

미네르바스쿨은 독립적인 인가 대학으로 설명하기에는 다소 어려움이 있다. 한국식 표현으로 '대학원대학교'에 해당하는 켁대학원Keck Graduate Institute, KGI의 학위 및 학사 시스템에 형식적으로 종속된 교육 기구이기 때문이다.[11] 미네르바스쿨은 고등교육 솔루션 회사(미네르바프로젝트), 고등교육 수행 기관(미네르바스쿨), 고등교육 학위 및 학사 행정 지원 기관(켁대학원)으로 이어지는 삼위일체 관계를 통해 학사 및 석사 학위 과정 교육을 제공하는 구조다. 즉, 켁대학원으로부터 학위 수여와 학사 행정 기능을 라이선싱licensing하여 대학 교육을 제공한다. 공식 명칭을 'Minerva School at KGI'로 쓰는 이유다.

켁대학원은 생명과학 분야에 특화된 대학원으로, 클레어몬트대학 컨소시엄–클레어몬트칼리지The Claremont University Consortium-The Claremont Colleges의 일곱 개 대학 컨소시엄에 가장 최근 합류한 대학이다. 클레어몬트칼리지는 자유교양대학 중 오랜 역사와 전통을 지닌 포모나칼리지Pomona College를 포함 다섯 개의 각각 다른 특성화 영역의 자유교양대학과 두 개의 대학원이 연합체를 이루고 있다.[12] 이러한 대학의 포트폴리오 특성으로 서부의 아이비리그로 불리기도 한다.[13] 즉, 미네르바스쿨은 클레어몬트칼리지의 일곱 개 대학과 협력할 수 있는 관계를 형성하고 있다고 할 수 있다.[14]

이들 관계를 정리하면, 미네르바프로젝트는 고등교육의 새로운 페다고지와 교육기술을 개발하고 보급하는 비즈니스를 펼치는 영리 기업이다. 그리고 미네르바스쿨은 고등교육 기능을 수행하는 대학이며, 이 대학은 학사 행정으로는 켁대학원에 종속되고, 소유 관계는 미네르바프로직트(회사)에 종속된다. 미네르바스쿨은 미네르바프로젝트에서 개발한 페다고지와 교육기술을 실험적으로 선행하여 적용 및 활용하는 구조를 지니고 있다.

이 삼위일체 관계 구조의 정점에는 기업인 미네르바프로젝트와 설립자인 벤 넬슨이 있다. 첫 입학생을 선발하기 전 시점인 2014년 9월 시사잡지 《디 애틀랜틱The Atlantic》에는 '대학의 미래?The Future of College?'[15]라는 제목으로, 미네르바스쿨 개교를 준비하는 회사(미네르바프로젝트)에 대해 벤 넬슨이 한 인터뷰가 기사로 소개되었다.

"연방 정부의 요구 사항 충족에 따른 고비용 구조, 고등교육을 비과학적 시각으로 바라보면서 과거의 관행처럼 행하는 비과학적 교육과 학습, 현실 세계 및 산업 현장과 동떨어진 '학문을 위한 학문' 등 전통적 대학 모델에 대한 총체적 문제 인식에 기초하여 대학을 '재창조'하겠다는 야심 찬 목표와 방향성을 토대로 실행된 프로젝트다. 고등교육 현장에서 교육자나 행정가로 활동한 경험이 전혀 없는 벤 넬슨은 철저히 고등교육 수요자 입장에서 새로운 모델을 고안했고, 이를 비즈니스의 관점에서 접근했다."

벤처 커피털 기업인 벤치마크Benchmark는 미네르바프로젝트의 설립 이듬해인 2012년에 2,500만 달러를 미네르바프로젝트에 투자했다. 이는 스타트업 초기 단계 투자 금액으로는 상당한 규모였다.

미네르바스쿨은 학생들에게 어떤 경험 혁신을 제공하고 있고, 또 어떤 목표를 지니고 있을까? 고등교육의 기능 혁신, 과정 혁신, 그리고 감성 혁신을 각각 어떻게 이끌어내고, 이를 통해 어떤 차별적 경험 혁신을 제공할까?

스스로 강조하는 미네르바스쿨의 고등교육 경험 혁신은 크게 네 가지로 정리할 수 있다. 첫째, 전 인류적인 복잡한 문제를 해결하는 데 필요한 실용적 지식을 학습하고, 개발할 수 있다. 둘째, 세계 주요 일곱 개 도시•를 기반으로 한 글로벌 몰입 학습global immersive learning을 한다. 셋째, 기업의 전문적 수준을 갖춘 코칭과 잠재력 개발팀The Coaching&Talent Development team에 의해 학생 개개인의 전문적 경력 개발이 가능하다. 넷째, 미국 사립대학에 비해 상대적으로 학비가 낮다.[16]

학생들의 학습과 지식 함양 및 개발 관련하여 미네르바프로젝트는 자체적으로 개발한 페다고지 및 교육기술을 종합한 솔루션을 개발했다. 세 부문으로 구성되어 있으며, 내용은 다음과 같다. 첫째, 고유한 커리큘럼을 개발하는 방법론인 커리큘럼 모듈Curriculum Modules, 둘째, 교육기술을 기반으로 한 능동형, 반응형 가상 학습으로 포럼 학습 환경Forum™ Learning Environment, 셋째, 기업 및 정부를 포함한 교육 협력 및 혁신 생태계다.[17]

이들 중 교육 솔루션의 핵심은 포럼 학습 환경이다. 과정 혁신의 영역으로 현재의 교육기술 중 가장 고도화된 내용을 선제적이고, 실험

● 샌프란시스코(미국), 런던(영국), 베를린(독일), 부에노스아이레스(아르헨티나), 하이데라바드(인도), 타이베이(대만), 서울(한국)

적으로 채택하여 이를 기초로 제반 교육 환경을 구성한다. 일반적인 온라인 강좌들이 사전에 촬영된 내용을 일방적으로 스트리밍해주는 방식을 취하고 있다면, 'Forum™'의 경우, 라이브 멀티 스트리밍 비디오 수업, 통합된 과정 개발 및 관리 도구, 풍부한 데이터 수집 및 분석 기능을 갖춘 능동적 학습, 교차 콘텍스트 스캐폴딩context scaffolding[•], 체계적인 피드백 및 평가 등이 가능한 고도화된 기반 환경을 구축하고 있다.[18]

선도적으로 교육기술을 탐색하고 활용함으로써, '능동형, 반응형 가상 학습' 환경을 통해 학생들이 실제 강의실에서보다 더 고도화된 학습을 할 수 있도록 했다. 현재 학사과정에서 '능동형, 반응형 가상 학습' 환경 완비 수준은 미네르바스쿨이 가장 고도화된 것으로 평가된다. 가상 학습이 전제되기 때문에 미네르바스쿨은 수업을 위한 강의실, 교수들의 연구실 등의 인프라 구축과 그에 따른 비용을 투입할 필요가 없다. 그 결과 학생들의 학비를 상대적으로 낮게 책정할 수 있고, 학생들은 낮은 학비로 양질의 수업을 받을 수 있는 기회를 얻는다. 즉, 교육 원가 중 고정비 지출 요소를 최소화하는 방법을 취한 것으로 설명할 수 있다.

기능 혁신 관점에서 미네르바스쿨은 고등교육을 통해 학생들이 얻게 되는 현장 문제의 해결 역량에 방점을 찍고 있다. 그래서 일반적인 사이버대학이나 온라인 기반 대학의 학사과정과 다르다. 세계 일

곱 개 주요 도시에 있는 기업 및 정부와 연계한 프로젝트 기반 캡스톤 capstone 교과를 운영함으로써 학생들은 실제 세계에 대한 이해, 그리고 창의적 사고와 지식을 활용한 문제 해결 경험을 축적하게 해준다.

또 감성 혁신 내용으로 단정하기에는 무리가 있지만 세계 일곱 개 도시에서 기숙사 생활을 하면서 국제적인 공동체를 기반으로 사회화 학습을 하게 되며, 현지의 생활과 문화 그리고 인턴십 활동을 통해 글로벌 몰입 학습과 경험을 하는 특별함을 제공하고 있다.

코로나19로 인해 전 세계 대학생의 약 90퍼센트가 학교 폐쇄 등에 따른 영향으로 학습에 차질이 발생하자, 미네르바프로젝트는 미네르바스쿨의 강좌 수와 학생 참여를 대폭 늘려 타 대학 학생들이 교차 학점 이수가 가능하도록 하고 있다.[19]

미네르바스쿨의 학사과정 입학생은 2014년 첫해 28명을 시작으로 2017년 최대 규모인 198명이 입학 등록했다. 그 후 점차 감소하여 2020년에는 119명이 입학했다. '영재형 소수 정예 교육'을 표방한다고 하지만 대학 학사과정으로 다섯 개의 전공에 한 해 입학생 규모가 100~200명 수준은 일반적인 대학과 비교 시 매우 소규모의 학사과정 교육이라 할 수 있다. 전체 등록 유지율은 2021년 현재 92퍼센트 수준이며, 각 입학 연도 기준 1학년에서 2학년으로 올라가는 단계에서의 유지율은 88~98퍼센트 수준을 보이고 있다. 평균적인 대학들의 등록 유지율보다 높은 수준이다.[20]

또 미네르바스쿨 입학생들의 평균 70퍼센트 정도가 4년 8학기 기간에 학사과정 모두를 이수하고, 졸업하는 것으로 파악된다. 졸업생들은 평균적으로 10~15퍼센트는 대학원에 진학하고, 51~79퍼센트는 관련 분야에 취업하며, 6~28퍼센트는 구직 활동을 하고 있는 것으로 파악된다. 주목할 만한 점은 최근 조사 시점으로 갈수록 졸업생들의 대학원 진학률, 관련 분야 취업률 모두 큰 폭으로 감소하고 있으며, 상대적으로 구직 활동자는 증가하는 비중을 보인다는 것이다. 2020년의 졸업생 중 28퍼센트는 구직 중에 있으며, 관련 직종에 취업한 비율은 51퍼센트다. 상위 고등교육기관 진학자 비율은 10퍼센트로 최고 수준 대비 5퍼센트 감소했다.

과학적 학습과 교육을 표방하는 만큼 학생들의 핵심 역량 변화 정도를 매년 측정하고 있는데, ① 비판적 사고, ② 창의적 사고, ③ 효과적인 커뮤니케이션, ④ 효과적 상호 활동 이상 네 부문과 이를 종합하여 측정 결과를 소개한다. 현재 소개된 측정 결과를 해석해보면, 미네르바 교육의 효과성이 통계적으로 유의미한지 명확하지 않다. 2023년 졸업예정자, 즉 2020년 입학생 중 1학년 과정을 마친 학생의 경우 상기한 각 부문별 목표 수준을 달성한 비율을 종합한 측정값은 75퍼센트다. 그리고 2022년 졸업예정자(2학년 과정 수료자)는 95퍼센트로 20퍼센트 상승하여 교육 효과성이 유효한 것으로 해석된다. 그러나 3학년 및 4학년 과정 수료 시까지는 측정값의 변화가 없으며, 4학년 과정 수료자의 경우 94퍼센트로 1퍼센트 감소하는 결과를 보이고 있다.

각 학년별로 측정 항목과 수준에 일정한 차이가 있어 발생하는 사항인지, 1학년 과정에서는 자체 교육과정 중심의 기초 교육이라 그 효과성이 현저하게 차이가 나지만 2~4학년 과정은 온라인 공개 수업을 중심으로 한 교과 이수 특성을 지니고 있어 학년 승급에 따른 변화가 크게 발생하지 않는 것인지에 대한 상세한 설명이 없어 측정 결과를 정확히 해석하는 데 한계가 있다.

특히 한국의 학계와 사회에서 미네르바스쿨은 인지도가 매우 높다. 성공을 기대하는 정도 또한 매우 높다. 이는 한국 사회의 대학 혁신 열망이 얼마나 높은지 단적으로 볼 수 있는 사례라고 생각된다. 실제 많은 한국 대학들이 미네르바스쿨을 대학 혁신 역할 모델로 꼽고 조심스럽게 타진해보고 있다.

그렇다면 교육기관이나 사회가 아닌 개인 소비자 입장에서 미네르바스쿨은 매력적인 상품일까? 고등교육의 소비는 내구재 소비와 유사한 속성을 지닌다. 내구재 중에서도 소비 후 그 효용 기간이 가장 긴 소비 대상이기도 하며, 어쩌면 영구재로 이해하는 게 더 적합할 수 있다. 평생의 삶 속에서 학사과정 교육을 2회 이상 소비하는 것은 매우 이례적이기 때문이다. 그런 관점에서 고등교육의 소비는(입학 허가 여부와 무관하게) 기존 교육 체제 속에서 여러 선택지와 대체재 또는 보완재 성격을 갖는 선택지들과 함께 비교해 선택하는 인생 상품 같은 의미를 지닌다.

대학 진학을 준비하고 있는 고등학교 3학년 재학생 학부모 입장에서 미네르바스쿨은 어떤 의미일까? 만약 누군가 "당신은 자녀에게 미네르바스쿨 입학을 추천하고 싶은가?"라고 묻는다면, 개인적으로는 "추천하지 않겠다!"라고 답할 것이다. 그 이유는 다음과 같다.

미네르바스쿨의 핵심 가치는 첫째, 학생 중심 교육과정 설계와 최신 교육기술 기반의 학습 환경, 둘째, 캡스톤 쇼케이스 그리고 인턴십을 기초로 한 현장 문제 해결형 학습, 셋째, 샌프란시스코를 포함해 전 세계 일곱 개 도시에서 기숙사 생활을 하며 현지 교육과정을 이수하는 글로벌 몰입 교육, 넷째, 미국 일반 사립대학 대비 상대적으로 낮은 학비[21](약 1억 6,000만 원, 4년)다. 이러한 경험 혁신은 전통적 대학들과 비교할 때 분명히 차별적인 가치 제안으로 평가할 수 있다. 그러나 제시된 네 가지 핵심 가치는 이미 세계 유수의 대학에서 다양하게 그리고 고도화된 수준으로 시행하고 있어 차별화가 상당 부분 희석되된다.

결국 미네르바스쿨의 경험 혁신 내용들은 더 이상 배타적 경험exclusive experiences이 아니다. 전통적이고 일반적인 대학에서도 충분히 경험할 수 있는 사항들로 상황이 빠르게 변화하고 있기 때문이다. 특히 최근 클라우드 기반 교육 환경을 갖추면서 대학들의 교육기술 활용을 통한 혁신이 매우 빠르게 개선되고 있다.

학생 중심 교육과정 구성과 최신 교육기술을 활용해 교육을 혁신하는 것 역시 일반적인 대학들에서도 볼 수 있을 정도로 보편화되고 있다. 미국의 MIT, 스탠퍼드대학교 등은 일찍이 온라인 공개 수업 기반 교육과정을 적극 활용하는 시도들을 해왔고, 개인 맞춤형 교육과정 설계는 자유교양대학에서는 오래전부터 시행해오던 사항이다. 한국의 카이스트는 거꾸로 학습flipped learning, 능동형 학습active learning, 온라인 공개 수업 등을 활용한 교육 혁신을 전개한 지 수 년이 지나 현재는 상당히 고도화된 교육기술 기반의 교육 환경을 갖추었다.

최근 대학들은 클라우드 인프라로 전환하기 위해 박차를 가하면서 고도화된 서비스를 학사과정 학생들도 자유롭게 활용할 수 있게 그 기반을 갖추고 있다. 최신 교육기술을 학생들이 즉시 활용할 수 있는 여건과 환경을 만들었다는 의미다. 또한 구글 등 클라우드 서비스 기업에서 제공되는 교육 및 연구 활동 관련 서비스와 솔루션으로 인해 기술적, 과학적으로 큰 진전이 이루어져 미네르바프로젝트에서 개발해 제공하는 교육기술 기반 환경보다 우수한 기능과 환경을 제공하게 되었다.[22]

비판적 사고, 창의적 사고, 효과적 커뮤니케이션과 상호 활동 등과 관련된 교육도 전통적인 기숙형 자유교양대학에서 매우 고도화된 수준으로 시행되어 왔다. 이는 자유교양대학의 핵심 경쟁력이라 할 수 있다. 기본적으로 소규모 세미나형 수업을 해왔기에, 교육기술의 도입과 무관하게 '교차 콘텍스트 스캐폴딩'은 오래전부터 시행되던 사항이다.

캡스톤 쇼케이스, 인턴십 등도 이제 대부분의 대학에서 제공하는 교육과정이 되었다. 캐나다의 워털루대학, 미국의 올린공대 등은 현장 실습 프로그램, 현장 몰입 학기제 등 산업 현장과 연계된 교육과정을 제공해왔다. 더 나아가 규모 있는 대부분의 대학에서는 졸업 동문과 교수, 연구원, 재학생이 연계된 스타트업 프로그램들이 활발히 전개되고 있어 현장의 문제 해결 융복합 학습 또한 상당한 진전이 있었다. 영국 대학에서는 정부 차원에서 자금 대출과 멘토십 지원이 의무화되는 실전형 학점 인정 스타트업 교육과정도 제공되고 있다.

글로벌 몰입 교육의 경우도 유수의 대학들은 전 세계적인 협력 네트워크를 구축하고 있고, 최근 국제적인 캠퍼스를 여러 국가에 개설하면서 이를 토대로 한 글로벌 몰입 교육을 더욱 강화해 시행하고 있다. 'The World Cities World Class University Network[23]'는 런던(영국), 뉴욕(미국), 토론토(캐나다), 멜버른(호주), 상파울루(브라질), 멕시코시티(멕시코), 세인트피터즈버그(러시아), 베를린(독일), 상하이(중국) 등 거대 도시에 기반을 두고 있는 주요 대학들 간 범세계적 협력 네트워크로 지역 및 국가의 정부 기관이 함께 참여하는 학술 연구, 교육, 지구와 인류의 거대 문제 해결 등의 활동을 펼치고 있다. 이 네트워크에 속한 대학의 재학생들은 더 정교하고, 책임 있는 기반에서 글로벌 몰입 학습의 기회를 갖게 된다. 기숙형 자유교양대학들도 국제적인 교류 활동을 매우 활발히 행하고 있다. 유럽의 경우 '에라스무스 EuRopean Community Action Scheme for the Mobility of University Students, ERASMUS[24]라는 국제 교류 학습 및 경험 활동 네트워크가 정부 차원에서 뒷받침되고 있다. 이러한 교육과정 역시 미네르바스쿨만이 지닌 배타적 특징이라 하기에 무리가 있다.

미네르바스쿨의 학비 수준은 표면적으로는 미국의 사립대학들보다 상대적으로 낮은 수준이지만 획일적이거나 모두에게 적용될 수 있는 사항은 아니기 때문에 어떤 경우 학비 경쟁력에서 오히려 취약하다. 미국의 사립대학들은 세계 여느 국가의 대학들보다 학비가 비싸다. 그러나 우수한 사립대학을 중심으로 장학금 제도가 풍부하게 마련되어 있다. 학생의 노력 여부에 따라 학비를 들이지 않고도 대학 과정 이수가 가능하다. 특수목적대학이 아님에도 불구하고, 학비가 전액 면제되는 매우 우수한 공립대학들도 있다. 예를 들어, 뉴욕시립대학The City University of New York 시스템 중 하나인 맥컬리 아너스 칼리지

Macaulay Honors College는 사회적 이동성을 이끌어내기 위해 무상 교육을 시행하는 미국 최고의 공립대학 중 하나다. 학생들 전원의 학비가 면제되며, 재학 중 추가적인 장학금을 받을 수 있다. 구글이나 블룸버그 등의 유명 혁신 기업, 뉴욕시 및 주 정부 그리고 협력 관계에 있는 주요 글로벌 대도시의 정부 및 공공 기관에서의 인턴십, 맥컬리 자문 프로그램Macaulay Advising Program, MAP을 통해 세계적 유명 인사들과 멘토십 관계 등 다양한 혜택과 특전을 갖기도 한다. 주로 학업 능력은 매우 우수하나 경제적 여건이 충분하지 못한 학생들이 대상으로, 81.5퍼센트가 우수한 성적으로 졸업한다. 졸업생 대부분은 즉시 취업하기보다는 세계적 수준의 대학원 과정으로 진학하여 각 분야별 전문가, 학자, 그리고 기업가로 성장한다.[25]

일본과 한국의 우수한 사립대학들은 세계적 수준의 교육 경쟁력을 지니고 있으며, 학비 또한 미네르바스쿨의 3분의 1 미만 수준이다.[26] 또한 독일은 공립(주립)대학들의 경우 유학생들도 최소 수준의 학비만 내면 된다. 피플대학은 심지어 학비 없이 미국의 정규 학사 학위를 취득할 수 있는 교육 기반을 제공한다.

학부모 시각에서 이를 종합해보면, 미네르바스쿨이 제안하는 핵심 가치 네 가지 모두 기존 체제, 대체재 및 보완재 관점에서 다른 선택지가 충분하기 때문에 영구재 성격을 띠는 고등교육의 소비 관점에서 매력도가 그리 높지 않다.

대학과 대학 과정 교육은 단지 지식 습득과 함양 목적만이 아닌 사회화 과정으로의 의미도 함께 지닌다. 이런 맥락에서 보면, 미네르바스쿨의 학년별 평균 150명 내외의 재학생 규모, 그리고 이들이 일곱 개 도시로 구분되어 기숙 생활을 하는 방식은 사회화 학습 관점에서 오히려 효과성이 매우 낮다. 규모가 큰 종합대학에서 학사과정 교육을 이수한다는 것은 생애 전 주기에 있어 가장 광범위한 커뮤니티에 속한다는 것을 의미한다. 그리고 이는 사회 활동을 하는 데 여러 가지 직·간접적인 영향을 미친다.

결정적으로 미네르바스쿨의 제약 또는 한계는 연구 기능의 취약성이다. 소수의 자체 교수진들은 학교에서 제공하는 별도의 연구실 없이 대부분 재택 근무를 한다. 실험 실습이 필요한 전공 영역이 아닌 관계로 연구 활동을 전개하는 데 큰 제약이 있는 것은 아니지만 그리고 KGI 등 '클레어몬트대학 컨소시엄' 멤버 대학 교수진들과 연계된다고 하지만 직접적인 연구에 기반하지 않는 교육은 분명히 한계가 있다.

전공 교과 수업의 경우 1차적으로 온라인 공개 수업MOOC 강의 콘텐츠를 기초로 하고 있다. 새로운 지식의 개발과 생산보다는 기존 '상품으로의 지식commodity-knowledge'을 적극 활용하는 교육 구조다. 이는 언제든 더 효과적이고 생산적인 대체재가 출현하면 그 효용성이 사라지는 것이다. 기업대학들은 기존 대학보다 더욱 전문적인 교육 콘텐츠를 빠르게 공급하고 있다. 온라인 공개 수업에서 제공되는 업데이트되지 않은 지식 중 일부는 이미 효용성이 현격히 떨어지기도 한다.

벤 넬슨이 하버드대학교나 예일대학교를 대체할 수 있는 대안적 고등교육기관을 만들겠다고 했으나 교육과정과 제반 제안 가치를 엄격하게 살펴보면, 종합대학이 아닌 자유교양대학과 대체 또는 경쟁 관계를 지니는 것으로 평가된다. 아이비리그 등 유수한 대학들은 연구중심대학 성격을 지니기 때문이다. 특히 컬럼비아대학교처럼 대도시 기반 연구중심대학들은 학사과정 학생보다 대학원생 규모가 두 배 정도 많다. 결국 자체적인 연구 기능이 없는 미네르바스쿨과 비교하기에 많은 무리가 따른다.

미네르바스쿨은 한국에서 매우 인지도가 높다. 그에 반해 뉴욕을 중심으로 한 미국 동부 지역에서는 학계나 사회 모두에서 인지도가 높지 않은 것으로 파악된다. 개인적으로 뉴욕에서 활동하는 교수나 학생들 그리고 학부모들에게 미네르바스쿨에 대해 물어보면 처음 들어본다며 오히려 설명을 요청하는 경우도 많았다. 실제 78~81퍼센트[27]의 학생이 국제 학생들이다. 이중 아시아(29퍼센트) 지역 학생들이 가장 많은 비중을 차지한다.

다양한 유형의 선택지가 다수 존재하며, 혁신적인 대학들이 상대적으로 많은 미국의 학부모나 학생들에게 미네르바스쿨의 매력도가 상대적으로 낮을 수밖에 없을 것이다. 혁신적인 고등교육을 제공하는 환경이 다소 제한적인 국가의 학부모나 학생들에게는 미국 대학의 학위 취득, 영어 몰입 학습과 함께 국제적인 경험학습, 미국 및 국제적 기업과 기관에 취업 기회 등 매력적인 부분들이 있을 것이다.

그러나 아시아의 국가에서도 국제적인 몰입 교육과 탁월한 교육을 미네르바스쿨보다 더 낮은 학비로 제공하는 우수한 대학들이 있어 유의미성을 함께 비교해볼 필요가 있다. 일본의 리츠메이칸대학Ritsumeikan Asia Pacific University, 게이오대학, 와세다대학, 히토츠바시대학 등의 국제학부, 한국의 연세대학교, 고려대학교, 이화여자대학교 등의 국제학부가 이에 해당한다. 말레이시아와 베트남 등에는 호주와 미국의 대학들이, 중국에는 뉴욕대학교를 위시하여 미국과 유럽의 대학들이 현지 캠퍼스를 두고 있다. 학생이나 학부모 관점에서 (입학 전형과 두관하게) 혁신적인 고등교육을 받기 위해 살펴볼 선택지는 사실 많다.

다만, 전통적인 대학이 여전히 미네르바스쿨보다 현저하게 낮은 수준을 보이는 영역은 개인화personalization 관련 사항이다. 전통적인 대학은 학생을 개인이 아닌 집단으로 제반 기준을 설정해 학습 환경 제공과 경력 개발 프로그램을 운영한다. 학생 규모 및 대학 구조가 개인화를 중점으로 교육 서비스를 제공하기에 구조적으로 제약 사항들이 많기 때문이다.

2012년 설립 이래 미네르바프로젝트와 벤 넬슨이 펼쳐 온 '대학 교육의 미래형 모델 만들기'는 그 혁신적 도전 과정에서 유의미한 성과를 창출하고 있다는 점에서 높이 평가할 만하다. 실제 여러 대학들의 혁신을 촉발하는 촉매제 역할을 톡톡히 해내고 있다. 그러나 기존 대학들의 응전, 특히 기업대학들의 고도화와 영역의 확장, 클라우드 서비스 기업 등 교육기술 기업의 영역 확장 등은 미네르바스쿨의 지속 가능성에 여전히 의문을 갖게 한다. 기존 대학의 혁신과 영역 확장 역시 미네르바스쿨의 고유 가치를 희석시키는고 있다. 2014년《디 애틀랜틱》에 실린 인터뷰[28]를 통해 벤 넬슨 역시 미네르바스쿨의 지속 가능성에 대한 의문과 기존 대학들의 도전을 모두 인식하고 있음을 확인할 수 있다.

"실패할 수도 있겠지만 성공하면, 많은 기업가에게 영감을 줄 수 있고, 특히 기존 전통적인 대학과 기관들을 해체하고 새로운 고등교육의 질서를 만들 수 있다는 가능성과 가치에 의미를 두고 있다."

앞서 설명한 것처럼 미네르바프로젝트는 고등교육 솔루션 회사이다. 이들의 비즈니스 모델과 수익 모델을 추정해보면, 미네르바스쿨을 통해 학사 및 석사과정 교육과 관련한 페다고지의 개발, 교육기술의 개발 및 적용, 선제적 실험 및 검증을 거쳐 다른 고등교육기관이나 대학 등을 상대로 컨설팅하거나 솔루션을 판매하는 형태다. 2012년 처음 사업을 시작할 때만 해도 상기 비즈니스 모델은 유효했다.

하지만 클라우드 서비스 업체들의 활동 범위가 넓어진 2020년대, 시장 상황이 완전히 바뀐 만큼 그 유효성은 재검증되어야 한다. 이제 전통적인 대학, 기존 대학들의 개인화된 학습 서비스 제공, 능동형·반응형 가상 학습의 개발, 빅데이터를 포함한 클라우드 컴퓨팅 등 교육기술의 제공 범주와 완성도가 미네르바프로젝트가 제공하는 수준 이상으로 변화했기 때문이다.

IBM은 십수 년 전부터 뉴욕시, 뉴욕시립대학과 함께 가상기업원The Institute for Virtual Enterprise, 고등학교와 대학 그리고 기업이 결합된 모델로 5년제 고교 및 대학 학위과정을 제공하는 P-테크Pathways In Technology Early College High School[29] 등 교육 현장에 교육기술을 접목시켜 새로운 교육 혁신 모델을 개발하는 과정을 거쳤다. 여기에 참여한 학생 수는 수십 만 명이며, 수십 개 국가에서 얻은 방대한 경험치를 가지고 있다. 더 나아가 IBM 개러지IBM Garage라는 개방형 혁신 플랫폼을 뉴욕과 런던 그리고 도쿄 등 전 세계 주요 16개 도시에 설치하고, 각 교육기관들과 관련 교육기술을 개발 및 적용하고 있다.[30] 마이크로소프트, 구글, AWS 등 주요 클라우드 서비스 제공 업체들의 교육기술에 대한 투자와 개발 그리고 적용과 활용의 범주 및 수준은 총 재학생 600여 명, 소규모 사용자 기반의 미네르바프로젝트가 제시하는 교육 방법보다 더 많은 관심을 갖게 한다.

학사과정의 페다고지 개발 경우도 유사하다. 전통적으로 기초가 충실한 페다고지를 지닌 자유교양대학들이 산업과 사회의 변화를 따라가지 못해 최근 그 지위가 약화되자, 적극적으로 시대 변화를 반영한 페다고지를 개편하기 위해 나섰다. 앰허스트 칼리지Amherst College는 교수 학생 비율을 '1 대 7' 수준으로 유지하며, 바이오 화학과 바이오 물리학, 건축학, 컴퓨터 과학, 미디어학 등 수요가 많은 영역의 전공을 추가했다. 또 경험 기반 학습, 글로벌 몰입 교육, 개방형 커리큘럼 등을 과감히 도입하며 21세기 환경에 맞는 페다고지를 개발해 적용하고 있다.[31] 그 외의 자유교양대학들도 전통적으로 가지고 있는 강점에 최신 교육기술을 접목해 사회 요구 사항을 적극 반영하며 변혁해나가고 있다.

도전이 있으면 응전이 있기 마련이다. 2012년 상황에서는 그리고 수 년 전까지만 하더라도 미네르바스쿨의 페다고지와 교육기술은 와해적 모델이었다. 하지만 이에 응전하는 전통 대학들 중 그 혁신의 정

Minerva University Granted Accreditation by WSCUC

- *Minerva Schools at KGI, incubated at the Keck Graduate Institute, gains accreditation to become Minerva University*
- *Minerva is the most selective university in the US, yet charges an affordable tuition and attracts a highly global and socio-economically diverse student body*
- *Minerva is transforming higher education through its innovative academic and experiential learning methodologies that drive superior outcomes*

San Francisco, Calif. — July 22, 2021 — The Minerva Institute for Research and Scholarship has been granted accreditation by the Western Association of Schools and Colleges/Senior College and University Commission (WSCUC.) Having met WSCUC's high quality assurance standards, Minerva Institute, the non-profit entity that operates Minerva Schools at Keck Graduate Institute has now transitioned to become Minerva University—a freestanding, independent, accredited educational institution. This accreditation is the culmination of an eight-year process where WSCUC has carefully examined every aspect of the programs and operation: its curriculum, pedagogy, planning, faculty and staff, governance, finances, and student outcomes. Established in 2013 at the accredited Keck Graduate Institute by Minerva Project, the Minerva Schools at KGI has now graduated three undergraduate classes and three graduate classes totaling over 400 alumni.

※Minerra School at KGI가 2021년 7월 22일부, 기존 KGI에 의해 학사 및 석사 학위를 제공하던 구조에서 독립적인 학위 수여가 가능하게 되었으며, 학교의 명칭도 'Minerva University'로 변경되었음. 대학의 홈페이지에는 관련 소식이 공지되지 않았으며, 본 소식은 다음의 보도자료를 통해 확인됨.

도를 앞서 나가는 대학들의 경우 전문성과 경험 그리고 축적된 데이터 관점에서 냉정하게 평가하면 이제 미네르바스쿨이 이들을 벤치마킹해야 할 것으로 보인다. 물론 전통적 대학들의 이러한 응전에 교육혁신을 선도하겠다는 미네르바스쿨은 또 다른 모습을 보여주리라 기대한다. 그리고 어떤 응전을 하게 될지 관심을 가지고 지켜보아야 할 것이다.

인류의 역사는 도전과 응전의 반복을 통해 성장하고, 발전해왔다.

움직임이 둔하던 골리앗 대학들에 다윗 미네르바스쿨이 등장하면서
고등교육의 혁신은 매우 역동적으로 이루어지고 있다. 결과적으로 이
들 모두 더불어 성장할 수 있기를 기대한다.

기업 교육의 경험 혁신,
싱귤래리티대학

싱귤래리티대학은 피터 H. 다이어맨디스Peter H. Diamandis와 레이 커즈와일Ray Kurzweil이 중심이 되어 기하급수적 기술exponential technologies에 대해 학습하고, 이를 상업화 및 산업화시키는 방법을 찾아 궁극적으로 인류와 지구가 직면한 문제를 해결하기 위한 학습 공동체로 2008년에 설립되었다.[32] 당시에는 비영리단체를 기반으로 구글, 노키아, 오토데스크Autodesk 등 혁신 기업에서 후원하는 형태로 10주간의 '대학원 수준 프로그램Graduate Studies Program'을 운영하는 것이 핵심이었다.[33]

싱귤래리티대학은 과학기술과 비즈니스가 결합된 '테크노 MBA' 과정과 흡사하게 설계되었다. 그러나 MBA과정이 학점과 학위 취득으로 그 성과 결과물이 한정되는데 반해, 10주간 프로그램은 유효한 혁신 또는 규모 있는 기술 비즈니스를 개발하는 실질적인 교육과정으로, 최종적으로는 스타트업을 설립하는 것을 지향한다. 'MBA 수준 이상의 전문 교육과 기술 스타트업 엑셀러레이팅'의 조합이라고 설명할 수 있겠다.

2012년 싱귤래리티대학이 영리 목적 기업으로 전환을 모색하면서, 싱귤래리티교육그룹Singularity Education Group이 설립되었다.[34] 그리고 2017년 미국 주식 및 거래위원회The U.S. Security and Exchange Commission에 법인으로 등록[35]하면서 민간 주식회사로 새롭게 출범했다. 2018년에는 보잉과 웨스트리버그룹WestRiver Group 등이 투자자로 참여하여 3,200만 달러의 자본 유치[36]를 완료, 거대 과학기술에 대한 '교육 컨설팅 비즈니스 인큐베이션'을 행하는 혁신 플랫폼 기업으로 전환되었다. 이제 싱귤래리티대학은 학위를 제공하는 실존하는 대학이 아니라 싱귤래리티교육그룹이 소유한 브랜드가 되었다. 이들은 스스로를 다음과 같이 정의한다.

"싱귤래리티대학은 글로벌, 디지털 커뮤니티 그리고 콘텐츠 플랫폼이다.Singularity University is a global, digital Community and Content Platform."[37]

싱귤래리티대학은 기존 MBA과정을 운영하는 비즈니스 스쿨과 어떤 차별적 경험 혁신을 제공하고 있을까?

가장 두드러지는 것은 기능 혁신 영역이다. 비즈니스 스쿨에서는 제공할 수 없는 거대 과학기술 기반 융복합 교육을 포함해 비즈니스 개발을 원스톱으로 도울 수 있다. 우선 싱귤래리티대학에서 다루는 기술 영역은 인공지능 및 로봇 공학, 증강 및 가상현실, 합성 생물학, 에너지 및 환경 시스템, 의학 및 신경 과학, 나노 기술 및 디지털 제작, 네트워크 및 컴퓨팅 시스템 등이다. 분야들을 보면 과학기술 분야 대학원과 유사한 학제를 지닌다.

MIT와 스탠퍼드대학교 그리고 조지아공대Georgia Tech 등 전통적으로 과학기술 분야에 강점을 지닌 대학의 비즈니스 스쿨에는 '테크노 MBA'처럼 기술 혁신 및 전략과 비즈니스 개발이 조합된 교육과정이 제공된다. 그러나 이들 교육과정의 경우 기술을 세분화하지 못하고, 통칭해서 다루고 있다. 예를 들어, 에너지와 신경 과학 분야의 기술과 혁신 그리고 비즈니스 모델에는 상당한 차이가 존재한다. 과학기술 분야와 비즈니스 영역이 유기적으로 결합되어 정교한 교육과정으로 구성 및 운영되기 위해서는 상호 간에 상당한 협력과 교류를 해야 하고, 현장 경험도 축적되어야 한다. 그러나 학위과정을 운영하는 대학원 입장에서 정합성과 정교함, 실제 실행 가능성에 대한 부분을 다루는 것이 서투르다. 그래서 비즈니스 스쿨에서는 수업 또는 정규 교육과정이 종료되면, 각종 자문과 교육 등 추가적이고 후속적인 기능들이 대학의 별도 기구인 연구 센터나 기업가 센터로 이관된다.

이에 반해 싱귤래리티대학의 경우 고도의 기술을 매우 깊이 있게 다루면서 다양한 학제가 융복합을 이룰 수 있다는 것을 전제로 '교육, 컨설팅, 비즈니스 개발 및 인큐베이팅과 벤처 투자'가 하나의 플랫폼에서 이루어질 수 있도록 통합적 기능을 제공한다.

비즈니스 스쿨 대비 싱귤래리티대학의 또 다른 차별적 경험은 매우 고도화된 국제적 혁신 산업 네트워크를 형성하고 있다는 점에 있다. 전 세계 77개국 190개에 이르는 싱귤래리티 지역 지부_{SingularityU} Chapters를 운영하고 있다. 싱귤래리티대학의 철학과 혁신 방법론이 내재화된 지역 혁신 생태계를 만든 셈이다.[38] 이는 전 세계에 현존하는 어떤 비즈니스 스쿨도 제시하지 못하는 규모의 혁신 산업 네트워크로 각 지역에서 교류·협력하고, 혁신 활동을 통해 새로운 가치와 영향력을 생성해 범세계적으로 연합한다.

비즈니스 스쿨에서는 학점 운영으로 일정한 제약이 있다. 하지만 싱귤래리티대학의 경우 과정을 혁신해 각 프로그램의 목적에 최대한 부합하고, 성과를 내기 위한 최적의 과정을 유연하게 설계 및 운영한다.

싱귤래리티대학은 감성 혁신 측면에서도 뛰어나다. 스스로 '인류와 지구가 직면한 거대 문제를 과학기술을 통해 해결한다'는 사명을 커뮤니티 구성원들과 끊임없이 공유한다. 선한 목적성을 기반으로 미래를 개발하며, 전 인류의 혁신을 앞장서서 이끌겠다는 포부를 밝히는 것은 전통 대학에서 제시하지 못한 담대한 행보 중 하나로 설명할 수 있다.

하지만 싱귤래리티대학 역시 고유의 차별적 경험 혁신을 이루었음에도 불구하고 비즈니스 관점에서 여러 도전 과제와 마주하고 있다.

첫째, 혁신 기업들의 이탈과 제한적 참여다. 싱귤래리티대학 설립 초기 비영리단체일 때만 해도 최고 핵심적 후원자는 구글이었다. 그러나 현재 구글과 싱귤래리티대학 간 후원 관계는 제한적으로 이루어지고 있다. 앞서 설명한 것처럼 개별 기업의 혁신 생태계의 규모가 이제 국가 범주를 뛰어넘는 수준에 이르렀다. 그 결과 구글의 개방형 혁신을 위한 외부 채널이던 싱귤래리티대학의 효용성이 크게 낮아진 것이다. 또 상호 협약 문제로 공개하지 않는 사례도 있겠지만 싱귤래리티대학과 제휴하면서 만든 유효한 혁신 사례가 많지 않다는 것도 혁신 기업들의 이탈 이유 중 하나다. 이러한 이유로 혁신 기업들의 멤버십 참여가 줄어들자 최근 싱귤래리티대학은 스타트업을 직접 인큐베이팅하며 투자하는 모델로 전환하고 있는 것으로 파악된다.

둘째, 스타트업 엑셀러레이터가 규모 있게 전문화되고 있다. 과거 산업이나 기술에 대한 구분 없이 비즈니스 개발 단계에서 기능하던 스타트업 엑셀러레이터가 최근 10여 년 전부터 일부는 규모가 대형화되면서, 특정 산업 및 기술 분야의 기능을 강화하는 버티컬화 흐름을 보이고 있다. 이들 역시 해당 산업에 풍부한 전문 네트워크를 기초로 싱귤래리티대학이 제공하는 ‘교육, 컨설팅, 비즈니스 개발 및 인큐베이팅과 벤처 투자’ 기능을 원스톱으로 제공하는 플랫폼으로 거듭나고 있다.

셋째, 기존 비즈니스 스쿨의 응전이다. 가장 대표적으로 코넬대학교의 경우, 뉴욕시 루스벨트아일랜드에 ‘공과대학, 비즈니스 스쿨, 기업 혁신 센터, 연구기관, 투자회사’가 결합된 플랫폼 기반의 혁신 생태계를 조성했다. 이곳에 구글은 물론 이스라엘의 테크니온공대, 인도의 타타그룹 등이 함께 참여하고 있다. 코넬대학교 이외에도 최근 MIT, 스탠퍼드대학교, UC 버클리대학교 등 전통적인 대학들의 혁신 생태계도 빠르게 변혁하고 있어 싱귤래리티대학의 고유성이 희석되고 있다.

비즈니스의 관점에서 싱귤래리티대학은 혁신 대기업, 규모 있는 스타트업 엑셀러레이터 그리고 선도적 혁신 대학들이 전개하는 혁신 생태계와 차별되는 새로운 경험 혁신을 이끌어내야 하는 과제를 안고 있다. 그간 개인과 조직의 와해적 혁신을 이끌어내기 위한 촉진자이자 교수자 역할을 한 싱귤래리티대학이 스스로의 혁신을 어떻게 행하는지 관심을 가지고 살펴볼 일이다. 물론 지금까지 업적을 만들어낸 풍부한 경험으로 싱귤래리티대학만의 고유한 응전 모델을 만들어낼 수 있기를 기대하며 응원한다.

미국의 공짜 대학,
피플대학

"피플대학은 학비가 무료인 미국의 공인 온라인 대학입니다. 고등 교육은 이제 그 어느 때보다 더 쉽게 접근할 수 있습니다.University of the People is a tuition-free, American accredited, online college. Higher-education is now more accessible than ever."

스스로 정의한 것처럼 피플대학은 캘리포니아주 정부로부터 공식 인가된 온라인 대학이자, 학비가 일체 없는 대학이기도 하다. 현재 약 5만 8,000명의 학생이 수학 중이며, 경영학, 컴퓨터 과학, 보건 과학, 교육학 분야에서 학위를 제공하고 있다. 경영학 분야는 준학사부터 석사 학위까지 제공한다.[39] 특히 인상적인 것은 준학사과정의 경우 아랍어로도 교육과정이 제공되고 있다는 점이다. 교육학 분야는 준학사 및 학사과정은 제공하지 않고, 석사과정만 제공하고 있다. 이 역시 학비는 모두 무료다.

피플대학에서 제공하는 결정적인 경험 혁신 내용은 미국에서 공인하는 준학사, 학사, 그리고 석사 학위를 취득하는 데 학비가 무료이며, 전 세계 어디에서나 교육받을 수 있다는 점이다. 또 별도의 입학 시험이 없으며, 다른 대학이나 기관에서 취득한 학점도 인정해주고 있어 최근 이 대학을 통해 빠르게 학사 및 석사 학위를 취득하는 경우가 증가하고 있다.

피플대학은 전 세계에서 가장 광범위한 배경의 학생이 재학하는 대학이다. 200개 이상의 국적을 가진 학생이 등록하고 있으며, 4만 3,000개 이상의 코스가 개설되어 있다. 학생들이 학사 학위를 취득하는 데 소요되는 기간은 평균 4.5년으로 전통적인 대학보다 짧은 편이다. 교수 한 명당 학생 비율은 1 대 14 수준으로 학사과정 교육에서는 매우 높은 편이다.[40]

현재 피플대학에서 개설한 교과목들은 영국의 옥스퍼드대학교, 에딘버러대학교, 미국의 하버드대학교, 컬럼비아대학교, 프린스턴대학교, 예일대학교 등 아이비리그 대학들과 스탠퍼드대학교, 뉴욕대학교, 듀크대학고 같은 세계적 지위의 대학에서 제공하는 온라인 코스들로 구성되어 있다. 졸업생들이 현재 근무하는 기업 명단에는 애플을 비롯해 아마존, 마이크로소프트, 딜로이트Deloit 등 세계적 기업들이 이름을 올리고 있다.

피플대학의 설립과 운영은 어떻게 이루어지고 있을까? 설립자인 샤이 리셰프Shai Reshef는 TED 강연을 통해 고등교육의 민주화를 강조한 바 있다.[41] 샤이 리셰프는 난민, 경제적 극빈자, 특정 문화권에서 인권이 제한되는 여성, 장애인, 육아하는 부모, 지리적 제약 등으로 인해 고등교육의 기회를 갖지 못해 스스로 삶에 변화를 줄 수 없는 사람들에게 경제적 부담 없이 고등교육에 접근할 수 있는 경로를 열어주자는 의미에서 대학을 설립했다고 소개했다. 이러한 취지에 공감한 게이츠 재단에서는 2012년 61만 3,282달러(약 7억 원)의 기금과 함께 미국 연방 및 캘리포니아주 정부로부터 대학 설립 인가 및 공인을 취득하는 데 필요한 일련의 지원을 했다.[42] 현재 약 5만 8,000명의 학생 중 6,000명 이상이 난민이며, 이들에게는 행정 수수료, 시험 응시료 등의 비용이 장학금 형태로 지원된다.[43]

학생들이 수강하는 강좌들은 4만 개 이상인데, '고등교육의 민주화'라는 취지에 공감하는 세계적 수준의 대학, 온라인 공개 수업 같은 오픈 러닝 플랫폼 등의 강좌를 공유하는 개념이다. 아울러 각 코스별 멘토 시스템을 두어 수강하는 학생들의 보충 학습을 지원하는 운영 체계와 인프라를 갖추고 있다.

강좌 수강에 따른 학비는 일체 없으며, 학생들이 각 강좌별 8주간의 코스를 이수하고, 9주차에 치르는 시험에 합격하면 학점을 취득하게 된다. 입학 지원할 때 수수료로 60달러를 납부하고, 각 코스별 시험을 치를 때 각 과목별로 납부하는 응시료(학사과정 120달러, 석사과정 240달러)만 납부하면 된다. 이를 통해 소요되는 총 비용은 준학사는 2,460달러(약 300만 원), 학사는 4,860달러(약 570만 원), 경영학 석사 MBA는 2,940달러(약 350만 원), 교육학 석사는 3,180달러(약 380만 원)

정도이다.[44] 사전에 수강료를 납부하고, 수강 후 학점과 학위를 취득하는 전통적인 대학의 운영 체계와는 사뭇 다른 개념이다. 난민 등 경제적으로 어려움을 겪을 것으로 예상되는 학생들에게는 시험 응시료 역시 장학금으로 일체 지원된다.

이러한 운영 체계를 고안하게 된 배경은 설립자 샤이 리세프가 영리 목적 교육 사업을 운영하면서 체득한 경험에 기초한다.[45] 그는 이스라엘에서 토플 등의 자격 시험을 주관하는 회사를 경영했는데, 그때 '자격 시험' 구조를 합목적이고, 체계적으로 활용하면 생산적인 능력 검증 방법이 될 수 있다는 것을 깨달았다. 그래서 현재 피플대학 각 코스별 학점 취득을 위한 시험은 토플 방식이다. 이는 객관적인 평가 시스템을 갖추지 못한 일반대학보다 엄격하게 교육 품질이 관리되고 있음을 의미한다. 이러한 이유로 피플대학 학위 취득자에 대한 기업 및 공공 기관의 평가가 달라지게 되었다. 더 나아가 후원자와 고용자 역할을 동시에 하는 새로운 관계가 설정되었다. 실제로 인텔을 비롯해 HP, 마이크로소프트, 구글, 페이스북 등 기업들이 후원자와 고용자 역할을 함께하고 있다.[46]

피플대학의 총장 자문위President's Council에는 뉴욕대 총장을 역임한 존 섹스턴John Sexton 명예총장 외에도 세계 유수의 대학에서 전 현직 리더로 활동했던 유명 학자와 인사들이 참여하고 있다.[47] 이러한 관점에서 피플대학은 고등교육 분야의 사회적 기업 모델이라 할 수 있다. 고등교육의 민주화라는 인류적 담론에 집중하며, 사회적 이동성을 실효적으로 만들어내고 있다.

스타트업 같은 대학,
올린공과대학

2018년 MIT에서는 〈공학 교육의 글로벌 최신 현황The global state of the art in engineering education〉[48] 이라는 보고서를 발간했다. 공학 교육의 혁신 모델을 찾기 위해 전 세계 공학 교육의 리더 50인을 대상으로 인터뷰 조사를 해 작성된 보고서이다. 공학 교육 분야에 종사하는 관계자 중 아직 이 보고서를 보지 않았다면 시대 변화의 중요한 포인트를 살피지 못하고 있는 것으로 볼 수 있다.

전 세계 공학 교육의 리더 50인에게 '현재 공학 교육의 리더는 누구인가?'라는 질문을 했고, 응답자들은 5~6개의 복수 대학들을 호명했다. 보고서에 따르면 22개 국가의 81개 대학이 이들로부터 현재 공학 교육의 리더 대학들로 평가되었다. 이를 종합해본 결과, 가장 많이 언급된 대학은 MIT나 스탠퍼드대학교가 아닌 올린공과대학이었다. 공학 교육 분야 리더 그룹으로부터 세계에서 가장 혁신적인 공학 교육을 행하는 대학으로 평가받은 것이다. 이 외에도 여러 평가 기관에서 올린공과대학을 최고의 공학 교육 대학으로 꼽고 있다. 미국 시사 전문지 《U.S 뉴스》에서 선정한 'U.S 뉴스 월드 리포트 2021U. S News&World Report, 2021'의 학사과정 공학 교육 부문 전미 3위에 올랐으며, '2020 프린스턴 리뷰2020 Princeton Review'에서는 학생들이 최고의 교육 경험을 한 대학 부문에서 전미 2위에 올랐다. 또 2014년 기준 '포브스닷컴Forbes.com'에 의하면 수학능력시험 고득점 대학 순위에서 전미 8위에 올라 미국의 고등학생 중 수학 능력이 가장 우수한 학생들이 지원하는 대학으로 꼽히기도 했다.[49]

올린공과대학은 1997년에 설립되었다. 하지만 학생들에게 첫 수업을 시작한 해는 2002년이다. 행정적으로는 이제 24년 차이며, 실질적인 교육 활동을 시작한 지는 19년 차에 이르는 신생 대학이라 할 수 있다. 19세기 미국 고등교육이 시대의 변화를 반영하지 못하고 있다는 심각한 문제 인식에서 새로운 대안 모델을 제시하기 위해 설립된 MIT의 사례처럼, 올린공대는 20세기 미국 공학 교육의 한계와 문제점을 해결하기 위해 21세기형 대학으로 설립되었다.[50]

20세기 대학들은 규모가 커지면서 단과대학, 학부, 학과 등으로 이어지는 우계적 조직 형태로 학제 간 협력과 융합적 시도가 이루어지기 어려워졌다. 여기에 더해 교원의 정년 보장 인사 시스템이 학과 또는 학부 단위로 전개되면서 학제 간 교류와 협력보다 분절화되는 현상이 더욱 심화되었다. 또 교원 선발과 운영 등이 권위적으로 이루어지고, 기존 정년 보장 교수 중심의 기득권화 그리고 변화에 수동적인 문화들이 깊게 자리하는 등의 문제점이 발생하게 되었다. 이러한 환경에서 융합적 교육과 연구, 기존 질서를 스스로 와해시키고 새로운 구조로 변화하는 것은 매우 어렵다. 교수가 아닌 철저히 학생 중심 교육과정의 구성과 운영, 공학 교육에 깊이 몰입할 수 있는 문화 등을 만들어가는 것은 대학들이 혁신하기 위해 넘어야 할 산이다. 지금도 학과 중심, 정년 교수 중심 학사 및 운영 구조는 대학의 교육 혁신 과정에 결정적 제약 요인이다.

이에 올린공과대학은 대학 설립을 준비할 때부터 학과나 학부 자체를 만들지 않았다. 총장을 포함해 교수는 물론 그 누구에게도 정년을 보장하지 않는 것을 원칙으로 삼았다.[51] 이 원칙들은 융복합 및 협력적 교육 환경의 제공 그리고 끊임없이 기민하게 혁신해나가기 위한 올린공대 고유한 방향성으로 지금까지 유지되고 있다.[52]

한국의 많은 대학들에서도 올린공대의 공학 교육 혁신에 대해 많이 벤치마킹을 하고, 사례를 학습했다. 그러나 세계를 대표할 만한 공학 교육 혁신 배경에는 학과 및 학부 미설치, 교원 정년 미보장이라는 큰 차이점이 있다는 것을 일반적인 대학에서 아직도 외면하고 있다.

올린공대는 2021년 현재 330명의 학생이 등록되어 있고, 전임 교수가 45명인 소규모 대학이다. 실제 교육 활동을 하는 전임 교수 기준 학생 비율은 '1 대 8'이다. 전임 교원으로 한정한 학사과정 '교수 대 학생' 비율로는 세계 최고 수준이다.

혁신적 공학 교육에 대한 의지는 대학 설립 시 투입된 재정 규모에서도 드러난다. 설립 당시 올린 재단The F. W. Olin Foundation은 4억 6,000만 달러 이상의 재정을 이 소규모 대학을 설립하는 데 출연했다. 이

규모는 20세기까지 미국의 대학 설립 기초 기금 출연액으로는 가장 큰 규모이다.[53] 또 입학하는 모든 학생들은 4년 동안 10만 달러 이상 의 장학금을 받는다. 책정된 학비에서 기초 장학금을 제외하고 일부 를 부담해야 하는 경우도 있지만 급여가 지급되는 인턴십 등의 과정 을 통해 학생들의 학비 부담은 최소화된다

올린공대 공학 교육의 핵심은 프로젝트 기반 학습이다. 이 고유의 페다고지에 기반한 교육을 위해 학생들을 선발하는 방식부터 일반적 인 대학들과 접근법이 다르다. 일단 서류 전형을 통과한 학생들은 후 보자 주간Candidates Weekend[54]으로 불리는 2단계 전형에 초대받는다. 이 때 대학은 지원자에게 일체의 비용을 지원한다. 그리고 주말 동안 프 로젝트 기반 학습이 지향하는 가치와 실제에 대해 지원자와 대학이 서로 이해하면서 정합성이 맞는지 경험하고, 결정하는 시간을 갖는 다. 최종 선발된 학생들은 디자인 사고Design Stream를 고취하는 과정, 연 2회 학생 학습을 축하하고 격려하는 박람회Expo, 파트너 기업의 현 안을 가지고 혁신적인 솔루션을 개발하는 4학년 프로젝트SCOPE 등을 통해 창의적 사고와 기술을 토대로 한 현장의 문제 해결, 혁신 기술 기반의 가치 창출로 이어지는 일련의 교육을 경험하게 된다.

1999년 초대 총장으로 부임해 2020년까지 20년간 세계에서 가장 혁신적인 공학 교육 모델을 만든 리처드 K. 밀러Richard K. Miller 전 총장 은 '올린공대 실험을 통한 교훈Lessons from the Olin College Experiment[55]'이 라는 글을 통해 그동안의 공학 교육 혁신 과정을 설명했다. 그는 이 글에서 올린공대를 대학이 아닌 교육 스타트업으로 정의 내렸다. 개 척자 정신으로 공학 교육의 혁신을 전개해왔음을 설명하는 내용이다.

학생들이 대학 졸업 후 실제 활동하는 사회와 산업은 매우 빠르게 바뀌는데, 대학은 이러한 변화에 능동적으로 대응할 수 없는 구조적인 속성을 지니고 있기에 스타트업 같은 사고와 방식을 취해야 함을 강조하는 내용이다. 밀러 전 총장이 지난 20년간 올린공대에서 공학 교육 혁신을 위해 행한 실험적 도전의 과정을 통해 얻은 교훈은 다음과 같다.

> 첫째, 학생들이 자신의 교육을 공동 설계할 수 있도록 참여시키는 접근법이 필요하다.
> 둘째, 과도한 기회 부여에 주의할 필요가 있다.
> 셋째, 핵심적으로 학생-교수-교육과정-대학 간 정합성이 중요하다.
> 넷째, 지속적으로 혁신을 유지하기 위해서는 계속 몰입해야 한다.
> 다섯째, 문을 열고 경험과 통찰을 전파하라.

올린공대 공동연구집단The Collaboratory, Olin College of Engineering은 2009년 설립되어 교육 공학 혁신을 위해 10여 년 동안 전 세계 50개국, 750여 개 교육기관 2,000명 이상의 교육자들을 대상으로 행한 실험적 경험을 나누는 기관이다.

세계에서 가장 혁신적인 공학 교육 내용을 더 구체적으로 알고 싶다면, 올린공대에서 직접 공개한 '인간을 위한 공학Engineering for Humanity[56]' 강좌가 어떻게 구성되고, 운영되는지 직접 살펴보길 추천한다. 일반적인 대학에서 각 교과의 구성과 운영은 강좌 담당 교수의 책임에 의해 준비 및 실행되는 데 반해 올린공대의 개별 코스 및 강좌는 고유한 페다고지가 접목되도록 대학 차원에서 관리된다. 담당 교수 한 사람이 강좌 전체를 이끄는 것이 아닌 대부분의 전공 강좌 및 코스는 복수의 교수진들이 함께하는 협력형 교육 방식이다. 교수진들과 학생들 또한 강좌 내에서 협력팀을 이루어 프로젝트를 수행한다. 일련의 교과과정 운영은 체계적이고 정교한 시스템으로 뒷받침된다. 올린공대 학생들은 졸업을 위해 실제 사용자 및 현장에 대한 충분한 이해와 경험 과정을 거쳐 개발하는 제품이나 기술이 사용자 및 사회에 어떻게 영향을 미치는지 등 20개 이상의 협력형 프로젝트를 수행해야 한다.

올린공대의 혁신적 공학 교육은 이제 대학의 학사과정 공학 교육의 새로운 표준이 되었다. 스타트업 같은 대학으로 빠르고 과감하며, 성과를 내는 혁신을 주도한다. 교육 스타트업이 기존 질서를 파괴하고, 어떻게 새로운 표준을 세우는지 궁금하다면 올린공대를 통해 살펴볼 수 있다. 도 비즈니스를 하는 스타트업이라면 꽤 훌륭한 투자 대상이 될 수 있을 것이다.

3장
신엘리트주의와 메리토크라시

신엘리트주의

2020년 뉴욕에서 개최된 인공지능선도협회[*]의 학술 대회에 직접 다녀왔다. 그러나 행사장 복도에 전시된 포스터나 발표되는 논문을 보고도 무엇을 설명하려는지 전혀 이해할 수 없었다. 관련 분야에 대한 문해력이 없음을 스스로 확인하는 자리였다. 그곳에서 오간 이야기는 컴퓨터 과학, 소프트웨어, 인공지능 분야 등을 전공하거나 체계적으로 학습한 사람들만이 이해하고 교류할 수 있는 내용이었다.

디지털 사회로의 전환이 가속화되면서, 특히 클라우드와 빅데이터 시대가 열리면서 새로운 지식과 기술의 생성 및 진화 속도가 매우 빨라지고 있다. 과거의 연구 개발 활동은 연구자가 보유한 데이터와 2차

---

[*] Association for the Advancement of Artificial Intelligence, AAAI.

자료를 기반으로 행해졌다. 그러나 이제는 클라우드 서비스 기업이 제공하는 공공 빅데이터를 포함하는 공유 데이터와 각종 최신 인프라 및 소프트웨어뿐 아니라 인공지능을 장착한 빅데이터의 수집과 분석 활용이 가능해지면서 연구 개발의 생산성과 효과가 현저하게 달라지고 있다.

지식과 기술이 스스로 진화하는 현상도 발견된다. 어떤 지식과 기술은 구심력이 있어 주변의 것들을 흡수하고 다른 지식이나 기술과 유기적으로 결합하며 새롭게 거듭난다. 지식과 기술 자체가 역동적으로 생성되고 진화하다 보니, 이에 따른 방향을 제대로 잡지 못하면 한순간에 혁신의 낙오자나 소외자 처지가 될 수 있다. 이는 핀테크(금융 기술), 바이오 메디컬, 항공 우주, 자율 주행 자동차 등 인공지능, 클라우드, 데이터 과학, 로보틱스 같은 기술이 주도하는 산업 영역에서 두드러지게 나타나는 현상이다. 이 같은 혁신 산업과 사회에서는 개인과 기업 모두 지식과 기술을 선도적으로 창출하며 혁신을 통해 새로운 질서를 주도적으로 만들거나 선점하는 것이 매우 중요하다. 찰나의 판단 착오나 학습의 게으름은 경쟁력 하락으로 이어지기 쉽다.

디지털 사회로의 대전환은 새로운 상품이나 서비스가 시장에서 보편적으로 수용되는 속도 또한 높인다. 과거 유선 전화가 보편적으로 사용되기까지 100년 정도 걸렸다면, 스마트폰의 대중화는 10년도 채 걸리지 않았다. 혁신의 결과물을 수용하는 속도가 빨라지다 보니, 새로운 지식과 기술을 산업화(상업화)하는 속도 역시 기하급수적으로 가속화되고 있다. '창출(생산) → 산업화(상업화)'의 순차적 단계와 과정을 거쳐 이루어지던 지식과 기술의 산업화가 클라우드와 빅데이터, 린 스타트업*과 맞물리면서 지식과 기술을 창출하는 활동과 이를 산업화하는 행위가 동시에 진행되는 '동시적 공진화simultaneous co-evolution' 현상이 뚜렷해지고 있다.

자동차 업계는 업력 110년이 넘는 GM, 80년이 넘는 폭스바겐과 토요타 등 쟁쟁한 선발자들이 시장을 장악하고 있었지만 얼마 전부터는 업력 17년 차, 그리고 주식 상장으로 기업을 공개한 지 10년 된 테슬라가 시가총액 세계 1위에 오르며 산업 혁신을 주도 중이다. 제약 업계에는 업력 170년 이상의 화이자와 130년 이상의 업력을 지닌 존슨앤드존슨 등 오랜 임상 연구 실적을 지닌 기업들이 즐비한 가운데, 이들과 대등하거나 앞서서 코로나 백신을 개발 및 공급하는 모더나의 업력은 이제 만 10년을 조금 넘었다.

제약 산업이나 자동차 산업은 산업 특성과 구조상 오랜 업력이 기업의 경쟁력으로 이어지는 경우가 많다. 임상 실적, 시험 설비 수준 등이 연구 개발과 상품화 과정에서 중요한 영향을 미치기 때문이다. 그런데 테슬라와 모더나는 태생부터 지식과 기술을 창출하는 활동과 산업화를 동시에 전개한 기업들이다. 새로운 지식과 기술을 창출할수록 산업화 효과가 커지고, 이를 기초로 대규모 자본을 조달하면서 추가적인 후속 투자를 지속하기에 지식과 기술의 창출 및 상업화 역량은 더욱 고도화된다. 이는 한마디로 동시적 공진화 현상으로 설명할 수 있다.

● '가설의 설정 → 측정과 검증 → 학습과 피드백'의 순환 고리를 빠르게 반복하는 스타트업과 신사업 개발 방법론.

혁신 산업에서는 의도와 무관하게 혁신 엘리트의 정보/지식/기술 독과점화와 이로 인한 승자 독식의 결과가 만들어지기도 한다. 즉, 혁신 사회에는 구조적으로 또 논리상 새로운 지식과 기술을 창출하고 활용하는 역량을 갖춘 혁신 엘리트에게 경제력(돈)과 권력(주로 기술 패권), 평판과 브랜드(명예) 모두가 집중되는 '신엘리트주의Neo-elitism' 의 모습이 있다.

전통 엘리트주의와 신엘리트주의는 영향력(파워)＊이 소수에 집중되고,[1] 이들이 사회 전반의 리더십 역할을 한다는 본원적 속성은 다르지 않다. 하지만 영향력을 형성하는 과정과 그 영향력의 원천,＊＊ 이들이 집단화하는 과정에서 영향력을 발현하거나 행사하는 행태는 사뭇 다른 흐름을 지닌다.

혁신 엘리트는 지식과 기술의 창출 및 생산 능력이 있고, 이를 토대로 혁신 활동을 전개하여 시장으로부터 그 혁신성을 평가받은 사람이나 조직을 의미한다. 전통적인 정치 사회 엘리트나 경제 엘리트와는 달리 스스로 혁신 가치를 창출해내는 실력과 업적, 혁신의 파급 효과 같은 요소가 이들을 평가하거나 분류할 때 상대적으로 더 중요하게 강조된다.

＊　경제력(돈), 권력, 브랜드(명예)로 압축되는 사회적 보상.

＊＊　사회 심리학자 존 프렌치John French와 버트럼 레이븐Bertram Raven이 정립한 다섯 가지 영향력의 원천이다. ① 합법적 권력Legitimate Power: 정당한(합법적) 권한 지위에 기초한 힘. ② 준거력Referent Power: 평판이나 사례에 기초한 힘. ③ 전문성Expert Power: 전문가의 지위가 주는 힘. ④ 보상력Reward Power: 보상을 책정하고 집행할 수 있는 권한에 기초한 힘. ⑤ 형벌력Coercive Power; Punishment Power: 강압적 혹은 형벌적 힘.

따라서 이들의 영향력 원천은 주로 '전문성+보상력'의 조합으로 이루어진다. 전통적 엘리트가 주로 갖는 '합법적 권력+준거력+보상력+형벌력'의 조합과는 다른 양상을 지닌다. 이런 배경으로 혁신 엘리트의 영향력은 상대적으로 세습이나 승계가 쉽지 않다.

전통적 엘리트는 대부분 시험과 선거, 승계 과정을 거치면서 그 영향력이 형성된다. 이들은 명문 학교(고교 및 대학)의 입학과 졸업, 전문 자격의 취득, 고위 공직 입문 시험(한국에서는 고시) 합격, 선거 당선, 부모나 선대로부터 부와 자산의 승계 등을 통해 정치 사회적 지위와 영향력을 형성하게 된다. 이런 사회 지위와 영향력은 대체로 일회적인 시험이나 선거를 거쳐 한 번 획득하면 장기간 안정적으로 유지된다. 학벌이나 전문 자격 획득, 고시 합격 등은 반영구적 성격을 지니기 때문이다. 선거의 당선도 그 효용 기간이 상대적으로 긴 편이다. 한 번 당선된 사람이 높은 인지도를 바탕으로 연속해서 뽑힐 확률도 높다. 그리고 이런 지위나 영향력이 대물림되거나 승계된다. 1세대 엘리트는 자신의 노력으로 이를 갖는 경우가 많지만, 2세대 엘리트부터는 온전한 자신의 노력뿐 아니라, 부모나 선대로부터의 후광 효과가 상당히 작용한다. 1세대 엘리트는 자녀나 특수한 관계를 맺은 사람이 엘리트의 길을 가는 데 길잡이와 뒷배 역할을 하기도 한다.

한 번의 시험이나 선거, 대물림으로 영향력을 획득하고 유지하는 것이 가능하다 보니 일탈이나 이에 대한 관용의 여지도 상대적으로 많다. 예를 들어, 고시 합격으로 획득한 법조인의 지위는 쉽게 박탈당하거나 저한되지 않는다. 이는 집단화되면서 상호 간 사적 이해관계를 돕는, 즉 편의와 특혜 등을 서로 나누는 카르텔적 성격을 지니기도 한다. 이것이 엘리트주의에 대한 비판적 입장이 강하게 제기되는 주된 이유다.

이와는 달리 혁신 엘리트의 경우, 시장을 통해 혁신성을 평가받으며 영향력이 형성된다. 따라서 앞의 설명처럼 이들의 원천은 주로 전문성과 보상력의 조합으로 이루어진다. 시장이 왜곡되어 있지 않다면 이들에 대한 평가는 상대적으로 객관적이다. 그리고 이들은 수시로 시장의 평가를 받기에 언제든 영향력을 잃어버릴 수 있다. 보상성이 상대적으로 클 수 있지만, 안정적이라고 하기는 힘든 것이다. 이들은 구조적으로 혁신에 지속해서 몰입할 수밖에 없다.

이런 맥락에서 신엘리트주의는 업적과 공헌, 영향력 등이 사회적 지위와 보상의 핵심 원천이 되는 사회 보상 체제, 즉 '메리토크라시Meritocracy'와 그 궤를 같이하는 것으로 해석할 수 있다.

메리토크라시

메리토크라시는 1958년 영국 사회학자 마이클 영Michael Young, 1915~2002
이 집필한 풍자 소설 형식의 정치 사회 에세이《메리토크라시의 부상
1870~2033》[2]에서 처음 소개된 용어다. '메리트merit'를 원천으로 하
는 사회 보상 체제를 의미하는 메리토크라시는 라틴어 'meritum'에
서 파생된 'merit'와 고대 그리스어 'kratos'에서 파생된 '-cracy'를
조합하여 마이클 영이 만든 새로운 표현법이다.

메리트의 사전적 의미는 우수하고 칭찬받을 만한 자질the quality of
being good and deserving praise,[3] 보상, 명예, 혹은 존중받을 만한 성향이나
행동character or conduct deserving reward, honor, or esteem[4]이다. 즉 업적과 공헌,
영향 등으로 대변될 수 있는 메리트로 사회적 지위나 보상이 결정되
는 사회 보상 체제를 뜻한다.

한국에서 메리토크라시는 주로 능력주의로 번역된다. 대중적으로 널리 사용되는 표현법이라 처음에는 이 번역을 그대로 받아들였지만 이 용어를 만든 영의 책과 설명, 이로부터 파생되는 여러 담론과 논쟁을 살펴본 결과, 능력주의로 번역하면 원래의 뜻을 왜곡하는 경우가 생긴다는 것을 발견했다.

우선 능력, 실력, 그리고 재능 간 의미의 차이를 살펴볼 필요가 있다. 국립국어원 표준국어대사전은 이들 용어를 다음처럼 풀이한다.[5]

능력能力: 일을 감당해낼 힘.

실력實力: 실제로 갖추고 있는 힘이나 능력.

재능才能: 어떤 일을 하는 데 필요한 재주와 능력. 개인이 타고난 능력과 훈련에 의하여 획득된 능력을 아울러 이른다.

실력과 재능의 상위어는 능력이다. 재능은 타고난 능력에 가깝고, 실력은 상대적으로 구체적이며 성과나 업적, 공로와 깊은 관련을 맺는다. 따라서 능력은 재능과 실력 모두를 아우르는 포괄적인 개념이다. 그리고 성과나 업적을 낼 수 있다는 점에서 잠재적 의미가 있다고 설명할 수 있다.

메리토크라시를 능력주의로 번역할 경우 본원적 의미를 충실히 담아내지 못하기 쉽다. 때로 왜곡하는 사례도 생길 수 있다. 그러므로 원어를 그대로 사용하는 것이 적합하며, 꼭 한국어 표현이 필요한 경우에는 업적주의나 공로주의가 더 원어의 의미에 가까운 말이라고 할 수 있다.

영의 저서는 교육 정책과 공교육 시스템의 실패가 학력에 따른 사회 계층화를 야기하고, 교육에 대한 경쟁적 투자로 사회 지위와 경제력이 대물림되면서 불평등이 고착화되는 현상에 대한 문제 인식을 담았다.

1944년 제정된 영국의 새로운 교육법은, 초등학교 교육과정을 마친 학생들이 지능 검사와 유사한 The 11-plus● 시험을 치르고, 그 결과에 따라 세 가지로 구분된 중등학교에 진학하는 시스템The Tripartite System●● 을 채택했다. 11~12세 학생들은 The 11-plus에서 취득한 점수에 따라 그래머 스쿨Grammar School, 중등 기술 학교Secondary Technical School, 중등 현대 학교Secondary Modern School 순으로 진학하는 구조를 갖추었다. 중등 기술 학교는 얼마 지나지 않아 중등 현대 학교와 병합되어, 당시 영국은 주로 중산층 자녀가 취학하는 '그래머 스쿨(한국의 인문계 학교)'과 노동자층 자녀가 대부분인 '중등 현대 학교(한국의 실업계 학교)'로 양분되는 교육 시스템을 정립했다. The 11-plus는 한국의 학원이나 과외 교습으로 성적을 충분히 올릴 수 있는 시험이었다. 그러므로 경제적 여력이 되는 부모는 자녀에게 개인이나 집단 교습을 제공함으로써 이 시험에서 고득점을 얻도록 했다. 부모의 경제력과 사회적 지위에 따라 시험 결과와 진학하는 학교가 달라지고, 그 결과

학력에 따라 소득과 사회적 지위가 결정되는 구조였다. '사회적 이동
성'을 만들어내는 중요한 동력 역할을 해야 할 교육이 역설적으로 사
회 계층화와 불평등을 야기하는 디스토피아의 세계를 보여주고자 영
은 풍자적 소설 형식의 책을 쓴 것이다.[6]

저서를 출간한 지 40년이 지난 1998년, 영은 메리토크라시에 대한
회고의 글[7]에서 다음처럼 강조했다.

> IQ(지능)+effort(노력)=merit(업적: 보상 원천)라는 명제에는 새로
> 운 것이 없다. 오직 그것이 공식화된 방식만 있을 뿐이다.

1958년 사회나 1998년 사회 모두에서 영이 강조하고자 했던 명
제는 사회 보상 체제란 네포티즘nepotism, 족벌주의이나 플루토크라시
Plutocracy, 금권 정치 사상이 아닌 메리토크라시가 되어야 한다는 것이다.[8]
즉, 신분이나 가문의 배경, 부모의 경제력 등으로 사회 지위가 형성되
고 보상의 배분이 이루어지는 것이 아니라, 스스로가 창출한 업적, 공
로, 영향 등의 메리트가 사회 지위와 보상을 결정하는 원천이 되어야
한다는 철학이다. 그리고 'IQ+effort=merit'라는 메리토크라시 공식
이 전개되는 구조와 방식에 대한 이론을 더 세밀하게 살펴야 한다는
내용이다. 즉 교육적 성취에 따라 소득이나 지위가 결정되는 사회라
면, 교육이 사회 계층 간 이동성을 만들어낼 수 있도록 기회의 평등과
같은 다면적 시각을 갖추는 것의 중요성을 역설했다.

모든 산업 사회에서 대중 교육 시스템의 성장은 세기의 중요한 현

상 중 하나였다. 기본 교육은 보편적 권리로 간주되었다. 그런데 기본 교육을 마치고 나면 어떻게 되는가? 교육 사다리의 어떤 단계에서 선택해야 한다면, (항상 그렇듯이) 그것은 부모의 지위나 경제력에 기초한 것이 아닌 반드시 아동이나 청소년의 업적에 따라 이루어져야 한다. 이것이 바로 교육자들이 실천하고 있고, 정교한 시험과 시험 시스템의 도움으로 일상에서 실제로 구현된다고 생각하는 것이다. 그들은 기회의 평등을 가져야 하는 취약 가정 아이들의 평등주의에 대한 관심에 의해 동기 부여가 될 수 있다. 또한 언제나 모든 곳에서 그렇게 제한된 아동이나 청소년의 귀중한 '능력의 재고(잠재력)' 소진을 막기 위한 보다 사회 다원주의적 관심에 따라 동기 부여가 될 수도 있다.[9]

포스트-산업 사회는 논리상 메리토크라시다. 차별적 지위와 소득 차등은 기술력과 고등교육에 기반을 두고 있으며, 이런 자격을 갖추지 않은 사람들에게 개방된 높은 자리는 거의 없다. 메리토크라시에서 형식적 자격이 시스템 진입을 제공하지만, 진정한 물질적 혜택과 기타 혜택을 받으려면 후속적 성취가 필요하다.[10]

그리고 영은 다니엘 벨Daniel Bell의 저서《포스트-산업 사회의 도래》[11]를 인용하며, 진정한 메리토크라시가 구현되기 위해서는 시험 등으로 사회적 주류 시스템에 진입하는 형식적 절차와 구조가 아닌 이를 넘어 후속 성취를 기초로 사회 지위를 얻고 보상받는 구조가 되어야 함을 역설했다.

이 같은 영의 보충 설명에도 불구하고, 최근 영국과 미국에서는 메리토크라시에 대한 비판의 목소리가 높아지고 있다. 영국 셰필드대학교의 교육학자 앤스가 앨런Ansgar Allen은 논문 〈메리토크라시의 부상: 철학적 비판〉[12]에서 "마이클 영이 만든 신조어인 메리토크라시는 풍자적으로 지어졌으나, 토니 블레어 전 영국 총리 같은 정치인들이 이를 이상적 사회 체제로 강조함으로써 긍정적 의미로 새롭게 대중에게 인식되고 널리 파급되었다. 정부의 정책과 행정 역시 이를 모토로 추진되었지만, 오히려 비생산적 경쟁만 강화하며 불평등을 심화시킨다는 결론이 났다. 따라서 더 이상 현대 사회에 영향을 미치는 사회 보상 체제 담론이 아니다"라고 주장했다. 영이 풍자했던 1950년대 후반의 사회와 현재는 상황이 많이 바뀌었기 때문에 그 주장은 더 이상 의미가 없다는 지적이다. 일종의 무용론적 비판에 가깝다고 할 수 있다.

캐나다 정치학자 클리프턴 마크Clifton Mark 역시 "메리토크라시에 대한 믿음은 거짓일 뿐만 아니라 당신에게도 나쁘다"[13]라며 메리토크라시에 대한 믿음이 허구라는 주장을 펼쳤다. 한 칼럼에서 그는 "메리토크라시는 거짓이며 그다지 좋은 믿음이 아니다. 다른 이데올로기와 마찬가지로 그것을 이어가는 이유 중 하나는 현상 유지를 정당화하는 것인데, 사람들이 사회 질서에 속한 이유를 설명한다. 사람들이 세상이 정의롭다고 믿는 편을 선호하는 것은 잘 확립된 심리적 원리"라고 말했다. 그러면서 로버트 프랭크Robert Frank의 저서 《실력과 노력으로 성공했다는 당신에게》[14]에서 "자본주의 사회에서 큰 성공의 이면에는 운luck이 결정적으로 기능한다"는 내용을 소개하며 메리토크라시에 대한 맹종을 경계해야 함을 강조했다.

미국 프린스턴대학교를 거쳐 현재 뉴욕대학교에서 철학을 연구하고 가르치는 영국인 교수 콰메 앤서니 아피아Kwame Anthony Appiah는 2018년 《가디언》에 장문의 기고[15]를 하여, 영국과 미국의 사례를 비교하며 사람들을 메리트에 기초하여 분류하는 것은 불평등 해소에 아무런 도움이 되지 않는다고 주장했다. "우리 각자는 다른 재능을 가지고 있고, 다른 환경에서 태어나고, 스스로 자신의 프로젝트를 선택하기 때문에 자신이 지니는 각각의 도전에 직면한다. 당신의 삶이 더 나은지 내 삶이 더 나은지를 평가하는 비교 측정은 없다"라는 마이클 영이 졸업한 학교Darlington Hall의 교훈을 설명하며, 실력과 업적, 그리고 공헌 등에 따른 줄 세우기식 평가와 보상은 건강한 사회를 만드는 데 기여하지 못한다고 했다.

예일대학교 로스쿨 교수인 대니얼 마코비츠Daniel Markovits는 저서 《엘리트 세습: 중상층 해체와 엘리트 파멸을 가속하는 능력 위주 사회의 함정》[16]에서 메리토크라시가 기대했던 불평등을 완화하는 것이 아니라 더욱 심화시키고, 나아가 소모적 과당 경쟁으로 부자들도 비참하게 만들고 있다는 주장을 펼쳤다.

영국 《파이낸셜타임스》의 칼럼니스트 라나 포루하Rana Foroohar는 〈왜 메리토크라시는 작동하지 않는가〉[17]라는 제목의 칼럼을 썼다. 그는 이 칼럼에서 2020년 출간된 메리토크라시를 비판하는 주요 저서 세 권[18]의 내용을 기초로, 메리토크라시는 결국 엘리트주의를 더 심화시키고 소모적 과당 경쟁을 유발하는 한계점을 지니고 있다고 주장했다. 단지 성과나 업적을 기초로 평가와 보상을 하는 기계적 시스템에서 벗어나, 그들의 지성, 교육, 직업, 권력뿐만 아니라 친절함, 용기, 상상력, 감수성에 따라 가치를 부여할 수 있다면 보다 건강한 사회로의 진전이 가능함을 강조했다.

하버드대학교와 런던정경대학교에서 사회학을 강의하는 조너선 미즈Jonathan Mijs 박사와 런던정경대학교 마이크 세비지Mike Savage 교수는 논문 〈메리토크라시, 엘리트주의 그리고 불평등〉[19]에서 메리토크라시가 강조하는 기회의 평등 같은 강조점들은 상당히 매력적이고 흡입력을 갖는 담론이지만, 실제 기회의 평등이 결과의 평등을 가져오지 못하고 오히려 더 큰 불평등을 만들어내며 결과적으로 엘리트주의를 더 심화시킨다는 비판적 주장을 피력했다. 이들이 제시한 도표에 따르면, 1975년을 기점으로 대중은 메리토크라시를 플루토크라시를 대체하는 새로운 사회 보상 체제로 인식하기 시작했고, 열심히 노력하면 더 나은 삶을 영위할 수 있다는 믿음과 신념을 가졌다. 그러나 그 믿음과 달리 불평등은 더 심해졌다. 특히 노동자 계층이 메리토크라시에 대해 갖는 믿음과 신념의 수준은 실질적인 불평등 지수 수준과 같은 궤적의 흐름을 보인다.

이 두 학자는 기회의 평등만이 아닌 결과의 평등을 가져올 수 있는 사회적 구조를 고민해야 한다고 말한다. 즉 메리토크라시의 본원적 가치가 구현되는 구조를 고민해봐야 한다는 뜻이다. 이들의 비판은 메리토크라시의 무용론, 허구론, 대체 체제 개발론, 그리고 구조 보완론적 시각으로 요약할 수 있다. 이는 모두 메리토크라시가 소모적-과당 경쟁으로 오히려 사회의 건강성을 해친다는 주장으로 주의 깊게 새겨야 할 내용이다.

메리토크라시가 이런 한계점이 있다면 우리 사회의 보상과 배분 체제의 대안은 무엇일까? 마이클 샌델Michael Sandel의 '공동선common

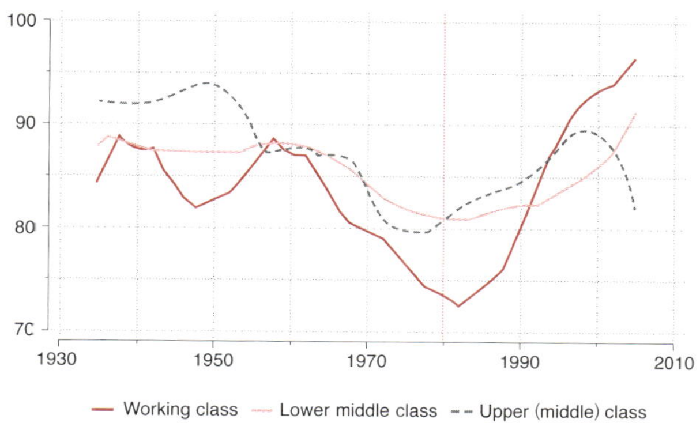

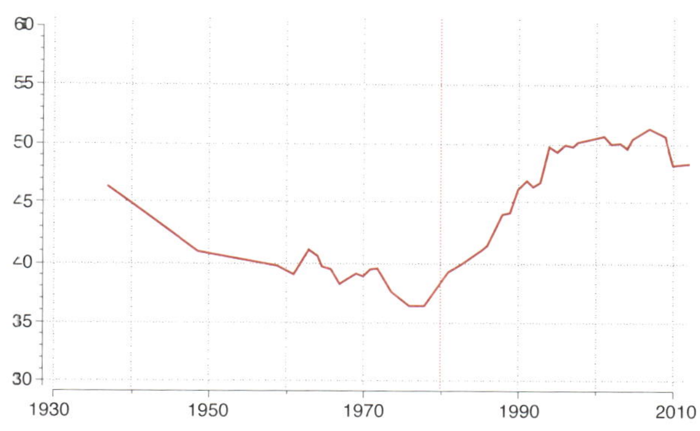

* 출처: Mijs, Jonathan J.B. and Savage, Mike, 2020, Meritocracy, Elitism andInequality, *The Political Quarterly*, 91(2), pp.397~404.

goods'은 우효한 대안이 될 수 있을까? 로버트 프랭크Robert Frank의 '운의 효과'를 어떻게 인식하고 사회 보상 체제에 반영해야 할까? 운의 효과를 상쇄시키는 세금 부과 등의 조치로 결과의 평등을 만드는 것은 유효한 대안이 될 수 있을까? 사회적 지위와 보상의 배분 원천을 공동선과 운으로 할 때, 이를 어떤 방식으로 측정하고 집행해야 할까? '메리토크라시는 관념론에 지나지 않는다'라는 비판론자들의 주장은 과연 관념론의 범주를 넘어서는 유효한 대안으로의 사회 보상 체제가 될 수 있을까?

영은 저서 출간 40년을 회고[20]하며 이와 관련한 견해를 밝힌 적이 있다. 그는 "비판론자들은 항상 그것을 읽지 않고 논평을 하거나 언급한다. 사실 가장 영향력 있는 책은 읽지 않은 책들이다. (중략) 그들은 책이 풍자적이라는 사실을 무시했거나 눈치채지 못했다"라고 말하며, 메리토크라시가 추구하는 본원적 가치는 네포티즘과 플루토크라시가 아닌 스스로 창출한 업적과 공로가 사회적 보상의 원천이 되는 데 있다는 점을 다시 한번 강조했다. 영은 사회주의적 가치를 추구했던 학자다. 기본적으로 메리토크라시를 유토피아로 향하는 방법론으로 강조한 것이 아니라, 메리토크라시가 본원적 가치를 제대로 추구하지 않을 때 만들어지는 디스토피아의 세계를 염려했다. 다만 그 역시 메리토크라시가 순기능을 발휘하기 위한 구체적인 실천 방안은 제시하지 못했다.

벨의 표현처럼 포스트-산업 사회와 자본주의 체계에서는 논리상 메리토크라시가 사회 보상 체제가 될 수밖에 없다.[21] 21세기 혁신 산업과 사회에서 메리토크라시가 부정된다면 혁신의 동력은 급속도로 위축될 것이 분명하다. 특히 기업의 세계나 프로 스포츠 영역처럼 기본적으로 경쟁과 업적에 기초하는 경우, 메리토크라시의 한계를 보완하려는 목적으로 기회의 평등보다 결과의 평등을 강조한다면 어떤 현상이 발생할까? 극단적 결과의 평등은 결국 극단적 사회주의 체제로 귀결될 수밖에 없다. 같은 맥락에서 극단적 메리토크라시는 성과 및 업적 만능주의나 극단적 시장주의와 같은 기형적 사회를 낳을 것이다. 그러므로 메리토크라시보다 유효한 새로운 사회 보상 체제에 대한 대안을 형성할 수 없다면, 작동 구조나 원리의 한계점을 보완하기 위한 방향성을 모색하는 것이 더 생산적일 것이다.

이런 맥락에서 영이 말하는 메리토크라시의 본질에 대한 논의를 조금 더 이어가자. 메리토크라시가 많은 비판론자에게 도전받는 것은 애초에 그의 비판적 풍자의 취지가 제대로 이해받지 못한 측면이 있다. 뿐만 아니라 '메리트=지능+노력'이라는 단순한 공식 자체가 비판적 논쟁을 불러오기도 했다. 따라서 이를 현실 세계의 관점에서 새롭게 정립해본다면, 현재 우리 사회의 보상 체제 문제와 그 해법의 단초를 유효하게 찾아갈 수 있을 것이다.

'메리트=지능+노력'이란 공식은 배경과 기초 환경의 영향을 고려하지 않았다. 지능이 이에 영향을 받을 것이라는 대략적인 추론만 있을 뿐이다. 현실 세계에서 배경이나 기초 환경은 사회 지위나 보상의 격차가 생기는 데 지대한 영향을 미친다. 출발선이 다른 달리기 경주와 같다. 단지 지능과 노력의 합만으로 메리트를 만들어낸다고 할 수 있을까? 이 공식은 시험과 같은 경우에 한정하더라도 제한적인 설명력을 지닌다. 영은 당시 영국의 시험에 의한 학교 진학 시스템을 비판적으로 풍자하기 위해 그 공식을 소개했을 것으로 추론된다.

지능을 능력으로 대체하는 것도 필요하다. 지능은 업적이 아니라 업적을 낼 수 있는 잠재적 능력, 즉 재능에 가깝다. 능력은 재능의 상위어로, 역시 잠재적 의미가 있지만 지능보다 업적과 가까우며 직접적 관계를 맺고 있다. 따라서 능력에 대한 개념 정의도 필요하다. 메리트가 만들어지는 과정에서 능력과 노력은 단순 합이 아닌, 곱의 관계를 지닐 수 있다는 점도 간과해서는 안 된다.

이런 한계성과 속성을 참고하고, 이를 1차 함수를 활용하여 적용해보자. 1차 함수의 식은 $y=ax+b$로 구성된다. a는 본 식의 기울기고, b는 y의 절편에 해당한다. 이를 토대로 메리토크라시 공식을 만들어 다음과 같이 의미를 적용하고 해석해보자.

메리토크라시 공식: $y=ax+b$

y: 메리트merits, 업적, 공로 등

x: 노력efforts

a: 능력abilities

b: 배경, 기초 환경backgrounds, basements

메리트(보상 원천)는 능력과 노력의 곱으로 만들어진 업적에 배경이나 기초 환경의 효과를 더한 1차 함수 관계로 설명할 수 있지 않을까? 이때 능력은 기울기에 해당하고, 배경이나 기초 환경은 메리트의 절편이다. 이를 그래프로 표현해보면 다음과 같다.

그래프에서 A는, 같은 수준의 능력(기울기)과 노력을 투입했다고 가정할 경우, 배경이나 기초 환경(절편)의 수준 차가 그대로 메리트 격차로 이어지는 관계 구조를 보여주고 있다. 배경과 기초 환경이 각각 다른 세 명이 있다고 했을 때, '가'는 소위 흙수저 배경이라 그 기초 환경(y 절편) 수준이 –10의 값이고, '나'는 평범한 배경이라 0의 기초

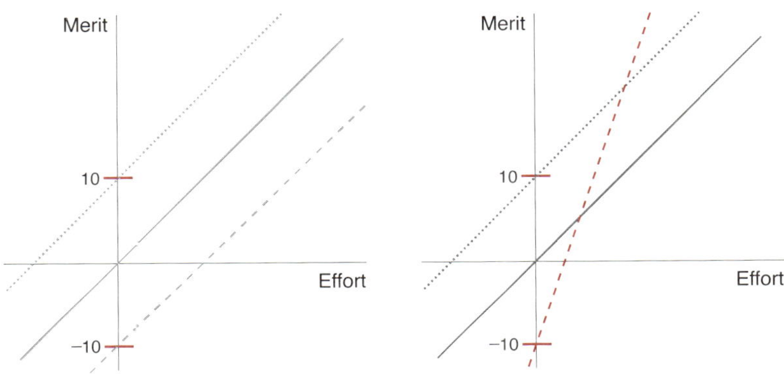

환경 수준이고, '다'는 금수저 출신이라 10의 든든한 배경과 기초 환경이 있다고 하자. '가'는 '나'와 '다'보다 능력과 노력을 더 투입해야만 '나'와 '다'가 지니는 메리트 수준에 다다르거나 이에 따른 격차를 상쇄시킬 수 있다. B 그래프는 배경이나 기초 환경의 수준이 가장 높은 '다'의 데리트 수준에 이르기 위해 '가'는 상당한 수준의 능력을 갖추든지 몇 배의 노력을 해야만 하는 관계성을 보여주고 있다.

스포츠나 예술, 일부 영재의 영역을 제외하고 일반 영역에서 사람의 능력 편차는 그리 크지 않다. 노력에는 또한 물리적 한계성이 존재한다. 배경과 기초 환경에서 임계 수준 이상의 큰 격차가 만들어질 경우, 이는 단지 능력이나 노력만으로 상쇄되지 않는다. 능력이나 노력과 무관하게 구조적 불평등이 존재할 수 있다는 말이다.

메리토크라시에서 기회의 평등은 매우 중요한 전제 사항이다. 배경과 기초 환경을 평등하게 한 상태에서 각자의 능력과 노력의 결과(업적)에 따라 보상이 이루어질 때 정당성을 갖는 것이 메리토크라시의 본원적 의미다. 기울어진 운동장에서 하는 축구 경기, 출발선이 다른 단거리 육상 경기 결과는 정당성을 갖지 못한다. 그러나 현실 세계에서 기회의 평등을 완전하고 완벽하게 갖추기란 불가능에 가깝다. 따라서 기회의 평등이 완전하게 전제되지 않은 현실 세계 대부분의 메리트는 정당성이 충분하지 못한 것으로 간주할 수 있다. 이것이 메리토크라시가 가장 이상적인 사회 보상 체제가 될 수 없는 근원적 한계점이다. 메리토크라시가 불평등을 해소하거나 완화하지 못한다는 최근의 여러 비판론자의 견해와 주장도 바로 이것이다.

그러므로 메리토크라시를 표방하는 사회를 지향한다면 기회의 평등을 매우 섬세하고 정교하게 다루어야 한다. 예를 들어, 사관 학교 같은 환경에서는 메리토크라시가 유효하게 기능할 수 있다. 모든 생도가 평등한 기초 환경에서 학업을 수행하기 때문이다. 장애인, 여성 등의 기본적인 차이는 존재하지만 부모의 경제력이나 배경 등은 거의 영향을 미치지 않는다. 생도들은 사관 학교 내에서 모든 숙식을 해결하며 동등한 학습권과 생활 환경을 보장받는다. 즉 사관 학교에서 성적 결과에 따른 보상이나 지위 부여는 일반 학교에서보다 더 정당성을 갖는다고 할 수 있다.

또 다른 사례를 들어보자. 경제적으로 빈곤한 가정의 자녀들은 미성년임에도 불구하고 스스로가 경제 활동을 해야만 하는 상황에 처해 있다. 중고등학교 시절부터 방과 후 아르바이트를 하는 경우, 개인 학습을 할 물리적인 시간이 확보되지 못하고 이로 인해 좋은 성적을 내기 힘들다. 해당 학생은 우수한 대학에 진학할 기회 자체가 제한되고, 이로 인해 빈곤의 고착화와 마주하게 된다. 이런 문제를 극복하기 위해 대학 입시에는 다양한 전형 방식이 마련돼 있다. 만약 취약 계층의 자녀가 특별한 전형 과정을 거쳐 대학에 진학하더라도 대학 생활 중 경제 활동을 하느라 시간 제약을 계속 받는다. 대학 성적 또한 이에 영향을 받을 수밖에 없어, 이들은 향후 취업이나 진학 시 불리한 입지에 놓인다.

다시 앞의 사관 학교 사례로 돌아가 빈곤층의 자녀가 고른 기회 전형으로 사관 학교에 진학했다고 가정해보자. 그 전형으로 사관 학교에 진학하면 기회의 평등이 보장되는 것일까? 빈곤층 자녀는 이전 학업 과정에서 시간적·물리적 제약을 받았기에 수학 능력의 수준이 취약할 수 있다. 학업의 출발선이 다를 수 있다는 의미다. 따라서 완전한 기회의 평등을 구현하기 위해서는 고른 기회 전형을 통해 선발된 학생들을 대상으로 이들의 수학 능력을 객관적으로 진단하고, 정규 교육과정이 시작되기 전 일반 전형으로 선발된 학생들과 동등한 수준의 수학 능력을 갖추도록 하는 '예비 교육 및 학습 과정'을 마련해주어야 한다. 일반대학에서는 이런 사전 학습 및 교육과 더불어 이들이 재학 중 학습권을 동등하게 가질 수 있도록 기초 생활을 보장받는 방법들을 찾아주어야 한다. 하지만 사립대학들은 재정 구조상 이런 제도 마련이 쉽지 않은 것이 현실이다. 좀 더 근본적인 기회의 평등은 빈곤층 자녀가 정규 교육과 학업을 이수하는 전 기간에 학습권을 보장받게 하는 대안을 찾는 것이다.

앞의 예와 같이 현실 세계에서는 능력과 노력도 배경이나 기초 환경과 일정한 영향 관계에 있다. 그래서 현실 세계에서 메리토크라시의 개념적 공식은 오히려 다음의 식과 같다고 할 수 있다.

현실 세계의 메리토크라시: $y=b(a+x)$

y: 메리트merits, 업적, 공로 등

x: 노력efforts

a: 능력abilities

b: 배경, 기초 환경backgrounds, basements

배경이나 기초 환경은 능력과 노력 모두에 영향을 미치며 곱의 관계를 지닌다. 따라서 능력과 노력 수준 대비 더 큰 격차를 만들어낼 수 있다. 다음의 도표를 보면, 메리토크라시의 개념적 공식인 $y=ax+b$ 관계와 현실 세계에서의 공식 $y=b(a+x)$에 따른 결괏값 차이가 극단적으로 달라지는 것을 알 수 있다. 기회의 평등에 대한 매우 섬세하고 정교한 사전 정지 작업이 없는 상태에서, 업적과 공로에 따라 사회적 지위와 보상을 배분하는 체제를 가속화하는 것은 언제든 샌델의 주장처럼 '메리토크라시의 폭정'[22]으로 전개될 수 있다는 의미다.

사람들은 여전히 메리토크라시가 우리 사회의 합리적 보상 배분 체제가 되리라 기대한다. 네포티즘과 플루토크라시의 세계는 상상할 수 없다. 결과의 평등을 강조하는 극단적 사회주의와 업적 만능주의로 대변되는 극단적 시장주의 또한 모두 채택될 수 없다. 이들이 메리토크라시보다 더 심각한 불평등을 불러온다는 것을 대중은 이미 알고 있다.

메리토크라시가 순기능을 발휘하며 사회에 안착하기 위해서는 우

|도표 3-3| 메리토크라시 공식에 따른 결괏값

$y=ax+b$

y	a	x	b	y	a	x	b	y	a	x	b
−9	1	1	−10	2	1	1	1	11	1	1	10
−8	1	2	−10	3	1	2	1	12	1	2	10
−7	1	3	−10	4	1	3	1	13	1	3	10
−6	1	4	−10	5	1	4	1	14	1	4	10
−5	1	5	−10	6	1	5	1	15	1	5	10
−4	1	6	−10	7	1	6	1	16	1	6	10
−3	1	7	−10	8	1	7	1	17	1	7	10
−2	1	8	−10	9	1	8	1	18	1	8	10
−1	1	9	−10	10	1	9	1	19	1	9	10
0	1	10	−10	11	1	10	1	20	1	10	10

$y=ax+b$

y	a	x	b	y	a	x	b	y	a	x	b
−20	1	1	−10	2	1	1	1	20	1	1	10
−30	1	2	−10	3	1	2	1	30	1	2	10
−40	1	3	−10	4	1	3	1	40	1	3	10
−50	1	4	−10	5	1	4	1	50	1	4	10
−60	1	5	−10	6	1	5	1	60	1	5	10
−70	1	6	−10	7	1	6	1	70	1	6	10
−80	1	7	−10	8	1	7	1	80	1	7	10
−90	1	8	−10	9	1	8	1	90	1	8	10
−100	1	9	−10	10	1	9	1	100	1	9	10
−110	1	10	−10	11	1	10	1	110	1	10	10

선 그 관계 구조에 대한 정확한 이해가 이루어져야 한다. '지능+노력'의 단순 합이 아닌, 능력과 노력 그리고 배경 및 기초 환경의 영향 관계로 메리트가 만들어진다는 사실을 이해해야 한다. 말하자면 $y=b(a+x)$의 관계 구조를 명확히 이해할 때 더 합리적이고 유효한 대안을 찾을 수 있다는 의미다.

다음으로는 메리토크라시가 순기능적으로 작동하는 영역과 그렇지 못한 영역을 구분 짓는 과정이 필요하다. 다원화된 사회에서 모든 영역을 획일화된 틀과 기준으로 바라보는 것에는 근원적 한계가 있다. 적용 영역에 따라 그 적합성을 계량화해 추산할 수 있다. 영역별 본원적 기능과 역할에 따른 영역의 분류 평가도 가능하다. 예를 들어, 공공 부문, 특히 국방, 소방 등의 영역은 '능력+노력'으로 개인이나 단위 조직의 지위와 보상을 결정하는 방식을 적용하기에는 근본적으로 무리가 따른다. 이 영역에서는 무엇보다 사명감과 책무감이 중요하기 때문이다. 해당 조직 내에서 부분적으로 가능한 영역도 있지만 전면 적용은 합목적적이지 않다. 그리고 본 영역들은 측정 영역으로 간주하기에도 무리가 있다. 메리토크라시가 순기능을 발휘할 수 있는 영역은 업적이나 공로의 창출 과정과 결과 모두가 측정 가능한 영역으로 한정된다고 할 수 있다. 구조적으로 측정이 불가한 영역, 측정 자체가 비합목적적이고 비생산적 영역에까지 굳이 메리토크라시를 적용하려고 할 필요는 없다.

영역 구분이 이루어졌다면 그다음은 기회의 평등을 담보하는 방법을 모색하는 것이다. 배경이나 기초 환경이 동등해지는, 즉 기회의 평등을 보증할 방법을 찾아야 한다. 이를 위해 섬세하고 정교한 탐색 과정이 필요하며 사전 정지 작업도 요구된다. 이때는 시야를 넓혀 인과 관계, 상호 관계, 그리고 '생애 전주기적 관점full-life cycle perspective'을 깊이 살피는 접근법을 취해야 한다. 그래야 기회의 평등에 대한 완비성을 최대화할 수 있다.

이는 정부와 정치의 영역이다. 정책과 제도의 영역이라는 의미다.

사회적 보상 체제와 관련한 정책과 제도는 대중이 '사회적 공감력'•
을 가질 수 있도록 다면적 고찰과 깊이를 추구해 마련되어야 한다. 사
회적 공감력에 기초하지 않고 충분한 조사 분석과 논의 과정 없이 단
순한 할당제나 쿼터제의 도입 같은 접근법을 취할 경우, 역효과와 소
모적 갈등 구조를 불러올 가능성이 크다. 그런데 많은 경우 메리토크
라시를 구현한다는 명목으로 결과의 평등을 강조하곤 한다. 추첨제의
도입이 가장 대표적인 사례다. 그러나 이는 메리토크라시의 본원적
가치에 반하는 접근법이다. 메리토크라시는 기회의 평등과 공정한 과
정에 집중한다. 이것이 전제가 되면 그 결과는 정당성을 갖게 되는 개
념이다.

　공감을 전제로 한 혁신 방법론 '디자인 씽킹Design Thinking'은 메리토
크라시 추구를 위한 정책 개발 및 제도 정비에 유효한 방법론이 될 수
있다. 이를 적용하면 실패하는 정도를 현저히 줄일 것으로 예상한다.
정부와 정치가 앞서 설명한 단계와 과정을 충실히 행한다면 현재 제
기되는 메리토크라시의 한계점들은 상당 부분 해결될 것으로 보인다.

　혁신의 영역은 논리상 메리토크라시고, 결과적으로 신엘리트주의
다. 메리토크라시의 부정, 특히 결과의 평등은 혁신 생태계의 쇠락과
소멸을 의미한다. 혁신 생태계는 연구 개발 활동을 중심으로 스타트
업 경제와 성장 경제의 합집합 및 곱집합의 성격을 지닌다.[23] 연구 개
발 활동이 왕성하게 이루어지고, 이 과정에서 생산된 새로운 지식과

기술을 상업화하는 '테크 스타트업'이 역동적으로 생겨나며, 이를 규모 있는 '빅 테크 기업'들이 투자 혹은 인수 합병을 통해 혁신의 효용 가치를 더욱 높이는 순환 흐름이 혁신 생태계의 기본 틀이다. 기본적으로 이들은 합집합의 가치 창출 관계에 있지만 어떤 경우에는 곱집합 흐름으로 나타나기도 한다. 가치 창출의 효과가 기하급수적으로 커질 수 있다는 의미다.

이런 배경으로 혁신의 영역에서는 새로운 지식과 기술, 사업화가 상당히 큰 보상으로 이어지는 일이 많다. 높은 보상은 또 다른 혁신가의 생태계 유입을 불러오고, 이는 혁신 생태계의 역동성을 드높이는 것으로 이어진다. 따라서 혁신의 영역에서 메리토크라시는 혁신의 충분 조건과 같은 의미를 지닌다.

하이테크 영역의 경우, 지식과 기술의 생산력 문제로 엘리트 대학이나 엘리트 테크 기업, 즉 혁신 엘리트 그룹에 몸담아야 능력과 실력을 축적할 수 있다. 그런데 이 엘리트 대학과 엘리트 테크 기업의 자리는 한정되어 있다. 진입 기회가 제한된다는 의미다. 그렇기에 과당 경쟁이 일어날 수밖에 없고, 이를 위한 노력이 비생산적일 수 있다. 한정된 사람과 조직이 큰 보상을 누리는 엘리트주의가 발생할 수밖에 없는 구조적 특성을 지니는 것이다. 경우에 따라서는 엘리트주의의 부정적 측면과 영향이 강조되면서 메리토크라시를 약화시키거나 위협할 수도 있다. 이는 곧 혁신 생태계의 역동성 제약으로 이어지기에 많은 고민이 있을 수밖에 없다.

엘리트 그룹의 인력을 보충해 능력과 실력 축적의 진입 기회를 넓혀야 하는 과업이 혁신의 영역에 주어진 것이다. 미국의 경우 고성장하이테크 분야에서의 지식과 기술의 생산 및 활용이 엘리트 대학과 엘리트 테크 기업 중심으로 한정되는 경향이 있다. 최근 엘리트 테크 기업들이 빠르게 문을 열고 있지만 엘리트 그룹에 접근할 기회는 여전히 제한적이다.

이와 달리 한국은 일정 부분에서 진입의 기회를 창출할 경로가 있다. 미국보다 월등히 수와 규모가 큰 '정부 출연연구기관(이하 '출연연')'이 이에 해당한다. 이들이 새로운 지식과 기술의 창출 및 공급 채널 역할을 역동적으로 감당한다면 엘리트 그룹의 인력을 키우는 역할을 이끌 수 있다. 여기서 한 가지 고민은 출연연의 경쟁력 제약 사항이다. 새로운 지식, 기술 생산력, 활용력이 엘리트 대학과 엘리트 테크 기업에 비해 우수하지 못하다는 냉정한 현실 평가들이 존재한다. 엘리트 그룹의 지위에 걸맞은 경쟁력과 혁신 역량을 갖추지 못한 근본적 문제를 내포하는 것이다.

출연연이 역동적인 변화와 혁신을 통해 엘리트 그룹으로 분류될 만큼 새로운 지식과 기술의 생산력, 활용력을 완비하게 된다면, 나아가 기회의 평등을 위한 '포용적 역할론'을 무리 없이 감당할 수 있다면, 한국의 혁신 생태계는 순기능적인 메리토크라시와 만나 양적·질적 모두에서 큰 성장을 이룰 것이다. 이는 엘리트 그룹에 속하지 못하거나 그들과 관계하지 못하는 개인과 기업을 대상으로, 출연연과 직간접적 관계를 갖도록 해 새로운 지식과 기술을 생산하고 활용하는 경험을 축적하는 접근법이다. 그리고 이들이 혁신의 장에 뛰어들게 하는 접근법이다.

이와 같은 접근법을 더 활성화하기 위해서는 정부 예산이 투입되는

‘연구 개발 및 사업화R&BD’ 과정에 예산을 확대 적용하는 것도 함께 추진되어야 한다. 특히 엘리트 대학과 엘리트 테크 기업들에게 정부 예산이 투입되는 경우, 출연연에서 요구하는 포용적 역할론에 대한 주문도 일정한 가중치로 반영해 소수의 엘리트 독점주의로 전개되기 쉬운 흐름을 통제해야 한다. 미국에서 정부 지원 연구 개발 및 사업화 자금에 대해 사회적 배려 대상자를 고용하거나 이에 준하는 조치를 일정 비율 적용하도록 강제화하는 사회적 이동성 촉진 정책과 제도를 참고할 필요가 있다. 그리고 정부는 혁신의 유효 시장 개발에서도 이런 맥락을 반영하고 유지할 필요가 있다.

한 가지 주의해야 할 사항은 포용적 역할론을 강조하다 자칫 하향 평준화로 귀결되는 상황이다. 이를 간과했을 때 혁신 생태계 자체가 작동하지 않을 수도 있다. 수월성과 포용성의 조화와 균형을 이루어 내는 것, 국가 차원에서 매우 세심하게 살펴야 하는 사항이다.

신맹모삼천지교와
잃어버린 우리의 아인슈타인

교육, 과학 기술, 혁신 경제 등에 종사하는 관계자와 자녀를 양육하는 학부모에게 강력히 추천하고 싶은 논문이 있다. 이 논문은 현재의 이 방대한 분량의 책을 집필하는 데 영감을 주었다. 지금도 이 논문을 처음 읽었을 때 느낀 흥분을 잊을 수 없다. 교육, 과학 기술, 혁신 경제와 관련한 제약 사항을 일거에 돌파할 대안을 마련할 수 있는 강력한 가능성을 확인했기 때문이다. 이 논문은 교육과 혁신 현장에서 활동하며 경험이나 탐색적 고찰 과정에서 인지했던 내용을 계량적으로 검증해주고 그 영향 정도를 과학적으로 추계까지 해주었다. 참으로 귀하고 값진 연구다.

이 논문은 바로 미국과 영국의 실력 있는 경제학자들이 미국 연방 정부의 광범위한 데이터를 기초로 연구한 〈미국에서 누가 발명가가 되는가? 혁신에 대한 노출의 중요성〉[24]이다. 본 논문을 요약한 내용은 다음과 같다.

우리는 발명가적 능력 대 환경의 역할에 중점을 두고, 누가 미국에서 발명가가 되는지를 특징짓고자 한다. 세금 기록과 연결된 특허 기록에서 120만 명의 발명가에 대한 비정형 데이터를 사용한 결과, 인종, 성별, 부모의 사회 경제적 계층과 같은 출생 특성에 따라 어린이들이 발명가가 될 가능성이 크게 달라졌다.

예를 들어, 고소득(상위 1 퍼센트) 가정의 아동은 중간 소득 미만 가정의 아동에 비해 발명가가 될 가능성이 열 배 더 높다. 이런 격차는 유아기 수학 교과목의 시험 점수(혁신율 예측에 높은 영향 관계에 있음)가 비슷한 어린이들 사이에서도 지속되어, 혁신 능력보다는 환경의 차이로 격차가 발생할 수 있음을 시사한다.

우리는 아동기에 혁신에 노출되는 정도가 발명 성향에 유의한 영향을 미친다는 사실을 보여줌으로써 환경의 중요성을 직접 확립한다. 어렸을 때 가족이 혁신 수준이 높은 지역으로 이주하는 아이들은 발명가가 될 가능성이 더 크다. 이런 노출은 기술의 범주와 성별에 따라 다르게 나타난다. 특정 기술 분야에서 혁신율이 높은 이웃이나 가정에서 자란 어린이들은 정확히 같은 범주에서 특허를 받을 가능성이 더 크다. 만약 여성들이 특정 집단이나 구간에서 발명 활동을 하는 여성들이 많은 지역에서 성장한다면, 이후 특정한 구간이나 집단 내에서 발명 활동을 할 가능성이 더 크다.

이런 성별, 기술 범주별 발명과 혁신 현장 노출 효과는 학교의 질(수준)처럼 일반적인 인적 자본 축적에만 영향을 미치는 요인보다는 역할 모델 혹은 네트워크 효과와 같은 좁은 메커니즘에 의해 유발될 가능성이 더 크다. 경력 선택에서도 노출 효과의 중요성과 일관되게 여성과 불우한 청소년은 영향력이 큰 발명가들 사이에서 과소 평가되는 경향이 있다.

이 발견들은 특히 여성, 취약 계층과 저소득 가정의 어린이들 사이에서 '잃어버린 아인슈타인(특히 어린 시절 혁신에 노출되었더라면 매우 영향력 있는 발명품을 가졌을 개인)'이 많이 있음을 시사한다.

이에 덧붙여 이 논문의 결론도 공유한다.

본 연구는 미국 발명가의 출생부터 성인까지의 삶을 추적하여 누가 발명가가 되는지를 결정하는 요인에 대한 새로운 증거를 제시했다. 혁신에 대한 이전 연구는 대부분 재정적 인센티브, 진입 장벽 및 과학, 기술, 엔지니어링, 수학을 포함하는 STEM 교육에 초점을 맞추었다.

우리의 연구 결과는 발명가가 되는 사람과 그들이 추구하는 혁신의 유형을 결정하는 중요한 요소로 어린 시절의 혁신에 대한 노출이라는 다른 경로를 강조한다. 혁신에 대한 노출 부족은 저소득층 가정, 취약 계층과 여성의 집단에서 재능 있는 어린이가 발명가가 될 가능성이 현저히 낮은 이유를 설명하는 데 도움이 된다. 중요한 것은 이런 노출 부족이 한계 발명가뿐만 아니라, 사회에 가장 큰 영향을 미치는 혁신을 생산하는 '아인슈타인'을 가려낼 수 있다는 것이다. 따라서 혁신에 대한 노출을 증가시키는 정책은 고품질의 입체적 혁신을 크게 향상시킨다.

혁신에 대한 노출을 늘리는 정책은 현직 발명가의 멘토링부터 현지 기업의 인턴십 프로그램에 이르기까지 다양하다. 우리의 분석은 어떤 특정 프로그램이 가장 효과적인지에 대한 지침을 제공하지는 않지만 대상을 지정하는 방법에 대한 지침을 제공한다. 특히 어릴 때 수학과 과학 분야에서 뛰어난(예: 표준화된 시험으로 측정됨) 저소득층 가정의 여성, 취약 계층과 아동을 대상으로 하는 노출 프로그램은 혁신에 대한 그들의 영향을 극대화하는 데 도움이 된다. 추가로 참가자의 배경에 기초한 맞춤 프로그램을 제공하면 그 효과를 더 높일 수 있다. 예를 들어, 우리의 연구 결과는 여성은 남성 발명가보다 여성 발명가에게 더 많은 영향을 받는다는 점을 시사한다.

우리의 연구 결과는 혁신에 대한 문헌을 넘어, 아이들의 성공에 대한 전망이 환경에 따라 어떻게 형성되는지에 대한 연구 문헌 증대에 기여한다. 이전의 연구는 주로 이웃(지역 커뮤니티 특성)과 학교(학교의 질적 수준)가 결과에 영향을 주는 메커니즘으로서 일반적인 인적 자본 축적에 초점을 맞추었다. 우리의 분석은 부모, 가정과 사회관계, 지역 산업 네트워크와 같은 환경이 특정한 인적 자본의 전달 혹은 포부의 변화를 이끌고, 아이들이 선택하는 직업 경로에 영향을 줌으로써, 환경은 훨씬 더 좁은 경로를 통해서도 성공에 영향을 미치는 중요한 문제라는 것을 시사한다. 이런 메커니즘은 학교나 이웃에 대한 전통적인 투자와 달리, 아이들에게 재능과 어울리는 특정 직업에 노출되는 기회를 제공하는 프로그램이나 네트워크 같은 종류의 형식으로 개입을 요구한다.

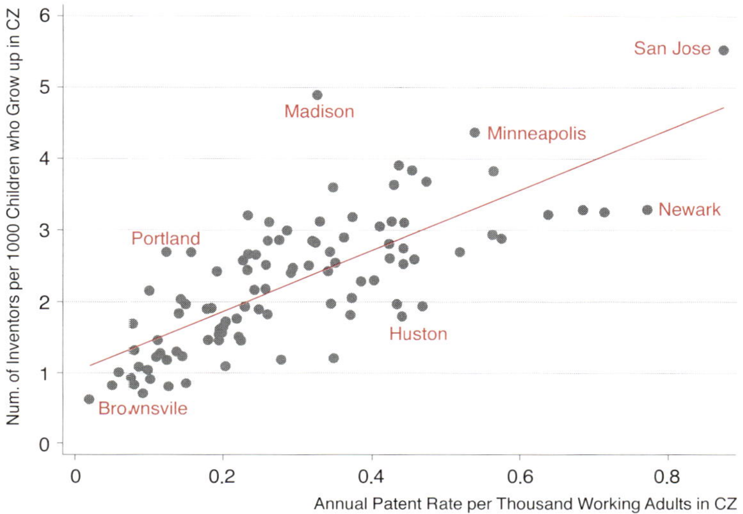

* 출처: Bell, Daniel et al., 2019, Who Becomes an Inventor in America? The Importance of Exposure to Innovation, *The Quarterly Journal of Economics*, 134(2), pp.647~713.

이보다 광범위하게 우리의 연구 결과는 세대 간 이동성을 증대시키기 위해 고안된 정책들이 경제 성장 증가에도 도움을 준다는 사실을 시사한다. 저소득과 소수자 자녀를 과학과 혁신에 더 많이 참여시키면, 이들의 소득이 증가하여 세대 간 불평등의 지속성을 감소시키는 동시에 현재 활용도가 낮은 인재를 활용함으로써 성장을 촉진할 수 있다. 만약 여성, 취약 계층, 저소득층 자녀들이 고소득층 백인 남성과 같은 비율로 발명 활동을 한다면, 미국에는 오늘날보다 네 배나 많은 발명가가 존재할 것이다. 따라서 취약 계층을 대상으로 혁신에 대한 노출을 증가시키기 위한 프로그램의 개발 및 테스트는 향후 연구 및 정책 개발 관점에서 특히 필요하다.

어떤가. 그간 우리의 교육, 과학 기술, 혁신 경제 영역에서 다양한 정책의 시도가 의미 있는 성과로 이어지지 못하는 흐름 속에서 안개가 걷히는 느낌이 들지 않는가. 이제 하나둘 그 구체적인 해법을 찾아보자.

21세기 창조적 혁신의 시대에서 '발명가적 능력'은 '창조적 혁신 역량'[●]을 의미하고, 이는 곧 부의 수준과 직결된다. 앞의 논문에서 제시한 데이터가 만들어진 2012년에 작성된 자료를 추가로 수집해 비교해본 결과, 이는 사실로 확인되었다. 미국의 발명가들은 일반인에 비해 최소 두 배 이상의 소득을 얻는다. 미국의 2012년 가구당 소득의 중위값은 5만 4,569달러인데 발명가의 개인 소득(가구당 소득이 아님)은 연간 10만 달러(중위값) 수준이었다. 40~50세 일반인의 99백분위수는 40만 달러 수준인데,[25] 발명가는 160만 달러로 격차가 네 배에 달했다. 이 논문은 21세기에는 창조력이 부의 수준과 직결된다는 사실을 수치로 보여준다.

문제는 이렇듯 부의 격차를 만들어내는 창조적 혁신 역량이 자신의 능력과 노력보다 부모의 사회 계층, 소득, 혁신 역량, 인적 네트워크 그리고 특히 창조적 혁신 활동을 경험하고 나눌 수 있는 거주 환경과 같은 환경적 요인으로 결정된다는 사실이다. 상당한 잠재력과 가능성

186

을 가진 '잠자는 아인슈타인'을 깨우고 세상에서 활발히 활동하도록 해야 하는데, 우리 사회의 실상은 많은 '잃어버린 아인슈타인'과 함께 하고 있다.

교육의 관점에서 특히 중요하게 받아들여야 할 사항이 있다. 창조적 혁신 역량의 격차는 성인이 되어 노동 시장에 진입하기 전 대부분 결정된다는 내용이다. 대학 교육과정에서는 혁신 격차가 크지 않다. 즉 창조적 혁신 역량은 유아기에서 청소년기까지의 환경 요인에 의해 대부분 개발된다는 것이다. 성인 이전 시기의 교육과 환경의 중요성을 다시금 일깨우는 점이다.

그리고 부모가 발명가일 때, 그렇지 않은 경우에 비해 자녀가 발명가가 될 확률은 아홉 배나 높다. 부모의 동료나 주변인들이 특허를 가지고 있는 경우, 어린이가 훗날 특허를 출원하여 지적 재산권을 보유하게 될 확률은 통계적으로 매우 유의미한 영향 관계가 있다.[26] 또한 학교에서 행하는 혁신적이고 창의적인 교과 교육과 더불어 혁신가를 직접 만나거나 교류를 통한 역할 모델의 설정, 혁신 현장을 방문하는 경험이나 인턴십, 전문적인 네트워크에 참여하는 경험 같은 혁신에 대한 노출이 결정적으로 중요하다. 뿐만 아니라 부모에 의해 형성되는 학교 밖 사회적 네트워크가 중요하게 기능한다. 이는 창조적 혁신 역량이 부고와 부모의 동료, 주변인들로부터 대물림된다는 것을 강력히 시사한다.

창조적 혁신의 메카라 불리는 실리콘밸리에서도 심장과 같은 산호세 지역은 아이들 스스로 혁신에 뛰어들 가능성이 가장 크다. 혁신적 문화와 인프라, 네트워크 기반을 갖춘 지역에서 성장한 아이들이 훗날 발명가가 될 확률은 그렇지 않은 경우보다 명확히 높다. 혁신가로 활동하는 고소득층 부모들은 이미 경험으로 이런 사실을 잘 알고 있다. 자녀들의 취학 시점에 맞추어 혁신 커뮤니티와 교육 품질이 우수한 학교가 공존하는 혁신 명문 학군 지역으로 거주지를 옮기는 배경이 여기에 있다. 실존하는 신맹모삼천지교의 현상인 것이다.

미래 교육의 관점에서 벨의 연구 결과는 다음과 같은 묵직한 시사점과 과제를 우리에게 던져준다.

첫째, '실제 세상에 기반한 경험 학습 모델The real world based-experiential learning model™'●이 유아 및 초중고 교육(K-12 교육)의 페다고지pedagogy와 커리큘럼 구성의 근간으로 자리해야 한다는 실증적 논거가 마련되었다. 특히 한국에서 중등 교육과정은 교육 정책 당국의 입장과 달리 실제 세상과 더욱 멀어지고 있다. 일반 고등학교 교육과정은 입시 교육이라는 표현으로 압축되는 것이 현실이다. 최근 정시 전형 확대 기조와 맞물리면서 시험을 위한 교육은 더욱 공고해지는 흐름이다. 경험 학습은 현실과 동떨어진 담론에 불과하다.

벨의 연구 결과는 유아 및 초중고교 재학 기간 중 학교 밖 세상, 실제의 세상과 연결된 경험, 특히 혁신 현장과 연결된 경험의 중요성을 강조하고 있다. 나아가 이 경험들은 훗날 직업 선택, 창조적 혁신 역량의 형성 및 발현에 매우 중대한 영향을 미친다는 것을 증명한다.

창조적 혁신 역량은 성인이 되기 전 대부분 형성된다는 전제에서

본다면, 현재의 입시 교육으로 귀결되는 정규 교육 시스템*이 우리 미래 세대의 창조적 혁신 역량 축적의 기회를 제약하고 있는 것은 아닐까? 이 구조가 부모의 경제적·사회적 지위가 상대적으로 제한적인 가정의 자녀들에게는 더 가중되며, 결국 세대를 잇는 불평등 구조가 고착화되도록 하는 것은 아닐까? 매우 엄중한 담론이다.

앞서 소개한 뉴욕시 티칭 펠로우[27]는 공교육 영역에서 경험 학습 모델을 적용하기 위한 참고 사례다. 뉴욕시 공립학교의 교사 부족 문제를 해결하기 위해 20년 전 시행한 이 정책은 교사 충원 문제의 해결과 함께 일선 산업 현장의 내용이 학교 교실로 이식되는, 산업 현장 연계형 경험 교육으로 이어지는 결과를 낳았다. 한마디로 뉴욕시 티칭 펠로우는 산업적 배경을 지닌 교사들이 자신의 이전 경험과 산업 네트워크를 수업과 현장 학습으로 연계시키는 개념이다. 그 수준이 대단히 이상적이거나 완전한 모습을 갖춘 것은 아니지만, 공교육 영역에서 규모 있는 경험 학습 모델을 시행한다는 점에서 의미 부여를 할 수 있을 것이다.

둘째, 수학과 과학 기술 교육에 대한 전면적인 방향의 재설정이 필요하다. 이들 교과목들은 창조적 혁신 역량의 축적과 발현 모두에 결정적으로 영향을 미치는 학습 영역이다. 교육이 실제의 삶이나 세상과 연계되어 학생들이 흥미를 보이고 유효한 문해력을 갖추도록 해야 하는데, 실상은 포기자를 양성하는 모순의 구조하에 있다. 수학적 사고와 과학 기술 문해력 교육이 유아 교육 단계에서부터 초중등 교육

● 국가 차원의 제도권 교육.

전반의 페다고지와 커리큘럼에 내재화되어야 한다. 이 역시 경험 학습 모델을 적극적으로 채택할 필요가 있다. 삶과 실제 세상의 문제를 수학적 사고와 과학 기술 문해력으로 재해석하거나, 근원적인 문제 해결에 도전해보도록 촉진하는 것이다.

교과 과정이 더욱 흥미롭고 즐거운 도전의 장이 될 수 있도록 교육 전반에 이르는 사항과 입학시험 전형 방법 등을 다시 살펴야 한다. 현재 수학능력시험에서 이들 교과목은 수학적 사고와 과학 기술 문해력을 촉진하는 것이 아니라 시험 문제를 푸는 기술을 익히고 증진하는 것으로 귀결된다. 이 역시 미래 세대의 창조적 혁신 역량을 국가의 입시 시스템, 더 나아가 교육 시스템을 제약하는 역설이다.

영재 교육도 다시 한번 살펴볼 필요가 있다. 한국에는 현재 여덟 개의 과학 영재 학교가 존재한다. 이들은 국제적으로도 경쟁력을 가질 만큼 우수한 교육을 제공한다. 이 자체로는 큰 문제가 없다. 다만 학교별로 연간 최대 120명 미만, 전국적으로 800명 미만의 소수만을 선발하는 과도한 경쟁이 창조적 혁신 역량을 제약하는 모순을 초래하고 있다.

한국의 영재 학교 졸업생들은 원래의 설립 취지에 부합하여 과학 기술 분야로 진출하는 경우가 드물다. 학생이나 학부모들 사이에서 영재 학교는 의대 진학을 위한 패스트 트랙으로 인식되고 있다. 이 때문에 많은 아이가 초등학교 1학년 때부터, 심지어 유치원 과정부터 영재 학교 입시 준비를 위한 학원 교육에 의존하는 경쟁에 뛰어든다. 학교 설립 취지에 부합하지 않는 대학 진학 행태에 따른 문제는 차치하고, 학원 교육 중심의 과당 경쟁이 불러오는 역기능이 국가적 측면에서 상당히 심각한 문제를 야기한다. 이 경쟁에 뛰어든 학생들은 호기심과 창의성에 기반한 수학과 과학 기술 학습보다는 대회 수상 등에 중점적인 목표를 두고 공부한다. 엉뚱한 상상과 시도와 같이 기존 질서에 편입되지 않는 새로운 도전이 장려되어야 할 학습 영역에서, 영재성이 있는 미래의 아인슈타인을 오히려 표준화의 함정에 빠지도록 이끄는 것이다. 이 흐름에 참여하지 못하는 학생들은 수학과 과학 기술과 더 멀어진다. 모두 본질에서 벗어난 행태로 국가적으로 잃어버린 아인슈타인을 양성하는 역설과 모순의 구조가 만들어지고 있는 셈이다.

이를 극복하기 위해, 특히 수학과 과학 기술 분야는 앞서 강조한 것처럼 '수월성-혁신성-다양성-포용성'의 교육 포트폴리오를 더욱 정교하게 구성해야 한다. 이들 간 이동성의 경로도 다양하게 만들어두어야 한다. 예를 들어, 포용성의 관점에서 제공되는 교육 프로그램으로 상당한 수준의 몰입도를 갖게 된 학생들이 수월성이나 다양성 관점의 교육과정을 이수하고자 할 때, 그 이동의 경로를 구비해두어야 한다는 의미다.

이런 맥락에서 뉴욕시의 P-Tech[28]는 유효한 참고 사례가 될 수 있다. P-Tech는 오바마 전 미국 대통령이 미국 교육의 미래라고 극찬한 '산-학-관' 협력 프로그램이다.[29] 'IBM-뉴욕시립대학교-뉴욕시 정부' 간 연합 프로그램으로, 고등학교와 대학 교육과정이 결합해 이루어졌다. 학생들은 수학과 과학 기술 교육을 고등학교 교육과정에서

● Pathways In Technology Early College High School, 고교-대학 결합형 학교.

세계 수준으로 경험하고, 졸업 후 '취업-진학-창업'이 체계적으로 이어지도록 그 경로를 제공받는다. 이 프로그램은 경제적 취약 계층의 학생들이 참여하는 무상 교육이라 이를 통해 사회적 이동성이 이루어지고 있다.

셋째, 메리토크라시의 관점에서 기회의 평등과 교육의 포용성에 대한 깊은 고찰과 유효한 대안 마련이 시급하다. 수학과 과학 기술 학습 영역은 흥미를 잃거나 일단 격차가 발생하면 이것이 고착화될 가능성이 커 만회하기가 어렵다. 수학과 과학 기술의 영역에서 또래 집단보다 늦게 학업에 대한 흥미와 관심을 가지고 몰입하는 학생들이 있지만 이들을 위한 제도적 학습의 기회는 제공되지 못하는 실정이다. 따라서 개인화된 학습이 가장 우선으로 도입되어야 한다.

벨의 연구에서처럼 취약 계층, 여성, 소수자 등을 대상으로 수월성, 혁신성, 다양성을 지닌 교육 포트폴리오가 제공되어야 한다. 공교육 시스템이 특히 이들의 학부모 역할과 기능을 해야 한다. 혁신의 현장을 경험하도록 하고, 현장의 혁신가들과 교류하는 기반을 제공해야 한다. 마이크로소프트, 애플 등이 행하고 있는 기업의 사회적 책임● 차원의 제반 프로그램은 이런 맥락에서 매우 가치 있는 활동들이다. 세계 최고의 혁신 기업 현장을 방문하고 혁신가들과 교류하는 경험은 취약 계층의 어린이들에게 동기 부여와 함께 잠재성을 발현하는 중요한 계기가 될 수 있기 때문이다.

기업의 사회적 책임 차원의 활동에만 의존해서는 안 된다. 공교육

● Corporate Social Responsibility, CSR.

기능이 포용성의 관점에서 더 적극적이고 섬세하게 이런 사항들을 챙겨야 한다. 이는 '사회적 이동성'의 중요한 보고寶庫와 같다.

　혁신에 대한 노출과 경험 효과가 만들어내는 신맹모삼천지교 현상을 이대로 방치해서는 안 된다. 자칫 사회적 격차와 불평등이 고착화할 수 있다. 그렇다고 규제 방식으로 제한해서도 안 된다. 이는 곧 하향 평준화를 지향하는 것과 다름없기 때문이다. 부모의 경제력과 사회적 지위를 기반으로 자신의 자녀에게 혁신에 대한 노출과 경험의 기회를 제공하는 것은 제한이 아닌 장려의 대상이 되어야 한다. 미래의 아인슈타인을 키우는 일이기 때문이다.

　이런 논리 구조가 가능하기 위해서는 공교육 시스템이 여건과 환경이 불충분한 학생들의 학부모 역할을 감당하면서 기회의 평등을 구현하는 주체적 책무를 다해야 한다. 그럴 때 우리 사회는 잠재적 아인슈타인이 현실의 아인슈타인으로 거듭나고, 더 나아가 잃어버린 아인슈타인마저도 빛나는 아인슈타인으로 성장하는 공동체가 될 것이다.

불평등을 만드는
교육 격차

미국의 연구기관인 퓨리서치센터Pew Research Center가 2020년 발간한 〈미국의 경제적 불평등 원인과 해법〉• 연구보고서에 따르면, 미국의 경제적 불평등은 점점 심화되어 1970년대 이래 가장 큰 불평등 수준을 보이고 있다. 영국, 이탈리아, 일본, 캐나다, 독일, 프랑스 등 주요 경제 선진국 중에서도 아주 극심한 수준이다.

1970년에는 '고소득층-중산층-하위층' 간 총소득의 점유비가 각각 29퍼센트, 62퍼센트, 10퍼센트로 중산층이 두터운 항아리 구조였다면, 이후 계층 간 역전 현상이 일어나 2018년에는 그 비율이 각각

• Most Americans Say There Is Too Much Economic Inequality in the U.S., but Fewer Than Half Call It a Top Priority.

48퍼센트, 43퍼센트, 9퍼센트인 역삼각형 구조로 전환되었다. 고소득층의 총소득 점유비는 29퍼센트에서 48퍼센트로 19퍼센트 신장했고, 이와 같은 수준으로 중산층의 총소득 점유비는 하락했다.[30] 이처럼 중산층의 붕괴가 현실로 다가오고 있다.

이에 따라 부의 수준도 달라지는데, 1983년의 소득 계층별 부의 총합 기준 점유비에서는 고소득층이 60퍼센트, 중산층이 32퍼센트로 28퍼센트의 격차를 보였다. 그러나 2016년 조사에서는 각각 79퍼센트와 17퍼센트로 그 격차가 무려 62퍼센트로 확대되었다. 또한 하위층은 7퍼센트에서 4퍼센트로 낮아져 고소득층으로 부가 편중되고 있음이 뚜렷이 확인되었다.

경제적 불평등이 심화되는 원인은 무엇일까? 이 조사에서 미국인 열 명 중 네 명은 국가 차원의 구조적 문제가 원인이라고 응답했다. 구체적으로는 다른 국가로의 일자리 아웃 소싱(45퍼센트), 세금 체계(45퍼센트), 교육 체계(44퍼센트)를 3대 핵심 배경으로 꼽았다. 삶의 방식 선택(42퍼센트), 출발 기회의 불평등(40퍼센트) 항목도 비슷한 수준으로 응답했지만, 그 배경이 구조적인 문제인지를 고려할 때 다소 결을 달리하는 사항이다.

미국인들은 경제적 불평등 문제를 극복하기 위한 해법으로 정부의 적극적인 역할과 책임을 주문하고 있다. 미국 성인의 절반 이상이 연방 정부가 모든 미국인에게 양질의 K-12 교육, 적절한 의료 서비스, 건강 보험, 은퇴 소득과 생활 수준을 제공할 책임이 있다고 응답했다. 특히 경제적 불평등이 심각하다고 인식하는 사람 중 83퍼센트는 교육과 직업 훈련에 대한 투자를 해법으로 제시했다. 정부가 소득 하위층을 대상으로 세금 감면이나 직접적인 현금성 지원을 하는 것이 적합한 해법이라 응답한 사람은 15퍼센트에 머물렀다. 경제적 불평등의 원인과 해법 모두에서 미국인에게는 메리토크라시가 여전히 유효한 사회 보상 체제임을 확인할 수 있다. 교육은 경제적 불평등을 만드는 주요한 원인이자, 이를 해결하는 해법에서도 한 중심축을 맡고 있다. 메리토크라시를 논할 때 가장 많은 논란이 되는 영역도 교육이다. 미국 사회에서는 교육 격차가 곧 소득과 부의 격차로 이어지며, 경제적 불평등으로 귀결되는 흐름이 두드러진다. 이는 자본주의 체제와 함께 혁신 경제의 지향성이 상대적으로 높은 미국, 영국, 일본, 그리고 한국 등에서도 공통적으로 나타나는 흐름이다. 이 현상은 인구 대국인 관계로 기본적인 경쟁률이 매우 높은 중국과 인도, 인도네시아 등에서도 발견된다.

경제적 불평등을 가져오는 교육 격차는 구체적으로 무엇일까? 이에 대해 워드팁스Wordtips가 1천 명(5~18세 자녀를 둔 부모 703명, 미혼 299명) 이상의 미국인을 대상으로 한 설문 조사 결과[31]를 소개했는데, 구체적인 교육 격차에 대한 내용이 담겼다.

미국의 성인은 아이가 학교에서 배워야 하는 핵심 교과목을 꼽아달라는 질문에 영어(33퍼센트), 수학(25.2퍼센트), 기업가정신Business•(10.3퍼센트) 순으로 응답했다. 생물(6.4퍼센트), 화학(2.3퍼센트), 물리(0.7퍼센트)와 같은 주요 과학 교과목의 중요성은 상대적으로 낮게 인식하

● 설문 조사에서는 'Business'라 표현되었지만 실제 내용은 '기업가정신(Entrepreneurship)'을 뜻한다. 이 어휘 개념을 더 쉽고 명료하게 표현하고자 'Business'라 했다.

고 있었다. 특히 주목해야 할 사항은 기업가정신 교육인데, 학부모는 교사보다 두 배 더 높은 수준으로 학교에서 이를 정규 교육으로 다루어야 한다고 했다. 미국의 학부모와 성인이 타 교과목보다 영어, 수학, 그리고 기업가정신을 가장 중요한 과목으로 강조한 배경에는 이것들이 상급 학교 진학과 취업, 창업, 사회 활동 전반에 결정적인 영향을 미친다는 경험적 인식이 자리하고 있기 때문이다. 영어, 즉 언어와 커뮤니케이션 역량은 분야와 관계없이 학업과 사회 활동 모두에서 매우 중요한 기초 교과다. 최근의 수학 교과목은 컴퓨팅을 기반으로 한 제반 기술computational skills, 데이터 분석data analytics과 동의어로 간주해도 될 만큼, 수학적 사고는 매우 중요한 기초 역량으로 꼽힌다. 모든 과학 기술 분야 또한 앞의 두 가지를 필수적으로 요구한다. 따라서 현대 사회에서 수학적 사고는 과학 기술 혁신 역량과 그 궤를 같이한다고 할 수 있다. 사회 과학 영역도 마찬가지다.

이들 교과는 이런 중요성의 인식과 함께 숙제나 보충 학습 같은 일정한 학습력이 전제되어야 한다. 이 때문에 73.9퍼센트의 학부모가 직접 자녀의 학습에 도움을 주기보다 튜터에 의존하는 것이 더 효율적이라고 응답했다.[32] 결국 핵심 교과목을 깊이 있게 배우기 위해서는 사교육을 받아야 하는 실정이고, 이것이 경제적 여력에 따른 교육 격차를 만들어낸다.

이 현상을 교과별로 조금 더 세부적으로 살펴보도록 하자. '영어 격차English Divide'라는 표현은 미국이나 영국 등 영어권 국가에서 영어 학습 수준 격차로 인식되지만, 일본과 한국에서는 영어 구사 수준에 따른 진학, 취업, 승진, 소득 수준의 차이를 의미한다. 영어 구사력 자체가 사회적 격차를 만든다는 의미다. 일본 도쿄대학과 영국 옥스퍼드대학교를 기반으로 영어 격차와 관련하여 활발한 연구 활동을 하는 관서학원대학關西學院大의 데라사와 타쿠노리寺沢拓敬 교수는 2012년 그간 영어 격차와 관련된 선행 연구들을 종합적으로 살펴 〈일본에서의 영어 격차: 실증적 연구의 고찰과 이의 시사점〉[33]이라는 논문을 발표했다.

이 논문에서 강조하는 사항은 다음과 같다. 영어 구사력은 소득과 구직 기회 격차에 직접적인 영향을 미치지 않는다. 그러나 일련의 흐름을 살펴보면 결국 사회적 격차로부터 파생되는 영어 격차가 교육(학력)과 정보 습득 사이에서 일정한 영향 관계에 있고, 교육은 소득과 구직 기회와 유의한 영향 관계에 있는 만큼 영어 격차가 곧 사회적 격차로 이어진다고 할 수 있다. 특히 사회적·가정적 배경은 영어 구사력과 유의한 영향 관계인 이유로 영어 격차와 사회적 격차가 순환 고리를 지닌다는 주장은 대체로 지지받을 수 있다.

데라사와 교수는 2017년 또 다른 논문[34]을 발표했는데, 일본 인구(당시 일본에 거주하는 20~89세 남성과 여성)에서 무작위로 추출한 대규모 설문 조사인 '일본 일반 사회 조사JGSS' 데이터를 기초로 영어 격차의 역사적 진화 과정과 변화를 정리했다. 이는 2012년의 연구 결과와도 유사하다. 즉 지속적인 사회 경제적 진보가 이루어져 일본의 계층 간 물질적 격차가 줄어듦에 따라 경제 격차에 따른 영어 격차(학습 수준)는 완화되었지만, 문화적 격차로 파생되는 영어 격차는 전혀 감소하지 않았다. 이 사실을 토대로 그는 영어 격차가 사회적 격차에 일정한 영향을 미치는 관계가 유효하다는 연구 결과를 발표했다.

한국개발연구원KDI 김희삼 박사가 2011년 발표한 〈영어 교육 투자의 형평성과 효율성에 관한 연구〉[35] 역시 데라사와 교수의 2012년 연구와 유사한 연구 결과를 소개하고 있다. 다만 영어 격차가 사회 격차로 이어지는 정도는 한국이 일본보다 더 강하고 유의한 관계를 지니는 것으로 비교 해석할 수 있다. 김희삼 박사의 연구는 자원 배분의 관점에서 형평성과 효율성의 평가에 기반한 접근법이다. 그의 연구 결과, 영어 구사력은 노동 시장에서 구직자가 자신의 특성을 알리는 신호고, 기업 입장에서는 선별 도구가 되는 등 사회적 격차의 주요 동인으로 기능한다는 사실이 확인되었다. 영어 학습은 환경 요인에도 영향을 받아 사회적 격차(가정·지역 배경) → 영어 격차 → 사회적 격차(소득, 취업)의 순환 관계가 한국에서도 유효함을 규명했다.

영어권 국가인 호주에서도 이 같은 경향성이 확인되었다. 2018년 네 명의 호주 학자가 호주에 거주하는 1,900만 명 이상을 대상으로 진행한 2006년과 2011년의 인구 센서스 조사 데이터에 기초해 영어 구사력과 고등교육, 고용, 소득과의 상호 관계를 규명한 논문을 소개했다. 그 결과 이것들은 양(+)의 상호 관계가 있음이 확인되었다.

특히 영어 원어민 출신이 아닌 사람 중 영어 구사력이 우수한 이는 호주 태생의 일반 호주인에 비해 대학원 진학, 고용, 소득 모두에서 우위에 있는 것으로 나타났다. 그러나 다국어가 가능하더라도 영어 구사력이 낮으면 앞의 세 가지 항목 모두에서 열위에 있는 것으로 파악되었다.[36] 즉 영어 구사력이 사회적 격차를 만드는 한 원인인 셈이다.

스웨덴에서 시작된 세계적 교육 기업 EFEducation First[37]는 2011년부터 매년 'EF 영어 유창성 지수EF English Proficiency Index, EF EPI' 조사 분석 보고서를 발행하는데, 여기서 영어 구사력이 만들어내는 격차를 상세히 소개한다. 가장 최근의 〈EE EPI 2020〉 보고서[38]를 보면, 영어 구사력과 국가 단위의 소득 수준, 인적 자원 경쟁력, 과학 기술 논문 수, 노동 생산성, 인적 자본 개발은 모두 '양(+)'의 상관관계에 있는 것으로 조사되었다.

구체적으로 살펴보면, 컨설팅, 정보 통신 기술IT, 소비재, 제약, 금융 등 고소득 업종의 종사자들은 상대적으로 영어 구사력이 더 높았다. 아시아 지역 기업의 임원들은 직원보다 월등히 높은 수준의 영어를 구사하는데, 이는 유럽에서도 발견되는 사항이다. 즉 산업과 기업 세계에서 영어 구사력은 높은 임금과 승진에 영향을 미치는 중요한 직무 역량 중 하나인 셈이다. 심지어 영어는 고용의 유지에도 유의한 영향 관계가 있다. 영어 구사력은 유럽 주요국인 독일, 이탈리아, 스페인에서 남성의 취업률을 각각 3.4퍼센트, 4.3 퍼센트, 5.2 퍼센트 증진시키고, 여성의 취업률을 독일과 스페인에서 각각 5.6 퍼센트와 5.7 퍼센트 증진시키는 효과를 냈다.[39] 특히 독일의 숙련직이나 고위직에서는 영어에 능숙한 사람과 그렇지 못한 사람 간 45.3 퍼센트의 소득 격차를, 산업 전체적으로는 평균 31.4 퍼센트의 소득 격차를 보였다. 소득 격차는 금융 업종에서 가장 벌어져 35.8 퍼센트의 격차가 나타났다.[40] 그러므로 산업과 직위 모두에서 영어 구사력은 유의한 영향 관계를 갖는다고 할 수 있다.

과거 영국의 식민지였던 인도에서 영어 구사력은 일종의 사회 계층화와 연결되었지만, 식민지 시대 이후 특히 21세기 들어서는 소득 격차와 직접적인 관계를 맺고 있다. 연령이 같고 학력이 비슷해도 영어 구사력에 의해 소득 격차는 네 배 이상 벌어진다.[41]

연구와 조사 결과들을 종합해볼 때, 한국 사회는 영어 격차를 줄이기 위해 국가적 측면에서 아낌없이 투자해야 함을 알 수 있다. 창조적 혁신 역량 개발을 위한 투자와 같은 맥락이다. 국가 차원에서 이를 다면적이고 깊이 있게 다루지 않을 때, 영어 격차에서 기인한 사회적 격차와 경제적 불평등은 세대를 넘어 더 커질 수도 있다.《EE EPI 2020》에 따르면, 한국의 영어 구사력은 100개 국가 중 32위로 보통 moderate 그룹에 속해 있다. 조사 첫해인 2011년 44개국 중 13위에서 2019년 100개국 중 37위로 큰 폭의 하락세를 유지하다 2020년 소폭 반등한 상태다.

2017년 하반기 교육부의 '유치원 영어 교육 금지' 조치와 관련하여 공표와 철회가 이어지는 정책 혼란은 역설적으로 영유아 어학원(영어 유치원) 시장이 대폭 성장하는 계기가 되었다. 교육 정책 당국이 인식하는 영어 격차와 학부모들, 특히 국제 경험을 지닌 학부모들과의 인식 차가 상당함을 확인할 수 있다.

교육 정책 당국은 영어 격차에 대해 앞서 소개한 사회적·경제적·산업적 측면 등의 다면적 이해가 부족하다. 영어 학습에 사교육비가 많이 든다고 이를 제한하는 정책을 취하고 그 연장선상에서 수학능력 시험의 영어 등급제 시행, 2025년 외국어고와 국제고 제도의 폐지 등으로 이어지는 일련의 조치와 기조들은 더 심각한 영어 격차를 만들어내고 있다. 이로부터 파생되는 역효과를 예상해보면, 가장 가깝게는 대학 교육의 경쟁력이 하락하고, 이는 곧 산업 인력의 국제 경쟁력 하락으로 이어질 것이다. 초중등 교육에서의 영어 격차보다 대학 교육, 고용, 산업 활동 부문에서 더 심각한 격차가 벌어질 수도 있다. 그리고 이는 소득 수준뿐 아니라 문화적 소비 등 삶의 질에도 영향을 미친다.

한마디로 영어 교육과 관련된 우리나라의 정책은 영어 격차가 사회적 격차와 경제적 불평등, 혁신 역량 모두를 악화시킬 수 있음을 고려하지 않으며, 전형적으로 하향 평준화 관점을 기반으로 한다고 할 수 있다. 결국 국가의 교육 정책과 시스템이 사회적 격차를 조장하거나 방임하는 형태로 귀결되는 셈이다.

국가적 측면에서는 오히려 영어 구사력 증진을 위한 투자를 더욱 늘리는 접근법이 필요하다. 한국은 인구 구조, 산업과 경제의 기반 구조 변화를 종합할 때 영어 공용어화에 대한 논의를 본격화해야 하는 상황이다. 심각하게 낮은 출산율과 급속한 고령화로 인구 구조가 기형화되어 이민 제도도 진중히 논의해야 한다. 한국의 경제 규모는 세계 경제 규모의 1.9퍼센트 수준이다. 세계적으로 내수 인구가 10억 명 이상인 경제권은 영어권, 중화권, 인도권, 이슬람권 등 네 곳이다. 이 중 영어권 경제는 세계 경제의 36퍼센트, 특히 혁신 유효 시장의 60~70퍼센트를 점유한다.[42] 10억 명 이상의 경제에 기반한 개인이나 기업들은 사고와 경제 활동의 방식, 특히 기업 활동의 전개 방식에서 큰 차이를 보인다. 그것은 규모의 경제 효과를 누릴 수 있기 때문이다. 영어 구사력은 곧 영어권 경제뿐 아니라 전 세계를 시장으로 삼아 개인과 기업의 기회 추구가 가능하도록 하는 중요한 수단이다. 영어 구사력은 개인의 소득은 물론, 국가 차원의 경제 활동[43]과 혁신 역량[44] 증진과도 직접적인 영향 관계에 있다. 따라서 한국은 영어 격차를 줄이기 위한 투자, 더 나아가 영어 공용어 도입 등으로 산업, 경제부터 사회 혁신의 영역까지 이어지게 하는 전향적 접근법을 모색해야 한다.

국제적인 경험이 있는 부모는 이와 같은 여러 논거와 사례를 소개하지 않더라도 경험으로 이를 잘 알고 있다. 개인의 삶과 국가적인 관점에서 그 효과를 이미 체험했기 때문이다. 이것은 자녀의 영어 교육에 상당한 투자를 하는 배경이기도 하다. 따라서 정부 차원에서는 보편적인 영어 교육에 대한 투자 확대와 함께, 사회적 취약 계층의 자녀에게 영어 몰입 교육처럼 더욱 우수한 품질의 영어 교육을 제공하여, 이를 기반으로 이들이 국제 무대에서 활동하는 역량을 배양하도록 해야 한다. 교육 기회는 불평등해서는 안 된다. 교육 기회를 평등하게 하겠다고 전체를 '축소-하향 평준화'하는 접근법을 취해서도 안 된다. 교육 기회는 평등해야 하고, 그 기회의 규모는 더 확대되어야만 한다.

현대 사회에서는 기술 문해력Technology Literacy이 높을수록 진학, 취업, 소득, 창업, 생활 복지 등의 사회적 기회가 확대된다. 기술 문해력은 영어 격차와 마찬가지로 사회적 격차로 이어지는 특성이 있다. 그리고 사회 공동체에 큰 효익을 주는 이점이 있지만, 개인의 삶에서는 그 수준에 따라 직업 및 소득 등의 영역에서 사회적 격차를 만들어내는 변수로 인식된다.[45]

미국에서는 1980년대 후반부터 기술 문해력과 기술 교육의 확대 필요성이 중요하게 강조되고 있다. 기술 향상에 대해 국가의 관심과 투자가 필요하다는 사회 요구에 힘입어, 1994년 연방 정부는 후원 프로그램•을 마련하고, '모든 미국인을 위한 기술 프로젝트The Technology for All Americans Project, TFAAP '[46]를 발족시켰다. 이 프로젝트는 2005년까지 총 11년간 운영되었고, 그 결과 미국의 모든 유아 및 초중등 교육과정 K-12에 기술 문해력을 반영하게 되었다. 미국인의 기술 문맹을 퇴치하고, 기술을 사용, 관리, 평가하고 이해하는 능력-기술 문해력[47]을 누구나 갖추도록 보편화하는 방향으로 정책을 설정하게 된 것이다.

미국 연방 정부는 1994년 기술 문해력 프로젝트 바탕으로 다음과 같은 결과물을 만들어내며, 유아 교육에서 초중등 교육, 고등교육(대학 및 대학원), 성인의 평생 학습 영역까지 아우르는 범국가적 캠페인으로 기술 문해력 교육을 확대 전개하는 방향성을 정립했다.[48]

① 기술 문해력을 위한 표준: 기술 문해력을 위한 콘텐츠 표준 Standards for Technological Literacy, STL.

② 기술 문해력 수월성의 제고: 학생 평가, 전문성의 개발, 그리고 프로그램 표준Advancing Excellence in Technological Literacy, AETL.

③ 모든 미국인을 위한 기술: 기술 학습을 위한 이론적 논거 및 구조 Technology for All Americans.

기술 문해력은 21세기 들어 특히 강조된 STEM 교육과의 상호 관계에 대한 정비가 필요하다는 요구에 부응하여 2020년 '기술 및 엔지니어링 문해력을 위한 표준: STEM 교육에서 기술과 엔지니어링의 역할론'[49]이라는 실천적 방안의 도출로 이어졌다. 지난 20여 년의 과정들이 집대성된 것이다.

이 방안은 수학적 사고를 기초로 기술이 과학과 엔지니어링(공학) 부문을 통합하고 연계하여, '지식-비판적 사고와 의사 결정-역량'[50]의 차원에서 기술을 이해하고 다루도록 함으로써 궁극의 교육적 목적, 즉 개인의 기회 평등과 기회 추구 실현 관점에서 구체적인 커리큘럼과 페다고지를 제시했다. 특히 창조적 혁신 역량과 마찬가지로 성인이 되기 전 교육과정에서 이루어지는 학습과 경험이 매우 중요하기에 유아와 초중등 교육과정에서의 역할론이 강조되었다.

기술 문해력 교육과 관련하여 미국의 접근법은 중요한 몇 가지 시사점을 제공한다. 핵심 사항은 '실제 세상에 대한 이해contexts-실습 practices-실행 표준standards'으로 이어지는 맥락 기반의 접근법이다. 이는 현실에서 발생하는 기술적·공학적 문제를 실습을 통해 접근하는 경험 학습 모델을 채택하고, 표준은 이를 뒷받침하는 콘텐츠, 평가 방법, 프로그램, 교사 전문성의 개발 등을 제공하는 형태로 구성된다. 실제 세상에서 발생하는 문제를 실습을 통해 경험 학습함으로써 기술에 대한 '지식-비판적 사고와 의사 결정-역량'의 균형 있는 다면적 계발을 이끄는 접근법이다.

한국에서 STEM 교육이 주로 교구 기반의 분절적·제한적 실습으

로 이루어진다. 이에 비해 미국은 통합적이고 동시에 컴퓨테이션, 자
동화, 인공지능과 로보틱스, 재료 융합과 처리, 운송과 물류, 에너지와
힘, 정보 통신, 환경 개발, 의료와 건강 기술, 농업과 바이오 기술 분야
의 실제 문제 기반으로 구조화된 실습을 전개해나간다. 이를 통해 시
스템적 사고, 창의성, 제작과 구현, 비판적 사고, 낙관주의, 협력, 커뮤
니케이션, 윤리 의식 고취와 같은 구체적인 행동 결과로 이어지도록
교육 체계가 입체적이고 시스템적으로 구성되어 있다. 보편적 교육이
지만 그 전문성과 수준을 높여 교육 격차를 최소화하는 접근법인 것
이다.

한국의 유아와 초중등 교육과정에서 교사의 자원과 역량에 한정하
여 교육 활동을 전개할 경우, 기술 문해력 교육은 기대 수준을 충족하
기 어려울 수 있다. 이에 비해 미국은 일선 학교의 현장 교사, 대학교
수, 연구기관, 기업이 함께 협력하는 일종의 교육 생태계 관점에서 기
술 문해력 교육을 다룬다. 이는 정부가 촉진자와 조정자 역할을 매우
섬세하고 정교하게 감당해야 함을 시사한다.

한국에서 교육 생태계 관점으로 기술 문해력 증진을 위한 경험 학
습을 시행하려면 현실적으로 많은 제약이 따른다. '교육부 대 시도 교
육청 대 과학기술정보통신부 대 산업통상자원부(대기업 및 중견 기업
협력) 대 중소벤처기업부'로 이어지는 일련의 부처 및 조직 중심주의
가 존재하기 때문에 미국과 같은 접근법은 현실적으로 기대하기 어
렵다. 더욱이 기회 평등과 기회 추구, 사회적 격차의 해소라는 근원적
이고 철학적인 관점이 투영된 접근법은 기대하기가 어렵다. 그럼에도
불구하고 1980년대 후반 미국의 대중처럼 우리나라 국민은 정부에

기술 문해력 교육을 강화할 것을 강력히 요구해야 한다. 우리 아이들의 미래와 국가의 산업 경쟁력과 직결되는 사안이기 때문이다.

코로나19는 우리 사회 전반의 '디지털 트랜스포메이션' 수준을 10년 이상 단축시켰다. 비대면 커뮤니케이션을 일상화시켰고, 새로운 디지털 기술의 활용도를 크게 확장시켰다. 디지털 사회로의 전환은 데이터 문해력의 중요성을 새롭게 인식하도록 하고 있다.

스웨덴의 분석용 소프트웨어 기업 클릭Qlik은 데이터 문해력을 다음과 같이 정의한다.●

> 데이터 문해력은 데이터를 읽고, 작업하고, 분석하고, 통신할 수 있는 능력이다. 모든 수준의 작업자가 데이터와 기계에 대해 올바른 질문을 하고, 지식을 구축하고, 의사 결정을 내리고, 다른 사람에게 의미를 전달할 수 있는 능력을 부여하는 기술이다.[51]

디지털 시대에 데이터는 또 다른 언어이자 그 이상의 의미를 지닌다. 데이터 문해력이 고용 시장에서 학위보다 더 중요한 역량으로 평가되는 이유다.[52] 과거 기업의 채용 단계에서는 마이크로소프트 오피스의 사용 여부를 확인하는 절차가 있었지만 현재는 거의 찾아보기 어렵다. 이 기술이 보편화되었기 때문이다. 이런 변화처럼 앞으로 데이터 문해력은 새로운 보편적 스킬로 자리하게 될 것이다.[53] 그렇더라

● 데이터 문해력에 대한 이 정의는 영국 스코틀랜드 정부에서 채택하면서 보편적으로 받아들여지고 있다.

도 현재 기업에 종사하는 인력은 과거에 학교 교육과정을 통해 체계적이고 전문적인 데이터 문해력을 학습하지 못했기 때문에, 특히 혁신의 영역에서 임직원의 데이터 문해력 증진은 매우 갈급한 의제다.

산업 현장에서의 많은 수요로 데이터 문해력은 곧 고성장, 고소득 경력으로 이어진다. 데이터 문해력 교육을 받은 사람과 그렇지 않은 사람 간 사회적 격차가 발생한다는 의미다. 구글은 데이터 전문 인력의 산업 수요 대비 심각한 인력 부족 문제 해결과 이 과정에서 발생하는 사회적 격차를 완화할 대안적 교육 모델을 제시했다. 그리고 6개월 만에 4년 내외의 시간이 소요되는 학사 학위 교육과정을 대체할 수 있는 새로운 교육 프로그램을 무상에 가까운 수준으로 제공할 계획이다. 그 첫 프로그램이 '데이터 과학'이다. 이 교육과정이 실행되면 이를 수료한 사람은 6개월간 교육을 받고 직무를 전환하거나 고소득 일자리를 얻을 수 있고, 기업과 산업은 전문 인력의 부족 문제를 해결할 수 있다. 특별히 취약 계층이 이를 계기로 사회적 이동성의 효과까지 함께 누릴 것으로 기대한다.

디지털 사회와 산업 구조상 디지털 문해력은 소득과 직결되는 속성이 있다. 다시 말해 경제적 불평등과 사회적 격차와 직간접 상호 관계에 있다. 이것이 초중등 교육에 데이터 문해력을 의무 교육과정으로 반영해야 한다[54]는 주장이 미국에서 계속되는 이유다.

현장에서 데이터 문해력 교육에 대한 강한 요구가 계속되지만, 미국의 일선 교육 현장은 기대와 요구에 충분하게 부응하지 못하고 있다. 2001년부터 시행된 낙오학생방지법The No Child Left Behind Act에 따라 20여 년간 데이터 문해력을 다루어왔지만, 여전히 상당수의 학교가 이를 힘겨워한다. 특히 빠르게 변화하는 빅데이터와 데이터 마이닝 세계에서 데이터 문해력의 위치를 제대로 이해하고 올바로 교육할 전문가 절대적으로 필요한데, 교육자의 양성과 공급 문제를 해결하기 위한 제도적 뒷받침이 불충분한 실정이다.[55] 이런 문제 인식 아래 미국 연방 정부는 2019년 12월, 연방 데이터 전략Federal Data Strategy●을 발표하고 데이터를 전략적 자산화하는 범국가적 방향성을 설정했다. 여기에는 교육자 수급 부족 문제와 데이터 문해력 교육을 필수로 다루는 문제가 포함되었다.

우리나라도 고용 시장에서 데이터 문해력이 학위보다 더 중요하게 간주된다는 현실의 담론을 외면해서는 안 된다. 나는 수년 동안 한국개발연구원에서 주관하는 '초-중-고교 교사 및 교장 대상 경제 교과 연수'에 참여했다. 전국 일선 학교 교사를 대상으로 기업가정신을 교육 현장에서 어떻게 다루어야 할지를 공유하는 활동이었다. 이 연수 활동에 참여한 결과, 한국의 일선 초중고교 교육 현장에서는 기업가정신 교육의 필요성을 인식하지만, 대학 입시와 직결되지 않기 때문에 깊은 관심을 두지 못하는 실정임을 알게 되었다.

최근 학계에서는 기업가정신과 경제적 불평등의 상호 인과 관계에 대한 논의가 활발하다. 2021년 1월을 기준으로 테슬라를 창업한 일론 머스크는 재산이 약 1,850억 달러(원화 약 200조 원)를 넘으며 전 세계

● 2020년부터 10년 동안 '데이터의 전략적 자산화'를 위한 10대 원칙, 40개 전략 과제, 20개의 실행 단계를 정립한 사항이다.

최고의 부자 지위에 올랐다.[56] 세계 2위 부자인 아마존의 창업자 제프 베이조스, 3위 부자인 마이크로소프트의 창업자 빌 게이츠는 모두 기업가다. 스스로 창업하여 현재의 자산 상태를 만들었다.

이와 같이 혁신적 기업 활동으로 세계 최고의 부자 지위에 오른 사례가 있지만, 반대 지위에는 자영업을 영위하는 또 다른 기업가들이 존재한다. 이들은 소득 분배의 가장 끝단에 자리하며, 근로 소득자의 평균 임금에도 미치지 못하는 소득을 얻는 자영업자들이다. 스웨덴의 할바르손Halvarsson 등의 연구에 따르면, 자영업자들의 소득 수준은 소득의 분산을 증가시켜 그 변동성의 약 30퍼센트를 설명하고, 최고 수준의 불평등을 만들어내는 데 관계하며, 10퍼센트의 설명력이 있는 것으로 분석되었다.[57] 세계 최고 수준의 사회 복지 기반을 갖춘 스웨덴 같은 국가에서도 역량과 자원이 없는 자영업자는 자칫 경제적 빈곤에 처할 위험성이 있음을 시사한다.

한국의 자영업 실태는 스웨덴보다 심각하다. 도소매업, 음식 숙박업은 사업을 착수하고 5년이 지난 시점까지 생존하는 비율이 각각 28퍼센트와 21퍼센트다.[58] 80퍼센트의 자영업자가 5년 내에 폐업한다는 뜻이다.

산업 구조와 고용 구조, 인구 구조의 변화를 보면 앞으로 더 많은 사람이 자영업을 포함한 창업의 세계에 발을 디딜 수밖에 없는 흐름이 전개되고 있다. 경제적 불평등이나 격차 차원을 넘어, 생존과 고용 안정성 면에서 기업가정신 교육의 의미를 되새겨야 할 시점이다.

하버드 비즈니스스쿨의 하워드 스티븐슨Howard Stevenson 교수는 기업가정신의 정의를 가장 명료하게 설명한 학자다. 그는 기업가정신을 이렇게 정의한다.

> 현재 보유한 자원의 범주를 뛰어넘어 기회를 추구하는 일련의 사고
> 와 행동.[59]

여러 형태의 견해와 학자들 간 정의가 있지만, 스티븐슨 교수의 설명이 가장 명료하고 본질에 충실하다. 이 정의에서 말하는 기회란 혁신과 비즈니스의 영역으로 압축된다. 대중적이고 교육적인 관점에서 기업가정신의 의미를 더 쉽게 설명하자면, 이와 같이 정리할 수 있다.

> 자신의 배경 그리고 보유 자원과 관계없이 꿈을 꾸고, 그 꿈을 이루
> 어가는 일련의 사고와 행동.[60]

기업가정신은 곧 '자기 고용 가능성'을 높이는 사고와 행동이라는 기능적 의미까지도 포함한다. 이는 사람이 지닌 잠재력의 발현과 성취의 장을 여는 열쇠[61]와도 같다. 이것이 미국의 학부모들이 영어, 수학과 함께 중요하게 다루어야 할 교과 내용으로 기업가정신을 인식하는 이유다.

기업가정신은 앞서 설명한 창조적 혁신 역량과 그 속성이나 발현 과정이 거의 유사하다. 저명 학술 저널인 《저널오브비즈니스벤처링》에 2020년 소개된 논문 〈기업가정신의 기원: 형제자매 상관관계로부터의 증거〉[62]가 이를 잘 설명하고 있다. 이 논문의 핵심 가설 검증과 발견 사항을 요약하면 다음과 같다.

첫째, '인적 자본 형성 이론'의 교육이나 훈련으로 기업가정신의 발현, 즉 창업 활동에는 유아기 및 청소년기의 경험과 학습이 상대적으로 더 중요하다. 성인이 된 이후의 노동 시장에서나 대학생 시절의 교육과 경험은 창업 활동에 유의한 영향을 미치지 못한다.

둘째, 부모를 포함하여 형제자매 등 가족 및 지역 사회 배경은 창업 활동과 중요한 영향 관계에 있다. 비율을 따졌을 때 최대 45퍼센트의 설명력이 있다.

셋째, 기업가정신에는 공유된 유전자가 가장 핵심적이다. 부모의 기업 활동 여부, 자원 수준, 그리고 가족의 주변 인적 네트워크(이웃) 관계 순으로 창업 활동에 영향을 미친다.

넷째, 특히 기업(법인 사업) 창업으로 이어지는 기업가정신의 발현에는 부모의 자원과 특정 영역의 역할 모델이 결정적인 영향을 미친다. 자영업(개인 사업) 창업에서는 이런 사항들이 발견되지 않는다.

이 같은 결과는 스웨덴에서 1960~1970년 사이 태어난 70만 명을 표본으로 밝혀냈다. 미국의 120만 명을 표본으로 한 창의적 혁신 역량의 형성 과정과 시기, 효과를 연구한 벨[63]의 연구 결과와 거의 흡사하다. 그는 기업가정신 역시 대물림될 수 있는 사항이며, 교육이 제대로 된 역할을 하지 못할 때 기업가정신 탓에 경제적 불평등이 심화되거나 고착화될 수 있다고 설명한다.

2015년 한국의 기업가정신 분야 10여 명의 학자가 모여서 관련 연구[64]를 수행했다. 이때 전 세계의 기업가정신 교육에 대한 국가 차원의 철학과 실행 내용을 철저하게 살폈다. 그 결과, 미국을 중심으로 한 영국, 캐나다, 호주 등 영미권 국가들의 기업가정신 교육에 대한 이해와 국가 차원의 철학 등이 다른 나라보다 월등히 앞서고 있음이 밝혀졌다. 특히 미국의 기업가정신 교육은 연방 정부와 각 주정부, 민간 부문에서까지 매우 활발하게 전개되고 있다. 이들 국가에서 기업가정신 교육을 강조하는 첫 번째 이유는 자기 고용 가능성이다. 그리고 이를 토대로 자기 주도적 삶을 살도록 하는 국가 교육의 책임성이 두 번째 이유다.

4장

실력과 매력이 학력과 재력을 이기는 시대

01

라이트 형제 vs. 새뮤얼 랭글리

사이먼 사이넥Simon Sinek의 '위대한 리더들은 어떻게 행동을 이끄는가 How Great Leaders Inspire Action'라는 테드TED 강연[1] 메시지는 큰 울림이 있다. 리더나 조직이 올바른 '목적why'을 지니고 신념의 관점에서 호소할 때 이어' 공감한 사람이나 조직 구성원은 자발적으로 행동하고 몰입하여 의기 있는 결과를 낸다는 내용이다. 2021년 2월을 기준으로 이 강연은 5,400만 회에 가까운 조회수를 기록했는데, 이는 TED 강연 중 조회수로 역대 4위에 해당하는 기록이다.[2] 사이넥이 제시한 '왜로 시작하라Start with WHY'[3]의 개념과 'Why(왜)-How(어떻게)-What(무엇)'으로 이어지는 골든 서클The Golden Circle은 우리가 삶과 일에서 어떤 태도를 갖추어야 진정한 성공으로 향할 수 있는지를 일깨우는 동시에 매우 값진 통찰력을 제공한다.

사이넥은 목적과 신념에 기초하여 평생을 살았던 위대한 리더의 사례로 마틴 루터 킹 주니어, 스티브 잡스 그리고 라이트 형제를 들었다. 이와 함께 잘못된 일에 동기 부여한 사례로는 새뮤얼 피어폰트 랭글리Samuel Pierpont Langley를 소개했다. 랭글리는 기술 향상보다 유명해지는 데 관심 있었고, 또한 돈을 많이 벌고자 비행기 개발에 나선 인물이다.

새뮤얼 랭글리는 이 하늘을 나는 기계를 개발하기 위해 국방부로부터 5만 달러의 재정 지원을 받았습니다. 돈은 문제가 되지 않았습니다. 그는 하버드에 자리를 잡고 스미스소니언에서 일했으며 매우 좋은 인적 네트워크에 기반하고 있었습니다. 그날의 세상이 갈망하는 큰 기대를 그는 잘 알고 있었습니다. 그는 재정적 여력을 기초로 찾을 수 있는 최고의 인재를 고용했고, 시장 상황은 환상적이었습니다. 《뉴욕타임스》는 모든 곳에서 그를 따라다녔고, 모두가 새뮤얼 랭글리를 응원했습니다. 그런데도 왜 우리는 새뮤얼 랭글리에 대해 들어본 적이 없을까요?[4]

삶과 일에 대한 태도를 바르게 정립하는 것은 무척 중요한 교육적 과정이다. 이 비교 사례에 시사점이 많다고 여겨져서 좀 더 깊이 고찰해보고자 관련 조사를 진행했다. 그런데 그 과정에서 사이넥의 '라이트 형제 대 새뮤얼 랭글리' 사례가 실제보다 극적으로 대조시킨 사항임을 확인했다.

문헌과 자료를 살펴본 결과, 양측의 목적Why은 서로 극적으로 대비

되지 않았으며 오히려 거의 유사했다. 다만 그 과정과 방법How에서 일정한 차이가 있었을 뿐이다. 이 역시 서로 다른 목적의 차이가 아닌, 프로젝트 거버넌스의 차이에서 비롯되었다고 추론할 수 있다. 라이트 형제는 스스로 재정을 부담하며 비행기를 개발했기에 어느 정도 자유도와 유연성을 누릴 수 있었다. 이에 비해 랭글리는 당시 미국 대통령이 관심을 가진 데다가 연방 정부가 재정 지원을 한 프로젝트[5]에 참여했으므로 상대적으로 상당한 제약이 있던 상황이었을 것이다. 그리고 양측의 전문성 배경도 비행기 개발의 접근 방식을 달리하는 데 영향을 미쳤다. 라이트 형제는 자전거에서, 랭글리는 천문학에서 영감을 받았는데, 이 같은 접근 방식의 차이가 다른 결과를 만들었다고 볼 수 있다.

대중에게 랭글리는 잘 알려지지 않았으나, 천문학과 항공 분야 종사자들은 그를 기념비적 업적을 세운 인물로 평가한다. 미국 항공우주국NASA, 이하 '나사'은 홈페이지에서 랭글리를 "인간은 하늘을 나는 운명이라고 믿었던 당대의 유일한 전문적 과학자"[6]라고 소개하고 있다. 물론 그가 명성을 추구하지 않았다는 것은 아니다.

50세에 새뮤얼 랭글리는 이미 천문학자로서 많은 업적을 쌓아 명성을 얻었지만, 알렉산더 그레이엄 벨, 토머스 에디슨 등과 동등한 수준의 새로운 와해적 발견을 하고 싶어 했다. 그래서 그는 1880년대와 1890년대에 '에어로돔Aerodrome'이라고 부르는 무인 비행 기계를 완성하면서 비행 문제로 눈을 돌렸다.[7]

이 문헌[8]처럼 사이넥의 주장을 뒷받침할 수 있는 내용도 있지만, 이와 다른 내용도 존재한다. 랭글리는 자신이 직접 유의미한 결과를 만들어내지 못하더라도 유인-동력 비행기 개발이 계속되어야 한다고 인식했을뿐더러,[9] '과학은 항상 대중에게 공개되어야 한다'[10]고 믿은 인물이었다는 것이다. 그의 생애 전체를 조망해보면, 명성을 좇고 시대의 대표 인물로 부각되려는 욕구로 가득 차 라이트 형제와 유인-동력 비행기 개발에 경쟁적으로 나선 것이 아님을 어렵지 않게 파악할 수 있다. 실제로 랭글리는 라이트 형제가 그동안 실험과 연구를 행한 결과물과 자료를 요청하자, 3주 뒤에 공유받을 수 있도록 전달해주었다.[11] 이토록 빠른 대응과 협력적 반응을 보인 일화에서 우리는 관련 연구의 최일선에서 활동하는 학자이자 연구기관의 책임자로서 랭글리가 품고 있던 책무감을 엿볼 수 있다.

랭글리를 '부를 좇았던 인물'이라고 한 사이넥의 설명도 그 근거가 미약하다. 랭글리는 20년간 책임을 맡았던 앨러게니천문대Allegheny Observatory가 운영에 어려움을 겪자 기금을 모금하여 새롭게 거듭나게 했다. 연구 활동에 대한 목적과 가치를 대중과 함께 공유하고 연구에 필요한 기금을 직접 조달한 그는 '비전 기반의 기금 모금자Visionary-Fundraiser'에 더 가까운 인물이라 할 수 있다. 또한 공적 재정 관리의 엄정함을 깊이 인식하던 사람이다. 1905년 6월 자신이 신뢰했던 스미스소니언의 회계사 W. W. 카W. W. Karr가 기관 자금을 횡령한 혐의로 기소되자, 랭글리는 사무총장으로서 받는 급여의 수령을 거부하는 등 책임 있는 리더십의 자세를 취했다.[12] 더군다나 이 사건에 충격받아 뇌졸중에 걸렸는데, 이것은 1906년 사망에 이른 주요 원인으로 알려져 있다.

이렇듯 인물들에 대한 사전 충분한 이해 없이 사이넥의 강연을 들어보면, '자전거 수리공-비행기 개발자(라이트 형제): 성공 대 하버드 교수-스미스소니언 연구원-비행기 개발자(새뮤얼 랭글리): 실패'라는 극적인 대비 관계가 연상된다. 게다가 라이트 형제는 대학 교육을 받지 않았으며, 자전거 가게를 운영하여 번 돈으로 비행기 개발에 필요한 재정을 충당했다고 한다. 과연 사이넥이 극적으로 대비한 강연 내용과 실제 사실이 같을까?

랭글리 역시 대학 교육을 받지 않았다. 나사에서는 "아이로니컬하게도 랭글리의 정규 교육은 고등학교 수준에서 끝났다"[13]라고 설명하며, 그의 탁월함에는 정규 교육이 크게 영향을 미치지 않았음을 강조한다. 랭글리는 대학 졸업장 없이도, 피츠버그대학교 천문학 교수가 되었고, 천문학과 항공 분야에서 기념비적 연구 성과를 거두었으며, 이를 토대로 당대 최고의 연구기관인 스미스소니언에서 20여 년간 근무하는 동안 사무총장의 지위까지 오르며 위대한 업적들을 세웠다. 한마디로 진정한 실력을 지닌 과학자이자 발명가라 할 수 있다.

랭글리는 9세 때 천문학에 큰 호기심을 보이기 시작했는데, 기초 천문 기구 등을 만들어 다양한 실험을 하고 천문을 관찰했다. 고등학교 졸업 후 그는 건축 디자인 회사의 견습생이 되었다. 하지만 직업적 의미를 찾지 못하자 자신이 어렸을 때부터 관심을 두었던 천문학으로 다시 돌아왔다. 처음에는 천문학 연구에 필수적인 망원경을 제작하는 일에 몰두했다. 이후 망원경과 천문학에 대한 유럽의 사례를 공부하고자 유럽으로 떠났고, 이때 프랑스어를 배워 능숙하게 구사하게 되

었다. 이는 나중에 대륙 간 연구 개발에 협력할 때 의미 있는 배경이 되었다.[14]

사이넥은 랭글리가 마치 하버드대학교 교수직에 장기간 역임한 것처럼 말했으나, 정확히는 하버드대학교 천문대Harvard College Observatory의 보조원으로 1년여 근무한 것이 전부다.[15] 그가 천문대 보조원으로 일하게 된 데는 망원경에 대한 전문성과 건축 디자인 분야에서 활동한 이력이 영향을 주었다. 그 후 수학 교수로 일하는 조건으로 미국 해군사관학교로 이직했지만, 실제로는 해군사관학교가 작은 천문대를 다시 운영하기 위해 그를 고용한 것이다. 이 일은 랭글리에게 천문학자로서의 경력을 공식적으로 만들어주었다.[16]

해군사관학교 천문대의 여러 문제점을 개선시키면서 그는 천문학자로 기반을 다졌고, 오늘날 피츠버그대학교에 흡수된 펜실베이니아 웨스턴대학교는 천체물리학 교수이자 앨러게니천문대의 책임자로 그를 채용했다. 이 천문대에서 20년간 근무하는 동안 랭글리는 천문학과 항공 분야의 새로운 이론과 발명품을 지속적으로 소개했다. 앨러게니천문대는 그가 부임하기 전에 운영이 매우 부실했고 기반 자원도 취약했다. 이에 랭글리는 천문대의 정비와 연구 활동을 위해 적극적으로 기금 모금 활동을 펼쳤다. 이는 훗날 스미스소니언 사무총장을 맡는 기간에도 계속 이어졌다. 실험적 연구 활동에 필요한 기금을 마련한 랭글리 덕분에 스미스소니언은 큰 발전을 이루었다.

사이넥은 이런 랭글리의 기금 모금 활동을 부를 좇는 잘못된 동기로 해석하지 않았을까 유추해본다. 랭글리의 항공기 개발 프로젝트인 에어로돔에 5만 달러의 정부 재정이 투입된 것은 당시 해군이 먼저 제안한 사항으로, 이는 미국 25대 대통령이었던 윌리엄 맥킨리William McKinley의 관심에서 비롯되었다.[17]

그는 처음이 아니었고, 부를 쌓지 못했으며, 유명해지지 못했기 때문에 그만두었다.[18]

1903년 12월 17일, 라이트 형제가 최초 유인-동력 비행에 성공한 그날, 랭글리는 비행기 개발을 포기했다고 사이넥은 말했다. 그러나 날짜와 포기의 배경 모두 사실과 다르다.

1903년 12월 8일, 랭글리와 스미스소니언 연구팀의 역작 그레이트 에어로돔이 비행에 성공하지 못하고 강에 떨어져 실험이 실패했다. 그러자 랭글리는 깊이 낙심하고 즉시 프로젝트를 중단했다. 이 사고의 여파로 언론으로부터 조롱을 당했고, 육군의 재정 지원이 철회되는 등의 후폭풍이 일었다. 이때 프로젝트의 성공이 여전히 가능하다고 여긴 사업가들이 재정 지원을 제안했으나, 랭글리는 이를 정중히 거절하고 개발 프로젝트는 중단을 공식화했다.[19] 당시 그는 70세를 목전에 두고 있었다. 한 해 전인 1902년, 작가 러디어드 키플링Rudyard Kipling은 랭글리와 대화를 나누었는데, "실패가 계속되고, 나 자신이 살아 있을 때 그 결과를 보지 못할지라도 '유인-동력 비행기' 개발은 지속되어야 한다"[20]고 했다. 이 내용은 키플링의 자서전에 수록되어 있다. 개인적으로 랭글리는 프로젝트를 중단했지만 스미스소니언의 실험과 연구는 이어졌다. 그러므로 라이트 형제가 첫 비행에 성공한 당일 랭글리가 이 소식을 접하고 비행기 개발 프로젝트를 그만

두었다거나, 돈이 없는 데다가 유명해지지 못해 프로젝트를 중단했다는 근거는 어디서도 찾을 수 없다.

랭글리는 처음부터 전형적 엘리트가 아니었으며, 천문학에 호기심 많은 소년이자, 건축 디자인 견습생, 망원경 제작자, 천문대 보조원 등을 거쳐 당대 최고의 연구 개발 집단의 수장이 된 진정한 실력가인 동시에 전문가였다. 그의 기념비적 업적의 배경에는 부와 명성의 추구 같은 잘못된 동기 부여가 아닌, 엄청난 수준의 호기심과 몰입, 신념이 자리했다. 이는 라이트 형제가 가진 원인, 목적, 신념과 다르지 않다.

라이트 형제 역시 극적으로 묘사된 측면이 있다. 스미스소니언 항공우주 박물관은 이들 형제의 출생부터 유인-동력 비행기 개발, 항공 대중화 과정에 이르는 과정을 연대기로 상세하게 소개하고 있다.[21] 두 형제의 아버지는 교육자이자 성직자였고, 어머니는 당시로서 매우 드물게도 문학과 과학을 전공한 대학 졸업자였는데 탁월한 수학적 재능까지 있었다. 게다가 마차 제작자, 즉 현재로 치면 경자동차 제작자의 딸이었다.[22] 라이트 형제는 모두 학업 성적이 우수했으며, 특히 형인 윌버 라이트Wilbur Wright는 운동 능력까지 뛰어난 전형적 엘리트였다. 예일대학교 진학을 앞두었던 윌버는 아이스하키 경기 중 부상을 입으면서 대학 진학을 포기했다.[23] 대졸자였던 형제의 부모는 자식들이 지적 관심을 갖도록 격려했으며, 호기심 가는 것들은 무엇이든 조사하고 살펴볼 수 있도록 해주었다.[24]

사이넥은 테드 강연을 듣는 청중이 라이트 형제를 가난한 무학의 자전거 수선공으로 인식하도록 설명했다. 하지만 이처럼 실제 라이트 형제의 배경은 사이넥이 묘사한 내용과는 상당한 차이가 있다.

또한 라이트 형제는 비행기 발명가이기 전에 기업가라는 경력이 있었다. 이들의 사회 첫 커리어는 《웨스트사이드뉴스West Side News》를 발간하는 미디어 사업과 인쇄업이었다. 이후 미디어 사업을 정리하고 인쇄업에 집중하면서 사업 규모가 점차 확대되었다.[25] 동생 오빌 라이트Orville Wright가 21세 되던 1892년, 미국 전역에 자전거 열풍이 불자 형제는 라이트사이클익스체인지Wright Cycle Exchange라는 자전거 대여, 판매, 수리 전문점 사업을 새롭게 시작했다. 다섯 곳의 매장에서 12개의 브랜드를 취급하며 사업이 커졌고, 2년 뒤인 1894년에는 라이트사이클컴퍼니Wright Cycle Company라는 기업으로 성장하여 1906년까지 이를 운영했다.[26] 이 기업은 고급 수제 자전거를 제작하여 판매했는데, 최고급 모델인 밴 클레브Van Cleve가 65달러에 달하는 등 지역 시장에서 성공적으로 사업을 전개하여 연간 2~3천 달러의 이익을 거두었다.[27] 그러다 1903년 12월 라이트 형제가 최초로 유인-동력 비행에 성공했다. 이 일을 계기로 형제는 프랑스와 유럽에 비행기를 판매하는 활동에 집중하고자 1906년 기업을 정리했다. 비행에 성공하기 한 해 전인 1901년 형제는 서양공학회Western Society of Engineers에서 '항공 실험들'[28]이란 주제로 그간의 실험 과정을 소개했는데, 이는 논문으로 출간되어 미국과 유럽 전역에서 상당한 반향을 이끌어냈다.[29] 1903년 3월부터 형제는 그간의 개발 과정에서 획득한 아이디어와 기술에 특허 출원을 했다.[30] 유럽에서 비행기를 판매할 때는 계약한 다음에야 시험 비행을 할 수 있다는 방침을 내세웠다. 그리고 형제는 1909년 항공기 제작사인 라이트컴퍼니Wright Company를 설립한다.

라이트 형제는 사이넥의 설명처럼 무명의 자전거 가게 수선공이 아닌, 오늘날로 치면 고급 수제 자동차 제작사의 공동 CEO(최고경영자)이자 CTO(최고기술책임자)다. 뿐만 아니라 시장과 산업의 변화 흐름을 살펴 적절한 사업의 진입과 전환, 투자 결정을 해나간 전형적인 유능한 기업가였다.

라이트 형제의 비행기에 대한 호기심은 오빌이 7세, 월버가 11세였던 해 아버지가 준 고무줄 동력 헬리콥터 장난감에서 비롯되었다. 성직자인 아버지는 전도 여행을 갔다가 당시에 보기 힘들었던 프랑스산產 장난감을 구해다 주었다. 형제는 이 장난감을 여러 개 복제했는데, 이것이 바로 두 사람이 함께 만든 최초의 동력 항공기였고, 이로써 형제는 항공기의 개념에 눈을 뜨게 된다.[31] 교회 신문의 편집자 경험이 있는 아버지, 어렸을 때부터 마차의 제작 과정을 보며 기계적 메커니즘과 설계를 간접 경험한 어머니의 영향으로 형제는 장난감 복제 과정에서 실험 과정을 기록하고 체계적으로 정리하고 보관했다. 이것이 《웨스트사이드뉴스》가 이들의 첫 사업이 된 배경이다.[32] 오늘날의 표현으로, 지식 경영을 일찍부터 내재화한 것이다.

고급 수제 자전거 제작사 라이트사이클컴퍼니가 한창 성장할 무렵이던 1896년 8월, 형제는 '글라이더The Flying Man'로 유명한 오토 릴리엔탈Otto Lilienthal, 1848~1896의 사망 소식을 접한다. 이 비보는 형제가 유인-동력 비행기 개발에 대해 본격적인 관심을 갖는 계기가 되었다.[33] 이로부터 3년여가 흐른 1899년 5월 30일, 형제는 랭글리가 사무총장으로 재직하던 스미스소니언에 편지를 보내 항공기 개발 공동체에 합류할 의사를 밝히면서 그간의 연구 문헌들을 공유해달라고 요청했다.[34] 그리고 3주 후 랭글리의 기계적 비행 실험 이야기와 공기 역학 실험을 포함한 논문 패키지를 수령했다.[35] 이에 대해 형제는 훗날 "비행 문제의 본질에 대한 좋은 참고와 이해가 되었다"라고 술회한 것으로 기록되어 있다. 이때가 형제의 유인-동력 비행기 개발 프로젝트가 공식적으로 착수된 시점이라 할 수 있다.

자전거와 비행기 사이에는 많은 개념적 연결 고리가 존재하기 때문에 자전거에 대해 잘 알고 있는 실험자들이 기계 비행을 발명한 것은 우연이 아니다. 여러 요인이 라이트 형제의 비행 성공에 기여했지만, 자전거에 대한 친숙함은 분명한 한 요인이었다.[36]

라이트 형제의 자전거 사업은 기술적인 측면과 사업적인 측면 모두에서 유인-동력 비행기 개발의 가능성에 대해 분명한 믿음을 갖게 했다. 1901년 형제는 비행기의 양력과 항력을 측정할 수 있는 자전거 테스트 기구를 제작했다. 자전거의 원리를 깊이 이해했기에 가능한 접근법이었고, 이 테스트로 그간 다른 비행기 개발자들의 데이터 오류를 확인했으며, 마침내 기술적 난제를 해결할 단초를 찾았다.[37] 그간 항공 분야에서만 실험하고 개발하던 사람이나 조직과는 다른 접근이 가능했던 배경에는 자전거 사업이 자리했다. 자전거 사업은 형제에게 사업 메커니즘이 무엇인지도 경험하게 해주었다. 시장에 진입하는 타이밍, 목표 시장을 선택하고 개발하는 방법, 수익을 극대화하는 방법, 조직과 시스템을 갖추어가는 방법, 대외 커뮤니케이션 등을 직접 경험했다. 항공기 제작 판매 기업인 라이트컴퍼니의 운영 과정을 복기해보면 충분히 유추할 수 있는 흐름이다.

자전거 사업은 단지 비행기 개발에 필요한 재정을 조달하는 역할만 하지 않았다. 비즈니스의 관점에서 보면, 형제는 큰 호기심을 갖고 있었고, 또한 기술적으로 잘 아는 분야의 새로운 유망 사업에 공격적이고 전략적인 투자를 한 것이다. 마치 지금 전기 자동차인 테슬라, 우주탐사 스페이스엑스 등 혁신적 비즈니스를 이끄는 일론 머스크의 모습과 거의 흡사하다.

완벽히 안전한 것을 찾고 있다면 울타리에 앉아 새를 지켜보는 것이 좋다. 하지만 정말로 배우고 싶다면 기계에 올라타 실제적인 시도를 통해 그것의 작동법에 정통해져야 한다.
　－월버 라이트,《비행 기계를 타는 법을 배운다는 것》[38]

'라이트 형제 대 새뮤얼 랭글리', 이 비교 사례는 성공과 실패의 맥락에서 대조적으로 비교해서 다룰 수 있는 사항이 아니다. 오늘날 항공 기술의 진화와 인류 사회에 기여한 총체적 내용의 관점에서 보면, 이들 모두는 같은 신념을 가진 위대한 발명가이자, 과학자, 혁신가였다. 랭글리는 앨러게니천문대와 스미스소니언의 책임을 맡아 천문학과 항공 분야, 여러 과학 연구에서 위대한 업적을 세워, 과학의 진전을 이루는 데 크게 기여했다. 이것이 미국에서 국가 항공 명예의 전당에 그가 이름을 올린 이유다.[39] 라이트 형제 중 형인 월버는 비행기 개발에 따른 영화를 누리지 못하고 1912년 45세의 나이로 세상과 작별했다.[40] 동생 오빌은 1915년 라이트컴퍼니에 대한 자신의 지분을 매각하고 역할을 새롭게 정립했다. 그리고 1948년 76세로 사망할 때까지 33년간 항공 분야와 국가의 진보를 위해 헌신했다.

라이트 형제와 새뮤얼 랭글리, 이들의 관계는 극적인 대조와 비생산적 경쟁의 관계가 아닐뿐더러, 오히려 인류 최초의 월드와이드웹 시대를 함께 열어간 위대한 인물들이다. 이들 사례를 고찰해보는 시간 내내 매우 흥미롭고 가치 있는 복기의 과정이라는 생각이 들었다. 항공기와 천문학에 깊은 호기심을 가진 어린아이들이 인류 역사에 기념비적 업적을 만든 위대한 인물로 성장하는 모습, 그리고 이 과정에서 이들의 사상과 행동이 변화하는 모습을 살펴볼 수 있었기 때문이다. 세 사람 모두가 자신들이 만든 업적의 크기에 비례하는 상당한 배경을 처음부터 지니지는 않았다. 물론 경제적인 관점에서 이들은 안정적인 중산층 가정에서 태어나고 성장했다. 그러나 학력은 고교 중퇴와 고교 졸업에 한정된다. 사회생활 또한 처음부터 좋은 직장에서 시작한 것이 아니다. 소위 비주류의 모습으로 사회에 발을 디뎠다. 그럼에도 불구하고 천문학과 항공, 특히 역학과 같은 전문 영역의 실험과 연구를 대학 교육과정 없이 스스로 수행했고, 인류 역사에 중요한 변곡점이 되는 기념비적 업적을 만들었다.

사이넥의 '왜로 시작하라'[41]의 개념 그리고 'Why-How-What'으로 이어지는 골든 서클을 총론적인 관점에서 바라보면 이들 세 사람의 삶과 일, 위대함을 설명할 수 있을 듯하나, 완전히 명료하게 정리되는 느낌이 들지 않는다. 이들이 처음부터 사람도 하늘을 날 수 있다는 믿음과 인류 항공사라는 새로운 역사를 만들어야 한다는 의식적 신념conscious beliefs을 가지고 행동한 것이 아니기 때문이다. 사이넥이 논거로 삼은 '라이트 형제 대 새뮤얼 랭글리' 비교 사례가 실제 목적

Why의 차이로부터 비롯된 것이 아니라는 것을 지금까지 확인했다. 이들의 위대한 업적을 이끈 위대한 목적Great-Why이 형성되는 과정을 고찰할 수 있어야 진정으로 목적이 이끄는 행동과 성공을 훨씬 효과적으로 설명할 수 있을 것이다.

랭글리는 9세 때부터 천문학 삼매경에 빠져 성장기를 보냈다. 천문학에 대한 호기심은 그의 삶 전체를 관통한다. 천문학 연구를 하려면 망원경이 필수였고, 기초적인 천문 기구들이 있어야 실험과 관찰이 가능했다. 이를 위해 그는 망원경 제작법을 스스로 익혔고, 천문 기구를 제작하기 위해 기구 설계를 학습했다. 이어서 그는 고교 졸업 후 건축 디자인 회사의 견습공으로 사회생활을 시작했다. 천문대를 운영하는 기관은 천문학에 대한 이해와 함께, 망원경과 천문 기구를 유지 보수할 수 있는 인력을 필요로 했는데, 그는 이런 모든 요구 사항을 매우 전문적으로 갖춘 상태에 있었기에 하버드대학교 천문대, 해군사관학교 천문대로부터 부름을 받을 수 있었다. 비록 보조원과 소규모 천문대의 유지 보수를 맡았지만, 자신의 호기심 대상인 천문학을 더 전문적으로 학습할 수 있는 여건을 갖추었던 셈이다. 천문학에 대한 강렬한 그의 호기심은 이를 둘러싼 주변 영역까지 학습 대상의 범주로 삼게 했고 깊은 몰입을 이끌었다. 실무와 학습, 깊은 몰입이 함께 조합을 이루자 비범치 않은 성과와 결과물을 낼 수 있었다. 이렇게 기반이 마련되자, 더 규모 있고 도전적인 실험과 연구가 가능한 앨러게니천문대의 책임자와 피츠버그대학교 교수라는 지위에 오를 수 있었다. 강렬한 호기심의 바탕 아래 계속 이어진 학습과 몰입은 그에게 세상의 난제나 불가능에 도전하여 의미 있는 결과를 낼 수 있다는 학술적·기술적 믿음을 갖게 했다. 바로 학습된 신념learned beliefs이 형성된 것이다.

라이트 형제도 이와 다르지 않다. 각각 7세와 11세 때 접한 모형 헬리콥터 장난감은 '하늘을 나는 기계'에 대해 강렬한 호기심을 불러일으켰고, 이를 복제하는 과정에서 본격적인 학습이 시작되었다. 자전거 사업은 형제에게 과학적·공학적·사업적 측면에서 상당한 학습을 하게 했고 이와 함께 경험을 축적시켰다. 1800년대 하늘을 나는 기계를 개발하는 것은 유럽과 미국의 과학자와 발명가에게 상당히 매력적으로 다가왔기에 이에 도전하는 사람이 많았다. 세간의 관심도 커서, 이 발명과 개발이 성공한다면 상당한 경제적 보상까지 기대되었다. 형제 역시 강렬한 호기심의 바탕 아래 계속 실무와 학습, 깊은 몰입을 해나갔다. 그리고 이들 역시 하늘을 나는 기계의 실현이 가능하다는 학술적·기술적 믿음을 가지며 학습된 신념의 단계에 도달했다.

학습된 신념은 다이너Diener와 드웩Dweck의 연구[42]에서 설명하는 '숙달 지향mastery orientation 대 학습된 무력감learned helplessness'과는 다른 의미다. 관련 연구의 권위자인 알버트 밴두라Albert Bandura의 연구를 보면, 자기 효능감의 원천으로 '숙달 경험, 사회적 모델을 통한 대리 경험, 사회적 설득, 신체적·정서적 상태에 대한 인식과 해석' 등 네 가지를 설명한다. 학습된 신념은 이 중 숙달 경험, 즉 학습으로 자기 효능감이 개발되고 극대화된 단계를 의미한다. 그 원천과 과정은 마치 린 스타트업의 가설(구축)–실험(측정)–피드백(학습)의 반복 순환 루프를 따르는 것과 같다. 그리고 근거 없는 자만이 아닌, 충분한 검증과 학습에 기초한 자기 효능감에서 형성된 신념을 의미한다.

학습된 신념의 다음 단계인 위대한 질문은 매우 중요하다. 영화에서 엄청난 능력의 소유자가 그릇된 세계관으로 괴물로 변해가는 장면을 자주 접한다. 이처럼 학습된 신념을 가진 사람이 목적과 방향을 잘못 설정하면 그 정도만큼 사회에 해악을 끼칠 수 있다. 라이트 형제와 랭글리는 학습된 신념 단계 이후에 '내가 행한 업적과 가진 것들이 궁극적으로 어떻게 세상과 관계해야 하는가?'라는 질문을 했다. 그리고 그들은 자신의 위대한 업적이 개인적 유익만을 위한 것이 아닌, 천문학, 항공, 국가, 그리고 인류 사회를 진보시키는 관점에서 관계하기를 바랐다. 이 때문에 이들은 인류사에서 위대한 인물들로 평가된다.

무언가에 대한 강렬한 호기심은 여러 제약 여건이 있음에도 불구하고, 깊은 학습과 몰입을 이끌어 학습된 신념의 단계로 인도한다. 이때 위대한 질문, 즉 목적Why을 어떻게 정립하느냐는 위대함을 추구하는 삶의 여부를 결정하는 가늠자가 될 것이다.

'왜로 시작하라'의 의미와 가치를 다시 곱씹어보자.

02

학사 학위 없는 세계의
와해적 혁신가들

시카고대학교, 록펠러대학교, 쿠퍼유니온대학교, 로체스터대학교, 존스홉킨스대학교…. 이 학교들은 모두 대학 교육을 받아본 경험이 없는 사람들이 직접 설립했거나, 설립 기금에 준하는 수준의 기부금으로 비약적 성장을 이루었다.

존 데이비슨 록펠러John Davison Rockefeller는 미국 역사상 가장 부자였다. 그의 부는 당시 미국 경제의 1.53퍼센트에 달했다.[43] 그가 고교 과정을 마칠 즈음인 1800년대 중반은 미국에서 대학의 설립과 확장이 본격화되던 시점이었다. 물론 지금처럼 고등교육이 보편화되지는 않았지만, 중산층 자녀는 상당수가 대학에 진학했다. 그러나 어려운 가정 형편으로 록펠러가 받은 고등교육은 10주간 폴섬비즈니스칼리지Folsom's Commercial College에서 부기 과정을 이수한 것이 전부였다. 그는 이 교육을 토대로 16세 때 부기 보조원으로 사회생활을 시작했고, 훗날 스탠더드오일 석유사의 소유자가 되어 '석유왕'으로 불린다.[44] 미국에서 최고의 부자가 된 그는 명문 시카고대학교의 설립 기금을 공동 출연했고, 세계 최고의 바이오메디컬 전문 대학원인 록펠러대학교를 직접 설립했다. 동문, 교수, 연구원 등 이들 대학 커뮤니티가 배출한 노벨상 수상자만 해도 시카고대학교가 100명,[45] 록펠러대학교가 38명[46]에 이른다. 록펠러재단은 18개국에서 111개 대학을 후원할 만큼[47] 고등교육과 과학 연구를 위한 후원이나 지원 활동을 전 세계적으로 펼치고 있다.

피터 쿠퍼가 세운 쿠퍼유니온대학교, 조지 이스트먼이 세운 로체스터대학교, 메리 엘리자베스 개릿이 세운 존스홉킨스대학교는 대학에서 교육을 받아보지 못했지만 큰 성공을 거둔 사람들이 세운 대학들이다. 비록 대학 교육을 경험하지 못했지만, 큰 성공을 거둔 사람들이 그 성과를 고등교육을 통해 나눌 때 어떤 역사가 만들어질 수 있는지를 이 대학들이 우리에게 보여준다. 이외에도 대학 교육을 전혀 받지 않은 세계적인 혁신가가 많다. 영국 거부인 버진그룹 창업자 리처드 브랜슨, 인도 최대 기업인 릴라이언스그룹 창업자 디루바이 암바니, 홍콩의 거부 리카싱, 권투 선수 출신의 세계적 건축가인 안도 타다오, 현대그룹 창업자 정주영, 토머스 에디슨, 그리고 앞서 소개한 라이트 형제와 새뮤얼 랭글리 등 모두가 해당한다.

고등교육이 보편화된 20세기 이후에는 대학을 중퇴함으로써, 결국 최종적으로는 '고졸'이 된 세계적 혁신가가 많다. 마이크로소프트를 함께 창업한 빌 게이츠와 폴 앨런, 애플의 스티브 잡스와 스티브 워즈니악, CNN의 테드 터너, 오라클의 래리 엘리슨, 델컴퓨터의 마이클 델, 페이스북의 마크 저커버그, 왓츠앱의 얀 쿰, 트위터의 잭 도시, 우버의 트래비스 칼라닉, 드롭박스의 아라시 퍼도시, 워드프레스의 맷 멀런웨그, 스포티파이의 다니엘 에크, 닌텐도의 야마구치 히로시 등은 모두 와해적 혁신을 이끈 혁신가이자 기업가다. 이들은 모두 대학을 중퇴하거나 졸업하지 않아 학사 학위를 가지고 있지 않다. 물론 대부분 추후에 명예학사를 취득하긴 했다.

이들의 사례를 보면, 적어도 혁신과 기업가정신 영역에서 학력은 유의한 영향을 미치지 못하는 변수다. 스포츠나 엔터테인먼트, 예술의 영역에서도 대학 교육을 이수하지 않은 세계적 유명인사가 즐비하다. 직접 수행한 가장 최근의 연구 결과[48]도 이를 실증적으로 뒷받침한다. 2019년 479개의 유니콘 기업●을 전수 조사하여 분석했다. 학력을 포함하여 창업자의 여러 특성과 기업 가치의 평가액, 투자 유치액, 매출액, 이익 등 기업 가치와 경영성 간 상호 관계를 살펴보았는데, 그중 이 중 기업 가치나 경영 성과에 유의한 영향을 미치는 창업자 특성은 STEM 전공 여부가 유일했다. '고졸-학사-석사-박사'를 변수의 측정값 기준으로 분류하여 분석했으나, 이와 기업 가치, 경영 성과 사이에서는 유의한 관계성을 발견할 수 없었다. STEM 전공 여부는 전문성의 대위 변수 개념으로 이전의 사례 분석 연구[49]에서처럼 창업자가 갖춘 해당 분야의 산업적·기술적 전문성이 기업 가치와 경영 성과에 모두 영향을 미치는 요인이라 할 수 있다. 그리고 해당 연구에

● 기업 가치가 10억 달러(원화 기준, 약 1조 원) 이상인 비상장 기업을 가리킨다.

서 기업의 경영 전략과 기업 가치, 경영 성과와의 관계도 살펴보았는데, 글로벌 시장 지향성이 높을수록 기업 가치와 경영 성과에 유의하게 영향을 미치는 것으로 분석되었다. 정리하면, '전문 분야의 실력+큰 생각transnational thinking™, 초국적 사고', 이 조합은 창업한 지 불과 6~7년 만에 기업 가치 10억 달러(1조 원) 이상으로 평가받는 기업을 일군 창업자의 특성을 대표한다고 유추할 수 있다.

지난 몇 년간 한국의 사례와 표본을 바탕으로 '교육과 기업가정신 발현의 효과성 및 성과'와 관련한 여러 연구를 수행했다. 그 결과, 학력과 교육과정, 교육 프로그램은 인식이나 마인드셋을 달리하는 데 영향을 미쳤으나, 실제 행동으로 발현되는 것 그리고 성과를 창출하는 것과는 유의한 영향 관계가 없다는 점을 확인할 수 있었다. 미국의 경우도 마찬가지다. 와이Wai와 린더만Rindermann[50]의 연구 결과에 따르면, 억만장자, 백만장자, 창업으로 기업의 회장 및 사장 지위를 유지하는 집단, 그리고 창업자와 창업 경영자 집단에서 대학 교육을 이수하지 않은 비율은 평균적으로 20퍼센트 수준이었다.● 같은 계열인 전문 경영인 집단을 대표하는 '포춘 500 기업 CEO'가 약 6퍼센트인 데 비하면 상대적으로 높은 비율이라 할 수 있다. 혁신과 기업가정신 영역에서는 일정한 임계 수준 이상의 큰 성공을 이룰 때 학력이 유의한 영향을 미치지 않음을 발견했다.《포브스》가 2012년 선정한 미국의 400대 부자 중에서도 대학 교육을 이수하지 않은 사람은 63명으로 전체

● 이때 억만장자는 1억 달러(약 1100억 원) 이상 자산 보유자, 백만장자는 3천만 달러(약 330억 원) 이상 자산 보유자다.

의 15퍼센트에 달했다.[51] 이는 발명가 지위를 갖는 창조적 혁신 역량과 기업의 창업으로 이어지는 기업가정신 발현의 영역에서는 학교 교육보다 환경적 요인, 즉 가족력과 부모의 사회 경제적 지위의 영향 정도가 더 높다는 것을 시사한다. 특히 가족과 그 주변에 역할 모델을 할 수 있는 누군가가 자리할 경우, 그 정도는 더욱 높아진다.[52] 또한 혁신가나 기업가의 마인드세트는 성인이 되기 전 대체로 형성되는 바, 대학 교육의 영향 정도는 상대적으로 제한적일 수 있다.[53]

그런데 우리가 주목해야 할 사항은 학력이 유의한 영향을 미치지 못하지만(최근 시기에 가까울수록 더욱 희석화되지만), 학벌은 혁신과 기업가정신 영역에서도 유의한 영향을 미친다는 사실이다.

시장 정보 업체인 피치북Pitchbook의 2020년 자료[54]에 따르면, 최근 15년간 벤처 캐피털로부터 1차 단계의 투자를 받은 벤처 스타트업의 창업자는 학사 2만 6,341명, MBA 경영학 석사 1만 286명이다. 그중 아이비리그• 졸업자는 학사가 평균 7.4퍼센트, MBA 경영학 석사가 10.7퍼센트에 이른다. 여기에 스탠퍼드대학교, UC버클리, MIT 등 혁신적 기업가를 배출한 상위 세 개 대학교를 포함해 11개 엘리트 대학으로 대상을 넓히면 수치는 더욱 높아진다. 벤처 스타트업 창업자 중에서 학사가 22.4퍼센트, MBA 경영학 석사가 31.5퍼센트에 달한다.

이 조사가 이루어진 시점을 기준으로 할 때 미국의 4년제 대학교는 2,828개다. 이들 동부 지역 아이비리그 8개 대학교는 전체 4년제

• 미국 동북부에 있는 여덟 개의 명문 대학을 통틀어 이르는 말. 예일, 코넬, 컬럼비아, 다트머스, 하버드, 브라운, 프린스턴, 펜실베이니아대학교다.

대학교의 0.28퍼센트에 불과하다. 최근 15년간 벤처 스타트업의 1차 단계 투자 유치액 중 아이비리그 출신 집중도는 학사가 16.3퍼센트, MBA 경영학 석사가 27.8퍼센트로, 창업자 수에 대비할 때 거의 세 배에 가깝다. 0.28퍼센트에 불과한 이들 아이비리그 출신이 벤처 캐피털 자본을 사실상 과점하고 있다고 해도 과언이 아니다. 그리고 이들이 설립한 벤처 스타트업은 매출액과 고용 창출 면에서도 비교 우위를 보인다.[55] 유니콘 기업에서도 같은 흐름이 파악된다.[56] 전통적 아이비리그와 스탠퍼드대학교, UC버클리, MIT 등 테크 아이비리그Tech-Ivy로 대표되는 엘리트 대학에 대한 집중도는 약 40퍼센트에 이른다.[57] 혁신과 기업가정신 영역을 대표하는 벤처 스타트업과 벤처 캐피털 영역에서 학력은 유의미한 영향을 미치지 못한다. 하지만 학벌, 즉 엘리트주의는 공고히 작동하고 있다고 해석할 수 있다.

혁신과 기업가정신 범주를 넘어 정치, 법률, 행정, 문화 등의 영역으로 이를 확대해보면, 평균적 수준 이상의 사회적 성취와 성공에 큰 영향을 미치는 것은 학력이 아닌 학벌임을 확인할 수 있다. 학력은 영향력이 점차 줄어드는 추세다. 이와 달리, 엘리트주의는 더욱 공고해지고 있다. 특히 엘리트 대학의 영향이 지배적인데, 이와 관련하여 '제도적 경로 효과institutional path effect'를 강조한 듀크대학교의 와이와 린더만의 연구[58]에 주목하자. 이들은 사회적으로 성취와 성공 정도가 상대적으로 매우 높은 수준에 있는 각 분야의 대표적 리더십 집단 1만 1,745명을 표본으로 학업과 직업적 성취에 영향을 미치는 것이 무엇인지를 규명하는 연구를 수행했다. 이 연구는 '포춘 500 CEO, 연방 판사, 포브스 억만장자, 상원 및 하원 의원, 포브스 가장 파워풀한 남성 및 여성, 세계경제포럼 참가자, 뉴리퍼블릭 등재자, 백만장자' 등 사회적으로 큰 성취와 성공을 거둔 사회적 리더십의 직업적 성취에 영향을 미치는 요인으로 학력, 지능, 노력, 네트워크, 그리고 기타 요인을 살펴보았다.

미국 사회에서 최고 수준의 성취를 이룬 집단의 94퍼센트가 대학 교육을 이수했다. 대학 교육을 이수하지 않은 경우는 6퍼센트로 한정된다. 그중 연방 판사는 100퍼센트가 대학 교육을 이수하여 대표적으로 학력이 강하게 영향을 미치는 영역으로 꼽힌다. 기업 활동과 비즈니스 영역, 즉 혁신과 기업가정신 영역만 살펴보면 대학 교육을 이수하지 않은 사회적 리더십의 비중이 20퍼센트 내외로 크게 증가한다. 따라서 학력이 직업적 성취에 미치는 영향 정도가 상대적으로 매우 약화된다고 할 수 있다. 전체적으로 학력의 영향은 점차 약화되는 데 반해, 학벌은 유효하고 더군다나 공고하게 기능했다. 사회 최고 수준의 리더십 집단의 50퍼센트는 엘리트 대학●을 졸업했다. 지능IQ이 상위 1퍼센트 수준인 사람들이 사회적 리더십 지위의 50퍼센트를 과점한다고 연구자들은 설명한다. 특히 세계경제포럼은 엘리트 대학 출신자의 전유물이나 마찬가지였다. 연구자들은 각종 미디어에서 대학 중퇴자를 미화해서 소개하지만, 실제 빌 게이츠나 마크 저커버그와 같은 사례는 상대적으로 매우 드물며, 그들이 중퇴한 대학교도 엘리트

239

대학교라고 지적한다.

이 연구는 학업과 직업에서 높은 수준의 성취나 수월성을 보이는 요인 변수가 무엇인지를 규명한 수십 년간의 연구들을 광범위하게 고찰한다. 그 결과, 통계적으로 가장 지배적 설명력을 갖는 요인 변수가 '일반적 지능g-factor'이라고 설명하는데, 이는 IQ로 해석이 가능하다. 특히 해당 연구는 햄브릭 등의 연구[59] 결과를 강조해서 소개한다. 학업적 성취의 4퍼센트, 그리고 직업적 성취의 1퍼센트 미만 수준의 설명력[60]이 있기 때문에, 노력은 높은 수준의 성취를 완전히 설명할 수 없으며 퍼즐의 가장 큰 조각이 될 수 없다는 내용이다.

연구는 지능 수준이 높은 아이와 젊은이가 훗날 높은 성취도의 성인으로 발전하는 것이 일반적이라는 전제를 현재 성취도가 높은 사람이 어렸을 때도 지능이 높은 수준이었는지를 검증했다. 이때 유전적 영향이 큰 지능이나 재능이 학업적-사회적 성취와 성공에 어떻게 영향을 미치는지를 귀납적 접근법으로 그 상호 관계를 확인했다. 연구 방법론상 일정한 한계가 있었으나, 수렴될 수 있는 범주에서 이를 살펴본 결과, 지능과 재능은 사회적 성취나 성공에 유의하게 영향을 미친다는 사실을 알 수 있었다. 다만, 직접적이라기보다는 엘리트 대학을 통해 영향을 미친다는 점을 발견했다.

엘리트 대학은 성취 잠재력이 큰 지원자를 선별하는 학생 선발 시스템에서 높은 수준의 전문성과 역량이 있다. 학생의 관점에서는 이 선발 단계를 거쳐 엘리트 대학에 입학하면, 자신의 능력과 무관하게 강력한 '제도적 경로 효과institutional path effect'를 누리게 된다. 해당 엘리트 대학이 반드시 더 나은 교육을 제공하는지의 여부와 관계없이 인

맥과 명성, 유산의 혜택을 본다는 의미다. 특히 하버드대학교 출신은 '포브스 가장 파워풀한 남성' 목록 중에서 40.7퍼센트를 점유할 만큼 제도적 경로 효과는 놀랍다.

데일Dale과 크루거Krueger[61]의 연구는 엘리트 대학 졸업생의 사회적 성취가 대학교 자체의 교육적 효과가 아닌 성취 잠재력이 큰 학생을 선발하는 학생 선발 효과에 기인함을 규명했다. 이 연구에 따르면, 대학교의 학생 선발 효과를 통제했을 때 졸업생의 사회적 성취를 살펴본 결과, 대학교 스스로의 교육적 효과가 증명되지 않았다. 즉 엘리트 대학의 학생이 된다는 것은 교육적 효과보다 제도적 경로 효과를 더 기대할 수 있다는 의미다. 엘리트 대학이 제공하는 제도적 경로 효과가 너무도 강렬하기에 학부모와 학생 모두 엘리트 대학에 진학하기 위해 시간, 에너지, 돈 등을 아낌없이 투자하는 초경쟁 사회를 우리는 경험하고 있다. 비단 미국뿐 아니라, 한국, 중국, 인도, 일본 등 서유럽 지역을 제외한 여러 나라의 현실이다.

사회 전반은 언급할 것도 없고, 심지어 혁신과 기업가정신 영역에서도 엘리트주의가 공고해지며, 그리고 창조적 혁신 활동과 기업가정신의 발현이 가족력과 성인이 되기 전의 환경적 요인에 더 크게 영향을 받는다면, 엘리트 대학에 진학하지 못한 사람, 사회적 지위가 제한적인 부모를 둔 사람, 더 나아가 경제적 제약으로 대학 교육 자체를 이수할 여력이 없는 사람은 사회적 성취나 성공 기회 자체를 얻을 수 없다. 우리 사회가 결정론적 사회deterministic society를 향해 달려가는 것은 아닌가 생각하게 된다. 이것이 메리토크라시에 대해 비판론이 강하게 일어나는 이유다.

교육의 역할론이 바로 여기에 있다. 8장에서 설명했듯 혁신 경제와 혁신 사회에서 사회적 보상 체제는 논리상 메리토크라시다. 이를 부정한다는 것은 곧 하향 평준화의 방향을 의미하며, 혁신의 길을 포기하겠다는 것과 다름없다. 혁신 경제와 혁신 사회가 지속 성장하는 흐름이 전개되기 위해서는 결과의 평등이 아닌, 기회의 평등이 중요하게 강조되어야 한다. 교육이 기회의 평등을 만드는 역할을 해야 한다. 그리고 교육에서 기회의 평등은 더 본원적 의미에 충실할 수 있도록 행해져야 한다. 예를 들어, 엘리트 대학이 사회적 성취에서 영향 정도가 높다는 이유로, 이들 대학교의 학생 선발 시스템을 통제하거나 강제하는 형태로 학업 수행 능력이나 성취 잠재력이 상대적으로 낮은 지원자를 선발하도록 하는 것은 기회의 평등이 강조하는 본원적 의미에 해당하지 않는다. 이는 전형적인 결과의 평등 사고관에 해당하는 사례라 할 수 있다.

만약 데일과 크루거[62] 그리고 와이와 린더만[63]의 연구 내용처럼 엘리트 대학교 스스로의 교육적 효과보다 이들이 지닌 제도적 경로 효과가 졸업생의 사회적 성취에 더 중요하게 영향을 미친다면, 이를 상쇄할 교육 모델을 찾아서 교육 현장에서 교육적 효과를 내면 어떨까? 엘리트 대학의 집중도와 사회적 불평등 모두를 완화할 수 있지 않을까? 대학 진학과 입시 시스템에 중점을 둔 우리의 초중등 교육을 보다 현실적 관점에서 세밀하고도 과학적으로 다시 살펴야 한다. 컨베이어벨트식 학사 운영으로 졸업생을 배출하는 현재의 많은 대학교가 고유의 교육 모델이은 무엇인지를 자문자답하며 교육적 효과를 만들어내야 한다.

교육은 기회의 평등을 넘어, 사람들 각자가 갖고 있는 기회를 추구하도록 돕는 데 그 본원적 목적이 있다. 21세기형 페다고지를 준비하고 또 실행해야 한다.

03

**인도인과 유대인의 혁신 DNA,
그 뿌리를 찾아서**

인도인의 미국 이민 역사는 50년 정도로 유럽인, 중남미인, 중국인 등에 견줄 때 매우 짧은 편이다. 인도계 이민자는 미국에서 가장 교육을 많이 받은 그룹으로 평균적 미국인에 비해 학사 학위 취득률이 세 배 더 높다. 그리고 이들의 가구당 소득은 미국 내 모든 그룹 중 단일 소득이 가장 높으며, 평균적 미국인의 두 배 이상이다.[64] 인도인계 이민자가 미국에서 최고 수준의 경제적 지위를 확보한 배경에는 혁신과 기업가정신 영역에서 새로운 주류 그룹으로 부상한 흐름이 자리한다. 인도계 이민자의 위세는 타 국가 출신의 이민자 출신과 비교가 무색할 정도로 대단하다. 실리콘밸리 지역에서 이민자 배경의 창업자 비율이 2005년 52.4퍼센트에서 2012년 43.9퍼센트로 감소한 추세 속에서도 인도계 이민자는 오히려 큰 폭의 성장 흐름을 보였다.[65]

카우프만재단Kauffman Foundation의 후원으로 듀크대학교, UC버클리, 스탠퍼드대학교 연구팀이 공동 연구해 발표한 〈이민자 기업가들: 지난 현황과 현재〉[66] 보고서에는 인도인 혁신가와 기업가의 미국 내 활약상이 구체적으로 밝혀져 있다. 실리콘밸리의 전체 혁신 스타트업 중 인도계 이민자가 창업자나 CTO인 비율은 1980~1998년에 7퍼센트 수준이었다. 1995~2005년에는 이 비중이 15.5퍼센트로 두 배 이상 증가했다. 이는 실리콘밸리 전체 스타트업 중 25.8퍼센트에 해당하며, 이 추세는 더욱 가속되어 2006~2012년에는 그 비율이 32퍼센트까지 증가했다. 인도계 이민자 다음의 자리를 차지한 중국계는 5.4퍼센트로 조사되어, 여섯 배의 차이가 났다. 중국계를 포함하여 영국계(5.4 퍼센트), 일본계(4.8 퍼센트), 캐나다계(4.1 퍼센트), 러시아계(4.1 퍼센트) 등 5개국의 수치를 합한 것보다도 인도계 이민자 비율이 높다. 실로 실리콘밸리 스타트업의 최대 단일 창구라 할 수 있다.

실리콘밸리에서 인도계 이민자의 비율은 앞으로 더 높아질 것으로

|도표 4-1| 2006~2012년 실리콘밸리 스타트업 창업자의 출신 현황

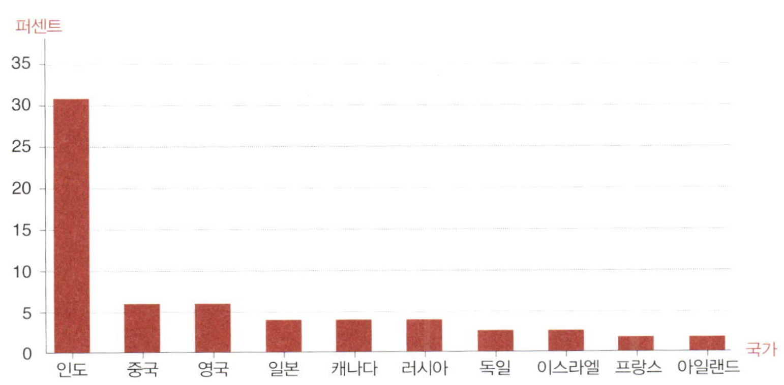

예상된다. 선행 지표로 참고할 수 있는 이 지역의 주요 기업가형 대학교에 재학하는 인도인 유학생은 최근 그 수가 가파르게 증가 중이다. 이런 현상은 UC버클리, 스탠퍼드대학교, 샌프란시스코 주립대학교 등에서 확인할 수 있다. 미국과 인도 간 서비스 무역 또한 큰 폭으로 늘어나는 추세라 이를 기반으로 한 스타트업에서도 역시 인도계 이민자 수가 크게 증가할 것으로 예상된다.[67]

미국 전역으로 확대해 살펴보면 스타트업에서 인도계 이민자의 비중은 더 커진다. 전체 이민자 배경의 혁신 스타트업 중 창업자가 인도계 이민자인 곳은 33.2퍼센트다. 그다음은 중국계(8.1퍼센트), 영국계(6.3퍼센트), 캐나다계(4.2퍼센트), 독일계(3.9퍼센트) 순인데, 이들 모두를 합하더라도 인도계의 비율에 못 미친다. 인도계 이민자는 실리콘밸리는 물론 미국 전역의 혁신 클러스터에서 타 국가 출신의 이민자를 압도한다. 산업 분포에서도 인도인은 장래성 있는 혁신 산업 대부분에서 두드러진 활약상을 보인다. 혁신 제조(41퍼센트), 소프트웨어(23퍼센트), 컴퓨터·커뮤니케이션(12퍼센트), 바이오사이언스(12퍼센트), 반도체(5퍼센트), 환경(4퍼센트), 국방·항공우주(3퍼센트) 등 핵심 산업에 골고루 분포되어 있다. 상대적으로 중국계 이민자가 근무하는 스타트업이 혁신 제조(57퍼센트)에 집중된 것과는 차이가 있다. 나아가 전 세계로 범위를 넓히면 인도인 CEO가 근무하는 기업은 굉장히 많다. 어도비, 알파벳, 마이크로소프트, 노키아, 딜로이트, 제약사 노바티스, 마스터카드, 주류 업체 디아지오, 전자상거래 업체 웨이페어, 반도체 업체 마이크론, 클라우드 업체 넷앱, 팰로앨토 네트웍스, 음향기기 업체 하만인터내셔널….[68]

성인이 되어 이민한다는 것은 삶 전체에서 큰 도전이다. 더욱이 이민자가 혁신 스타트업을 한다는 것은 더더욱 대단한 도전이다. 이민자 엔젤 클럽* 등 예외가 있기는 하지만, 보편적으로 아무런 기반이나 혜택 없이 오롯이 자기 실력만으로 감당해야 하기 때문이다. 전형적인 메리토크라시의 영역이라 할 수 있다. 따라서 혁신과 기업가정신 영역에서 활동하는 인도계 이민자의 '혁신 DNA'를 재해석하고 이를 형식지** 화할 수 있다면, 교육 영역에서 부모나 가정 환경에 따른 영향이나 학벌에 따른 제도적 경로 효과를 넘어서는 대안적 미래 교육 모델을 개발할 수 있지 않을까?

교육적 효과를 통해 사회적 이동성을 이끌어내야 한다고 인식하는 인도 출신 미국인 학자들이 있다. 캘리포니아대학교 산타크루스의 경제학 니르비카르 싱 교수, 템플대학교 지리 및 도시학 산조이 차크라보르티 교수, 존스홉킨스대학교 정치학 및 국제학 데베시 카푸르 교수, 이상 3인의 학자들은 2017년 저서 《또 다른 1퍼센트: 미국에서의 인도인》[69]에서 인도인의 미국 이민 역사와 미국과 인도 사회의 상호 관계를 상세하게 다루었다. 미국의 인도계 이민자는 2015년 기준 400만 명에 육박한다.[70] 책 제목에서 '또 다른 1퍼센트'는 미국 인구의 1퍼센트 수준인 인도계 이민자를 상징하는 표현이다.

싱 교수를 비롯한 저자들은 인도인이 교육으로 새로운 기회의 장을 열어나가듯, 교육 접근 가능성(교육 기회 균등)은 사회적 이동성을 만

들어내는 결정적 요소가 될 수 있기에 정부 차원에서 깊은 관심과 투자가 필요하다는 점을 강조한다. 이것이 저자들이 이 책을 집필한 궁극적인 목적이다. 가난한 개발도상국 인도 출신이 미국 사회에서 경제적·사회적으로 성공적으로 안착하는 이유를 이 책은 이렇게 설명한다.

검약적이고 보수적인 경제 관념, 영어에 대한 능숙함, 고등교육에 대한 강한 열망, 단결된 가족 생활, 잘 구축된 사회적(인도인) 네트워크 기반의 지원, 내재화된 다양성에 대한 이해 등이 인도인들이 미국에서 성공적으로 정착하고, 더 나아가 미국 기업에서 최고 경영자 지위에 오르는 데 많은 도움이 되고 있다.

싱 교수는 자신이 재직하고 있는 학교 뉴스 센터와의 인터뷰에서 인도인이 미국의 혁신 현장에서 맹활약하는 배경에 대해 질문받았다. 이에 그는 "비밀 소스는 없습니다. 아주 특별한 인도의 문화적 특성이 영향을 미치고 있는 것도 아닙니다"[71]라고 답했다. 이런 총론적 답변을 기초로 그가 특별히 강조한 것은 바로 교육이다. 그러면서 싱 교수는 인도인이 미국으로 이민 와서 성공적으로 정착하기까지 기본적으로 트리플 셀렉션Triple Selection 과정을 거쳐야 한다고 설명한다. 첫 번째 단계는 인도에서 대학 입학 시험을 통과하는 것이다. 인도는 인구 14억 명 가까운 인구 대국인데, 한정된 엘리트 대학의 입학 자격을 얻는 것은 여느 국가와는 다른 수준의 경쟁이다. 두 번째 단계는 재정적인 여력이 제한적임에도 불구하고 성공적으로 대학교를 졸업하는 것이다. 그리고 세 번째 단계는 미국 이민 자격을 갖추는 것이다. 이 과정은 곧 교육에 대한 상당한 투자와 초경쟁을 이겨냈음을 시사한다. 따라서 인도계 이민자는 사실 매우 선별된 사람들이다.

퓨리서치센터의 미국 이민자 데이터를 살펴보면 싱 교수와 공동 저자들이 강조하는 고등교육에 대한 강한 열망을 국가별로 파악할 수 있다. 미국 내 인도, 중국, 그리고 한국 출신 이민자의 특성을 비교해보면, 인도계 이민자가 상대적으로 두드러지는 특성을 보인다. 가장 먼저, 이들의 영어 구사력은 중국과 한국 출신 이민자보다 월등했다. 미국에서 태어난 이민자 간 영어 구사력에는 크게 차이가 없으나, 모국에서 태어나 미국으로 이주한 경우는 달랐다. 인도계 이민자는 중국(42퍼센트)과 한국(47퍼센트) 출신 이민자와 비교할 때 30퍼센트 이상 높은 수준인 74퍼센트가 영어를 능숙하게 구사했다.

이외에도 교육 수준에서 큰 격차를 보였다. 인도계 이민자가 고등교육을 이수하지 않은 비율은 18퍼센트로, 중국(36퍼센트)과 한국(28퍼센트) 출신 이민자와 비교할 때 절반 수준이었다. 특히 인도에서 태어나 미국으로 이민한 인도인은 40퍼센트 이상이 대학원 과정까지 이수했으며 대학원 교육을 대부분 미국에서 받았다. 이는 중국(27퍼센트)과 한국(20퍼센트) 출신 이민자의 두 배 수준이었다.

그리고 거주 지역에서도 일정한 차이를 보였다. 2015년을 기준으로 인도계 이민자는 398만 명인데, 뉴욕(66.6만명), 시카고(21.4만명), 샌프란시스코(17.4만명)에 집중적으로 거주한다. 중국계 이민자는 495만 명으로 뉴욕(79.8만 명), LA(60.4만 명), 샌프란시스코(51.9만 명)에, 한국계 이민자는 182만 명으로 LA(33.3만 명), 뉴욕(21.1만 명), 워싱턴

D.C.(9.3만 명), 샌프란시스코(5.2만 명)에 집중적으로 거주한다. 스타트업과 혁신 생태계의 1, 2위 지역인 샌프란시스코와 뉴욕에 거주하는 비율을 보면, 인도계는 각각 16.7퍼센트, 4.4퍼센트, 중국계는 각각 16.1퍼센트, 10.5퍼센트, 한국계는 각각 11.6퍼센트, 2.9퍼센트로, 인도계가 중국계와 한국계보다 혁신 커뮤니티에 거주하는 비율이 상대적으로 높다. 이것이 네트워크 효과를 함께 살펴야 하는 이유다.

비벡 와드와Vivek Wadhwa는 인도계 이민자의 미국 내 혁신 활동을 가장 적극적으로 조사하고 연구하는 학자이자 이민자 혁신 전도사다. 인도 출신의 미국 이민자 1세대인 그는 듀크대학교에서 활동하며, '미국의 이민자 기업가들: 지난 현황과 현재'[72] 연구를 기획한 장본인이다. 와드와는 인도인이 미국 이민에 성공을 거둔 이유를 12가지로 정리했다.[73]

① 교육.

② 양육(부모의 자녀 경력 관리).

③ 성실함.

④ 장애물 극복하고자 하는 결단력.

⑤ 기업가적 정신과 태도.

⑥ 다양성에 대한 깊은 인식.

⑦ 겸손.

⑧ 가족의 지원과 가족의 가치.

⑨ 보수적 재정 관리.

⑩ 네트워크의 형성과 활용.

⑪ 사회 환원.

⑫ 통합과 수용.

CNN 디지털의 수석 부사장을 역임한 유명 저널리스트 S. 미트라 칼리타S. Mitra Kalita는 CNN 비즈니스 홈페이지에 〈인도인 CEO가 계속해서 중용되는 아홉 가지 이유〉[74]라는 글을 게재했다. 그녀는 뉴욕 브루클린에서 태어나 미국 동서부를 넘나들며 활동하고 있는데, 그간 비즈니스 세계에서 사람들의 국제 이동에 관한 취재를 많이 했고, 이에 대해 저술 활동도 했으며, 인도에서 비즈니스 미디어를 창간하고 편집인을 역임했다.[75] 그녀는 인도인인 조부모님을 정기적으로 방문했다고 한다. 내가 특별히 이 칼럼에 주목한 이유는 그런 배경과 경험의 인물이라면 인도인의 혁신 DNA를 객관적으로 살폈을 거란 기대감 때문이었다. 역시 인도계 미국인 저명한 저널리스트가 쓴 칼럼답게 인도인이 세계적 기업의 CEO 지위에 지속적으로 중용되는 이유를 다음처럼 명료하게 설명했다.

① 변화와 불확실성의 수용.

② 시장 예측력: 모퉁이를 둘러보는 안목.

③ 데이터 인텔리전스(수학이 아님): 매트릭스.

④ 교육, 특별히 STEM.

⑤ 가족의 단합과 헌신, 헬리콥터 부모의 원조.

⑥ 다양성에 대한 이해.

⑦ 진정성과 적응.

⑧ 시간에 대한 균형적 자세: 시간은 소중하고, 시간은 무한하다.

⑨ 메리토크라시에 대한 믿음.

나는 인도인과 친구가 되어 교류한 지 20년 이상 되었다. 대학생 시절 하우스메이트 중에 인도인이 있었고 그와 여태까지 동창처럼 지내고 있다. 그리고 사회생활 때는 인도인과 동료이자 하우스메이트로 지냈다. 나중에 글로벌 비즈니스 최고책임자 지위에서 업무적으로 인도를 살펴본 경험도 있다. 뿐만 아니라 미국에서 학업과 연구 활동을 하는 과정에서 여러 인도인과 교류했다. 나는 이들에게도 인도인의 혁신 DNA에 대해 문의해보았는데 앞선 연구자와 전문가의 설명과 크게 다르지 않았다.

미국의 혁신기업 거래소 나스닥에 상장된 기업의 설립 시 국적을 기준으로 순위를 매겨보면 미국, 중국, 이스라엘 순이다.[76] 이민자의 혁신과 기업가정신 영역에서 핵심 3국은 중국과 인도, 이스라엘이다. 그중 인도와 중국은 인구가 14억 명[77] 안팎인 인구 대국인 데 비해, 이스라엘의 인구수는 900만 명[78]으로 인도나 중국의 대도시 한 곳의 인구수보다도 적다. 이를 고려할 때 혁신과 기업가정신 영역에서의 활동은 이스라엘이 세계 최고 수준이다.[79] 이스라엘의 노벨상 수상자 수는 수상자 배출 국가별로 따지면 5위에 해당한다. 그리고 그 기준을 유대인으로 확장하면 2020년까지 최소 208명으로, 이는 전체 수상자의 20퍼센트가 넘는다.[80] 따라서 우리는 이스라엘 출신 이민자와 유대인의 혁신 DNA를 살펴봐야 한다.

리치 아이흐Ritch Eich 박사는 《진실, 신뢰+끈기: 평범한 사람들은 어떻게 비범한 리더가 되는가》●의 저자이자 리더십 개발 전문가다. 그는 이스라엘의 혁신 현장과 대학을 방문 조사한 경험을 토대로 이스라엘인에게 배울 점들을 경제지《인더스트리위크》에 소개했다.[81]

유대인은 학업에 우수하고, 호기심이 많다. 학문적이며 상상력이 풍부하고, 또한 근면하며, 기업가적인 것으로 잘 알려져 있다. 이것은 고정 관념이 아니라 유대인의 삶과 문화에 내재된 특성이다.

미국 아이들이 10대를 형제회fraternities와 대학 기숙사에서 보낸다면, 같은 나이 대 이스라엘인은 군 복무로 '삶과 실제의 세상'을 만난다.

이스라엘의 기업가적 태도는 이스라엘인의 문화적 DNA에 깊이 새겨져 있다. 위계와 관료주의에 대한 혐오, 질문을 통한 학습, 결과에 대한 노력과 의도에 대한 인식, 즉 '세상은 고쳐질 수 있다'는 믿음 같은 특성들이 내재화되어 있다.

이스라엘은 '혁신, 위험 감수, 토론을 사랑하는 문화' 등의 표현으로 상징되는 국가다. 아이흐 박사는 이런 특성을 지닌 이스라엘인으로부터 미국의 비즈니스 리더들이 배워야 할 사항을 세 가지로 요약했다. 첫째, 이스라엘방위군Israel Defense Forces, IDF 의무 복무로 개인의 성

● 《Truth, Trust + Tenacity: How Ordinary People Become Extraordinary Leaders》.

취와 국가적 자부심의 촉진. 둘째, 조직이 아닌 개인이 성공을 주도하도록 개성을 존중하는 문화. 셋째, 인생의 성공을 돕는 교육의 가치를 인정하는 사회. 이는 여느 국가에서 찾아볼 수 없는 이스라엘 고유의 특성에서 비롯된 점이라 할 수 있다.

종교적 배경의 관점에서 유대인은 전 세계의 어떤 다른 종교적 배경의 사람들보다도 교육의 가치를 깊이 인식하고 있다. 한 조사 결과, 96퍼센트에 달하는 이스라엘 유대인이 삶의 성취와 성공적 인생을 위해 고등교육 같은 세속적 교육이 중요하다고 인식하고 있었다.[82] 유대인의 교육 수준은 타 종교적 배경의 사람들에 비해 월등히 높다. 의무 교육 기간을 비교할 때 유대인은 무슬림이나 힌두교 배경의 사람들보다 그 기간이 두 배 이상이다.[83] 전 세계 유대인의 고등교육 이수율은 61퍼센트며,[84] 미국 유대인 중 백인의 고등교육 이수율은 96퍼센트다.[85]

우리는 흔히 유대인 교육을 하브루타Chavrusa●와 등식화한다. 혹자는 노벨상 수상 등 유대인의 두드러진 업적의 배경에 하브루타가 결정적으로 기인한다고 주장한다.[86] 그러나 이스라엘 교육학자이자 예루살렘히브리대학교Hebrew University of Jerusalem 배리 차잔Barry Chazan 교육학 교수는 그런 주장을 유대인 교육을 협소하게 바라보는 것임을 지적한다.[87] 그리고 유대인 교육은 공식 교육과 비공식 유대인 교육의 조화를 기초로 기능하며,[88] 질문과 대화, 토론으로 이어지는 상호 작용 프로세스는 비공식 유대인 교육의 여덟 가지 특성 중 하나[89]라고 설명

● 한국에서는 '말하는 학습법'으로 대중적으로 알려져 있음.

한다. 차잔 교수는 미국의 하버드대학교, 브랜다이스대학교, 오하이오 주립대학교뿐만 아니라 이스라엘의 유대인신학대학교Jewish Theological Seminary에서 방문 학자로 활동했으며, 버스라이트이스라엘교육위원 회의 공동 의장을 역임했다. 유대인 교육 전문 교육학자로 국제적으로 활약 중인 차잔 교수의 배경을 설명하는 이유는 그가 균형 있는 시각에서 유대인 교육의 특성을 이야기하고 있음을 설명하기 위해서다.

우선 차잔 교수가 강조하는 비공식 유대인 교육[90]의 주요 내용을 요약해서 함께 나누고자 한다. 비공식 교육은 현대 사회에서 교육을 이분법적으로 구분하며 탄생한 용어다. 현대 사회는 국가에서 운영하거나 관리하는 기관, 즉 학교를 만들었다. 학교는 특히 지적 학습, 계층적 교육 사다리 기반의 교육과정 이수, 성인에서 아동으로 인지적 지식의 전달, 사회의 사회-경제적 요구 충족에 중점을 두었다. 공립학교는 커리큘럼, 교사, 학년 등으로 구조화되었고, 이와 관련 없는 교육의 다른 모든 측면은 점차 과외 교과, 보충 교육 혹은 비공식 교육으로 간주되었다. 이 흐름은 20세기 들어 유대인 교육이 '공식 교육 대 비공식 교육'으로 이분법적으로 구분되어 별개의 영역으로 취급되면서, 유대인 고유의 교육이 갖춘 강점과 장점을 잃어갔다. 유대인 교육은 성경과 탈무드 시대에 기원을 두고 있고, 공식 교육보다는 비공식 교육에 방점이 찍혀 있다. 그러므로 비공식 교육을 깊이 있게 이해하고, 이를 통해 '공식 교육+비공식 교육'의 구조로 상호 병립과 조화를 이루는 것이 유대인 교육의 장점과 강점을 극대화시키는 것이다.

비공식 교육을 '학교 밖 교육'으로 정의하는 것은 매우 편하고 간단한 설명이 될 수 있지만, 유대인 교육의 뿌리와 본질의 관점에서 보면 그것은 유용하지 않다. 이미 학교에서 스포츠, 토론회, 어학 동아리, 이어북yearbook 제작 등 비공식적 교육이 많이 일어나고 있기 때문에 학교 밖 교육을 비공식 교육이라고만 정의 하기에는 많은 무리가 따른다. 비공식 교육이 유대인 교육에서 무엇이며, 어떻게 작동하는지를 정확하게 이해하기 위해서 다양한 사례를 살펴보도록 하자.

- 유대인 청년 운동과 조직: 문화적·교육적·이념적·사회적 활동에 자발적으로 참여.
- 유대인 캠프 및 리트릿: 스포츠, 레크리에이션, 수련회 등에서 '함께'하는 경험.
- 유대인 커뮤니티 센터: 모든 연령대의 유대인이 함께 학습과 여가 활동을 함으로써 '사람 관계 기술people skills'을 경험.
- 유대인 가족 교육: 가족 내 교육, 그리고 가족 간 교류를 기반으로 하는 교육. 이로써 '가족 같은 그룹'을 형성하는 경험.
- 유대인 여행: 유럽의 갭 이어와 같은 성격. 유대인의 과거, 현재, 미래를 보고 느끼고 만지는 경험.

이것이 바로 비공식 교육의 주요 사례와 프로그램에 해당한다. 특정한 일부 집단이나 그룹만이 아니라, 보편적으로 유대인에게 전개된다. 그리고 비공식 교육에는 여덟 가지 특성이 내재화되어 있다.

① 개인 중심 유대인 교육: 개인의 전인적 교육을 지향.
② 경험 중심성: 경험이 개인 발달의 중심.

③ 유대인 고유의 경험 및 가치의 커리큘럼.

④ 상호 작용 프로세스: 질문과 대화, 토론 – 하브루타는 이 특징의
한 부분.

⑤ 그룹 경험: 공동체에 대한 이해와 사회화 학습.

⑥ 유대인 교육에서 강조하는 문화의 이해: 유대인 교육의 궁극적
지향점은 지식을 전달하는 것보다 문화를 창조하는 것이라는 유
대인 교육의 뿌리에 대한 믿음.

⑦ 참여형 교육: 놀이와 스포츠처럼 함께 참여하고 활동하는 교육.

⑧ 교육자가 유대인 경험의 전인적 형성자로서 역할.

이를 종합하여 유대인의 비공식 교육은 다음처럼 설명할 수 있다.

비공식 유대인 교육은 모든 연령대 유대인의 개인적 성장을 목표로
한다. 이는 가치 있는 것으로 간주되는 다양한 유대인의 순간과 가치
에 대한 개인의 활동적인 경험에서 발생한다. 그것은 장소를 만들고,
전체적인 교육 문화를 개발하며, 사회적 맥락을 선택함으로써 작동한
다. 그리고 역동적이고 유연한 방식으로 제시되는 유대인 가치와 경
험의 커리큘럼을 기반으로 한다. 활동할 때 특정인의 장소를 요구하
지 않으며, 다양한 환경에서 일어날 수 있다. 또 즐거운 감정과 기억을
불러일으킨다. 교육 활동에서 자아 및 개인 생활 방식을 최대한 활용
하고자 하는 매우 상호 작용적이고 참여적인 교육 스타일의, 유대교
를 잘 이해하는 교육자들을 필요로 한다.

유대인의 비공식 교육은 앞서 소개한 여덟 가지 특성 중 몇 개만으로 정의할 수 없다. 이들 간 시너지 효과에 중점을 두고 있기 때문이다. 그리고 공식 교육과 뚜렷하게 구분 짓는 것도 경계해야 한다. 여덟 가지 특성 중 여섯 가지는 공식 교육과 공유되는 사항이다. 다만 세 번째인 '유대인 고유의 경험 및 가치의 커리큘럼' 그리고 여덟 번째인 '교육자가 유대인 경험의 전인적 형성자로서 역할'이라는 특징은 공식 교육과 공유되지 못한다.

유대인 비공식 교육에 대한 의구심 서린 부정적 시각으로는 콘텐츠나 커리큘럼의 완비성, 성경과 탈무드에 기반하는지 여부, 감성 편향 교육 여부, 교육적 효과성, 교육자 전문성, 좋은 교육만 표방하는 한계성 등이 있다. 이에 대해 차잔 교수는 충분히 방어적 설명을 한다. 그리고 유대인 교육이 '공식 교육 + 비공식 교육'의 구조로 상호 병립과 조화를 이루는 것이 본연의 모습이며, 포스트 모던 시대에 충분히 유의미한 대안적 미래 교육 모델로 자리할 수 있다고 강조한다.

나는 몇 년 전 뉴욕의 예시바대학교Yeshiva University를 방문했다가 교무 총장과 교무 부총장*을 만났다. 이 대학교는 한국의 교육방송에서 하브루타의 대학으로 소개되었던 유대인 중심 대학교다. 이들은 탈무드와 하브루타로 유대인 교육을 방법론적 혹은 기술적 맥락에서 이해해서는 안 된다고 했다. 그리고 유대인 교육은 가정과 학교에서 모두 '사명mission을 다하는 삶'을 가르치는 데 그 핵심이 있다고 설명했다.

---

* 정확히는 provost, vice-provost를 만났다. 이 직책은 한국에서 보편화되지 않았으며, 교무 총장, 부총장과 가장 유사하나 학사 운영과 관리에서 최종 의사결정권이 있다는 점에서 차이가 있다.

부모나 교육자가 일상생활에서 스스로 모범을 보이도록 노력하는 것이 중요하다고도 덧붙였다. 차잔 교수가 강조한 비공식 교육의 세 번째, 여덟 번째 특성과 같은 맥락이었다. 예시바대학교 최고 리더십이 설명한 유대인 교육의 핵심 사항을 정리해본다.

- 자신이 어디로부터 왔는지 알게 하라!
- 자신이 이 세상에 왜 존재하는지 알게 하라!
- 자신의 근원과 자신의 존재 이유, 즉 사명mission을 알게 하라!
- 흘러가는 흐름대로 살지 말고, 사명을 행하는 삶을 살게 하라!
- 자녀나 학생이 자신의 사명을 알고 사명을 위해 살면, 학습이나 성취 등은 굳이 부모나 교육자가 특별히 더 강조하지 않더라도 스스로 해나가게 된다!
- 지식은 가장 최신의 것을 가장 높은 수준으로 학습하고 얻도록 교육하라. 자발적이고 스스로 몰입하는 학습을 하도록 교육자는 충실한 퍼실리테이터 역할을 하라!
- 자신의 사명을 주변에 끊임없이 말하고, 다음 세대와 공유될 수 있도록 교육하라!

한편 최근 유대인 교육은 환경의 변화와 맞물려 여러 변화와 도전 가운데 있다. 이에 대해서 여러 제안이 있다. 예를 들어, 유대인 교육이 좀 더 학습자 중심, 관계 충만, 삶과의 관련성이 강조되는 새로운 패러다임으로 전환되어야 하다거나,[91] 21세기 창조 사회에 부응할 수 있도록 현대적 관점에서 창조적 사고와 유연한 사고의 교육을 진행해

창조적 감수성을 배양해야 한다는 것이다.[92]

지금까지 살펴보았듯 유대인의 세계적 영향력은 하브루타 같은 고유의 학습법[●93] 혹은 학습의 기술적 방법론[94]에서 비롯된 측면이 분명 있다. 하지만 본질적으로는 사명을 알고 이를 위해 살게 하는 차원이 다른 고유의 교육[95]에 있음을 다시 확인할 수 있다.

혁신과 기업가정신에서 매우 두드러진 활약상을 보이는 인도인과 유대인, 이들의 혁신 DNA에는 공통적으로 '교육에 대한 열망'과 '메리토크라시에 대한 믿음'이 있다. 그리고 세상을 고치거나 변화시킬 수 있다는 믿음도 있다. 일반적인 사회적 성취의 수준을 넘어 각자의 능력과 실력을 기초로 자신의 삶에서 사명이 무엇인지를 알고 실천하는 삶을 지향한다. 물론 앞서 강조한 21세기 불평등을 만드는 요소들, 즉 교육 격차 영역인 영어, 기술과 데이터 문해력, 기업가정신에서의 수월성 역시 이들의 혁신 DNA를 설명하는 기초다. 더불어 다민족 구성, 국가의 환경적 특성은 이들에게 다양성을 깊이 인식하고 이해하게 하여 글로벌 리더십을 발현하는 데 큰 역할을 한다.

이번 장에서는 인도인과 유대인의 혁신 DNA의 뿌리를 찾으며 21세기형 미래 교육을 위한 페다고지 설계에 대한 중요한 영감을 얻을 수 있었다. 그리고 호기심, 역할 모델, 학습된 신념, 위대한 질문, 인생 프로젝트The Golden Project™, 자기 효능감과 핵심 자기 평가, 창조적 커뮤니티, 경험 학습, 표준화 테스트의 함정, 기업가 지향성, 기업가 의도 등의 키워드를 도출했다.

04

**실력과 매력이
학력과 재력을 이기는 시대**

'실력과 매력이 학력과 재력을 이기는 시대', 나는 이 메시지를 나누기 위해서 책을 집필했다. 방대한 분량의 앞 내용은 이 메시지를 뒷받침하는 사실 기반의 증거이자 과학적 논거다. 2016년 7월 나는 뉴욕에서 연구 활동을 하던 중 '실력과 매력이 학력과 재력을 이기는 시대'라는 짧은 글을 써서 개인 블로그에 게시했다. 당시 한국에서는 '헬조선, 금수저 대 흙수저, 노오력은 해봤나~' 등의 사회 담론이 활발히 오가고 있었다. 마침 이런 상황적 배경과 맞물려 많은 사람이 그 글에 관심을 가져주었다.

그 글을 쓰기 한 달 전인 2016년 6월, 뉴욕과 뉴저지에서 'ICSB [•]

[•] 'The International Council for Small Business'의 약어.

2016 World Conference'가 열렸다. 이때 나는 〈A Diagnostic Tool Kit for the Personalized Entrepreneurship Education〉라는 논문을 발표했다. 제목을 우리말로 풀면 〈개인화된 기업가정신 교육을 위한 진단 툴킷〉이다. 이 논문에서는 기업가정신 교육이 한 사람의 삶에 중대한 변화의 계기를 만들 수 있다는 '변혁적 교육transformative education'의 성격을 지닌다는 점, '개별화Individual−차별화differentiation−개인화personalization' 개념이 기업가정신 교육에서 각각 어떻게 해석되고 접목되어야 할지, 개인화된 교육을 위해 개별 학생의 현재를 어떻게 진단할지 등을 '기업가는 태어난다Nature 대 기업가는 만들어진다Nurture'의 맥락에서 살폈다.

그리고 '태어난다' 성격 측면에서는 '특성Traits−마인드세트Mindsets−태도Attitudes' 10개 항목과 '재능Talents−역량Capabilities' 10개 항목을, '만들어진다Nuture' 성격 측면에서는 '기량Skills−실력Competencies' 10개 항목과 '지식Knowledge−네트워크Networks' 10개 항목을 소개했다. 이처럼 총 40개 진단 항목을 토대로 개인화된 교육을 전개하는 단계와 과정, 방법을 담아낸 논문이었다. 이 연구는 수년 동안 내가 일선의 교육 현장에서 경험하고 검증한 결과를 총망라한 것이다. 동시에 기업가정신 교육을 매우 전문적으로 전개하면, 사람의 잠재력 발현의 극대화를 이끌 수 있고, 이는 경제적·사회적 이동성을 만들어내는 것으로 이어질 수 있다는 논거의 한 부분이었다. 이런 배경에서 기업가정신의 의미와 효과성을 대중적으로 쉽게 소개함으로써, 소위 말하는 흙수저 청년에게 희망의 메시지를 주고자 했다.

마침 뉴욕 서점가에서는 막 출간된 앤절라 더크워스Angela Duckworth

펜실베이니아대학교 심리학 교수의 책《그릿Grit》열풍이 뜨거웠다. 그의 강연과 책에는 힘이 있었다. 유전적 요인과 환경적 요인이 우리 삶을 결정하는 결정론적 사회가 고착화되는 가운데, 이 흐름의 방향을 돌려놓을 수 있는 무엇을 대중은 갈구했다. 이때 더크워스 교수의 책이 발간되었고, 결정론적 사회의 문제를 해결할 해법이자 희망으로 우리에게 다가왔다. "그릿을 가지면, 성공할 수 있다!"는 더크워스 교수의 메시지에 개인적으로 깊이 공감했다. 실제로 그릿은 기업가정신의 가치와 상당히 중첩된다. 이를 학술적이기보다는 대중적으로 표현해서 사람들과 공유하고 싶은 마음이 있었다. 2016년 당시 블로그 글에서 나는 그릿을 '기개氣槪'로 표현했다. 나중에 이를 다시 고찰하는 과정에서 영어 grit에 대치되는 국어 어휘가 마땅히 없음을 확인했다. 그 블로그 글 일부를 여기서 소개한다.

실력과 매력이 학력과 재력을 이기는 시대

20세기 말을 거쳐 21세기로 접어들며, 한국 사회는 '학력(학벌)'과 '재력(부모 배경)'이 모든 것을 결정하는 결정론적 사회로 흘러가는 흐름을 보인다. 이는 '경제적 이동성economic mobility'과 '사회적 이동성social mobility'이 점점 사라지는 것을 의미한다. 소위 말하는 개천에서 용 나는 것이 불가능해지는 것이다.

21세기 한국 사회에는 정말 깨어 있는 생각을 하는 사람들이 많다. 따뜻한 품성과 타인에 대한 깊은 배려, 그리고 격조 높은 인식을 갖고 있는 분들이 많다. 그런데 문제는 이런 깨어 있고, 격조 높은 인식과 인격을 지닌 분들이 리더십 위치어 올라서지 못하는 구조적인 모순이 계속되는 현실이다.

우리는 정치, 경제, 사회, 교육 등 국가 공동체 전 영역에서 리더십의 위치에 있는 분들 중 '리더다운 리더'를 찾기가 쉽지 않다는 심각한 문제와 마주하고 있다. 사회 구조 자체가 '새로운 리더'가 태어나 자랄 수 있는 환경과 점점 거리가 멀어지는 방향으로 흘러가고 있다.

그런데 시선을 좀 밖으로 돌려 소위 선진 국가라고 하는 곳들을 살펴보니… '실력'과 '매력'이, 학력과 '재력'을 이끌어가는, 정확히는 이기는 흐름이 만들어지고 있는 것이 확연히 보인다. 다른 각도에서 이를 해석해본다면, 학력(학벌)과 재력(부모 배경)이라는 결정론적 요소가 한 개인의 성취와 성공에 절대적으로 영향을 미치도록 하는 흐름 가운데, 이를 넘어설 수 있는 그 무엇이 있다는 것이다.

경영 컨설턴트로 활동하다가 공립학교의 교사로 커리어 전환을 했던 한 학자가 있다. 교사 생활을 하던 중 수학에서 우수한 성적을 보이는 아이들과 그렇지 못한 아이들의 차이가 IQ와 같은 재능에 있지 않다는 점을 발견했다. 이에 대해 더 심층적으로 연구하기 위해 교직을 떠나 박사과정에 진학한 앤절라 더크워스. 그가 교육 현장에서의 경험과 연구 활동에서 규명한 것은 인생을 성공으로 이끄는 중요한 동력driver이 있는데 바로 Grit기개, 氣槪이라는 것이다.

더크워스 교수는 테드 강연에서 이렇게 언급했다.

"성공을 예측할 수 있었던 사람들에게서는 한 가지 공통된 특성이 보였습니다. 그것은 좋은 지능도 아니었고, 좋은 외모나 육체적 조건도 아니었고, IQ도 아니었습니다. 그것은 '그릿Grit'이었습니다. 전부 고려했지만, 그릿이 가장 중요했습니다. 그릿은 목표를 향해 오래 나아갈 수 있는 열정과 끈기입니다. 그릿은 해가 뜨나 해가 지나 꿈과 미래를 물고 늘어지는 것입니다. 그릿은 지구력입니다. 그릿은 인생을 단거리 경주가 아닌, 마라톤처럼 사는 것입니다."

더크워스 교수의 주장에 십분 동의한다. 소위 선진 사회라고 하는 곳은 사람들이 그릿을 지니도록 해주는 사회적 환경을 갖춘 공동체라 할 수 있다.

Grit이 있는 사람들에게서 발견할 수 있는 것은 구체적으로 실력과 매력이다. 그 실력과 매력의 원천지가 바로 Grit이다.

Grit이 있는 사람들이 지향하는 목표 수준은 동네 수준이 아니라, 적어도 국가 대표급 또는 세계 대표급 수준을 지향한다. 무엇을 하든 스스로 목표 수준을 높게 설정하니 자연스럽게 실력이 축적될 수밖에 없다.

Grit이 있는 사람들은 기본적으로 타인을 배려할 줄 알고, 또 포용할 줄 안다. 한마디로 넉넉한 인품이 있기에 매력적이다.

Grit이 없는 사람들은 기득권을 만들려는 것이 아예 습성화되어 있다는 공통점이 있다. 기득권을 만들고, 이 기득권의 울타리에 들어가는 것이 가장 성공적 삶이라는 편협한 사고방식에 젖어 있기 때문이다.

한국 사회에서 밖으로 시선을 돌리니, 상대적으로 우수한 학력과 재력을 가진 사람들이 평균 이상의 삶을 살고 있음이 분명하다.

상대적으로 우수한 학력과 재력을 가진 사람들 중 Grit이 있는 사람들이 세상이 한 걸음 앞으로 나아가도록 하는 리더십의 역할을 하고 있음이 또한 분명하다.

상대적으로 우수한 학력과 재력을 가진 사람들 중 Grit이 없는 사람들은 기득권을 만들고 거기에 편입하기 위한 게임에 몰입하고 집착한다. 사실 좀 불쌍한 사람들이다.

상대적으로 우수하지 못한 학력과 재력을 가진 사람들 중 Grit이 미약한 사람들은 평균 이하의 삶을 살고 있음이 또한 분명하다.

상대적으로 우수하지 못한 학력과 재력을 가졌음에도 불구하고, Grit이 상당한 수준으로 있는 사람들은, 그들의 인생 스토리가 실력과 매력으로 발현되고, 세상을 한 걸음이 아닌 몇 걸음 앞으로 나아가도록 하는 리더십 역할을 하고 있음이 또한 분명하다.

한국의 '흙수저 청년들'이여,
현실은 당장 처한 취업, 등록금, 월세, 달동네 반지하 방….
우리를 짓누르는 많은 현실적 무게에 지쳐 있겠지만,
'아프니까 청춘이다'가 아니라,

'아픔을 극복하는 것이 청춘이다!'
'현실의 무게를 '그럼에도 불구하고'의 정신으로 극복해내는 것이 청춘이다!'

세상을 향해, '나도 위대한 사람이 될 것이고, 내 인생은 위대한 인생이 될 것이다!'라고 선포하고 또 공표해보자!
'나의 위대한 인생My Great Life'을 상상하고, 그 모습처럼 살아보자!

2016년 7월 15일

2021년 3월의 현재 시점에서 같은 제목으로 글을 쓴다면, 5년 전 글과는 다르게 표현되어야 할 사항이 여럿 있다. 학술적·과학적 고찰로 교정되거나 정정되어야 하는 내용, 그리고 더 추가할 내용이 있다.

첫째, 인용한 더크워스 교수의 그릿은 성취나 성공을 예측하는 유일한 예측 변수로 일반화할 수 없다는 점이다. 그릿은 특정한 집단과 상황하에서만 유효한, 한정된 설명력을 갖는다.

둘째, 유전자의 힘과 환경 및 배경의 힘은 대중적 기대 심리와 사회적 기대 신념과는 달리, 여전히 학업적·사회적 성취에 강력하게 영향을 미친다는 점이다. 그것도 과학적으로 말이다. 특히 창조적 혁신, 기업가정신이 발현되는 혁신의 영역에서도 부모와 가족력은 유의미한 영향 관계에 있다.

셋째, 한 사람의 성취와 성공을 설명하거나 예측할 수 있는 하나 혹은 소수의 드라마틱한 예측 변수가 없다는 점이다. 오히려 확인된 단 하나의 일반화된 예측 변수는 지능이다. 그리고 지능은 절대적으로 유전적 영향이 크다. 햄브릭Hambrick 등의 연구[96] 〈다요인 유전자-환경 상호 작용 모델〉에서처럼 다소 복잡하지만 한 사람의 성취나 성공은 유전적 요인과 환경의 상호 작용으로 설명될 수 있다.

넷째, 사호적 성취에서 학력의 영향은 상당 부분 희석화되었지만, 학벌의 영향, 즉 제도적 경로 효과는 더욱 공고하게 나타난다는 점이다. 선도적으로 지식과 기술을 스스로 창출하고 개발할 수 있는 엘리트 대학과 혁신 기업의 지위가 더욱 강화되면서, 의도와 관계없이 결과적으로 엘리트주의가 형성되는 새로운 흐름이 만들어지고 있다.

다섯째, 노력주의의 함정이다. 학업적 성취나 특정 기능의 숙련도, 사회적 성취를 설명할 때 노력이 차지하는 부분은 미미하다. '재능talent×노력effort=스킬skill'이라든지 '스킬skill×노력effort=성취achievement'와 같은 단순화된 노력주의 공식은 과학적으로 증명되지 않는다.[97] 다만 목적과 동기가 확고한 경우, 그 결과로 노력이 이루어지는 흐름이 성취나 성공을 설명할 수 있다. 그럼에도 불구하고 일선 교육 현장에서는 동기motivation를 이끌어내기보다 '노력×노력'을 강조함으로써 역설적으로 학생이 동기를 잃어버리게 한다.

여섯째, 현재의 공교육 시스템의 실상이다. 공교육 시스템은 과학으로의 교육을 강조하고 있지만, 사실 표준화된 시험을 위한 교육이 이루어지고 있다. 교육 철학, 학습 이론, 교육 심리학, 신경 과학, 동기 이론 등 과학적 접근법에서 기대 수준에 크게 부합하지 못한다. 더 나아가 변혁적 교육은 시도조차 쉽지 않은 환경에 처해 있다.

일곱째, 현재의 공교육 시스템이 전인적-변혁적 교육을 감당하지 못한다는 점이다. 이로써 부모와 가족력의 영향이 더 커지고, 이런 영향을 받지 못하는 특히 경제적 취약층 자녀가 학업적·사회적 성취를 크게 거둘 가능성은 더 줄어들고 있다.

현실 세계의 실제, 그리고 과학적 논거들은 '실력과 매력이 학력과 재력을 이기는 시대'가 도래했다는 주장을 강력히 지지하지 않는다. 피터 함스Peter Harms[98]가 강조했듯 88개의 연구 샘플과 6만 6천 명의 표본을 바탕으로 한 메타 분석 결과, 그릿은 성취나 성공을 예측하는 변수로서 설명력이 단지 4퍼센트에 불과하며,[99] 유전학적으로 그릿은 성실성consciousness과 동일하다. 이 연구 결과를 다시 검토할 때, '실력과 매력이 학력과 재력을 이기는 시대'라는 주장은 과학적 논거 앞에서 설득력이 없다고 할 수 있다.

그럼에도 불구하고 우리는 이 명제를 뒷받침할 논거를 찾고 또 규명해야 한다. 그리고 이를 위한 실험적 도전에 나서야 한다. 우리 삶이 천부적인 조건과 환경에 따라 결정될뿐더러 변화할 여지가 없다는 결정론적 틀을 넘어서는 그 무엇이 있다는 믿음의 끈을 놓아서는 안 된다. 아직까지 과학적으로 설명이 안 되고, 통계적으로 유의하지도 않지만 말이다. 예를 들어, 영국 버진그룹 회장인 리처드 브랜슨은 학력과 재력을 뛰어넘어 실력과 매력으로 사회적으로 큰 성취를 이룬 대표적 인물이다. 한국의 정주영, 홍콩의 리카싱, 미국의 스티브 잡스 등 학력과 재력을 뛰어넘어 실력과 매력으로 세계적 역사를 만든 인물들은 실제로 있다.

2018년 2월 《하버드비즈니스리뷰》에는 CEO의 특성과 성장 과정을 해부 분석한 'CEO 게놈 프로젝트CEO Genome Project'의 결과를 정리한 기사[100]가 소개되었다. 해당 프로젝트는 1만 7천 명 이상의 CEO 중에서 2,600명을 선별해 심층적으로 연구한 것으로, 대상자 중에서

8퍼센트가 학사 학위가 없었다. 8퍼센트라는 비율이 시사하듯 현대의 기업 세계에서 학사 학위가 없는 사람이 직접 창업하지 않은 기업의 CEO로 발탁되는 것은 흔하지 않다. 프로젝트 팀의 분석에 따르면 학사 학위 없는 CEO는 세 가지 원칙을 내재화하고 있었다.

① 검증된 내부자가 되어라.
② 탁월한 결과(성과)를 통해 조직에 깊이 인식되도록 하라.
③ 인재를 끌어당기는 자석이 되어라.

이와 더불어 대학 교육을 받은 경험이 없는 CEO는 학사 학위 이상을 소지한 CEO보다 군 복무 경험이 두 배 이상 있는 것으로 밝혀졌다. 이스라엘 출신 혁신가의 배경에서도 군 복무 경험은 중요한 영향 관계에 있었다. 이를 고려할 때 군 복무 경험은 리더십의 개발과 함양을 넘어 대학 교육과 병치되는 중요한 학습과 경험 경로일 수 있다.

실존하는 여러 인물의 사례, CEO 게놈 프로젝트의 결과 등은 동기를 이끌어내는 경험에 더 주목할 것을 강조한다. 교육 심리학 분야의 저명한 학술 저널인《현대교육심리학Contemporary Educational Psychology》은 2020년 4월 '동기 이론 특집'을 편성했다. 이때 소개된 해티Hattie 등이 수행한 연구[101]는 지난 20년간의 동기 이론 연구를 짚어보고, ① 사람person ② 과업 특성task attributes ③ 목표goals ④ 비용과 효익costs and benefits 측면을 통합한 모델을 제시했다. 그리고 사람 측면의 동기 이론을 '자아self-사회적 모델링social modeling-인지적cognitive' 맥락에서 다시 세분화했다.

이 통합 모델에서 동기 부여는 내외부 요인의 복잡한 상호 작용에 따라 결정된다. 어느 한 요인이 동기 부여의 여부, 수준 등을 결정하는 것이 아니다. 이는 마치 야구에서의 타격 이론과 흡사하다. 자신만의 고유한 스위트 스폿*을 찾고, 이를 바탕으로 타격 메커니즘을 완성하기 위해서는 다양한 상황적 맥락에서 실제 경험을 해보는 방법이 최선이다(물론 이때 과학적 분석을 위한 각종 장비와 툴을 활용한다). 스위트 스폿과 타격 메커니즘은 선수마다 모두 다르다. 신체 조건, 힘의 수준, 심리적 반응이 모두 다르기 때문이다. 정형적인 타격 자세가 아닌 데도 높은 타율을 유지하는 타자가 있고, 스윙 자세를 아름답지만 심리적 요인 탓에 타이밍을 잡지 못해 타율이 형편없는 타자도 있다. 투수 역시 상대 타자의 스위트 스폿을 피하려고 투구의 궤적 등을 달리하는 노력을 적극적으로 펼친다. 이처럼 배트가 스위트 스폿에 적중되는 과정에는 복잡한 상호 작용이 이루어지며, 개인별로 그 작용은 모두 다르다. 동기 부여 역시 마찬가지다. 따라서 누구에게나 동일하게 적용되는 범용적 성취의 예측 변수를 찾으려는 것이 오히려 모순된 접근법이지 않은지 점검해보아야 한다.

학술적·과학적으로 이런 복잡성과 개인 고유성이 있음에도 불구하고, 대중은 단순 명료한 솔루션을 갈망한다. 학자들은 이 기대에 부응해야 할 책무성이 있다. 함스는 "대중은 복잡한 상호 작용의 설명이 아닌, 단순 명료한 그 무엇을 갈구한다는 측면에서 더크워스 교수가 성취와 성공의 유일한 예측 변수로 그릿을 소개한 것은 일정한 의미

● sweet spot, 날아오는 투수의 공을 가장 멀리 보낼 수 있는 배트의 지점.

가 있다"고 언급한 바 있다.[102] 비록 설명력이 4퍼센트에 불과하지만, 이로써 사람들이 자신의 활동에 열정을 갖고 인내하며 노력하고 몰입하면 한다면 이야기는 달라진다. 과학적으로는 사전에 예측되지 않았으나, 여타 요인과 복잡한 상호 작용을 이끌어내어 결과적으로 일정한 성취와 성공의 결과가 만들어질 가능성이 있다. 에릭 앤더만Eric Anderman 또한 논문 〈성취 동기 이론: 정확성과 효용성의 균형〉[103]에서 동기 이론의 단순화가 전제되어야 그 효용성을 높일 수 있음을 강조했다.

그럼에도 불구하고, 우리의 학업적·사회적 성취와 성공을 예측하거나 설명할 수 있는 '단순화된 공식'은 없다는 것이 그간의 과학적 연구의 결과다. 햄브릭 등의 연구[104]는 심리학, 행동 과학, 신경 과학, 동기 이론, 유전학 측면의 성취 및 성공 영향 요인을 집대성한 다음, 이를 토대로 새로운 시각의 통합적 모델을 제시했다. 이에 따르면, 동기는 기본 능력(재능) 요인, 성격 요인, 특정 범주 기반의 지식 요인, 특정 범주 기반의 경험 요인 간의 상호 작용이며, 이를 둘러싼 큰 틀은 유전적 요인, 환경적 요인 그리고 이들 간의 공변량이다. 부가적으로 배경 요인, 과업/상황 요인, 개발 요인이 개별 요인에 영향을 주고 간접적으로 상호 작용에 영향을 미치는 등 요인들 사이에는 복잡한 관계성이 있다. 이는 마치 뇌가 기능하는 것과 유사하다.

5년 전 블로그에 썼던 '실력과 매력이 학력과 재력을 이기는 시대'라는 글은 개인 경험에 바탕을 두었다. 나는 전 세계의 주요 혁신 현장을 경험하는 과정에서 학력과 재력(부모의 배경)을 뛰어넘어 자신만의 고유한 실력과 매력으로 의미 있는 성취를 해나가는 사람들을 많이 만났다. 이들과의 만남은 내게 새로운 시대의 출현을 기대하게 했다. 직접 지도했던 학생들이 기업가정신을 교육받고 나서 변화되고, 이후 자신의 실력과 매력을 바탕으로 창업과 기업 세계에서 멋지게 성취한 모습을 보여주기도 했다. 그러나 이런 사례들은 일반화의 근거와 논거로 불충분하다.

2021년의 실력과 매력이 학력과 재력을 이기는 시대는 만들어가야 할 명제이자, 구현해야 할 시대적 과업이다. 우리는 성취와 성공을 예측하는 단 하나의 변수를 찾기보다, 유전적-환경적 요인을 넘어 성취와 성공으로 안내할 수 있는 교육의 힘을 강조해야 한다. 모두를 위한 21세기 실천 교육이 필요하다는 소리다. 그것은 삶의 변화와 사회적 이동성을 이끌어내는 사람을 세우는 교육이다. 실력과 매력이 업적으로 이어지고, 업적이 보상의 원천이 되는 '순기능적 메리토크라시의 시대'가 도래하는 현상이 분명 확인되고 있다. 기업의 대학화, 기업 대학의 출현은 유전적-환경적 요인을 극복하고 사회적 성취에 이르는 이전에 없던 새로운 경로를 제시한다. 기업가정신과 혁신의 영역에서는 오롯이 자신의 메리트(업적)으로 평가받는 비율이 더 높다. 그리고 이 영역에서는 학력의 영향이 제한적이며, 학벌도 초기 단계에서는 일정한 영향을 미치지만 임계 구간을 지나면 더 이상 영향을 미치지 못한다.

하지만 부모와 가족적 배경이 뒷받침되지 않는 사람들은 이런 새로운 경로가 출현했다는 사실 자체를 인지하지 못한다. 어떻게 이 새로운 경로와 연결되어야 하는지 그 방법조차 모른다. 사다리와 징검다리 역할을 하는 전인적이고 변혁적인 모두를 위한 21세기 실천 교육이 절실히 요구되는 까닭이다. 최근 교육 심리학, 신경 과학, 기업가 정신 영역에서는 유전적-환경적 요인을 넘어 학업적·사회적 성취를 돕는 대안적 교육 경로의 개발을 위한 연구와 실험적 도전이 활발히 펼쳐지고 있다. 이런 활동들이 상호 보완과 협력으로 더욱 완성도 높은 실천 교육 모델을 세우고 그대로 실행된다면, 실력과 매력이 학력과 재력을 이기는 시대를 완전히 열어갈 수 있을 것이다.

문제는 교육 리더십이 실력과 매력이 학력과 재력을 이기는 시대를 여는 패러다임의 대전환에 정부가 기여할 수 있는지의 여부다. 정부가 표준화된 시험을 위한 교육이 아닌, 온전히 개인의 자아실현을 위한 교육을 위해 교육 철학과 교육 정책을 새롭게 할 의지가 있어야 가능하다. 모두를 위한 21세기 실천 교육은 경제와 사회 측면에서 일정한 수준 이상의 지위에 있는 부모가 자녀에게 제공하는 전인적이고 변혁적 사교육을 국가와 정부의 교육 시스템으로 대신한다는 의미가 있다. 그리고 그만한 부모와 가족력의 배경이 없는 사람에게는 전문적이고 체계적으로 그 역할을 해준다는 의미도 있다. 이를 위해서는 상당한 자원과 에너지가 투입되어야 하며 교육자의 상당한 몰입과 헌신도 요구된다.

정부 차원의 정책적 몰입과 투자가 전제되지 않는다면, 이는 일부 선택받은 자들만 혜택받는 결과를 초래할 것이다. 모두를 위한 21세기 실천 교육이 아닌, 선택받은 자들을 위한 21세기 실천 교육이 실현되는 셈이다. 개인의 자아실현이 이루어지고 사회적 이동성이 활발하게 일어나는 사회를 기대한다면, 사람을 세우는 교육에 정부가 마땅히 적극적으로 나서야 한다.

5장

모두를 위한 21세기 실천 교육

01

내가 정말 알아야 할 모든 것은
유치원에서 배웠다?

어떻게 살 것인지, 무엇을 할 것인지, 어떤 사람이 될 것인지에 대해 내가 정말 알아야 할 모든 것을 나는 유치원에서 배웠다. 지혜는 대학원 산의 꼭대기가 아니라 주일 학교의 모래 더미에 있었다.

내가 배운 것들은 다음과 같다. 무엇이든 나누어라, 공정하게 행동하라, (중략) 그리고 딕과 제인의 책들, 태어나서 처음 배운 낱말 - 모든 것 중 가장 큰 단어 - 'LOOK(보다)'을 기억하라.

　　　　- 로커트 풀검,《내가 정말 알아야 할 모든 것은 유치원에서 배웠다》[1]

1986년 로버트 풀검Robert Fulghum이 출간한《내가 정말 알아야 할 모든 것은 유치원에서 배웠다》에는 살아가는 데 필요한 가장 기본적인 원칙이 담겼다. 목사인 저자는 어린아이가 일반 유치원에서 지식을 배우고 인성 교육을 받는 것보다 주일 학교에서 일찍이 삶 전체를 관통하는 건강하고 가치 있는 삶의 원칙을 깨닫고 이해하는 것이 더 낫다고 주장한다. 그래서 성인이 되어서도 이를 삶에 준용할 수 있도록 책을 써서 기독교적 세계관을 쉽고 대중적으로 풀어냈다.

앞서 살펴보았듯 유대인 교육은 학교에서 행하는 공식 교육과 가정, 지역, 단체 등에서 행하는 비공식 교육의 균형 있는 조합으로 구성되며, 유아기부터 자신의 사명이 무엇인지 알고 이를 다하는 삶을 강조한다. 이것은 유대인 교육이 유아 및 초중등 교육과정의 현장을 지식의 습득과 사회화의 경험뿐 아니라 자신을 알아가는 과정으로 여기기 때문이다. 그러나 자아의 형성, 소명, 사명 등 비공식 유대인 교육● 영역을 포함하지 않는 현대의 공식 교육은 교육의 표준화와 사회 규범과 기대를 충족하는 데 중점을 둔 인성 교육으로, 개인 차원에서 자아를 형성하고 특별히 강점을 찾는 교육의 비중이 매우 작다.[2] 그렇기에 가정에서 '자신을 알아가는 과정'을 다루지 않으면, 우리는 성인

● ① Person-centered Jewish education: 개인 중심 유대인 교육. 전인적 교육을 지향.

② The centrality of experience: 경험 중심성. 경험이 개인 발달의 중심.

③ A curriculum of Jewish experiences and values: 유대인 고유의 경험 및 가치의 커리큘럼.

④ An interactive process: 상호 작용 프로세스. 질문과 대화, 토론. '하브루타'는 본 특징의 한 부분.

⑤ The group experience: 그룹 경험. 공동체에 대한 이해와 사회화 학습.

⑥ The "culture" of Jewish education: 유대인 교육에서 강조하는 '문화'의 이해. 유대인 교육의 궁극적 지향점은 지식 전달보다 문화 창조에 있다는 유대인 교육의 뿌리에 대한 믿음.

⑦ An education that engages: 참여형 교육. 놀이와 스포츠처럼 함께 참여하고 활동하는 교육.

⑧ Informal Jewish education's holistic educator: 교육자가 유대인 경험의 전인적 형성자로서 역할.

이 되어서도 자기가 어떤 사람인지 잘 모르는 경우가 많다.

필자가 한 사립 종합 대학교에 재직할 때, 4학년 학생들이 진로 상담을 자주 요청했다. 곧 졸업을 목전에 둔 그들은 대부분 어떤 분야로 취업 준비를 해야 할지 모르겠다는 고민을 털어놓았다. 성적에 맞추어 학교와 전공을 선택하다 보니 대학 생활 내내 학업에 몰두하지 못한 탓이었다. 그들은 취업할 때도 자신의 역량을 발휘하고 깊이 몰입할 대상을 찾기보다 취업(합격) 가능성을 먼저 고려했다.

진로 지도 차원에서 상담을 신청한 학생들에게 본인이 어떤 강점이 있는지, 무엇을 잘하는지에 대해 질문하면 대다수가 "내가 무엇을 잘하는지 모르겠다"고 답했다. 유아 및 초중등 교육과정이 표준화의 함정에 빠진 경향은 대학을 졸업할 때까지, 더 나아가 사회생활까지 미친다. 자신에 대한 이해가 부족한 데다 진로와 삶에서 역할 모델이 절대적으로 부재하는 상태가 되는 것이다.

이 문제를 그냥 방치하면 안 될 것 같아서 한번은 〈'○○교육 3.0' 어떤 인재를 양성할 것인가?〉라는 제목의 자료를 만들었다. 그러고선 대학 본부 관계자들을 일일이 찾아가 대학 차원에서 새로운 교육의 틀을 제시할 것을 제안했다. 당시 현상 진단 차원에서 학생들의 취업률과 진학률을 합산해 '졸업 후 진로 결정률'이란 새로운 지표를 만들었다. 이를 대학 평가 순위와 함께 살펴보니 다음 도표처럼 느슨한 U자형 그래프가 만들어졌다.

대학 평가 순위가 높은 대학교의 졸업생은 졸업 후 진로 결정률이 상대적으로 높게 나타났다. 이에 비해 순위가 하락세를 보이는 대학교의 졸업생은 진로 결정률도 함께 떨어졌다. 그러다 임계 구간

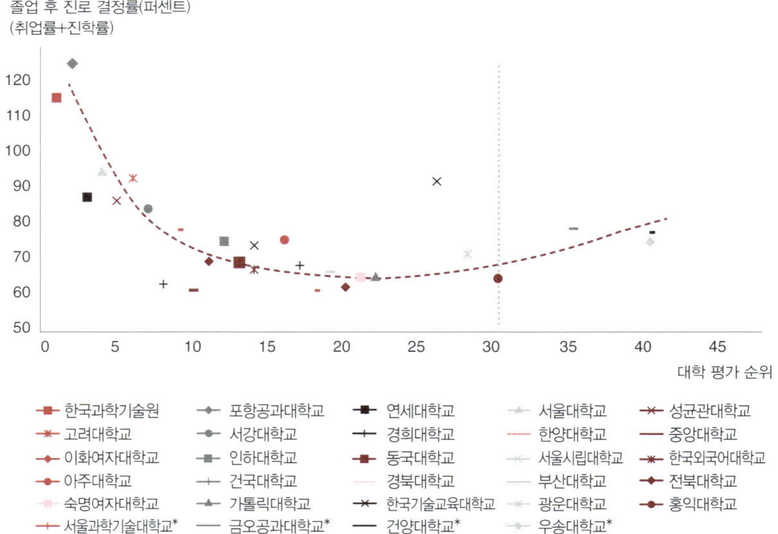

* 2012년 교육부 및 중앙일보 대학 평가 자료 기준.

** 출처: 이영달, 2013, '○○교육 3.0' 어떤 인재를 양성할 것인가?, 대학교 내부 세미나 자료.

(20~25위)을 지나자 다시 상승세를 보였다. 순위가 높은 대여섯 개 대학교의 졸업생은 상대적으로 진학률의 비중이 높았고, 10위권 밖의 대학교 졸업생은 대부분 취업 중심으로 진로가 결정되었다. 특히 해외 유학은 순위가 높은 다섯 개 대학교에 집중되었다. 이는 역할 모델과도 관련이 있는 내용이다.

문제는 졸업 후 진로 결정률이 가장 낮은 11~30위의 그룹이었다. 이 그룹은 진학과 취업 모두에서 상대적으로 제한적인 흐름을 보였다. 진학의 경우, 특히 유학은 선배들의 사례가 매우 부족해 경로 자체에 대한 인지가 극히 미흡했다. 취업에서도 매력적인 일자리 갖기를 희망하나, 현실은 이들의 기대를 모두 충족시키지 못했다. 30위권 밖은

눈높이를 낮추어 접근하자 취업률 자체가 다시 높아졌다. 필자가 재직했던 대학교가 딱 그 중간 지위의 시작점에 있었다. 당시 나는 관계자들에게 다음처럼 강조했다.

> "현재 으리 대학은 학생의 입장에서 가장 좋지 못한 '중간에 낀stuck-in-the-middle' 지위에 있습니다. 이는 시장 지위market position를 말할 때 가장 좋지 못한 지위, 즉 본원적 전략 세 가지(원가 우위–차별화–집중화) 지위 중 이도 저도 아닌 어중간하게 중간에 낀 상태로 시장과 고객으로부터 평가받지 못하는 상황에 해당합니다. 현재 우리 대학과 학생들의 형편이 이와 같습니다. 이런 현실을 냉정하게 인식하고 학생들에게 타 대학에서 경험할 수 없는 고유하고 차별화된 가치를 제안할 수 있어야 합니다. ○○대학교 고유의 교육 모델을 만들어봅시다."

현대 교육, 특히 대한민국의 교육 현장은 유아기부터 표준화의 함정에 빠져드는 역설과 모순의 구조로 되어 있다. 아이들은 학년, 학급, 표준 교육과정 등의 기준에 따라 표준화된다. 특히 표준화 테스트(수학능력시험)에 기반한 대입 시험 제도는 미래 세대를 표준화의 함정으로 몰아간다. 한 번의 수학능력시험에 기초하여 대학 진학 여부가 결정되는 입시 제도가 다시 강화되면서, 미래 세대는 자아를 형성할 기회, 심도 있는 사회화 과정, 실제 세상에 대한 경험 등과 단절된 채 표준화 시험의 기술자로 교육받고 성장한다. 그러면서 고유한 개성을 잃어버리는데, 이를 다시 찾을 기회 자체가 충분히 열려 있지 않다. 엘리트 대학의 사회적 영향력이 상대적으로 크고, 교육 당국과 정부가 대입 시험 제도에 관여하는 정도가 절대적인 우리나라 특성상 이 흐름이 가까운 시간 내 바뀌기란 쉽지 않을 듯하다.

이 문제에 대한 해법이 없는 것은 아니다. 다만 국가 체계 전체를 미래 혁신형으로 변혁하는 맥락에서 함께 다루어야 하는 사안이라 현실적으로 쉽지 않은 의제임은 분명하다. 현재 대한민국 교육 현장에서 표준화의 함정을 극복할 대안을 마련하고 실천할 수 있는 지위는 대통령 외에 없다. 국가 최고 지위에서 깊은 문제 인식과 분명한 이해를 전제로 국가적 결단을 내려 해결해야 하는 사안이다. 교육을 국정 최우선 의제 중 하나로 삼고, 하향식으로 접근해야만 해결 가능한 문제다. 이에 대해서는 별도로 다루도록 하자.

"당신의 강점은 무엇인가요?" "당신의 직업, 사회, 인생 측면에서의 역할 모델은 누구인가요?" 이런 질문에 비단 미래 세대뿐 아니라 성인과 기성세대 역시 명료하게 답하지 못하는 경우가 많을 것이다. 구체적인 경험이 없었고, 그 효과가 무엇인지도 잘 모르기에 교육 현장에서는 이를 내재화하는 것조차 시도해보지 못하는 상황이다.

도널드 클리프턴Donald Clifton은 조사 및 컨설팅 기업 갤럽의 회장을 역임했던 심리학자이자 교육자다. 클리프턴은 1950~1969년 미국의 네브래스카링컨대학교에서 교육 심리학을 가르치고 연구했다. 이 기간에 그는 재능을 연구했고, 특별히 재능 있는 사람들과 다른 사람들을 구분 짓는 그 무엇을 찾는 데 노력을 기울였다. 그러던 중 그는 성공한 사람들이 자신의 업무에 도움이 되는 특정한 속성을 가지고 있음을 확인했다.[2] 그것은 다름 아닌 자신의 강점을 찾고, 강점에 집중

하는 것이었다.[3] 이후 그는 갤럽에서 개인과 조직의 강점 찾기, 강점 기반 교육, 강점 기반 경영 등의 활동을 활발히 펼치며 '강점 심리학의 아버지'이자 '강점의 발명가'로 불릴 만큼 명성을 얻었다.[4] 클리프턴이 개발한 강점 공식은 '재능×투자=강점'이다. 이때 재능은 자연스럽게 반복되는 생각, 감정 혹은 행동 방식을 의미한다. 투자는 연습, 기술 개발, 지식 기반의 구축에 든 시간을 뜻하며, 강점은 거의 완벽한 성능을 지속해서 제공하는 능력을 말한다.

교육 현장에서 강점 찾기는 매우 전략적인 방법론이자 사회적 성취나 성공에 이르는 효과적 방법론이기도 하다. 여기서 사용하는 SWOT 분석은 대중도 자주 접해본 내용일 것이다. 이 분석은 '강점s-약점w-기회o-위협T' 요인을 파악하여 전략을 수립하고 실행하는 전략적 사고와 행동의 기초인데, 이때 약점과 위협을 보완하기 위한 접근법보다는 강점과 기회를 조합하는 접근법을 취하는 게 더욱 생산적이며 유의미한 성과로 이어진다. 개인이나 조직은 완벽할 수 없기에 약점을 보완하기 위한 노력이나 투자보다 강점을 극대화하고 기회를 최대한 활용하는 것이 낫다.

나는 기업가정신과 창업 교육 관련 연구[5]를 수행하면서 클리프턴이 제시하는 강점 찾기와 강점 기반 교육에 대해 처음 알았다. 그 뒤 유아 교육 단계에서부터 성인, 시니어 교육 단계에 이르는, 생애 전 주기적 관점에서 기업가정신 교육이 어떻게 전개되는지 미국과 유럽의 사례를 광범위하게 살피는 후속 연구[6]를 진행했다. 이 과정에서 미국과 영국에서는 유아 교육 단계에서부터 강점 찾기를 시도한다는 내용을 확인했다. 강점 찾기는 기업가정신 교육의 첫 단계인 기회를 찾는

'발견 과정'과 속성이 유사하다. 기회를 추구하기 위해 가장 먼저 살펴야 할 것이 자신의 강점이다. 기업가정신 교육의 본원적 목표는 각자의 강점을 기반으로 기회를 추구하는 일련의 과정을 경험하도록 하는 데 있다. 더 나아가 가치 창출과 공유를 체험하는 것도 목표에 포함된다. 그래서 교육은 '나 자신에 대한 이해'로부터 출발한다.[7] 이런 배경으로 기업가정신 교육은 전인적 리더십 개발과 같은 맥락에서 다루어진다.

영국에서 표준적인 기업가정신 교육은 자신를 알아가는 것에서 시작된다. 인지 범위가 자신(4~7세), 가족(5~8세), 지역 사회(6~9세), 도시(7~10세), 국가(8~11세), 세계(9~12세)로 이어지며, 대상자가 이해하고 바라보는 범주를 점진적으로 넓혀나간다. 이를 위해 프로젝트 기반 학습법인 PBL이 권장된다. 5~11세 어린이가 5파운드의 자본금으로 가정에서 스타트업 같은 기업가적 프로젝트를 수행하는 '파이버 프롬 홈Fiver from Home', 7~11세의 초등학생이 학교에서 기업가적 경험을 하는 4주간의 '파이버 챌린지The Fiver Challenge' 프로그램들이 정부와 민간의 후원으로 교육 현장에서 진행 중이다. 이 프로그램들이 아이에게 제공하는 5파운드는 영국 정부와 민간 기업이 공동으로 마련하며 현재는 버진 머니Virgin Money가 주된 후원 기업이다. 이런 프로젝트 기반의 경험 학습은 자신과 가족에 대한 이해부터 시작하여, 수학적 사고, 문해력, 의사소통 등 일련의 학교 교육과정을 최대한 활용토록 하는 접근법을 함께 취한다.[8]

미국도 같은 맥락에서 접근한다. 학교에서 배우고 경험한 학문적 지식을 기업가적 기술, 경제과 시장에 대한 이해, 그리고 비즈니스 기능 요소와 조합함으로써 기업가적 경험을 하도록 권장한다. 역시 그 시작은 '자신을 알아가기'다.

강점 기반 교육과 관련된 학자와 전문가, 현장의 교육자는 강점에 기반한 교육을 제공할 때 높은 수준의 참여와 생산적인 성취를 이룬다는 점을 강조한다.[9] 강점 찾기 프로그램을 전문적으로 제공하는 갤럽에 따르면 강점 찾기 검사를 받은 사람은 전 세계적으로 2500만 명에 이른다.[10] 갤럽은 일반 영역에서 더 세분되고 전문화된 영역으로 강점 찾기를 확장하고 있는데 잠재적 기업가로의 강점을 찾는 '기업가적 강점 찾기'[11]가 이에 해당한다.

상당수의 표본과 다양한 집단을 대상으로 검증해본 결과, 강점 기

|도표 5-2| 영국(좌)과 미국(우)의 기업가정신 교육의 범주

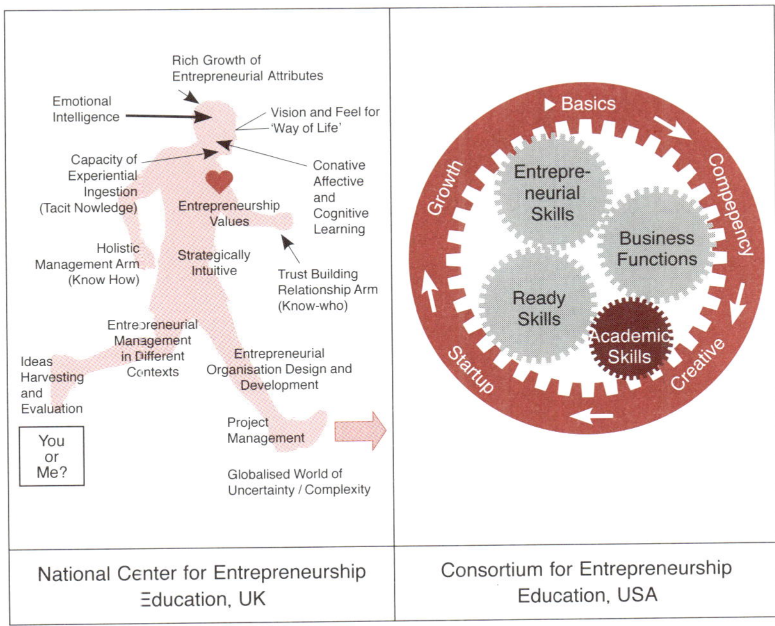

반 교육은 강점 찾기는 물론 학생들이 학습 및 사회적 상황에서 자신의 강점을 활용하는 방법까지 배우고 내재화하도록 함으로써 긍정적인 감정, 참여, 관계, 성취와 관련된 발전적인 결과를 이끌어낸다.[12] 이런 강점 찾기는 긍정 심리학과도 맞닿아 있으며[13] 심리 치료 접근법에서도 유효하게 활용된다.[14] 기업의 경영 전략 관점에서 해석해보면 핵심 역량을 개발하고 이에 집중하는 것과 같은 맥락이다.

다음은 펜실베이니아대학교의 긍정심리센터를 이끄는 마틴 셀리그먼Martin Seligman 교수 등이 쓴 〈긍정 교육: 긍정 심리학과 수업 개입〉이란 논문의 에피소드형 도입부다.[15]

자, 퀴즈를 내겠습니다. 당신이 자녀에게 가장 원하는 것은 무엇입니까? 두 단어 혹은 그 이하로 대답해주세요. 당신이 제가 물어본 수백 명의 부모와 같은 반응을 보인다면 행복, 자신감, 만족, 균형, 선한자질, 친절함, 건강, 만족과 유사한 답을 할 겁니다. 요컨대 당신은 자녀의 웰빙을 가장 원하고 있습니다.

두 번째 퀴즈입니다. 학교에서는 자녀에게 무엇을 가르치고 있습니까? 마찬가지로 두 단어 혹은 그 이하로 대답해주세요. 당신이 다른부모와 같다면 성취, 사고력, 성공, 규칙의 준수, 문해력, 수학, 규율 등으로 답하셨을 겁니다. 요약하자면 학교에서는 성취(완수)의 도구를사용하는 법을 가르칩니다.

두 목록은 거의 겹치지 않습니다. 어린이 교육은 한 세기가 넘도록성취에 대한 것이었으며, 성인의 삶과 활동의 무대로 가는 길이었습니다. 나는 성취, 성공, 문해력, 규율 모두를 추구합니다. 학교가 어느 한쪽과 타협하지 않고 웰빙 기술과 성취 기술 모두를 가르친다고 상상해보십시오. 긍정 교육을 상상해보십시오.

이 논문은 현장 교육에서 미래 세대의 성취와 웰빙을 위한 교육이 조화롭게 구성되며 실천 가능하다는 것을 실증적이고 경험적인 측면에서 제시한다. 대학과 공립학교에서 학생을 가르치는 교육자인 저자들은 실증적 검증과 직접적인 체험으로 증거 기반의 새로운 교육 방향을 제시한다. 여기에서 소개하는 대표적인 강점 찾기는 웰빙 기술과 성취 기술을 잇는 연결 고리이자 긍정 교육의 시작점이기도 하다. 이 논문의 내용을 좀 더 소개해보겠다.

강점 기반 교육 모델은 학생들을 목적의식이 뚜렷한 자신감 있고 효과적인 평생 학습자로 변화시키는 것을 1차적인 목표로, 학생 중심의 교육 형태를 구현하는 것이다.[16]

강점 기반 교육과정에는 교육자들이 의도적·체계적으로 자신의 재능을 발견하고 강점을 개발, 적용하는 과정이 포함된다. 자신의 분야에서 최신 지식을 습득하고, 교수 방법을 개선하고, 커리큘럼을 설계 및 구현하고, 실질적인 지식을 배우고, 학문적 기술을 습득하고, 사고 및 문제 해결 기술을 개발하고, 교육 환경에서 학습한 것을 탁월한 수준으로 입증하면서 학생들이 자신의 재능을 발견하고 강점을 개발, 적용하도록 돕는다.[17]

강점 교육의 철학은 단순히 개인의 생존이 아닌 위대함을 추구하도록 권한을 부여하는 것이다. 교육자로의 소명을 인식하고 위대한 교육자가 되기를 추구할 때, 학생들이 생존을 넘어 위대함을 구하도록 권한을 부여하는 교육자가 될 수 있다.[18]

강점 기반 교육의 기본 가정은 모든 학생에게는 잠재력이 있으며 교육자는 학생들이 이런 잠재력을 실현하는 데 도움이 되는 종류의 학습 경험을 발견하고 구현하는 데 능숙하다는 것이다.[19]

이 논문의 논조처럼 강점 기반 교육을 시행하기 위해서는 교육자가 강점 찾기의 효과성을 직접 체험해보아야 한다. 교육 당국의 교육 철학 정립과 이를 토대로 한 방향성이 제대로 정립되지 않으면 교육 현장에서 실행하기 쉽지 않은 게 현실이기 때문이다.

앞에서 설명했듯 미국을 비롯해 영어권 국가의 학제는 K-12, 즉 유치원부터 12학년에 이르는 체제다. 물론 초등 교육과 중등 교육 개념으로 2단계 접근을 하지만, 기본적으로는 통합적 관점이다. 이와 달리 일본의 영향을 받은 우리나라의 초중등 교육은 2단계 접근보다 상당히 분절적이다. 초등학교, 중학교, 고등학교 교육이 통합적이지 않으며 각각 독립적으로 행해진다고 해도 과언이 아니다. 특히 중등 교육의 현실은 성인의 삶을 준비하는 과정으로서의 교육[20]이 아니며 사실상 대입 제도에 종속되어 있다. 미래형 교육과정이라는 이름으로 여러 가지 내용을 논하고 실행하더라도, 현장 교육은 입시 제도에 종속되어 교육의 본질적 가치를 추구하지 못한다. 페다고지와 커리큘럼에 실제의 세계에 기반한 강점 찾기나 긍정 교육의 철학과 방법론이 투영될 여지가 거의 없다.

2020년 10월 5일 교육부에서는 〈코로나 이후, 미래 교육 전환을 위한 10대 정책 과제(안)〉를 공개했다. 이를 자세히 살펴보면 곧 있을 '2022 개정 교육과정'에 분권, 자율, 다양성, 공공성을 강화하겠다는 내용이 담겼다. 그 첫 번째 과제는 다섯 가지 세부 과제로 구성된다.

- 미래형 교육을 위한 2022 개정 교육과정 개편 본격 추진.
- 2025년 고교 학점제 전면 도입을 위한 차질 없는 준비.
- 중등 직업교육 고도화.
- 교과서 패러다임의 전환.
- 미래형 유치원 교육과정 도입.

2024년(초등)과 2025년(중등)에 적용될 2022 개정 교육과정에서 추구하는 인재상은 혁신적 포용 인재가 될 듯하다. 그런데 교육 당국의 미래 교육에 대한 기대보다는 염려와 걱정이 앞선다.

교육에 국가주의와 정부 만능주의가 팽배할수록 미래 세대는 표준화의 함정에 깊이 빠진다. 저마다의 개성과 강점을 잃어버리고, 사회 규범과 제도에 순응하며 종속된다. 그러므로 국가 차원의 교육은 개인의 개성과 강점을 기반으로 성인의 삶을 준비할 수 있도록 하며, 글로벌 경쟁에서 주도적인 역할을 감당해나가는 기반을 제공하는 데 궁극의 방향성을 향하게 해야 한다. 뿐만 아니라 이런 맥락에서 수월성,

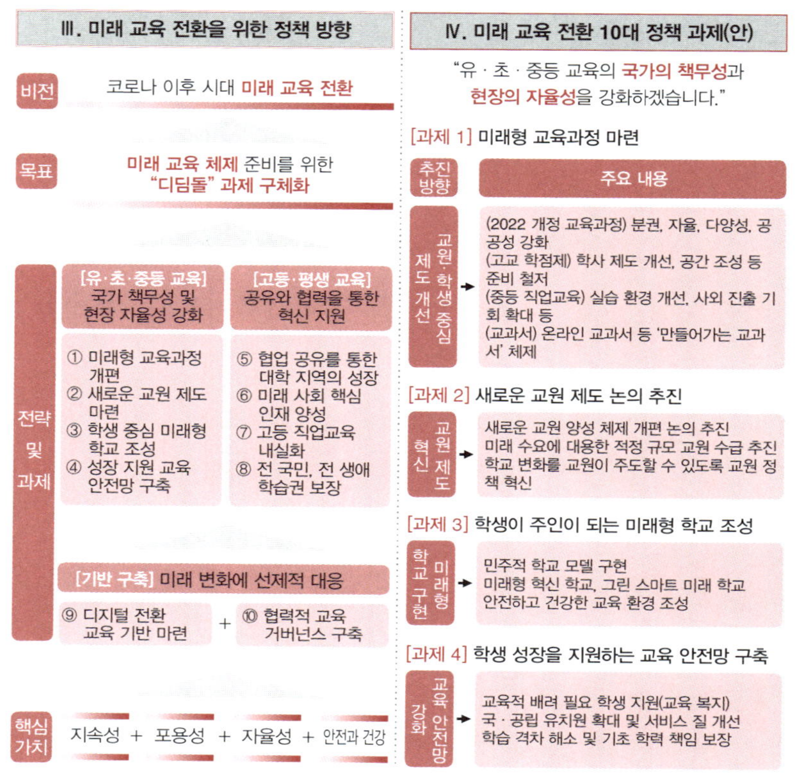

* 출처: 교육부, 2020, 〈코로나 이후, 미래 교육 전환을 위한 10대 정책 과제(안)〉.

혁신성, 다양성, 포용성이 조화와 균형을 이루며 전개되어야 한다.

일부 교육자가 현장에서 부분적으로 시도하고 도전할 뿐, 가까운 시간 내 한국의 공교육 체계에서 강점 기반 교육이 공고한 철학과 본원적 가치의 기반하에서 유효하게 전개되는 것을 기대하기는 어려울 듯하다. 결국 이에 대한 문제 인식을 하는 부모만 자녀의 강점 찾기를 하는 식으로 사교육 영역에서 행해질 수밖에 없을 것이다.

강점 찾기는 기회 추구의 시작이다. 즉 꿈꾸기의 시작이다. 공교육과 제도권 교육에서 이를 뒷받침해주지 못한다면, 기존의 격차와 더불어 꿈꿀 수 있는 자격마저 불평등의 영역에 추가될 수밖에 없을 것이다.

나는 다음의 내용을 믿는다. '상상력은 지식보다 강하다. 신화는 역사보다 강력하다. 꿈은 사실보다 힘이 세다. 희망은 항상 경험을 넘어 승리한다 웃음은 슬픔의 유일한 치료법이다.' 그리고 사랑은 죽음보다 강하다는 것을 믿는다.
– 로버트 풀검,《내가 정말 알아야 할 모든 것은 유치원에서 배웠다》

위대한 삶을 이끄는 이키가이, 그릿, '나의 인생 프로젝트™'

이키가이いきがい는 일본어 고유 명사로 '살아가는 보람'이라는 뜻이다. 정신과 의사 가미야 미에코神谷美恵子가 나병 환자를 치료한 경험을 담아낸 저서 《삶의 보람에 대하여》는 이키가이를 다음처럼 설명한다.

이키가이라는 말은 일본어에만 존재하는 것 같다. 이는 일본인이 마음속에서 사는 목적과 가치를 중요하게 다루어왔음을 의미한다. 깊은 성찰과 사색을 담아 이 말을 쓰지 않았다 해도, 적어도 인생을 흘러가는 대로만 살지 않았음을 엿볼 수 있다.

이키가이의 사전적 의미는 '세상을 살 만하게 만드는 힘, 살아 있는 행복, 이익, 효험'이다. 이것을 영어나 독일어, 프랑스어 같은 외국어로 번역한다면 '살 만하다', '사는 가치나 의미가 있다'라고 밖에 표현할 수 없다. 이런 윤리적이고 철학적인 개념에 비해 이키가이에는 일본어만이 갖는 애매모호한 부분이 있고, 그래서 더욱 여운과 고상함이 느껴진다.

이키가이˙에 대해 활발히 연구하는 학자로 꼽히는 하세가와 아키히로長谷川明弘 교수의 설명에 따르면, 이키가이는 일본어로 '살다'를 뜻하는 동사 '生きる('이키루'라고 읽는다)'와 '가치'를 뜻하는 명사 '甲斐('가이'라고 읽는다)'를 조합한 표현이다. 특히 甲斐의 어원은 헤이안 시대(794~1135)로 거슬러 올라간다. 당시에는 조개껍데기가 매우 귀중했기에 조개를 뜻하는 단어 '貝('카이'라고 읽는다)'가 가치를 의미하는 甲斐가 되었다.[22] 즉, 이키가이는 가치 있는 삶에 대한 인식을 의미한다. 그는 다음처럼 이 개념을 추가로 설명한다.

한 사람이 여기에 그리고 지금 살아 있다는 느낌, 그리고 그 사람의 생존을 이끄는 인식.●[23]

《이키가이: 일본인들의 이기는 삶의 철학》의 저자인 신경 과학자 모기 켄이치로茂木健一郎 박사는 이키가이 코치 양성을 전문적으로 하는 이키가이트라이브IkigaiTribe와의 인터뷰[24]에서 이키가이를 이렇게 풀이했다.

● The feeling that one is alive here and now, and the individual awareness that drives him or her to survive.

"일본어에서 이키가이는 다양한 맥락에서 사용된다. 이는 인생 자체의 복잡성을 반영하는 스펙트럼의 개념으로, 일상의 작은 것뿐 아니라 큰 삶의 목표와 성취에도 적용될 수 있다. 한마디로 이키가이는 '의미 있는 삶의 즐거움을 발견하고, 이를 정의하고, 또한 감사하는 것에 관한 것'으로 설명할 수 있다."

이키가이는 모기 박사 책의 부제처럼 일본인의 행복과 장수의 비결로 증명되고 있다. 타노Tanno 등의 연구[25]에서 일본인 7만 명 이상을 대상으로 평균 12.5년간의 코호트 기반 사망 추적 조사를 해본 결과, 이키가이는 일본인의 장수와 관련이 있음을 과학적으로 확인했다. 더 구체적으로 모리Mori 등[26]의 연구에서는 높은 수준의 이키가이를 갖춘 사람, 즉 가치 있는 삶에 대한 인식을 갖춘 사람은 사망률이 낮으며, 심혈관과 뇌졸중에 따른 장애 예방 효과가 있고, 특히 노인의 우발적 기능 장애 위험을 낮춘다는 사실을 확인했다.

그리고 코노Kono와 워커Walker[27]의 연구에 따르면, 이키가이는 중년이나 노년의 사망이나 장애 위험을 낮추는 효과가 있을 뿐만 아니라 대학생처럼 젊은 계층의 활력 있는 일상과 삶에 지대한 영향을 미치는 것으로 확인되었다. 조사 결과, 대학생은 다음의 네 가지 방법으로 이키가이를 형성했다.

① 가치를 지각하는 경험에 참여.
② 다양한 경험을 통한 가치의 다각화.
③ 가치 경쟁(여가 대 학업 등)의 균형.

④ 가치 활동이나 참여로부터 일정한 거리를 두거나 휴식을 취하는 가치 분리.

이들의 연구 결과를 종합해보면 이키가이, 즉 가치 있는 삶에 대해 스스로 인식하는 사람들은 건강, 행복, 장수, 학업에서의 성취와 성공,[28] 인생의 궁극적 성공[29]의 영역에서 상대적으로 더 나은 삶을 살아간다고 할 수 있다. 일본인에게 이키가이는 '건강-행복-성취와 성공'이라는 궁극의 가치 있는 삶으로 이끄는 중요한 선행 변수다.

일본인이 행복하고 건강하게 장수하며 살아가는 원천으로 확인되는 이키가이에 대한 서구의 관심도 증가하고 있다. 영국의 BBC,[30] 세계경제포럼[31] 등 대중적인 기관에서 이키가이를 심층적으로 소개하면서 관심이 더욱 빠르게 확산되는 추세다.

일찍이 서구 사회에 이키가이를 소개한 사람은 홍콩중문대학교의 인류학 교수 고든 매슈스Gordon Mathews다. 그는 논문 〈가치 있는 삶을 추구하는 일본 그리고 미국〉[32]과 〈꿈의 원천, 이키가이와 '일본인의 자아'의 출현〉[33]에서 일본인의 이키가이와 삶의 방식을 자신의 전공인 인류학적 관점으로 해석하고 소개했다.

탐험가이자 작가인 댄 뷰트너Dan Buettner는 '어떻게 100세 이상을 살까How to Live to Be 100+'라는 TED 강연[34]에서, 세계 최장수 지역인 일본 오키나와 사람에게 이키가이로 불리는 삶의 방식이 있다는 내용을 소개한 바 있다. 이 강연에서 영감을 받은 기업가 마크 윈Marc Winn은 스페인의 점성학자 안드레스 수수나가Andrés Zuzunaga가 고안한 '목적 벤다이어그램the purpose Venn diagram'과 이키가이의 핵심을 결합하여 이키가이 벤 다이어그램[35]을 만들었다. 이는 일본 고유의 문화와 생활에 내재화된 암묵지 상태의 이키가이를 형식화함으로써 서구 사회에 큰 반향을 불러일으킨 연구였다. 현재 대부분의 서구 사회에서 이해하는 이키가이는 목적 벤 다이어그램을 원용한 이키가이 벤 다이어그램 개념이다.

학자들과의 활발한 교류로 이키가이를 알리고 전문 코치를 양성하는 이키가이트라이브는 서구화된 이키가이가 일본의 것과는 다른 잘못된 개념 정의라고 주장한다.[36] 그럼에도 불구하고 이키가이는 열정, 사명, 전문성, 직업이 교차하는 지점에 삶의 목적이 있으며, 이것을 추구하는 삶이 바로 이키가이라는 서구화된 개념이 쉽게 받아들여지고 있다.

서구화된 이키가이는 다음의 네 가지 기본 질문법으로 접근한다.

- 당신이 사랑하는 것은 무엇인가?
- 당신이 잘할 수 있는 것은 무엇인가?
- 세상이 필요로 하는 것은 무엇인가?
- 당신에게 경제적 수입원이 될 수 있는 것은 무엇인가?

사랑하는 것과 잘할 수 있는 것의 교차 영역에는 열정이 자리하고 있다. 사랑하는 것과 세상이 필요로 하는 것의 교차 영역에는 사명이 자리한다. 잘할 수 있는 것과 경제적 수입원이 될 수 있는 것의 교차 영역에는 전문성이, 세상이 필요로 하는 것과 경제적 수입원이 될 수 있는 것의 교차 영역에는 직업이 존재한다. 이렇듯 서구 사회에는 '열정-사명-전문성-직업'의 교차 조합으로 이키가이가 인식되며, 이를 함께 추구할 때 행복과 삶의 의미를 찾을 수 있다는 주장이 공감을 얻고 있다.

그러나 일본인의 이키가이는 벤 다이어그램으로 표현하기 어려운 고유한 특성을 갖는데, 앞서 모기 박사의 설명처럼 스펙트럼으로 표현하는 것이 더 실제에 충실한 접근법이다. 굳이 벤 다이어그램으로 비교하여 표현하자면, 일본인의 이키가이는 일상에서 삶의 목적(아침에 일어나는 이유)과 가치 있는 삶에 대한 인식이 의미, 목적, 자유, 성장의 네 가지 교차 영역을 통해 이루어진다.[37] 하지만 세부적으로 살펴보면 더욱 많은 질문과 답으로 자신만의 고유한 이키가이를 찾아갈 수 있다. 거기에는 가치, 취미와 관심사, 실존하는 것들, 역할과 관계 등이 창의성과 새로운 생각의 출몰, 종교 의식과 작은 기쁨, 감사하는 마음과 공헌 등과 세밀하게 자리하며 진정한 삶의 가치를 인식하는 과정이 포함된다.

일본인의 이키가이에 대한 질문은 더 세부적이고 일상과 관련된 내용으로 구성되어 있다. 미츠하시 유카리三橋ゆか里의 저서 《이키가이: 매일 일상의 의미와 기쁨을 주는 것》[38]은 과거, 현재, 미래의 관점에서 다음의 질문에 답하며 이키가이를 찾고 형성할 것을 제안한다.

당신의 과거

- 어린 시절로 돌아가서 가장 즐거웠던 일은 무엇인가?
- 어린 시절의 어떤 사건이나 사고를 강하게 기억하는가? 오늘도 여전히 나에게 영향을 미치는가?
- 내 인생을 돌이켜볼 때, 내 감정이 가장 흔들렸던 순간은 언제인가?

현재 당신의 삶

- 내 일상에 행복을 가져다주는 것은 무엇인가?

- 언제 가장 행복하다고 느끼는가?

- 내가 소비한 시간 중 무엇이 가장 충만함을 가지게 하는가?

- 생각만 해도 얼굴에 미소를 짓도록 하는 것은 무엇인가?

- 언제 강한 감정을 경험했는가? 언제 내가 원하는 대로 움직이게 되는가?

- 나의 호기심은 어디에 있는가?

- 나를 지루하지 않게 하는 것은 무엇인가?

- 내 삶의 어떤 측면에서 변화를 추구하는가?

- 아무도 요구하지 않지만 내가 하고 있는 일은 무엇인가?

- 나머지 세계가 이해하지 못하더라도(다른 이들이 이해하지 못하더라도) 나는 무엇을 추구하는가?

- 행복하게 살 수 있는 충분한 돈이 있다 하더라도 나는 지속적으로 무엇을 할 것인가?

당신의 미래

- 앞으로 어떤 일을 기대하는가?

- 앞으로 어떤 변화를 원하는가? 그것들에 대해 무엇을 할 수 있는가?

- 내일을 보기 위해, 내가 살아 있기를 원하는 이유는 무엇인가?

이 질문들은 서구 사회의 질문법과는 차이가 있는데, 이키가이에 대한 일본인의 이해를 엿볼 수 있다. 서구 사회의 인식이 직업적·사회적 활동의 관점에서 일종의 공식처럼 구조화된 측면이 있다면, 일본인은 그보다 철학적이고, 일상의 삶에 천착한 내용으로 이키가이를 다룬다. 이 두 가지 관점을 토대로 한 질문법은 서로 배타적이거나 비교 관계라기보다는 병립할 수 있는 관계라 생각한다. 일본인이 삶과

인생에 대한 궁극의 가치를 찾는다면, 서구의 관점은 직업 선택이나 사회 활동과 관련하여 적용할 경우 효과적일 것이다.

일본인의 이키가이는 서구 사회의 그릿과 본질적인 맥이 맞닿아 있다. 그릿 역시 이와 정확히 대치되는 한국어나 일본어 단어가 없다. 한국어로는 기개, 투지 등으로 번역되고, 일본어로는 'やり抜く力(해내는 힘)'으로 번역되지만, 앤절라 더크워스 교수의 저서 《그릿》[39]에 나오는 '장기적인 목표에 대한 열정과 인내'를 표현하기에는 역부족이다. 세계의 대중이 그릿에 뜨겁게 반응한 것은 다름 아닌 우리의 삶과 인생을 성공으로 이끄는 것은 부모로부터 유전적 영향을 받는 지능이나 재능, 환경 여건이라는 기존의 사회적 통념에 다르게 답했기 때문이다. 바로 다음처럼 말이다.

이 모든 다양한 상황에서 성공을 예측할 수 있었던 사람들에게서는 한 가지 공통된 특성이 보였습니다. 그것은 좋은 지능도 아니었고, 좋은 외모나 육체적 조건도 아니었고, 지능도 아니었어요. 그건 바로 그릿이었습니다.

그릿은 목표를 향해 오래 나아가는 열정과 끈기지요. 그릿은 지구력이에요. 그릿은 해가 뜨나 해가 지나 꿈과 미래를 물고 늘어지는 거예요. 단지 일주일이나 한 달만이 아니라 몇 년에 걸쳐 꿈을 실현하기 위해 진짜 열심히 일하고 노력하는 겁니다. 그릿은 삶을 단거리 경주가 아닌 마라톤처럼 사는 겁니다.

제가 확실히 아는 것은 재능이 그릿을 강하게 하지는 않는다는 점입니다. 저희 연구 자료에 따르면 재능이 있다 해도 자신이 지키겠다고 한 것들을 하지 않는 사람들이 많다는 것을 알 수 있었어요. 실제 저희 연구 자료에 따르면 그릿은 재능과는 상관없고 오히려 그릿과 재능은 반비례하는 경향을 보입니다.

더크워스 교수의 주장은 확실히 매력 있는 학술적 기반의 강렬한 레토릭(수사적 웅변)이었다. 부모로부터 물려받은 지능이나 재능, 환경을 넘어설 수 있는 그 무엇이 있다는 과학적 논거 기반의 주장은 일반 대중이 그간 많이 이야기한 "할 수 있다! 하면 된다!", "노력은 배신하지 않는다!"와 같은 사회 인식에 믿음을 갖게 하는 계기가 되었다.

유전적인 영향이 사람의 삶과 성공에 어떤 효과를 미치는지는 여러 학문 분야에서 궁극적으로 연구하는 대상 중 하나다. 본서에서는 유전학, 의학, 심리학, 교육학 등 다른 학문 분야에서 이를 어떻게 연구하고 있는지 살펴보았다.

우선 삶에서 가장 기초적이고 본질적인 수명과 유전적 영향과의 관계를 알아보았다. '덴마크 쌍둥이 연구'로 유전학 분야에서 유명한 허스킨드Herskind 등의 연구[40]는 인간의 장수에 미치는 유전적 영향은 부분적이라는 사실을 규명한 대표적 실증 연구다. 이 연구는 1870~1900년 덴마크에서 태어난 비이주자 동성 쌍둥이로 구성되었으며, 접합체 진단을 받은 두 쌍과 15세가 지나서까지 살아남은 쌍을 포함하여 총 2,872쌍을 표본으로 삼았다. 연구 결과 장수 유전율은 남성 0.26, 여성 0.23으로 추정되었고, 이 유전율은 세 개의 10년 출생 코호트에서 일정하게 나타났다. 이 연구에 따르면, 수명에 대한 유전적 영향의 본질은 아마도 비가산적인 것으로 추측되고, 환경의 영향은 공유되지 않으며, 무엇보다 공유된 환경(가족)의 영향에 대한 증거는 발견할 수 없었다.

덴마크 쌍둥이 연구 센터Danish Twin Research Center[41] 데이터를 기초로 한 후속 연구[42] 결과도 크게 다르지 않았다. 덴마크 쌍둥이 3,099명을 대상으로 연구한 결과, 건강 상태에 대한 원인과 입원 횟수의 약 4분의 1만이 유전 요인에 기인하며, 나머지 변형은 비가족적인 환경 때문일 가능성이 크다는 것을 확인했다. 유전적 영향이 노인의 건강 변화를 부분적으로 설명한다는 것이다.

덴마크 쌍둥이 연구 결과보다 유전적 영향이 인간의 수명에 미치는 정도가 낮다고 결론을 내린 최근의 연구도 관심을 끈다. 루비Ruby 등의 연구[43]는 유전 가능성에 대한 추정치가 15퍼센트 미만에서 30퍼센트 수준으르 낮게 관찰되고 있다고 한다. 혈통 데이터를 기초로 인간의 수명과 유전적 요인과의 관계를 살펴본 결과, 1800년대와 1900년대 초에 출생한 코호트에 대한 유전 가능성은 10퍼센트보다 훨씬 낮다는 점을 확인했다. 이전의 다소 높게 추정된 유전 가능성은 연구 방법상의 '분류적 조합 효과'로 과대 평가된 것으로 결론지었다.

20여 년 동안 이루어진 코호트 기반 연구 결과는 인간의 수명에 유전적 영향은 10퍼센트 내외 수준임을 규명했다. 사람의 건강과 행복, 수명에 영향을 미치는 일본인의 이키가이도 유전적 요인은 미미한 수준이라는 연구 결과를 볼 때, 인간의 수명은 매우 부분적으로만 유전적 영향을 받는 것으로 확인된다.

심리학의 영역에서는 성취나 성공에 지능이나 재능, 환경 같은 유전적·환경적 요인보다 열정과 인내, 노력으로 대변되는 그릿이 절대적으로 중요한 요소임을 강조하는 대표적인 학자로 더크워스 교수가 꼽힌다. 수명에 미치는 유전적 영향이 매우 제한적이기에 학업 및 직업 성취와 성공에서도 유전보다는 개인의 삶에 대한 인식과 행동이 중요하다는 이론은 건강하고 긍정적인 기대감을 심어준다.

그런데 대규모 표본을 바탕으로 가장 최근 이루어진 더크워스 교수의 실증 연구 내용을 살펴보면, 그릿이 성취나 성공에 다른 요인들보다 배타적인 영향을 미치는 경우는 일정한 조건 범주에 한정된다는 사실을 확인할 수 있다. 즉 일반화의 오류 가능성을 내포하고 있는 셈이다. 더크워스 교수가 제1 저자인 논문 〈성공의 인지적 그리고 비인지적 예측 변수〉[44]를 살펴보자. 이 연구는 미국 육군사관학교 생도 1만 명 이상의 거대 표본을 토대로 '성공의 인지적 및 비인지적 예측 변수'를 살펴본 것이다. 그간 수행한 그릿 관련 연구 중 가장 표본의 규모가 큰(n=11,258) 종단적 실증 연구인 이 논문은 그릿에 대한 가장 객관적 설명력을 갖는 것으로 평가된다. 여기서는 성공의 예측 변수로서 인지 능력, 비인지적 예측 변수로서 신체 능력, 그릿, 이상 세 가지를 설정했다. 그리고 이를 군사 교과목 학점, 학술 교과목 학점, 체육 교과목 학점, 생도 기본 교육[•45] 완료 여부, 4년 기한 내 졸업 여부와 같은 다섯 가지로 측정했다.

● 생도 1년 차 여름에 진행하는 6주간의 생도 기본 교육. 'Cadet Basic Training'이 정식 명칭이며, '야수 병영 훈련' 의미를 담아 'Beast Barracks'라는 별칭으로도 불린다.

연구자들은 설명력이 가장 높은 예측 변수로 그릿을 강조하기 위해 도표에서처럼 생도 기본 교육 완료 여부를 가장 먼저 설명하고 있으나, 일반적인 사관 학교 생활의 학업 성취와 관련된 군사, 학술, 체육 교과목 학점에는 그릿이 설명력을 갖지 못한다. 4년 기한 내 졸업 여부도 통계적으로는 유의하나, 신체 능력과 함께 특정 구간에 한정된다. 또한 이 연구는 연구자들이 논문에 기술한 바와 같이 미국 육군사관학교 졸업생의 4퍼센트 미만에 해당하는 이야기다. 오히려 그들의 연구는 인지 능력은 학술적 교과목의 학점, 신체 능력은 체육 교과목의 학점에 유의한 영향을 미친다는 일반화된 결과를 공고히 해주었다.

이 연구 결과처럼 더크워스 교수가 강연이나 책에서 강조한 것처럼 그릿이 모든 상황에서 언제나 지능이나 재능을 넘어서는 일반화된 성공의 예측 변수라고 하기에는 과학적 증거와 논거가 충분치 못하다. 이 연구가 행해지기 전에 출간된 그의 책《그릿》은 일반화의 관점에서 논란의 여지가 있다. 이에 대해 앨라배마대학교의 피터 함스Peter Harms 교수는 심리학 분야의 주요 저널 중 하나인《개인 심리학Personal Psychology》의 서평에서 더크워스 교수의 저서 내용에 대한 오해의 소지, 인용의 비합목적성, 한계성들을 이미 상세하게 설명한 바 있다.[47]

그릿을 성공의 예측 변수로 일반화하기 어렵다는 연구 결과는 다양한 대상과 상황에서 확인된다. 허He 등의 연구[48]는 경제 수준이 상대적으로 취약한 중국의 농촌 학생 2,931명을 대상으로, 지능, 그릿, 학업 성취도 간 상호 관계를 규명했다. 그 결과 약 40퍼센트가 해당 연령의 평균 인지 능력 수준보다 낮은 인지 능력 부진 상태에 있었다. 그릿이 학업 성취도에 유의한 영향을 미치는 대상은 표본의 60퍼센

|도표 5-4| 성공의 예측 변수에 대한 연구 결과 그래프

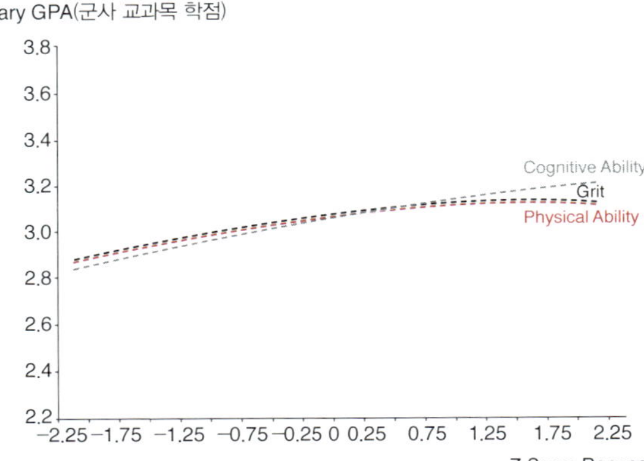
Mlitary GPA(군사 교과목 학점)
Cognitive Ability
Grit
Physical Ability
Z-Score Ranges

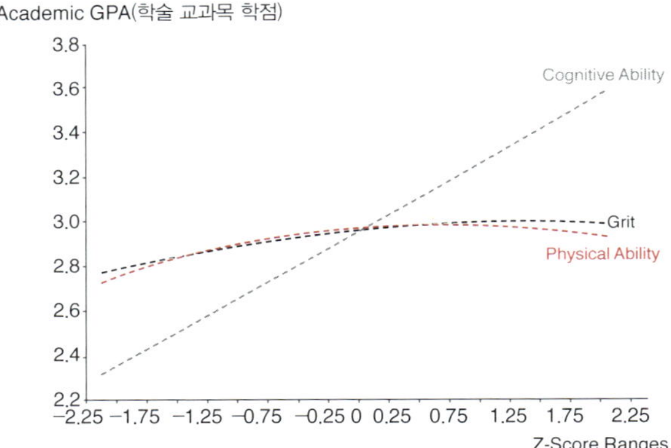
Academic GPA(학술 교과목 학점)
Cognitive Ability
Grit
Physical Ability
Z-Score Ranges

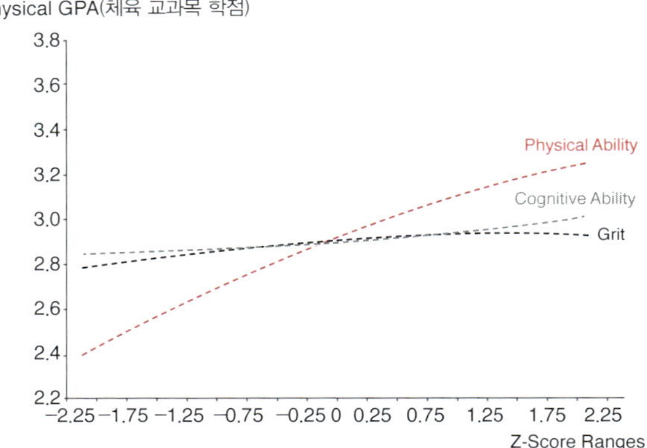
Physical GPA(체육 교과목 학점)
Physical Ability
Cognitive Ability
Grit
Z-Score Ranges

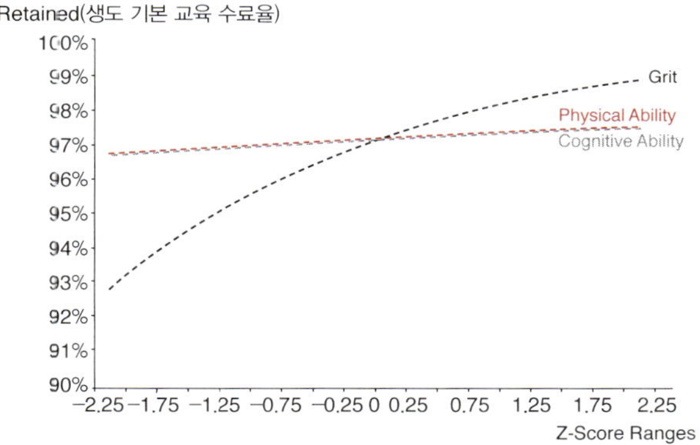

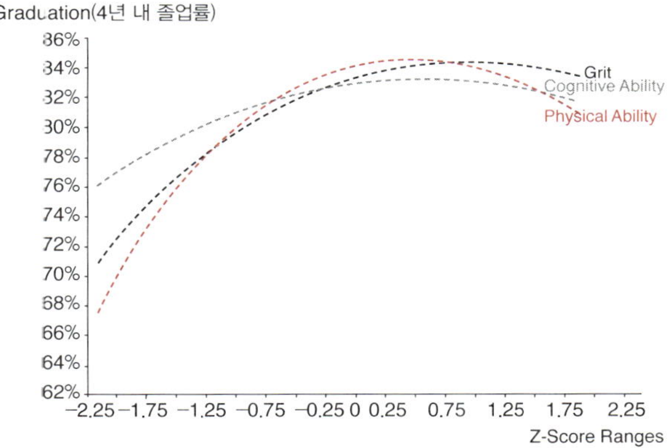

* 출처: 〈성공의 인지적 그리고 비인지적 예측 변수〉.[46]

트, 즉 인지 능력이 평균 수준 이상인 학생에게서 확인되었다. 평균 인지 능력을 가진 학생의 그릿 수준이 높으면 학업 성취도가 뛰어난 것으로 나타나 예측 변수가 타당함을 뒷받침했다. 그러나 인지 능력 이 상대적으로 낮은 약 40퍼센트 그룹에서는 그릿이 학업 성취도와 관련이 없었다. 휴스턴Houston 등의 연구[49]도 마찬가지 맥락에서 그릿 의 일반화에 대한 문제를 제기한다. 자유교양대학의 학부생 249명을 대상으로 성공에 대한 적응 및 적응 특성에 대해 살펴본 결과, 종합적으로는 그릿이 긍정적인 영향을 미치는 것으로 나타났지만, 개인의 완벽주의적 경향과 성공에 대한 과도한 자아도취 맥락에서는 부정적 영향을 미쳤다. 캐넌개라Kannangara 등[50]의 연구는 그릿이 개인의 심리적 특성이 아닌, 성별(여), 연령(상대적 고령), 집단 특성(상대적 고학년, 대학원생)에 따라 달리 나타난다는 사실을 확인했다.

기업에서도 이와 유사한 내용이 확인된다. 실적이 절실한 영업 사원이 높은 수준의 그릿을 보유할 경우, 판매 마감에 상대적으로 더 집중하느라 구매자의 요구에 충실히 대응하지 못하는 영업 사원이 될 수 있다. 또한 스스로 과도한 인내를 하다 보면 고객과 내부 비즈니스 파트너가 자신을 괴롭히는 것처럼 느낄 수 있다. 그리고 그릿 수준이 높은 관리자는 팀워크의 중요성을 지나치게 강조함으로써 팀 관리에 오히려 부정적인 영향을 미칠 수 있다.[51]

더크워스 교수는 저서 《그릿》[52]의 제3장 〈재능보다 두 배는 중요한 노력〉에서 '성취=재능×노력×노력'이라는 그릿 공식으로 노력의 중요성을 강조했다. 즉, 재능에 노력을 두 번 곱함으로써 노력을 통해 재능을 넘어설 수 있음을 쉽게 설명하고자 했다. 그러나 함스 교수[53]는 이것이 물리학을 기반으로 한 유사 과학 공식에 가까운 내용이며, 실제 연구에서 '0~1 메트릭metric'으로 확장된 노력이 이와 같은 방식으로 두 번 곱해지면, 노력이 재능보다 더 중요하다는 주장을 그릿 공식이 약화시키는 오류가 생긴다는 점을 지적했다.

이런 기술적 오류보다 더 중요한 도전은 더크워스 교수가 강조하는 '성취를 설명하는 원인은 노력'이라는 주장이 근원적 해석 오류를 내포할 수도 있다는 점이다. 지능과 재능보다 노력이 더 중요하다는 주장은 행동 과학자, 인지 심리학자, 신경 과학자와 유전학자에 의해 지속적으로 과학적인 도전을 받고 있다. 맥나마라Macnamara 등의 연구[54]는 '의도적인 연습deliberate practice'이 중요하다고 하지만, 연구 결과 연습에 따른 각각의 성과가 게임 26퍼센트, 음악 21퍼센트, 스포츠 18퍼센트, 교육 4퍼센트, 전문성 1퍼센트 미만이라는 점을 발견했다. 어떤 성취나 수준에 도달하는 데 노력이 전부가 아닐 수 있다는 것이다.

프랑스의 대표적 비즈니스스쿨인 에섹경영전문대학원에서 조직 행동을 연구하고 가르치는 파브리스 카바레타Fabrice Cavarretta 교수는 〈노력은 죽었다, 오래 지속하는 노력: '좋은 여행을 위한 계획'으로의 성과〉[55]라는 도발적인 제목의 논문을 발표했다. 그는 여기서 노력을 '노력-원인 대 노력-결과'의 맥락에서 구체적으로 정의 내리고 성과와 노력 간 상호 관계를 살펴야 한다고 강조했다. 노력이 성과나 성취의 원인으로 기능한다는, '노력은 배신하지 않는다'와 같은 사회적 신념이 대중 사이에서 깊이 자리하고 있다. 하지만 조직 행동 분야에서 거의 한 세기 동안 과학적으로 연구한 결과, 성과를 이끄는 것은 동기다. 노력에 대한 사회적 신념과는 대조적으로 노력은 다양한 동기 부여 과정에서 파생될 수 있다는 사실에 주목해야 한다. 예를 들어, 스티브 잡스가 혁신적인 제품을 고안하기 위해 엔지니어나 디자이너들과 밤샘 작업을 하는 것과 조니라는 여덟 살짜리 어린이가 수학 공부에 시간을 더 할애하라는 교사의 권고를 듣고 밤늦게까지 수학 문제를 푸는 것은 모두 노력하는 행위지만, 이를 같은 의미로 해석하기에는 무리가 따른다. 잡스의 노력은 동기의 결과고, 조니의 노력은 결과의 원인에서 비롯된 행동이다.

카바레타 교수의 연구[56]는 더크워스 교수의 그릿 공식이 자칫 고통으로서의 노력이 될 수도 있음을 말해준다. 풀리지 않는 수학 문제에 집착하거나, 다이어트를 위한 노력이 그 예가 될 수 있다. 고통으로서의 노력은 스트레스를 유발하여 결국 실패하거나 그 일을 싫어하게 되는 현상으로 귀결되기도 한다. 따라서 '노력-성과-즐거움-동기-노력'으로 이어지는 나선형 체계를 구축하는 것이 중요하고, 이때 단순한 노력을 넘어 취미, 동아리 활동 등의 다양한 간접 활동과 상황, 과업, 개인의 위치를 함께 고려하면 선순환적 흐름을 만들 수 있다. 이것이 형성되어야 비로소 노력을 지속할 수 있다. 카바레타 교수가 논문의 제목에서 언급한 '좋은 여행을 위한 계획'은 앞서 설명한 간접 활동과 상황, 개인의 지위를 순환 연결 체계(노력-성과-즐거움-동기-노력…)에 적절히 추가하는 것을 의미한다. 이때 성과는 부산물의 성격으로 충실하게 만들어질 것이다. 한마디로 어떤 과업에 즐겁게 몰입하면 저절로 노력하게 되고, 그 결과 역시 자연스럽게 나타나는 것을 의미한다.

노력이 성취에 미치는 영향에 대해 가장 광범위한 메타 분석을 시행한 햄브릭Hambrick 등의 연구[57]는 제반 사항을 전체적으로 망라해서 정리해주고 있다. 말콤 글래드웰에 의해 알려진 '1만 시간의 법칙'[58]처럼 대중은 노력을 전문성의 개발과 성취 혹은 성공의 중요한 원인 변수로 인식하거나 그러기를 기대하는 신념을 갖고 있다. 그러나 과학적 접근법에 기초하여 노력이 전문성과 성취에 미치는 영향을 광범위하게 살핀 결과, 노력은 의미 있는 설명력을 가질 수 없다는 결론에 다다랐다.

이들이 정리한 노력과 전문성(성취 수준)의 상호 관계는 다음과 같다.

① 통계적·실제적 관점에서 부인할 수 없을 정도로 중요하지만, 의
도적인 연습은 전문성 차이의 대부분을 설명하지 못한다.

② 기본 능력은 일부 영역에서 전문성을 예측하며, 때로는 고도로
숙련된 연주자에게서도 전문성을 예측한다.

③ 성격 요인은 의도적인 연습을 통해 간접적으로 전문성을 예측하
지만, 때로는 직접 전문성을 예측할 수도 있다.

④ 업무와 같은 의도적인 연습 이외의 영역 관련 경험의 형태는 전
문성을 긍정적이고 의미 있게 예측한다.

⑤ 유전적으로 영향을 받은 요인은 훈련을 통해 간접적으로 혹은
직접적으로 전문성의 개인차를 설명한다.

⑥ 의도적인 연습만을 고려한 전문성 모델은 전문성의 주요 사실을
적절하게 고려하지 않는다.

신경 과학 영역에서 디어리Deary 등이 연구한 〈인간의 지능 차이의
신경 과학적 해석〉[59]에 따르면, 100년이 넘는 경험적 연구를 통해 지
능(g, 일반 인지 능력, 정신 능력 및 IQ)은 높은 유전성을 보이며, 안정적
으로 측정될 수 있고, 교육 및 직업적 성취와 성공에 영향을 미치는
결정적인 예측 변수라는 점이 밝혀졌다. 신경 과학자들은 이를 전제
로 인간 지능의 네트워크,[60] 인간 지능의 인지 제어 모델[61]을 살펴봄으
로써, 인지 능력 외의 다른 요인을 찾기보다는 인지 능력이 지적 능력

으로 전환되고 확산되는 과정을 세밀하게 조사하는 쪽으로 연구가 진행되고 있다.

파즈–바루크Paz-Baruch[62]의 연구에서도 학생의 학업 성취도는 교육 자본, 학습 자본, 일반 지능이 결정하며(종합 모델 설명력 80퍼센트), 특히 교육 자본에 대한 기여도가 더 높게 나타났음을 발견했다. 즉 환경과 개인의 재능이 모두 탁월해야 영재적 능력을 지닐 수 있다는 것이다.

더크워스 교수는 저서《그릿》에서 지능이나 재능과 환경 등 유전적이거나 통제 범주 밖의 상황에 종속되지 않고, 인내하며 끈기 있게 노력하면 성공할 수 있다는 믿음을 대중에게 안겨주었다. 그러나 그 믿음을 부정하거나 흔드는 연구 결과들은 과거에도 존재했고, 최근까지도 이어지고 있다. 때문에 그릿은 앞서 소개한 연구자들의 의문에 과학적 답을 제시해야 하는 상황이다.

실제 우리가 어떤 성취나 성공에 다다르는 일련의 과정은 그릿 공식처럼 단순하지 않다. 성취에 이르는 길에는 기본 능력, 성격, 특정 범주 기반의 지식과 경험이 상호 작용하며, 이를 둘러싼 큰 틀은 유전적·환경적 요인과 이들 간의 공변량이다. 상호 작용의 중심축이 되는 요인들은 배경, 과업, 상황, 개발 요인으로 분류될 수 있으며, 개별 요인에 영향을 주어 상호 작용에 간접적인 영향을 미치는 등 요인들 간 관계가 복잡하다.[63]

대중은 단순화된 공식 개념으로 지능, 재능, 환경을 넘어설 그 무엇을 여전히 갈망하고 있다. 그릿은 이에 부응한 것이고, 1만 시간의 법칙도 마찬가지다. 글래드웰은 저서《아웃라이어》[64]에서 사실상 앞서 설명한 '다요인 유전자–환경 상호 작용 모델' 관점에서 성공에 관한 내용을 소개했는데, 대중은 그가 소개한 1만 시간의 법칙이 성취나 성공을 이끄는 것으로 인지하는 경향성을 보였다. 즉 유전적 요인 외 성취와 성공을 이끄는 무언가를 찾기 원하는 기대와 요구가 존재한다는 것이다. 함스[65]는 그릿은 많은 과학적 도전에 직면해 있지만, 여전히 계속 지지받아야 하고, 또한 여러 학자가 이 대열에 동참하여 유효한 대안 모델을 찾아가야 한다는 의견에 절대적으로 동의하고 지지한다는 자신의 관점을 설명한 바 있다.

자, 이제 과학적이고 학술적인 설명에서 조금 비켜 단순화의 영역으로 옮겨가자.

우리는 위대한 일을 하는 것이 아니라
위대한 사랑으로 작은 일을 하는 것
작지만 끝까지 꾸준히 밀어가는 것
그것이야말로 내가 아는 가장 위대한 삶의 길이다.
-박노해, 《다른 길》[66]

위대한 삶에 대한 시인의 통찰력을 십분 느낄 수 있는 이 말은 그동안의 연구를 다시 한번 생각해보게 한다. 사회 과학의 학문적 영역은 실험과 검증 등에서 표본이나 상황의 통제, 조작화 과정을 거치는 게 일반적인 접근법이다. 따라서 미시적이거나 부분적인 검증과 발견에서는 의미 있는 연구 결과가 많지만, 우리의 삶과 인생 전체를 관통하는 단순화된 원리나 핵심을 얻어내기란 쉽지 않다. 박노해 시인처럼 문학가나 시대의 현인이 통찰과 직관으로 전체를 꿰뚫어 보는 것이 더 유효하고 현실적인 접근법이 될 수도 있다. 이를 토대로 귀납적 접근법으로 과학적인 규명이나 검증을 하는 것도 하나의 방법일 수 있다.

'위대한 사랑으로 작은 일을 하는 것'은 앞서 여러 학자의 정의와 연구 결과에 기초해 설명했던 이키가이의 핵심과 맥을 같이하는 게 아닐까? '작지만 끝까지 꾸준히 밀어가는 것'은 과학적 반론과 다른 여러 견해와 연구 결과를 토대로 설명했던 그릿과 맥을 같이하지 않을까? 이런 맥락에서 그릿이 가지는 제약 사항 혹은 한계점을 이키가이와 접목함으로써 유효한 대안 모델을 찾아보면 어떨까?

더크워스 교수가 제3 저자로 공동 참여한 본 쿨린Von Culin 등의 연구[67]를 살펴보면, 그릿은 성공의 예측 변수보다 이키가이 같은 의미와 성격이 더 있는 것으로 해석된다. 이키가이에서 말하는 참여와 의미의 추구가 그릿과 동기적 상관관계를 구성하고 있기 때문이다. 다시 말해 삶을 가치 있게 하는 대상과 가치 있는 삶에 대한 자신의 인식이 일치할 때 지속해서 기능하는 이키가이[68]가 만들어진다는 설명과 그 궤를 같이한다고 할 수 있다. 더불어 일본인 고유의 이키가이에는 영웅적 서사보다는 일상의 작은 삶, 즉 가족, 가까운 친구와 이웃, 사회와의 관계 속에서 삶의 목적과 가치를 찾아가는 것이 중요하다는 관점이 녹아 있다. 단순히 반복적인 노력이 아닌, 간접적인 활동이나 주변의 상황들이 가미되어 동기로부터 파생되는 노력이 실제 의미가 있으며, '동기-결과'로 이어지는 순환이 성취와 성공을 이끈다.[69]

이제 우리의 삶을 가치 있고 성공적으로 이끄는 것이 무엇인지 찾아보는 결론 단계에 다다른 듯하다. 다음의 질문을 자녀와 함께 나누어보자.

- 나의 존재는 무엇 때문인가? 어떤 사람, 누구를 위한 것인가?
- 나의 존재 목적은 무엇인가? 만약 있다면 나는 그것에 충실하고 있는가?

이 질문을 나누는 것은 살아가는 것의 가치나 의미, 즉 이키가이를 찾아가는 과정이다. 답을 정리했다면 그것은 '위대한 사랑으로 작은 일을 하는 것'[70]으로 읽힐 것이다. 이 답은 자신과 자녀를 건강하고 행복하게 장수하는 삶으로 안내할 것이다. 바로 그 답은 자신이 살아가는 이유이자 자신을 살게 하는 힘이며, 아침에 일어나야 하는 이유고, 자신의 삶을 가치 있게 만드는 원동력이기 때문이다.

그릿은 장기적인 목표에 대한 열정과 인내입니다. 그릿에 대해 생각하는 한 가지 방법은 그릿이 아닌 것을 고려하는 것입니다. 그릿은 재능이 아닙니다. 그릿은 운이 아닙니다. 그릿은 당분간 당신이 뭔가를 원하는 정도가 아닙니다. 대신 그릿은 일부 연구자들이 궁극의 관심사라고 부르는 것, 즉 당신이 행하는 거의 모든 일을 조직하고 의미를 부여할 정도로 깊은 관심을 보이는 목표를 가지는 것입니다. 그리고 그릿은 그 목표를 굳건히 지키고 있습니다. 당신이 넘어지거나 망가져도, 그 목표를 향한 진행이 중지되거나 더딜 때도 말입니다. 재능과 행운은 성공에 중요합니다. 그러나 재능과 행운이 그릿을 보장해주지는 않습니다. 그리고 아주 장기적으로는 그릿이, 그 이상은 아니더라도 최소한의 중요한 담론으로 자리할 것입니다.

－앤절라 더크워스, '그릿이란 무엇인가?'에 대한 설명[71]

필자가 앞의 설명에서 주목한 내용은 '궁극적인 관심사'다. 우리의 삶에 단순하고 일시적인 관심이 아닌 궁극의 관심사를 가진 무언가가 있다면, 우리는 열정이 생기고, 동기 부여가 될 것이며, 단순한 노력이나 고통으로서의 노력이 아닌 의도적인 노력과 연습, 인내로 궁극적인 관심사에 다가갈 것이다. '그릿 스케일'로 불리는 8~12가지 문항의 질문법보다 다음의 질문이 더 의미가 있을 것이다. "당신은 '궁극의 관심사'가 있는가?" 단순하지만 그릿의 핵심을 관통하는 이 질문을 자신 그리고 자녀와 함께 나누어보면 어떨까? 각자의 삶에서 궁극의 관심사가 있다면, 이는 우리를 성취와 성공의 장으로 안내할 것이다.

이키가이 벤 다이어그램은 기업가정신과 경영 전략을 연구하고 가르치는 학자인 필자가 기업가들이 기꺼이 위험을 감수하고 혁신 활동이나 비즈니스에 나서고자 하는 근본 목적을 파악하는 데 중요한 영감을 주었다. 특히 비즈니스 아이템과 창업 팀 간의 정합성을 확보하는 것이 매우 중요한 상황에서 이키가이 벤 다이어그램은 이를 아주 간단하게 점검하는 방법으로서 그 효과가 높다. 아직 과학적 검증을 거친 것은 아니지만 성공한 창업이나 혁신의 사례를 귀납적으로 추적해보면, 기업가는 자신의 비즈니스와 관련한 다음의 질문에 매우 높은 정합성을 보인다.

- 내가 사랑하는 일인가?

- 내가 잘할 수 있는 일인가?

- 세상이 강력히 요구하는 일인가?

- 경제적 수익 실현이 가능한 일인가?

이 네 가지 질문에 모두 "그렇다"라고 답한다면, 이는 그릿에서 이야기하는 궁극의 관심사에 해당할 것이다. 그릿이 언제나 누구에게나 일반화되는 성취와 성공의 예측 변수는 아니다. 그러나 제한된 집단과 환경, 특히 어렵고 험난한 환경 가운데서는 언제나 그릿이 지능이나 재능을 넘어서 성취와 성공으로 이끄는 강력한 힘이 된다는 과학적 증거가 견고하다. 그리고 이 증거가 가장 지지를 받을 수 있는 집단과 환경은 미국 육군사관학교의 생도 기본 훈련 과정이 아닌 기업가정신과 혁신의 영역이라 말할 수 있다.

웨이Wai 등의 연구[72]는 이미 이에 대한 과학적 논거를 제시한다. 적어도 기업가정신과 혁신의 영역에서는 지능과 환경의 대위 변수 역할을 하는 학력과 학벌 모두가 절대적으로 영향을 미치지 않음을 확인했다. 다만 연구자들은 성취와 성공에 결정적인 영향을 미치는 지능과 환경(엘리트 대학 졸업을 통한 제도적 경로 효과)을 대체할 만한 그 무엇을 제시하지 못하고 있다. 그것은 바로 궁극의 관심사가 될 수 있을 것이다. 그의 연구는 노력이 강조되는 그릿이 아닌, 궁극의 관심사로의 그릿의 중요성을 거듭 이야기한다.

일본인의 이키가이가 삶과 인생의 궁극적 성공을 이끄는 개념이라면, 서구의 이키가이 개념과 이에 따른 질문법은 비즈니스 탐색뿐 아니라 진로 탐색 차원에서도 매우 유용한 참고와 가이드를 제공하고 있다. 여기에 그릿 개념을 추가하면 직업적·사회적 성공을 이끄는 '인생 프로젝트The Golden Project'의 의미를 갖게 된다.

자, 자녀와 함께 다음의 질문을 순서대로 나누어보자.

① 내가 사랑하는 것은 무엇인가? 그것은 나의 궁극의 관심사인가?
② 그것은 내가 잘할 수 있는 것인가? 아니라면 내가 잘하는 것은 무엇인가?
③ 그것은 세상이 갈급하게 필요로 하는 것인가? 내가 인지하는 세상의 갈급한 필요와 당면한 중대 문제는 무엇인가?
④ 그것은 경제 활동으로 이어질 수 있는가? 그렇지 않다면 그것을 경제 활동과 어떻게 연결할 수 있는가?

이런 질문 모두를 교차하는 스위트 스폿을 찾는다면, 그것은 자신과 자녀의 직업적·사회적 성취와 성공을 이끄는 '나의 인생 프로젝트'를 갖게 된 것이다. 이를 발견하고 가지는 것만으로도 엄청난 수준의 동기가 부여된 것을 의미하며 1만 시간 이상의 노력을 기울이게 된다. 이때의 노력은 동기의 결과로서의 노력이다. 즉 의도적인 연습과 시도에 해당한다. 열정을 갖고 인내하며 긴 호흡으로 몰입하는 것이다. 유전적이나 환경적으로 충분치 못하다 하더라도 이를 거뜬히 넘어설 수 있다. 사랑하고 잘하는 일을 한다는 것은 자신의 재능이 거기에 있다는 뜻이다. 그리고 이미 생산적인 노력을 지속하고 있다. 이는 '재능×노력=스킬 → 스킬×노력=성취'라는 그릿 방정식에 맞아떨어진다. 세상이 필요로 하고, 이에 대해 경제적 보상이 이루어진다는 것은 그것이 자신의 직업이 될 수 있음을 의미한다. 소위 말하는 천직을 갖게 되는 것이다. 세상의 갈급한 필요와 중대한 문제를 다룸으로써 사회적 의미와 가치를 함께 지닐 수 있다. '열정-전문성-직업-사명'이 교차하는 곳에 있는 것은 바로 인생 프로젝트다.

당신은 '나의 인생 프로젝트'가 있는가?

노력주의의 함정

'교육 심리학은 나에게 어떤 의미인가?' 이것은 바로 미국심리학회 American Psychological Association에서 1년에 단 한 명에게만 수여하는 최고 영예의 손다이크상의 2018년 수상자인 조앤나 윌리엄스Joanna Williams 컬럼비아대학교 티쳐스칼리지 교수가 2019년 8월 미국심리학회 학술 대회에서 한 수상 연설[73]의 제목이다.

"저는 대학에서 심리학을 전공했는데, 행동주의 지향성이 매우 높은 학풍에서 심리학을 접하게 되었습니다. 이때 뇌가 열릴 필요가 없는 블랙박스라는 개념에 전적으로 동의했고, 'mind'라는 네 글자로 된 단어를 배웠습니다. 그리고 학습 과정은 인간을 포함한 모든 동물에게 있는 보편적인 것으로 전제했습니다. 학습은 반드시 개선을 의미하는 것만이 아니며 행동의 변화라는 것을 알게 되었습니다. 실험 심리학 전공으로 박사 학위를 받고 나서 일을 시작할 때는 행동 이론에 매료된 행동주의자였습니다. 이후 펜실베이니아대학교에서 교육자로 활동을 시작하면서 행동 이론을 교육 현장에 접목하는 것에 관심을 두었습니다. 컬럼비아대학교의 학습장애연구소에 합류하면서 교육 심리학의 영역에 본격적으로 참여하게 되었습니다. 이때 접근 방식에 의구심이 들었지만 임상의를 신뢰하며 학습 장애 문제를 살피기 시작했습니다. 타 분야의 연구자와 함께 연구하는 경험은 훗날 교육 심리학자로 연구 활동을 하는 데 중요한 기초가 되었습니다."[74]

윌리엄스 교수는 이론과 방법론의 변화 등을 세부적으로 소개했는데, 그 과정에서 핵심적으로 말한 것은 여러 학제와 융합하여, 학생의 동기와 성취를 이끄는 교육 심리학의 역할론과 가치였다. 그리고 현장의 교육자가 교육 심리학에 더 쉽게 접근하고, 연구자로의 역할을 함께 수행할 수 있을 때, 그 효익은 학생, 특히 학습 장애에 어려움을 겪는 학생들에게 돌아간다고 했다. 뇌를 열지 않아도 되는 블랙박스로 간주하기보다, 이를 함께 알아가며 교육의 근본 목적, 즉 학생의 성취와 발달에 초점을 맞추는 교육 심리학의 의미와 가치를 주장한 것이다.

필자 역시 교육학이나 심리학을 전공하지 않은 현장의 교육자로서 교육 심리학에 대한 갈급함이 있었다. 대학에서 활동하는 교육자나 직업 훈련 현장의 교육자는 해당 전공 분야와 별도로 교육에 대한 체계적인 학습이나 훈련을 받아본 경험이 없는 경우가 대부분이다. 이들은 엄격한 기준에서 보면, 교육자보다는 지식 전달자에 더 가깝다고 할 수 있다.

기업가정신과 경영 전략 분야는 교육의 관점에서 잠재적 기업가를 양성하고 현재의 기업가와 경영자의 역량을 개발하는 교육 분야다. 경영학 분야에도 다른 세부적인 전공 영역보다 교육 요소가 더 필요한 전공 영역이라 할 수 있다. 교육 심리학에 대한 체계적인 학습과 훈련을 받았더라면, 전문적인 지식 전달자 역할뿐 아니라 기업가와 경영자를 더 전문적이고 체계적으로 양성하는 교육자 역할을 함께 해낼 수 있지 않을까 하는 진한 아쉬움을 갖게 되었다. 이것이 뒤늦게라도 교육 심리학을 학습하고 또 알아가려 노력하는 이유다.

교육 심리학을 토대로 현장에서 이를 실행해본 결과, 교육 심리학은 학습자의 잠재적 가능성을 이끌어내고, 이것이 상당한 성취로 연결되는 데 중요한 역할을 했다. 자기 효능감, 핵심 자기 평가, 역할 모델, 동기 이론, 몰입, 성취 지향 등 다섯 가지의 성격 특성 요소Big Five personality traits는 교육 현장에 꼭 필요한 것들이다.

교육 심리학을 기초로 한 다양한 기업가정신 교육을 학부생, 예비 기업가, 초보 기업가, 실패 후 재도전하는 기업가 등을 대상으로 수행해본 결과, 그 효과가 상당함을 직접 체험할 수 있었다. 특히 자기 효능감을 높이는 경험과 역할 모델을 통한 동기 부여는 대학교 저학년생에서 상당한 교육적 효과를 보였다. 수년 동안 일선 초중등학교의 교사와 교장단을 대상으로 한 KDI 경제 연수 프로그램에 참여하여 교육 심리학의 효과를 소개했는데, 그 결과 초중등학교의 교육 여건

이 교육 심리학을 전문적으로 투영하기에는 여러 한계가 있다는 것을
알게 되었다.

학업의 성취나 사회적 성공에 대한 '가지고 태어난다Nature, Born 대
추후 만들어진다Nurture, Made' 관점은 아주 오래된 탐구와 질문의 대상
으로, 양쪽 시각이 극명하게 엇갈린다. 기업가의 경우도 상반된 두 관
점에 대한 의견이 팽팽하지만 만들어진다는 쪽이 소폭의 우위를 차지
한다.

그런데 학업적 성취와 관련해서는 어느 정도 결론이 난 상태다. 지
능유전적, Nature은 가장 설명력이 높고 일관된 학업 성취를 예측할 수 있
는 변수다. 이는 지난 한 세기 이상의 과학적 검증으로 충분히 규명되
었다.[75] 학부모나 교사도 대부분 이와 같은 사실을 경험으로 인지한
다. 워커Walker와 플로민Plomin의 연구[76]에 따르면, 영국의 초등학교 교
사 667명과 이들이 지도하는 학생의 학부모 1,340명을 대상으로 성
격, 지능, 행동 문제, 학습 장애, 정신 질환의 유전적 영향에 대한 인식
을 조사해본 결과, 그 상관 정도는 '교사 대 학부모'를 비교할 때 각각
0.87 대 0.92, 0.94 대 0.93, 0.43 대 0.54, 0.94 대 0.86, 0.91 대 0.89
로 파악되어, 행동 문제를 제외하고는 유전적 영향이 매우 큰 것으로
파악되었다. 특히 지능은 교사와 학부모 모두 유전적 상관관계가 절
대적이라는 응답을 보였다.

그릿이 학업 성취를 설명하는 중요한 예측 변수라는 노력주의자의
주장에 대해 유전학 및 신경 과학자들은 과학적 반론을 제기한다. 림
펠드Rimfeld 등의 연구[77]에 따르면 그릿은 다섯 가지 성격 특성 요소 중

하나인 신실함과 유전 상관관계가 0.86으로 같으며, 이를 넘어서 학업 성취를 예측한다는 증거는 발견되지 않았다. 신실함은 6퍼센트의 성적 차를 예측하지만 그릿은 오히려 예측력(설명력)이 거의 측정되지 않았다. 이 연구는 영국의 2,321쌍의 16세 쌍둥이, 즉 4,642명의 표본을 기초로 유전 가능성을 추적 분석한 결과다.

이처럼 지능은 심리학에서와는 달리 행동 유전학의 핵심 구조며, 인지 신경 과학에서도 마찬가지다. 지능은 교육, 직업, 정신 및 신체 건강, 질병과 사망률 같은 중요한 삶의 결과를 정확히 예측하는 변수 중 하나며, 가장 유전 가능한 행동 특성 중 하나다.[78] 플로민과 디어리의 연구[79]는 유전학 연구 100여 년 만에 처음으로 정량적 유전 기술 GCTA•를 활용하여 유전학 관점에서 지능에 대한 세부 내용을 살폈는데, 유전자와 환경의 영향으로 형성된 생물 형질은 약 0.30의 상관관계가 있지만, 유전적으로만 볼 때는 0.60 혹은 그 이상의 상관관계를 보였다. 지능에 미치는 유전적 영향도 유아기에는 20퍼센트 수준이었으나, 성인기에는 80퍼센트 수준까지 선형적으로 증가했다. 유전성의 관점에서 자녀의 신체적 특성은 부모와 0.20 미만의 상관관계가 있지만, 지능은 두 배 이상 증가하여 0.40 미만 수준을 보였다.

환경주의자는 학생의 학업 성취도가 교육 자본, 학습 자본, 일반 지능으로 결정되며(종합 모델에 따르면 80퍼센트 수준), 특히 교육 자본에 대한 기여도가 더 높다고 밝히며, 환경과 개인의 지능이 학업적 성취에 결정적인 영향력을 미친다고 말한다.[80] 열정을 갖고 인내하며 노

• Genome-wide Complex Trait Analysis, 게놈 전반의 복잡한 특성 분석 방법.

력하면, 즉 그릿을 가지면 성취할 수 있다는 사회 정의에 대한 기대와 이를 바탕으로 한 사회적 신념은 학업적 성취와 관련해 충분한 논거나 과학적인 증거를 뒷받침하지 못하고 있다. 햄브릭 등의 연구[81]와 카바레타 교수의 설명[82]은 동기와 유전 요인, 환경 요인, 더 나아가 능력이나 특정한 환경, 성격, 지식 등을 복합적으로 고려하지 않는 단순한 노력주의는 자칫 학생들에게 고통으로서의 노력을 강요할 수 있다고 말한다.

이렇듯 오랜 기간 이루어진 여러 연구로 학업적 성취에 유효하게 영향을 미치는 것은 지능이며, 60~80퍼센트는 유전적 영향을 받는다는 과학적 사실이 입증되었다. 지능이 학업 성취로 이어지는 과정에서 환경도 유의한 영향을 미치는 것으로 밝혀졌다. 한마디로 우수한 지능을 가진 유전자, 우수한 교육 자본 및 학습 자본 등의 환경 여건이 학업 성취에 절대적인 영향을 미치며, 여기에 노력이 기여하는 정도는 과학적으로 유의미한 수준이 아닌 것으로 정리할 수 있다.

모두를 위한 교육 심리학

유전적·환경적 요인이 미래 세대의 학업 성취를 결정한다면 교육과 교육자의 역할은 무엇인가. 이런 근본적인 고민의 맥락에서 시글Siegle 등이 발표한 〈내가 성취한다고 믿는 이유가 성취 여부를 결정한다〉라는 매우 강렬한 제목의 논문[83]에 시선을 두게 된다. 이 연구는 교사, 친구와 동료, 가족의 관심과 노력을 통해 학생의 인지에 변화를 줄 경우 학업 성취가 달라질 수 있다고 밝힌다. 이때 세 가지 인지가 중요한데, 할 수 있다는 자신감인 자기 효능감, 목표가 가치 있다고 평가하는 목표 평가, 성공 가능한 환경임을 아는 환경 인식이 여기에 해당한다. 이것들이 상호 작용하면, 학생은 자신의 행동을 규제하며 동기 부여되어 과업에서 높은 성취도를 보인다고 한다. 그리고 사회적 문화와 함께 교사, 친구나 동료, 가족의 역할과 영향력이 매우 중요하다.

이처럼 자기 믿음과 맥락을 같이하는 연구가 계속 이어진다. 오웨닐Ouweneel 등은 역시 〈믿으라, 그러면 당신은 성취할 것이다〉라는 인상적인 제목의 논문[84]으로 자기 효능감의 변화가 학업 성취도에 중대한 영향을 미친다는 연구 결과를 소개한다.

유전학자와 신경 과학자도 유전적·환경적 요인 외에 학업 성취를 높일 수 있는 또 다른 방향을 제시한다. 플로민과 디어리[85]는 유전학이나 의학의 영역에서 개인차가 유전된다는 것은 보편적인 법칙이지만, 심리학이나 행동 과학 영역의 학자가 이를 당연하게 받아들여서는 안 된다고 이야기한다. 그들은 '100퍼센트 유전되는 것은 없다!'라는 사실에 주목해야 한다면서 유전의 영향을 받지 않는 특성을 발견하려는 연구자의 관점과 책무를 중요시했다. 따라서 성인이 되기 전, 특히 가장 유전의 영향을 덜 받는 유아기 및 청소년기의 교육적 영향과 환경에 따라 학업 성취가 달라질 수 있음을 함께 강조한다.

데이비드 부에노David Bueno는 논문 〈유전학 그리고 학습: 유전자는 어떻게 교육적 성과 달성에 영향을 미치는가〉[86]에서 유전적 특성 중 더 쉽게 개선되는 것이 있는지 혹은 어떤 특성이 변경하기 어려운지 등의 문제가 아직까지 충분한 확신을 갖고 설명하지 못한다고 밝혔다. 이는 달리 말해 학업 성취도와 관련하여 교육이 개입할 여지가 많다는 의미다. 교육학자들은 개인의 학습 성향에 변화를 주어 학업 성취도를 개선할 수 있다고 하지만 유전학적으로는 타당한 과학적 근거가 없는 것으로 확인되었다. 유전 과학적으로 학업 성취도에 영향을 주는 사항은 정규 수업 등과 같은 공유된 학습 과정과 친구, 학생과 교사 간의 개인적인 관계 같은 무작위 경험과 관련된 내용이다.

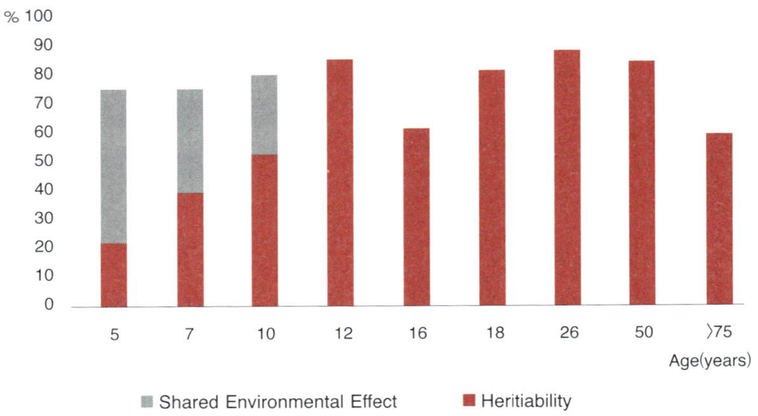

* 출처: Bueno, David, 2019, Genetics and Learning: How the Genes Influence Educational Attainment, *Frontiers in Psychology*, 10(Article 1622).

이에 대한 구체적인 논거를 제시하는 것은 포크로펙Porkropek과 시코라Sikora의 연구[87]다. 폴란드에서 6학년(13세)부터 9학년(16세)에 이르는 세 쌍둥이 2만 4,285쌍(4만 8,570명)의 학생을 대상으로 학업 성취와 유전적 영향에 대해 관찰해본 결과, 학습 영역과 교실 수업 환경에 따른 시험 결과의 편차 58~88퍼센트는 유전성에 기인하며, 최대 34퍼센트는 공유 환경에서 비롯된다는 사실이 밝혀졌다. 8~15퍼센트는 생활에서 벌어지는 독특한 사건에 따라 달라졌다. 6~9학년 학생들의 성적에 따른 학습 성취도의 향상 차(증가 혹은 하락) 54~66퍼센트는 유전 가능성으로 설명된다. 여기서 고유한 환경이 차지하는 비중은 34~46퍼센트다. 그러나 교실 효과는 없는 것으로 확인되었다.

세부적으로는 6학년 때 보이는 수학 교과에서의 유전에 따른 개인 차는 0.57, 인문 교과에서는 0.66으로 파악되었다. 수업과 같은 공유 환경의 영향은 수학에서 0.34, 인문학에서 0.30이었다. 이 학생들이 9학년이 되었을 때 수학과 인문학에서의 유전 가능성은 모두 0.66으로 증가했다. 나이와 학년이 높아짐에 따라 수학의 유전 가능성은 소폭 올랐고 인문학도 아주 미세한 증가세를 보였다. 9학년이 되었을 때 공유 환경의 효과는 0이었으며 비공유 환경의 효과는 0.34였다. 즉 수업과 같은 공유 환경은 학년이 증가함에 따라 학업 성취에 전혀 영향을 미치지 못했고, 학생과 교사의 관계 같은 비공유 환경이 일정한 영향을 미쳤다. 한마디로 유전학적으로만 보면 9학년 이후 학교의 교실 수업은 학생의 학업 성취도에 유의미한 영향을 주지 못하며, 유전(지능)과 비공유·비정형 관계와 활동이라는 두 가지 요인으로 학업 성취도가 결정된다.

이는 앞서 교사, 친구와 동료, 가족의 관심과 노력에 따라 학업 성취도가 달라진다는 시글 외의 연구 결과를 과학적으로 뒷받침해주는 논거다. 특히 상대적으로 유전의 영향을 덜 받는 유아기 및 청소년기의 공유된 학습 과정(학년·학급 단위 학교 수업)과 무작위 경험(다양한 개인적 경험)이 매우 중요하며, 이때 교사, 친구와 동료, 가족의 관심과 애정이 절대적으로 필요하다는 점을 시사한다. 시글 외의 논문 제목인 '내가 성취한다고 믿는 이유가 성취 여부를 결정한다'[88]라는 말처럼 학생 개인을 둘러싼 교사와 친구, 가족이 할 수 있다는 자기 효능감을 인식하도록 돕고, 목표가 가치 있다고 여기며 성공 가능한 환경이라는 믿음을 가지도록 한다면, 특히 유아기 및 청소년기에 이를 전문적이고 체계적으로 돕는다면, 미래 세대가 유전적·환경적 제약 요인을 넘어서는 성취동기와 성취 지향을 이끌 수 있고, 이는 다른 성취의 결과로 이어질 것이다.

심리학이나 행동 과학에서 자기 효능감은 다른 어떤 동기 부여 구조보다 행동 결과를 더 일관되게 예측한다.[89] 그리고 이는 학생이나 학습자뿐 아니라 교사와 학부모에게도 꼭 필요한 내용이다. 학생의 자기 효능감이 높으면 이것이 강력한 동기가 되어 행동 결과를 이끌 수 있다는 믿음으로 교육에 임해야 한다.[90] 자기 효능감에 대한 믿음을 갖는 교사는 학생과의 관계에서 더욱 친밀하며, 이는 유전학적으로 학생의 학업 성취에 영향을 미친다.[91] 이처럼 심리학, 행동 과학, 신경 과학은 유전적·환경적 요인 때문에 학업 성취에 어려움을 겪는 학생의 학업을 독려하는 힘이 있다. 특히 교육자와 학부모가 이에 대해 깊이 이해하고 있다면 말이다. 이것이 바로 교육 심리학의 힘이며, 현장의 교사는 물론 학생과 학부모 모두가 교육 심리학을 이해해야 하는 이유다.

교육 심리학은 학교 심리학과 유사한 부분이 많으나 일정한 차이가 있어 따로 구분되는 학문 영역이다. 미국심리학회[92]의 교육 관련 학술지 중 1986년부터 발행된 《학교심리학계간지School Psychology Quarterly》는 전통적 심리학의 한 영역인 학교 심리학을 다룬다. 이보다 전문화된 학술지는 1910년부터 나온 《교육심리학연구Journal of Educational Psychology》, 1963년부터 시작된 《교육심리학자Educational Psychologist》가 있다. 교육 심리학 관련 학술지가 학교 심리학 관련 학술지보다 역사와 규모에서 더 우위를 차지한다. 학교 심리학의 범주가 학교 체계에 더 집중되었다면, 교육 심리학은 공식·비공식 학습 전반의 맥락에서,

특히 학습자(학생)의 성장과 발달, 성취와 관련된 내용을 다룬다.[93] 그 중 《교육심리학자》는 현장 중심의 연구와 교육학, 심리학 외 행동 과학, 신경 과학, 의학, 교육기술 등 다학제적 융합 연구 기반의 연구 결과들을 소기한다. 당연히 이를 매개로 다학제 간 교류와 협력 연구도 매우 활발하다.

우리나라는 한국심리학회 산하에 교육과 관련한 학술 활동을 위한 분과 학회로 한국학교심리학회를 두었다. 이 학회에서는 2004년부터 《한국심리학회지: 학교》를 발행한다. 그리고 한국교육학회의 분과 학회인 한국고육심리학회에서는 1987년부터 《교육심리연구》를 펴내고 있다. 미국에서는 하나의 학회(심리학회) 산하에 있는 학교 심리학과 교육 심리학이 우리나라에서는 각각 다른 학회로 구성된 셈이다.

한국에서는 학제가 다른 영역 간 교류와 협력이 깊이 있게 이루어지지 못하는 실정이다. 특히 해당 학회가 행정적으로 각각 다른 부처에 소속되었을 때는 더욱 어렵다. 한국의 심리학과 교육학, 관련 학제 간 협력과 조정이 어느 정도 우려스러운 이유가 여기에 있다. 교육 심리학은 현장의 교육자가 '학습-적용-피드백(연구·학습)-적용'으로 이어지는 순환 관계를 유지할 때 그 효과가 발휘되는데, 우리나라 교육 현장은 현장과 연구에 일정한 간격이 존재하는 탓에 유기적 상호 관계가 없는 듯하다.[94] 이런 배경에는 구조적이고 제도적인 제약뿐 아니라, 교육 심리학과 학교 심리학 간 정체성과 역할에 대한 정립이 충분치 못한 이유도 있는 것 같다.[95]

현장 교육자 관점에서 살펴볼 때 교육 심리학은 수업과 교실에 한정되는 경향이 있다. 이를 연구의 영역으로 확장하는 데는 구조적인 제약이 많아 현실적으로 기대나 당위성 수준만큼 중요하게 실행되고 있지 못하다.[96] 유아 및 초중등 교육 현장의 교육자는 교사 양성 과정과 보수 교육과정에서 교육 심리학을 학습할 기회가 있으나, 실제 배운 내용을 교육 현장에서 접목하고 활용하는 정도에는 한계가 있는 형편이다.[97]

한국 사회에서 교육 심리학에 대한 투자는 매우 중요한 국가적 의제다. 유전적·환경적 요인에 따른 학업적 성취는 엘리트 대학 진학이라는 중간 정차역에 도달하도록 하며, 여기서 제도적 경로 효과라는 특급 열차로 갈아탄 뒤, 직업적·사회적 성취라는 종착역으로 직행하게 된다. 이 흐름은 논리상 자연스러운 절차다. 이 자체를 문제 삼아 메리토크라시를 맹목적으로 비판하고 부정하며, 결과의 평등을 강조하는 우를 범해서는 안 된다. 이는 결국 하향 평준화의 길을 채택하는 것과 같다. 국제적으로 인적 경쟁력을 잃고 창조적 혁신 사회와 멀어지며 퇴행 사회로 치달을 수 있다는 이야기다.

이런 흐름에서 교육 정책 당국과 일선 현장의 교육자에게 주어진 사명은 유전적·환경적 제약을 받는 미래 세대에게 교육 효과로 이를 극복하도록 하는 데 있다. 앞으로 유효한 대안을 찾아 현장에서 몰입도를 높여 실행해야 한다. 그러려면 우선 학교 교실과 학교 밖에 교육 심리학이 제대로 기능하도록 해야 한다.

교육 심리학은 대학의 교육학이나 심리학 교수, 학자만 다루어서는 안 된다. 모두에 의한 그리고 모두를 위한 교육 심리학이 되어 교육 현장에서 실제로 행해지는 것이 중요하다. 교육 심리학이 교육 현장에 광범위하게 내재화될 수 있도록 교육 정책 당국의 투자도 필요하다. 교사, 학생, 학부모가 유전적·환경적 요인을 넘어설 수 있는 그 무엇(블랙박스)을 찾기 위해 함께 실험하고 연구해야 한다. 교육 정책 당국은 여기에 필요한 투자를 아끼지 말아야 한다. 현직 교사가 교육 심리학을 학습하고 연구할 기회를 제공해야 하며, 교육 심리 전문가가 교육 현장에 함께하며 교사, 학생, 학부모에게 전문적인 코칭을 할 수 있도록 해야 한다.

교육으로 사회적 이동을 이루지 못한다면 우리 사회는 경제적·사회적 격차가 고착화되어 불평등 사회, 결정론적 사회의 모습을 띨 것이다. 불평등 사회를 극복하고, 사회적 이동성이 기능하는 역동적인 사회를 만들기 위한 해결 방안에서 여전히 교육은 첫 번째 자리에 위치한다. 그리고 그 중심에는 모두를 위한 교육 심리학이 있다.

05

모두를 위한 교육 철학

연구보고서 〈모두를 위한 기회: 고품질 그리고 평등한 교육을 위한 프레임워크〉[98]는 지난 60년간 교육 기회의 평등을 위해 미국 연방 정부와 주정부 차원에서 많은 노력을 기울였음에도 불구하고 교육 격차가 계속되는 이유를 소개한다. 이 보고서의 공동 저자인 제니퍼 오데이Jennifer O'Day는 미국연구원American Institutes for Research의 연구원으로 미국 연방 정부와 주정부를 대상으로 교육 정책을 자문하는 역할을 맡고 있다. 특히 캘리포니아주의 공교육 체계를 혁신하기 위한 '캘리포니아 교육 학구 재구축 협력 위원회'의 창립 구성원으로 연구의 영역에서 나아가 실천의 현장에서도 활발히 활동하고 있다. 그리고 또 다른 저자이자 미국연구원의 연구원인 마셜 스미스Marshall Smith는 하버드대학교, 위스콘신–메디슨대학교와 스탠퍼드대학교에서 교수를 역임했으며, 국립교육학술원의 회원이자 미국교양및과학학술원의 특별 회원으로 활동하고 있다.

이 보고서가 귀하고 가치 있는 이유는 무려 30년간의 집필 기간을 거쳐 증거에 기반한 고찰과 대안을 제시하기 때문이다. 먼저 저자들은 모두를 위한 기회, 즉 미국의 교육 격차를 단번에 해결할 수 있는 묘책은 없음을 강조한다. 지난 60년간 막대한 투자와 노력을 기울였음에도, 여전히 현실 세계의 교육 격차가 큰 실정이다. 이에 대해 교육 정책 관계자는 다음의 세 가지 교훈을 각별히 유념할 필요가 있다고 말한다.

첫째, 실행이 지배적인 영향을 지닌다는 교훈이다. 같은 정책이라도 이를 실형하는 개별 학교와 지역에 따라 그 결과가 달리 나타나는 것은 실행의 차이에서 기인하고, 이는 정책의 효과에 90퍼센트의 영향을 미친다. 실행의 차이가 발생하는 배경에는 상황context 문제, 역량 수준, 사회적 프로세스에 기반한 접근 여부가 자리하고 있다. 둘째, 단편적 개혁은 기본 조건을 무시하는 경향이 있다는 교훈이다. 일부 정치인과 개혁가는 본질적이고 근본적인 차원에서 교육 기회의 평등을 다루지 않고 단편적 개혁으로 접근하는데, 이는 결과적으로 교육 개혁을 후퇴시키는 결과를 낳는다. 셋째, 개별 학교 혼자서는 할 수 없다는 교훈이다. 개별 학교 내에서는 교육의 포용성과 수월성 모두를 해결할 수 없다. 대신 한국에서 학군으로 표현하는 학구school districts 맥락에서 포트폴리오의 개념을 가지고 접근해야 한다.

두 저자가 60년간의 미국의 교육 정책을 30년간 찾은 증거에 기반해 고찰한 뒤 제시하는 대안 교육 핵심 정책 방향은 한마디로 '국가 차원의 교육 철학을 공고히 하고 정책을 펼치라'는 것이다. 교육 철학의 부재 혹은 부실한 정립 상태는 교육 개혁을 위한 자원과 노력의 투입 효과를 스스로 제약하는 것과 다름없기 때문이다.

맨체스터대학교와 스탠퍼드대학교 교수진들이 함께 정리한 장문의 논문 〈교육 기회의 평등〉[99] 역시 국가 차원에서 교육 철학을 제대로 정립하는 것이 중요하다고 한다. 교육이, 정확하게는 학력과 학벌이 경제적·사회적 격차의 주요 원인으로 확인되기에 교육의 평등을 외치는 주장이 지지받는 현실에서는 교육과 교육 기회의 평등을 구분 지어 이해하는 과정이 필요하며, 교육 기회의 평등에 대한 철학적 고찰이 충실하게 이루어질 때 교육을 통한 사회적 이동성이 창출된다는 것이다. 이는 앞서 오데이와 스미스의 주장과 같은 맥락이다.

실즈Shields 등의 논문[100]은 총 5장으로 구성되어 있다. 제1장 독립적인 관심사로서의 교육 기회 평등, 제2장 미국의 교육 기회 평등의 역사적 개요, 제3장 교육 기회 평등의 의미와 논쟁, 제4장 다른 가치로 인한 교육 기회와의 긴장 요소와 평등, 제5장 결론 등이다. 그중 특히 주목할 만한 사항은 교육 기회 평등의 의미와 논쟁이다. 이는 국가 차원의 교육에 대한 철학적 고찰을 요구하는 사항으로 그 세부 내용은 다음과 같다.

3.1. 교육 기회란 무엇인가?: 취학 전 교육 대 정규 교육K-12 대 고등교육 대 직업 훈련 및 성인·평생 교육.

3.2. 교육 기회의 공식적 평등: 거주지에 따라 학교의 수준과 특성을

고려하지 않은 학교 배정 등의 문제.

3.3. 교육 기회의 메리토크라시 관점의 평등: 업적에 따른 사회 보상 체제와 평등 간 관계성.

3.4. 교육 기회의 공정 관점에서의 평등: 교육에서 사회적 배경의 제거.

3.5. 교육 기회의 공정한 평등에 대한 토론: 앞선 관점 간 장단점 비교.

3.6. 성인 삶의 번영을 위한 교육 기회의 평등: 풍족하고 번성하는 성인의 삶을 준비하도록 하는 교육의 관점에서의 평등.

3.7. 노동 시장을 위한 교육 기회의 평등: 직업적 삶을 준비토록 하는 교육 관점의 평등.

3.8. 시민권(시민 의식)을 위한 교육 기회의 평등: 의식 있는 시민으로 살아가도록 하는 교육 기회.

3.9. 교육 기회 분배의 평등과 적절성: 기회의 평등 대 결과의 평등.

국가 차원의 교육 철학이 공고하게 정립되지 않으면 교육 기회의 평등은 앞의 세부 주제에서 다룬 내용처럼 각각의 관점에 따른 시각차가 커지며 논쟁 상태가 반복될 수 있다. 실행 현장에서 엇박자를 내면 결과적으로 교육 개혁의 실패로 이어진다. 논문의 저자들은 교육 기회의 평등에 대해 국가 차원에서 교육 철학을 제대로 정립하고 있는지 여부를 평가하거나 판단하는 것이 다음의 두 가지 질문에 철학적으로 고찰한 정리된 답을 찾았는지에 따라 달라진다고 한다.

① 직업의 준비, 시민 의식의 고취, 교육의 본질적 기능을 경험하는 것 등 국가 차원의 교육에 다양한 목표가 있다고 전제할 때, 교육

자원을 배분하는 정당한 방침은 단지 하나만 존재하는가?

② 교육 기회의 평등에 대한 이상적 모습에 대한 해석의 문제로, 비슷한 재능을 가진 모든 사람이 같은 결과를 얻을 때 교육 기회의 평등은 실현되는 것인가? 학생 1인당 예산의 지출액은 언제 균등해질 수 있는가? 잠재력이 같은 사람들이 같은 기회를 얻을 때 교육 기회의 평등은 이루어지는 것인가?

추가로 저자들은 교육과 가족, 장애, 교육 대상(개인 대 집단) 등의 사항에서 각각이 지향하는 가치가 교육 기회 평등을 어떻게 위협하거나 압박하는지에 대한 철학적 고찰도 함께 이루어져야 한다고 한다. 이런 다면적 이해관계 기반의 교육 철학이 국가와 정부 차원에서 정립되어야 합목적적이고 생산적인 교육 기회의 평등을 구현할 수 있다는 주장이다.

그렇다면 교육에서의 철학, 즉 교육 철학이란 무엇인가? 그리고 교육에서 철학적 고찰이란 무엇인가? 필자를 포함한 대부분은 이 질문에 바로 대답하기 어려울 것 같다. 철학이란 용어 자체가 주는 어려움과 난해함도 일정한 영향을 미친다.

한국의 교원 임용 고시나 공무원 시험 등에서 교육학 혹은 교육 철학을 다루는 경우, 수험생은 '진보주의-본질주의-항존주의-재건주의-실존주의' 등의 내용을 비교하며 현대 교육 철학의 특징을 배우고 암기한다. 그러나 시험이 끝나고 현장에서 교육자로 활동하면서 '교육 철학은 무엇인가요?'라는 질문을 받으면 머뭇거리며 제대로 답하지 못하는 경우가 많다. 이는 교육 철학을 형성하는 과정과 이를 실천하는 교육 현장 사이에 큰 간극이 존재하는 데서 비롯된다. 특히 개별 학교, 개별 교육 기관, 더 나아가 국가적 측면에서 겪는 교육 철학의 부재나 모호함은 현장의 교육자를 철학적 빈곤에 빠지게 한다.

한국의 교육학계에서 교육 철학은 어떻게 정의 내려지고 살펴지는지 알아보기 위해 KCI 등재 학술지인《교육철학연구》,《교육철학》,《교육사상연구》를 살펴보았다. 한기철의 〈철학의 본래 의미와 교육 철학의 성격〉, 김현주의 〈교육 철학의 성격과 역할: 실천 철학을 지향하며〉, 〈교육 대학원에서 교육 철학하기〉가 교육 철학에 대한 정의와 해석에 관련된 논문으로 많은 참고가 되었다. 이들이 설명하는 교육 철학은 다음과 같다.

교육 철학이 다루는 질문을 가장 짧게 진술하면 '교육이란 무엇인가'다. 교육이 이루어져야 할 이상적인 모습, 교사와 학생 간 상호관계, 교육 자체의 의미, 가치, 목적을 드러내는 것이 이 질문에 대해 탐구하는 내용이다. –한기철[101]

교육 철학의 본질은 교육의 실체에 관한 철학적 성찰로 귀결된다.
–김현주[102]

강의자는 교육의 의미와 교육적이라는 말은 당장 명료하게 정의될 수 있는 용어가 아니라고 했다. 이 말을 들은 수강생들 사이에서는 잠시 침묵이 흘렀다. 그런 용어의 의미 문제는 구체적인 답을 찾기 어렵다는 사실에 다소 절망한 듯이 보였다. 이 침묵을 깨면서 한 토론자가 말했다. 이 문제는 마치 인생을 살지만 인생이 무엇인가라는 질문을 들었을 때, 사랑에 빠져 있지만 사랑이 무엇인가라는 질문을 받았을 때의 막연함 같다는 것이었다. 그래서 그런 질문은 제기만 될 뿐 답은 없는 전형적인 철학적 질문이라는 것이다. 그러면 여기에서 토론을 멈출 것인가? –김현주[103]

특히 김현주의 〈교육 대학원에서 교육 철학하기〉에 나오는 내러티브가 인상적이다. 이것은 주로 현직 교사들이 참여하는 교육 대학원에서 '교육의 철학적 탐구' 교과를 들은 학생들의 이야기를 총 6학기에 걸쳐 수집해, ① 교사들에게 교육 철학이란 무엇인지, ② 그들의 경험으로부터 어떤 교육 철학적 질문이 제기되는지, ③ 그런 질문을 던지고 답을 추구하는 과정이 교육 실천가에게 어떤 도움을 주는지, ④ 철학적 성찰이 실천가들의 철학에 어떤 영향을 미치는지 등의 교육 철학을 살핀 내용이다. 이 논문에 소개되는 현직 교사들의 진술처럼 현장의 교육자들에게 '교육 철학은 무엇인가?'라는 질문은 여전히 명료하게 답하기 어려운 숙제인 듯하다.

교육 철학과 관련한 주요 담론을 살펴보기 위해 앞서 소개한 세 편의 학술지에서 큰 관심을 받은 등재 논문들의 주제를 살펴보니 다음과 같았다.

《교육철학연구》
- 〈학교 교육에서 제공되어야 할 교육적 경험의 특성에 관한 연구: 존 듀이의

교육론을 중심으로〉(정성철, 2011)

- 〈교육적 경험의 의미: 오우크쇼트와 듀이의 관점〉(고영준, 2012)

- 〈좋은 교사의 자질〉(김희용, 2007)

《교육철학》

- 〈학교 인성 교육론 비판〉(박균섭, 2008)

- 〈듀이의 교사론: 교직의 전문성을 중심으로〉(박균섭·김병희, 2003)

- 〈일제 강점기의 듀이 교육론 이해 향상에 관한 고찰〉(박균섭, 2004)

《교육사상연구》

- 〈좋은 대학 수업의 특징과 그 의미: 한국 대학생의 관점에서〉(이은화·김회용, 2008)

- 〈좋은 수업의 조건: 교수론적 관점들〉(손승남, 2006)

- 〈배움과 돌봄 학교 공동체의 이념 탐색과 교육과정 운영 방안〉(김대현, 2007)

이들 논문들에 대한 학자와 연구자, 현장 교육자의 관심을 통해 교육 철학의 주요 담론을 엿볼 수 있는데, 그것은 교육적 경험의 의미, 좋은 교사론, 좋은 수업론이라는 세 가지로 압축될 듯하다.

이와 관련한 해외 학술지도 살펴보았다. 국제적으로 가장 저명한 교육 철학 관련 학술지 두 개에서 다룬 주요 담론은 다음과 같다.

《교육철학과이론Educational Philosophy and Theory》의 열람 수 3순위 논문

- 〈나에게 '원주민'이란 무엇을 의미하는가?What Does 'Indigenous' Mean, for Me?〉(Georgina Stewart, 2018)

- 〈유아 교육의 철학과 페다고지Philosophy and Pedagogy of Early Childhood〉(S.

Farquhar et al., 2014)

- 〈포스트 디지털 과학과 교육Postdigital Science and Education〉(Petar Jandrić et al., 2018)

《교육철학과이론》 최근 주요 논문

- 〈교육의 큰 아이디어: 양자 역학과 교육 패러다임Big Ideas in Education: Quantum mechanics and education paradigms〉(Kristina Turner, 2021)
- 〈유대감의 방법으로서의 교육: 교육의 관계 이론에 대한 기여Teaching as a Way of Bonding: a Contribution to the Relational Theory of Teaching〉(Jonas Aspelin, 2021)
- 〈포스트–진실 시대의 문해력: 영향의 중요성과 윤리적 만남Literacy in the Post-truth Era: The Significance of Affect and the Ethical Encounter〉(Lana Parker, 2021)
- 〈재능, 능력, 그리고 교육적 정의Talents, abilities and educational justice〉(Kirsten Meyer, 2020)
- 〈교육 철학 그리고 복잡계 이론의 도전Educational Philosophy and the Challenge of Complexity Theory〉(Keith Morrison, 2008)

《교육이론Educational Theory》의 최근 주요 논문

- 〈변혁적 교육: 철학적, 심리학적, 그리고 교육적 측면Transformative Education: Philosophical, Psychological, and Pedagogical Dimensions〉(Douglas Yacek, Severin Sales Rödel and Martin Karcher, 2021)
- 〈변혁적 경험 이론에 대한 철학적 기초Philosophical Groundings for a Theory of Transformative Experience〉(Kevin Pugh, Dylan Kriescher and Simon Cropp Maaly Younis, 2021)
- 〈변혁적 교육Transformative Education〉(L. A. Paul and John Quiggin, 2021)

국제 학술지의 주요 연구들은 교육 철학이 곧 교육관에 대한 내용이라고 말한다. 여기에 실린 논문의 주된 담론은 인종 갈등, 포스트–

디지털, 양자 역학, 교육적 정의, 포스트-진실 등 사회 변화와 이슈에 따른 교육의 역할과 정체성에 관한 것들이다. 한 가지 인상적인 것은 한국의 학술지에서는 교육 철학의 역사적 맥락을 고찰하는 내용을 상대적으로 많이 다루는 데 비해 국제 학술지에서는 당면한 여러 현상적·현실적 이슈가 주된 비중을 차지한다는 점이다.

일상에서 철학이라는 용어를 채택하면 용어 자체가 주는 어려움과 함께, 특히 학자들에게는 형이상학, 존재론, 인식론, 지식론, 가치론 등의 철학적 용어와 고차원적 표현으로 이를 다루어야 한다는 부담감이 따라온다. 학자들은 대중적 용어를 쓰면 철학적이지 않은 것으로 인식할까 염려스러워하기도 하는데 이런 점이 철학이 대중에게서 멀어지게 하는 이유 중 하나다.

대학의 교육 철학에서는 교육관으로서의 교육 철학, 학문으로의 교육 철학, 탐구 활동으로서의 교육 철학, 이상 세 가지 맥락을 다룬다. 앞서 고찰한 내용을 종합하면, '교육 철학=교육관'으로 관계 설정을 하는 것이 일반적이라 할 수 있다. 이 등식화는 매우 중요하다. 교육 철학은 실제 현장의 교육이 지향하는 방향이자 앞으로 추구해야 할 미래의 모습이다. 그리고 여러 현상에 대한 가치 판단의 기준이기도 하다. 그러므로 학생, 교육자, 핵심 이해 관계자들과 이를 함께 나누고 공유해야 한다.

때문에 교육 철학은 쉽고 명료해야 한다. 기업을 경영하는 과정에서도 마찬가지다. 경영 철학이 어렵고 난해하면 실행에서 많은 문제를 일으킬 수 있다. 최고 경영자 혹은 최대 주주 혼자만의 경영 철학은 될 수 있겠지만 기업과 조직이라는 관점에서는 실행되지 않는 철학, 소통하지 못하는 철학으로 자리하기 쉽다.

애플의 'Think Different', 월마트의 'Every Day Low Price', 나이키의 'Just Do It', 자포스Zappos의 'Delivering Happiness' 등은 브랜드 슬로건을 가장 잘 만든 사례에 해당한다. 그러나 이는 브랜드 슬로건에만 한정되는 것이 아니라 경영 철학을 담아내는 표현법이기도 하다. 창업자나 최고 경영자의 경영 철학이 상품과 서비스, 기업 조직의 운영, 기업 문화 등 '전략-관리-문화-리더십'으로 이어지는 경영 메커니즘에 깊숙이 자리하면서 시장과 고객도 이들의 가치 제안에 공감한 사례들이다. 이처럼 깊이 있는 철학은 모호하지 않다. 그리고 명료하고 단순화된 철학에는 힘이 있다.

형이상학, 존재론, 인식론, 지식론, 가치론 그리고 '진보주의-본질주의-항존주의-재건주의-실존주의' 등으로 교육 철학을 다루는 것은 학문으로의 교육 철학이지 현장의 교육 철학이 되기는 어렵다. 현장의 교육자, 학생이나 학습자, 학부모, 나아가 우리 사회 모두가 일상에서 쉽게 교육 철학을 접하도록 할 필요가 있다. 그러기 위해 대중의 언어와 표현으로 교육 철학을 다루어야 한다. 경영학 영역에서 철학, 즉 경영 철학을 다루는 일련의 틀을 활용하면 더 쉽게 모두를 위한 교육 철학으로 거듭날 수 있을 듯하다. 경영 철학은 기업 세계에서 사명-핵심 가치-비전이란 틀을 통해 구체적으로 표현된다.

기업이나 조직에서 사명은 '우리는 왜 존재하는가?' 혹은 '우리는 왜 이 일을 행하는가?'라는 질문에 대한 답으로, 행정과 제도를 다루는 영역의 관점과 같은 의미와 위계적 지위가 있. 개인이나 조직의 활동과 관련해서는 'Why', 즉 목적에 해당하는 내용이다. 즉, 존재론적 의미와 존재의 목적을 이야기하는 것이다. '우리 학교는 왜 존재하는가?', '우리는 왜 ○○교육을 하려 하는가?'와 같은 질문에 답하는 것이 교육 철학의 출발점이다. 따라서 각 학교의 설립 목적, 개별 교육과정의 실행 목적 등을 숙고한 뒤 명료하게 정립하는 것이 중요하다. 대중교통을 이용하다 보면 '공무원 사관 학교, 취업 사관 학교' 문구를 내건 대학의 광고를 접할 수 있다. 세속적으로 평가받는 경우도 많지만 사실 이런 대학들은 존재 이유가 명확한 교육 기관이다. 교육 서비스를 이용하는 학생(소비자)의 관점에서 보면 해당 대학에 진학해야 할 이유가 분명하다.

기업과 조직에서 말하는 핵심 가치는 조직 구성원이 함께 공유하고 지향하는 가치다. 기업의 범주를 넘어설 때는 어떤 공동체나 사회가 함께 지향하는 가치이자 문화와 사회적 규범으로까지 확대된다. 행정과 제도적 측면에서는 원칙으로 표현될 수 있다. 즉 핵심 가치와 원칙은 사명이나 관점에 부합하기 위해 어떤 기준을 가지고, 어떤 방법을 취해야 하는지에 대한 일련의 길잡이 역할을 한다.

비전은 사명을 추구했을 때, '형상화된 미래의 모습은 무엇인가?'에 대한 답이다. 그리고 사명을 실행하기 위해 '무엇을 행해야 하는가?'에 대한 답이기도 하다. '비전이 없다'라는 표현은 '미래의 모습이 그려지지 않는다'와 같은 의미다. 실행의 단계는 형상화된 미래의 모습이 구체화될 때, 사명과 부합할 때 지속 가능한 실행으로 이어질 수 있다. 다시 말해 기업 세계의 경영 철학을 내재화하기 위한 3단 접근법은 개인이나 조직의 활동 관점에서의 'Why-How-What' 접근법,

|도표 5-6| 영역별 철학의 내재화를 위한 3단 접근법

개인-조직의 활동	행정-제도	조직 경영	설명
Why 왜?	Perspective 관점	Mission 사명	우리는 왜 존재하는가? 우리는 왜 이 일을 행하는가?
How 어떻게?	Principle 원칙	Core Value 핵심 가치	어떤 원칙과 가치를 기초로 하는가?
What 무엇을?	Practice 실행(안)	Vision 비전	무엇을 행해야 하는가? 형상화된 미래의 모습은 무엇인가?

그리고 행정이나 제도 영역에서의 '3PsPerspective-Principle-Practice' 접근법과 같은 맥락이라 할 수 있다. 철학의 내재화를 위한 3단 접근법에서는 각 위계 간 정합성을 점검하고 유지하는 것이 중요하다. 무엇을, 실행(안), 비전 단계에서 문제가 발생하면 이의 상위 단계인 어떻게, 원칙, 핵심 가치와 위계적 정합성을 점검해보아야 한다. 여기에서도 문제가 상존한다면 가장 상위 단계인 왜, 관점, 사명과의 정합성을 따져보아야 한다.

앞서 살펴본 대로 미국이 국가 차원에서 60여 년간 교육 기회의 평등을 위해 많은 투자와 노력을 기울였음에도 불구하고 여전히 심각한 교육 격차로 사회 문제를 안고 있는 것, 즉 실행 단계에서 문제가 생기는 이유는 그 상위 단계인 원칙과 관점에 위계적 정합성이 없기 때문이다. 미국의 심각한 교육 격차는 국가 차원의 교육 철학이 충분히 정립되지 못한 상태에서 위계적 정합성이 담보되지 않은 원칙과 의욕적인 현장의 실행안을 내세운 데에서 비롯되었다.

우리나라 국가 차원의 교육 철학과 내재화 문제도 살펴보도록 하자. 한 언론의 소개에 따르면 한국의 대학 입시 제도는 광복 후 16차레[104]에 걸쳐 변화했다. 1945~1953년 대학별 단독 시험제가 그 첫 입시 제도라고 한다면, 76년간 16차례 변화했으니 4.7년마다 제도가 바뀐 셈이다. 세부적인 변화까지 반영한다면 각 제도의 유지 기간은 더 짧아질 것이다. 물론 긍정적인 측면에서는 발전하는 과정이라고 볼수 있지만, 과거에 채택했던 제도로 회귀하는 과정이 반복된다는 것은 국가 차원의 교육 철학, 즉 교육관이 제대로 정립되어 있지 않음을 시사한다.

정부와 국가가 '국가 교육은 왜 존재하는가?'에 대해 명료하게 답하지 못하는 점이 입시 제도의 혼란과 격변의 핵심 원인이다. 관점, 즉 교육 철학이 부재하거나 모호하다 보니 원칙이 제대로 정립되지 않고, 실행 단계에 가서는 누더기가 되어버리는 형국이다. '정권마다 바뀌는 대입 제도, 또 누더기 만드나'라는 한 일간지의 시론[105]에서는 다음과 같은 내용을 소개하고 있다.

교육부가 지난 2018년 만든 '대학 입시 제도 국가 교육 회의 이송안'은 대학 입시에서 100가지가 넘는 조합이 가능하다. (중략) 대한민국 정부 수립 이후 열두 명의 대통령이 바뀌는 사이 대학 입시는 14차례나 큰 변화를 거쳤다. 거의 매년 수정되면서 이제는 누더기가 됐다. 이번에 다시 역대 최대 규모의 변화에 직면했다. 안정적인 제도에 따라 운영해야 할 대학 입시를 정치적으로 다루어왔기 때문이다. 대한민국 헌법 제31조 제6항에 교육 제도에 관한 기본적인 사항은 법률로 정하도록 하고 있다. 이것이 교육 제도 법정주의다. 하지만 고등교육법에서는 입학 전형에 대한 기본 사항인 대학 입학 전형 기본 계획을 대학교육협의회에서 시행 2년 6개월 전에 발표하도록 규정한다. 이 때문에 교육부에 사실상 백지 위임해둔 셈이다.[106]

국가 차원의 교육 철학 부재와 모호함이 원칙의 부재로 이어지고, 이는 실행 단계에서 누더기 대학 입시 제도와 같은 문제를 파생시킨다. 한국에서 대학 입시 제도는 단지 대학 입시 제도의 문제로 한정되지 않고 유아-초등-중등 교육 전체에 절대적인 영향을 미치는 중요한 정책 사안이다. 누더기 대학 입시 제도는 곧 누더기 유아-초중등 교육을 잉태할 수 있다. 정책 당국의 입장과 달리 교육 현장의 실제 모습을 보면 전혀 과한 지적이 아니다. 원칙과 관점이 제대로 정립되지 않음으로써 파생되는 현실의 실상은 누더기 교육이라 표현해도 과하지 않다.

이 문제를 어떻게 풀어나가야 할까? 앞서 소개한 3Ps 접근법에서는 실행 단계에서 문제가 생기면 이것이 원칙의 사항과 위계적으로 맞아떨어지는지를 점검해야 한다고 했다. 또한 원칙에서 문제가 발생하면 이를 관점, 즉 교육 철학의 단계와 정합성이 맞는지를 살펴보면서 당면한 문제를 풀어가야 한다고 했다. 어느 단계에서 파생된 문제인지를 파악해야 근본적인 문제 해결이 가능하다. 현재 실행 단계에서 당면한 누더기 대학 입시 제도의 문제는 원칙 단계를 넘어, 가장 상위 단계인 국가 교육 철학을 새롭게 인식하는 데서 다시 시작해야 실제 문제를 해결할 수 있다.

'교육 철학=교육관'의 맥락에서 국가 차원의 교육 철학의 기초는 대한민국 헌법에 명료하게 제시되어 있다. 헌법 제10조에는 모든 국민의 행복 추구권을, 제22조에는 학문과 예술의 자유권을, 제31조에는 능력에 따른 균등한 교육을 받을 권리(학습권)를 명시한다. 이를 종합해 국가 교육 철학이란 형식으로 재정리해보면 대한민국 교육의 존재 이유, 즉 궁극의 목적은 개인의 자아실현에 있다고 할 수 있다.

국가 교육이 개인의 자아실현을 위해 존재한다고 할 때 원칙은 어떻게 정립되어야 할까? 원칙의 첫 번째 자리에는 개인화된 교육의 방향이 바로잡혀야 한다. 근현대 학교의 기원이 산업화와 맥을 같이하고, 학교와 학년, 학급으로 이어지는 학제 시스템에 기초하는 현장 교육은 현실적 제약이 많지만 궁극적으로 국가 교육이 지향해야 할 원칙은 개인화된 교육에 있다. 이것이 개인의 자아실현이라는 국가 교육이 존재하는 이유, 즉 사명이나 관점과 정합성을 이루는 원칙이다.

개인화된 교육을 지향한다는 원칙을 기초로 실행은 어떻게 구성되어야 할까? 여러 영역이 있으나 대학 입시 제도 하나만 예로 들어보자. 결론적으로는 대입 전형에 응시하는 학생이나 지원자, 이들을 선발하는 대학 모두가 자율권을 갖도록 하는 것이 개인화된 교육의 지향이라는 원칙에 맞는 실행안이며, 더 나아가 국가 교육의 존재 이유와도 부합한다.

현재 대학 입시 제도 방침은 각 개인의 이질성과 고유의 개성을 고려하지 않는다. 고등교육은 개인의 선택이 아니며 표준화 과정을 거쳐 교육 체계의 결정에 따라야 한다. 교육 공정성의 회복이라는 기치 아래 단 한 번의 수학능력시험으로 입학 여부가 결정되는 정시 전형을 서울 소재 열여섯 개 대학에 40퍼센트 이상 의무화하는 방침이 가장 대표적인 몰개성 교육 체계 사례다. 수시 전형도 고등학교 간 학업 성취도의 편차를 거의 반영하지 않는 교과 중심의 학생부 위주 전형이 43퍼센트를 차지한다. 그리고 고등학교는 특수 목적 고등학교와 자율형 사립 고등학교를 폐지하면서 일반계 고교와 특성화 고교로 이원화되는 구조인데, 일반계 고교는 거주지에 따른 배정 방식을 취하고 있다. 이는 개인의 자아실현, 개인화된 교육과 같은 관점(목적)과 원칙 모두에 부합하지 않는다. 표준화의 함정에 개인(국민)이 빠져들도록 제도적으로 이끄는 것과 다름없다. 참으로 역설적이고 모순되는 구조다.

최근 미국의 주요 엘리트 사립대학을 중심으로 전인적 평가Holistic Review로 학생을 선발하는 방식이 빠르게 확산되고 있다. 이들 대학은 이전부터 민간에서 시행하는 수학능력시험(SAT 혹은 ACT)은 선택 사항이자 참고용으로 활용해왔지만, 앞으로는 이 자체조차 살펴보지 않겠다는 방침을 세웠다. 입시 경쟁에 비합목적적으로 활용되던 대학 교과목 이수 성격의 APAdvanced Placement 성적표도 제출하지 못하도록 하겠다는 계획이다. 대신 학생들의 K-12 교육과정 전반을 살피고, 특히 'Why-How-What'으로 구성되는 에세이에 높은 비중을 두겠다고 한다. 이는 학생의 기본 수학 능력의 점검과 함께 잠재력에 더 깊은 관심을 갖고 지원자 한 명 한 명을 살피겠다는 의미다. 미국의 사립대학은 정부의 통제 영역이 아니기에 개별 대학이 고유의 교육 철학에 기초하여 입시 제도를 운영한다.

공립대학들의 경우, 전통적으로 수학능력시험 성적을 중심으로 학생을 선발했는데 최근에는 고등학생이나 예비 지원자를 대상으로 한 개방형 강좌를 열고, 이 강좌의 수학 과정을 평가해 학생을 선발하기도 한다. 별도의 사교육을 받기 어려운 계층의 학생들을 섬세하게 살펴서 고품질의 고등교육을 제공하기 위한 포용적 교육의 실행안 중 하나다.

2020년 10월 5일, 우리나라 교육부에서 소개한 〈코로나 이후, 미래 교육 전환을 위한 10대 정책 과제(안)〉에서는 2022 개정 교육과정에서 추구하는 인재상으로 '혁신적 포용 인재'를 언급했는데, 이 부분도 한번 짚고 넘어가야 할 사안이다. 그리고 '고른 기회 특별 전형'과 '지역 인재 특별 전형' 제도의 확대도 교육의 포용성 문제의 본질에 충실한 접근법인지 점검해야 한다. 현재 정부는 국가 전략으로 혁신적 포용 국가를 제시하고 실행하고 있다. 이는 국정 철학으로 달리 표현해도 될 듯하며, 좀 더 구체적으로 살펴보면 다음과 같다.

혁신적 포용 국가란, 국민 누구나 성별, 지역, 계층, 연령에 상관없이 차별이나 배제받지 않고 인간다운 삶을 보장받으며 함께 잘 살 수 있도록 국가가 국민의 전 생애 주기에 걸쳐 삶을 책임지며, 공정한 기회와 정의로운 결과가 보장될 수 있도록 하며, 이를 뒷받침하는 미래를 위해 혁신하는 나라를 말한다.[107]

우리 정부가 추구하는 '포용'은 국민 모두가 함께 잘 살고, 공정한 기회와 정의로운 결과가 보장되며 성별, 지역, 계층, 연령에 상관없이 단 한 명의 국민도 차별받지 않는 포용입니다.[108]

정부에서 마련한 포용적 혁신 국가 포털*에 접속해 관련 내용을 살펴보면 먼저 용어의 정의 단계에서부터 매끄럽지 않다는 사실을 알게 된다. 혁신적 포용 국가를 어휘 그대로 해석하면, 혁신적으로 포용 국가를 만들어나가자는 것이다. 포용 국가의 개념은 복지 국가와 같은 맥락이라 할 수 있다. 다시 말해 혁신적으로 복지 국가를 이룩하겠다는 의지의 표현으로 읽힌다. 그리고 이의 주체와 강조점은 혁신이 아닌 포용 국가에 있다. 혁신과 포용 모두를 지향하는 국가라면 포용적 혁신 국가로 표현되는 것이 적합하다. 이는 교육에서도 마찬가지다. 앞서 2022 개정 교육과정에서 예상되는 인재상도 혁신적 포용 인재가 아닌 포용적 혁신 인재로 표현되는 것이 목적에 충실한 표현법이라 할 수 있다.

포용의 의미도 정확한 이해가 필요하다. 정부에서 포용적 혁신 국가를 설명하면서 세계의 포용적 사회와 포용적 성장으로의 패러다임 전환을 소개했는데, OECD, IMF, World Bank 등에서 말하는 포용적 성장의 핵심은 '모두를 위한 기회'에 있다. 즉 기회의 평등이 포용적 사회와 포용적 성장의 핵심이다. 따라서 현 정부에서 말하는 공정한 기회는 기회의 평등으로 표현되어야 하고, 정의로운 결과는 메리토크라시라는 부연 설명을 필요로 한다.

교육에서도 포용은 마찬가지 의미다. 포용적 교육 혹은 교육의 포용성에서도 핵심은 기회의 평등이다. 기회의 평등은 앞서 실즈 등의 논문[109]에서 소개된 내용처럼 다면적 고찰을 요구한다. 그리고 이 역

시 국가 차원에서 교육의 존재 이유, 즉 개인의 자아실현이라는 맥락에서 다루어져야 한다. 현재 혁신적 포용 국가에서 돌봄과 배움의 정책들이 교육의 포용성에 대한 내용이 될 것이다. 영유아를 위한 돌봄 정책의 확대, 장애인의 교육 기회 확대, 한부모·미혼모·다문화 가족 등을 대상으로 한 지원 정책, 고교 무상 교육, 대학 입학금 폐지, 대학 등록금 지원, 두드림 학교의 확대를 통한 기초 학력 보장, 평생 학습과 직업 훈련, 중소기업의 직업 훈련 지원 등의 교육 복지 정책이 여기에 속한다.[110]

국가 차원의 교육이 지향해야 할 수월성, 혁신성, 다양성, 포용성의 추구 중 교육의 포용성은 다른 정책과 비교해볼 때 현저하게 큰 관심을 갖고 정책적 투자가 행해지는 편이다. 이 부분은 유일하게 긍정적으로 평가할 만하다. 그럼에도 불구하고 일련의 포용적 혁신 국가 차원에서 행하는 교육 정책은 기회의 평등이라는 본질에 부합하지 않는다. 기본적인 교육 복지에서 나아가 부모와 가족, 이들의 사회적 자본이 행하는 역할 기능의 범주까지 함께 다룰 때 진정한 교육의 포용성을 충족하는 정책적 대응으로 이어질 수 있다.

앞서 여러 연구에서 확인했던 교육 격차의 원인, 즉 부모, 가족, 이들의 경제적·사회적 자본 효과가 영향을 미치는 교육 격차의 영역들을 정부 차원에서 함께 살펴야 한다. 영어, 기술 및 데이터 문해력, 기업가정신, 창조적 혁신 현장의 경험 및 역할 모델과의 인적 교류, 상담 심리 수준이 아닌 교육 심리를 통한 학습 성취동기의 체계적 계발, 강점 찾기, 인생 프로젝트 개발하기 등 현재 교육과정에서 충분히 이루어지지 못해 사교육으로 보충되는 영역들이 기본적인 교육 복지 정책에 더해질 때, 진정한 기회의 평등을 이룰 수 있다.

이를 위해서는 현재 억제 대상으로 여겨지는 사교육을 공교육의 보완재 기능을 하는 공존의 대상으로 여기는 과감한 인식의 전환이 필요하다. 극단적으로 표현하자면 자녀에 대한 부모의 교육열과 사교육에 대한 역사는 로마 시대까지 거슬러 올라간다. 교육의 뿌리가 원래 사교육이다. 근현대 학교와 이를 기초로 한 공교육은 그 역사가 수백 년에 불과하다. 미국의 최초 공립학교는 보스턴라틴스쿨Boston Latin School로 1635년에 설립되었다. 미국 공교육의 역사는 400년이 채 안 된다. 한국의 공교육 역사는 사실상 광복 후 시작되었다고 간주해야 하며 채 80년이 안 된다. 이런 역사성과 내재적 필요성 때문에 억제하려 해도 할 수 없는 것이 사교육으로 표현되는 보충 교육의 역할이다. 따라서 과감한 인식의 전환으로 국가 차원의 교육 생태계를 구축해 공교육의 역할과 기능, 제도권 밖의 보충 교육이 공존하도록 한다면, 교육의 포용성을 넘어 교육의 수월성, 혁신성, 다양성을 균형 있게 고도화할 수 있을 것이다.

모두를 위한 교육 철학의 마지막 종착지는 집단이 아닌 개인이 국가 교육의 중심이 되는 것, 국가 주도의 표준화된 평가(예: 수학능력시험 및 경직된 대학 입시 제도)를 위한 교육이 아닌 개인의 고유한 개성과 강점을 살리는 교육이다. 개인의 자아실현을 뒷받침하는 국가 교육의 궁극적 목적이 여기에 있음을 다시 한번 환기할 필요가 있다.

06

페다고지 vs. 안드라고지

우리나라 학계와 교육계에서는 페다고지를 아동 교육학, 안드라고지 andragogy를 성인 교육학으로 표현한다. 그러나 이는 오역하거나 부정확하게 사용한 것으로 두 용어의 의미를 올바로 담지 못한 해석이다. 두 용어에는 공통적으로 과학으로의 교육과 비교되는, 현장에서 행하는 실천 교육이란 뜻이 담겼다. 즉, 페다고지는 '교수자 주도 실천 교육', 안드라고지는 '학습자 주도 실천 교육'으로 설명하는 것이 원래 의미에 충실한 표현이다.

페다고지의 어원은 그리스어 'paidagōgia'에서 파생되었는데, '내가 아이를 이끌다'는 의미다. 이런 배경에서 아동 교육학으로 오역되는 경우가 많다. 영국 버밍엄대학교의 에드윈 필Edwin Peel 교수는 페다고지를 다음처럼 설명한다.

페다고지는 교육의 목적과 목표를 달성하는 방법을 포함한 교수론을 뜻한다. 이 분야는 과학적 학습 이론을 포괄하는 교육 심리학과 교육의 목적과 가치를 고려하는 교육 철학에 크게 의존한다.[111]

우리나라에서 페다고지의 오역과 잘못된 의미 부여를 바로잡는 연구를 진행한 학자로는 진주교육대학교의 박찬영 교수를 들 수 있다. 그는 논문 〈페다고지에 대한 성찰 – 뒤르켐의 페다고지론을 중심으로〉[112]에서 전통 교육학과 그 일부분인 교수학이 페다고지와 어떤 차이점이 있는지 설명한다.

페다고지를 교육학이라고 쉽게 옮겨 써온 그간의 현실 자체가 우리에게 페다고지에 대한 성찰이, 그리고 연구의 축적이 부재했음을 방증하는 것일 것이다. (중략) 페다고지는 행위의 연합이 아니라 교육에 대한 인식 방식으로서의 이론이다. 페다고지는 교육을 자료로 삼아 거기에 성찰을 가한다. 그런 의미에서 페다고지는 하나의 과학, 교육학처럼 보일 수 있지만, 과학이 관찰에 기초하여 검증된 사실을 대상으로 탐구의 절차를 따라 연구하는 것이라는 의미에서 양자는 통약 불가능성을 가진다. 관조자로서의 과학과 달리, 페다고지는 교육 혹은 학교 제도의 기술이 아니라 당위를 다루기 때문이다. 요컨대 페다고지는 기예와 교육적 사실에 대한 기술로서의 과학 사이에 걸쳐 있는데, 이런 의미에서 뒤르켐은 페다고지를 실천 이론으로 규정했다.

그는 페다고지를 대체할 한국어는 없지만 교육 실천 이론이 그 의미와 가장 가까운 표현이라고 설명한다. 하지만 페다고지의 유래를 전반적으로 살펴보면, 이론보다는 실천의 의미와 가치가 더 중요하게 여겨진다는 사실을 알 수 있다. 필 교수의 정의와 설명에 충실하여 페다고지를 우리나라 맥락에서 쉽게 설명하면 '공고한 교육 철학과 교육 심리학의 토대 위에서 행하는 교수자 주도의 실천 교육'으로 정리된다.

안드라고지의 어원도 그리스어에서 파생되었는데, 남자를 뜻하는 'andr-'와 '지도자의'를 뜻하는 'agogos'의 합성어로 '지도하는 남자'라는 의미를 지닌다. 이 점 때문에 성인 교육학으로 오역되는 경우가 많다. 우리나라에서 안드라고지를 본래 의미에 충실하도록 깊이 고찰한 대표적 학자는 경기대학교의 최항석 교육학 교수다. 그러나 그는 기본적으로 맬컴 놀스Malcolm Knowles, 1913~1997가 널리 알린 성인 학습 이론[113]의 범주를 벗어나지 못한다. 2007년 발표된 그의 논문 〈교육 정상화를 위한 학벌 사회의 해체에 관한 성인 교육학적 연구〉[114]에는 페다고지를 학교학으로, 안드라고지를 성인 교육처럼 표현하는 대목이 나온다.

안드라고지는 인간의 배움이 실제로 무엇을 의미하는지를 총체적으로 설명해내는 이론 체계다.[115]

안드라고지는 고대 그리스부터 공동체의 구성원이자 시민을 위한 삶의 교육이었다. 바로 공동체 학습의 원형이자 인간 교육의 원형이 안드라고지였다.[116]

그러나 여러 학자가 진행한 후속 연구는 안드라고지를 고전적 인본주의 관점에서 논한다. 또한 사회적 의제나 담론을 재해석하는 수단이자, 사회학적 의미를 부여하는 형태로 설명한다.

박 교수[117]는 페다고지에 대한 국내 연구가 축적되지 못했음을 강조했다. 실제 한국의 등재 학술지에 페다고지를 제목으로 한 논문은 45편에 불과하다. 이 중 페다고지의 개념과 진화 과정, 현대 교육에서의 접목을 다룬 것은 그의 논문 한 편뿐이다. 나머지는 주로 음악, 미술, 체육, 카니발, 젠더와 페미니즘 맥락의 논문들이다. 그리고 안드라고지에 대한 기초 연구도 매우 취약한 실정이다. 우리나라 등재 학술지에서 제목에 안드라고지가 반영된 논문은 총 여덟 편에 불과하다. 이렇듯 기초 탐구와 연구가 부족하면 해석 오류를 낳을 수밖에 없다. 다음 내용은 안드라고지의 원리를 기업과 사회 현장에서 접목하는 것에 관한 논문인데 연구자들이 안드라고지와 페다고지에 대해 올바로 해석하지 못하고 있다.

안드라고지의 기본 과정은 아동 교육학pedagogy과 구별 시 잘 드러나는데 성인 학습자의 개념이 자기 주도적이며, 학습자의 역할이 경험 중심적이며, 학습 준비도가 문제 지향적이며, 생애 주기상의 발달 과업과 사회적 역할, 학습에 실용적인 적용을 하는 것이며, 학습의 동기가 내재적이란 측면에서 차이가 있다는 것이다. 이런 가정은 성인 학습자의 특성으로 드러날 수 있다.[118]

이처럼 우리나라 학계에서 안드라고지는 본래 형성 과정에 대한 깊은 고찰 없이 성인 교육학, 성인 학습 이론, 평생 학습학으로 표현되며 이 범주에서 다루어지는 것이 지배적이다.

노르웨이 노르드대학교Nord University의 스베인 로엥Svein Loeng 교육학 교수는 안드라고지를 역사적·지역적·학제적 맥락에서 바라보며 그 개념과 이론의 형성, 진화와 변형의 과정을 깊이 연구하는 학자다. 그의 2017년 논문 〈알렉산더 카프 – 안드라고지 개념의 최초 사용자〉[119]는 안드라고지의 개념화 과정을 상세하게 설명하고 있다. 이에 따르면, 안드라고지의 뿌리는 고대 헬레니즘과 유대 문화로 거슬러 올라가는데, 어원의 배경처럼 남성 복지 기관이 학교의 기능을 하는 데서 비롯되었다. 근현대의 개념화는 1883년 출간된 알렉산더 카프Alexander Kapp, 1800~1869의 저서[120] 《개인을 위한 페다고지 및 국가 교육으로서의 플라톤의 교육 이론 혹은 실천적 철학》에서 처음 다루어졌다. 여기서 카프는 교육의 하위 주제 네 가지를 소개한다.

- 출생 전 교육: 결혼과 가정생활을 위한 교육, 가장의 역할을 위한 남성 교육 포함.
- 페다고지: 어린이와 청소년 교육, 시와 음악, 과학 및 철학과 같은 문화적 전통에 직면하여 아동의 영혼과 정신의 형성을 강조.
- 안드라고지: 성인기의 교육 혹은 실제 남성을 위한 교육.
- 국가 페다고지: 국가를 통한 교육.

로엥은 카프가 정의한 안드라고지는 성인 학습이나 성인 교육이 아닌 문자 그대로 남성을 위한 교육이었다고 평가한다. 이에 덧붙여 그는 카프가 성인 교육의 필요성과 다양한 직업 활동에서 요구하는 자질을 가르쳐야 한다는 측면에서 안드라고지를 설명했다고 말한다. 이듬해 그의 논문 〈안드라고지의 개념을 이해하는 다양한 방식〉[121]은 이것의 개념 형성 과정과 진화 및 변형, 세계 주요 국가에서의 개념 정의 등을 살펴서 안드라고지의 본래 의미를 탐구한다.

카프 이래 독일의 프란츠 포글러Franz Pöggeler[122]는 안드라고지에 과학적 근거를 부여하려 한 최초의 시도자로 여겨진다. 이후 산발적인 연구가 진행되다가 영국의 노팅엄대학교에서 1981년 노팅엄 안드라고지 그룹을 설립하면서 연구가 본격화되었다. 이는 오늘날 안드라고지의 대중화에 기여한 놀스에게 영향을 미쳤으며, 그는 안드라고지를 '성인 학습을 돕는 교양과 과학'으로 정의했다.[123]

안드라고지는 고전적 인본주의, 대화형 인본주의, 낭만적 인본주의라는 세 갈래로 변형이 이루어졌다. 1830년대, 즉 카프의 활동기는 고전적 인본주의로, 1950년대의 안드라고지는 대화형 인본주의로 분류될 수 있으며, 현대에서 놀스의 성인 학습 이론은 낭만적 인본주의를 배경으로 한다. 이는 인간이 개인적인 발전을 이룰 힘을 가졌다는 관점에 기초한다.

역사적·지역적·전문적인 맥락에서의 진화와 변형 과정을 통해 안드라고지의 개념을 정의하면, 성인 교육학 혹은 성인 학습 이론의 범주를 넘어 다양한 학제가 결합한 '학습자 주도 실천 교육'으로 정리할 수 있을 것이다.

07

모두를 위한
21세기 실천 교육

페다고지와 안드라고지 모두를 실천 교육으로 정의 내리는 이유는 현대 교육학이 열정과 몰입 등 감정 요소를 배제한 연구에 기초한 과학으로서의 교육[124]이란 정체성을 지니는 것과는 달리, 두 개념의 근저에 교육의 변혁적 역할이 자리하기 때문이다. 이를 위해 페다고지와 안드라고지는 다양한 학제와 유연하고 유기적으로 협력하며 교류하는 것을 전제로 한다.

뿐만 아니라 이 두 개념에는 현대 교육학, 즉 과학으로의 교육이 상대적으로 간과하는 학습자의 성장과 성취라는 교육의 근본 역할론에 대한 성찰이 내재화되어 있다. 교육이 전달의 과정이 아닌 실천으로 정의되는 두 개념은 교수자 혹은 교육자의 깊은 몰입, 참여, 성찰을 요구한다. 그리고 이는 관찰, 검증, 결과의 해석처럼 분석이나 해석학적 가치보다 학습자의 성장과 변화에 무게를 둔다. 때로는 과학적으로 일반화된 사항이 아니더라도 교육의 목적에 부합하는 방법이 있다면 이를 적극적으로 찾는다.[125] 교육의 궁극적 목적은 개인의 자아실현을 이끌고(페다고지) 뒷받침하는(안드라고지) 데 있다. 이런 맥락에서 변혁적 역할과 기능을 추구하는 페다고지와 안드라고지는 과학으로의 교육학보다 교육이 갖는 원래의 목적에 더 가깝다고 할 수 있다. 이것이 우리가 페다고지와 안드라고지를 더 정확히 이해하고 세심하게 살펴야 하는 이유다.

변혁적 학습 이론을 비판하는 논문 〈아름다운 은유-변혁적 학습 이론〉의 저자는 호주 그리피스대학교Griffith University의 하위Howie와 배그널bagnall[126]이다. 학자와 연구자 간의 논쟁은 학문 탐구와 진리를 발견하는 과정에서 핵심을 이룬다. 이런 전제하에 하위와 배그널은 30년 이상 학자와 대중에게 많은 주목을 받아온 변혁적 학습 이론이 개념적 은유에 불과하다고 지적한다. 변혁적 학습 이론은 진실성 측면, 닭과 달걀의 논쟁 같은 순환적 인과성의 딜레마, 이론에 대한 비판을 거부하는 태도, 비판적 연구를 의도적으로 배제하는 선택적 인용 등의 비판을 이미 받고 있었다. 이에 더해 두 학자는 단방향 이론화, 비판에 대한 수용 부족, 과학적 검증의 실패, 정량화의 부족, 문제 있는 사례의 의도적 채택, 예측력 부족, 연구 결과에 대한 의도적 선택주의, 이론적 무한성 등을 문제 삼는다. 사실 비판을 넘어 조롱에 가까운 이들의 논문은 읽는 동안 마음이 불편할 정도였다.

이렇게 조롱 어린 비판의 대상이 되는 변혁적 학습과 교육은 왜 현장 교육자에게 큰 관심을 받을까? 2003년 이를 전문적으로 다루는 학술지인 《변혁적교육연구Journal of Transformative Education》가 창간되었고, 1951년 처음 발행되어 교육 이론에 집중해온 학술지인《교육이론 Educational Theory》은 2020년 11월호를 변혁적 교육 특집으로 편성할 만큼 변혁적 학습은 대중의 사랑을 받는다.

그러나 주류 교육학 영역에서는 이 이론이 아직 받아들여지지 않고 있다. 교육학 분야에서 영향력이 가장 큰 학술지인《교육연구리뷰Review of Educational Research》의 논문들에서 '변혁적'이란 어휘가 들어간 제목의 논문을 검색해보았으나 그 사례를 찾을 수 없었다. 내용상 이를 포함한 논문들은 검색이 되지만 대부분 교장이나 교사의 변혁적 리더십과 관련된 것들이었다. 그 밖의 몇몇 저명한 학술지도 살펴보았으나 변혁적 교육이나 변혁적 학습을 다룬 논문은 없었다. 하위와 배그널의 주장처럼 전통적 교육 및 학습 이론을 다루는 영역에서는 변혁적 학습과 변혁적 교육이 정교한 이론으로 평가받지 못하는 듯하다. 반면 현장 교육자의 관심사를 다루는 또 다른 학술지《교사교육학연구Journal of Teacher Education, 1950~》와《지도와교사교육Teaching and Teacher Education, 1985~》에는 변혁적 교육이나 학습에 관한 다수의 연구가 실려 있었다.

그중 〈학원(강의) 혹은 실천 교육? 교육의 변혁적 개념에 대한 필요성〉[127]이란 논문이 특별히 시선을 끌었다. 이 논문은 과학으로의 교육이 교육 정책과 교육과정을 주도하면서 교육의 본질을 잃어가는 것은 아닌지에 대한 문제를 제기한다. 필자가 이들의 논문에 주목한 이유는 이 논문의 연구자들이 활동하는 국가가 영국과 스웨덴, 네덜란

드이기 때문이다. 미국이나 아시아 국가들보다 교육의 본질에 더 충실한 교육 환경을 갖춘 것으로 알려진 국가들을 배경으로 한 20여 년 전의 문제 제기이기에 더 관심이 간다.

이들의 논문은 시작부터 핵심을 치고 들어가는 질문법을 구사한다. '주인의 하인인가?'라는 질문을 하면서 '학교는 훈련의 장소인가, 교육해도 되는 장소인가?'를 묻는다. 또한 '교사는 단순히 강사여야 하는가, 아니면 추가적인 많은 임무가 있는가?'라는 질문도 한다. 플라톤이나 세네카의 맥락으로 돌아가 교육의 목적은 좁은 의미로 훈련을 뜻하는지, 더 넓은 의미로 사람을 양성하는 것인지도 묻는다. 학교의 목적이 사람을 양성하는 것인지, 혹은 외부의 목적을 위한 훈련인지에 대한 문제는 교육의 본질 측면에서 영원한 숙제 중 하나[128]며, 이를 정답 없는 질문으로 남겨두어서는 안 된다고 강조한다.

이들은 교육과정에 대한 정부의 통제가 강화되고, 사전 결정된 결과, 즉 정부의 방침에 따라 교육과정을 강의하는 학원 교육에 대한 중요도가 높아짐으로써 교육자는 혼란스러워진다고 말한다. 현장 교육자가 학교의 역할을 단지 정해진 교육과정을 강의(훈련)하는 것에 한정해야 하는지, 실천 교육적 과업을 가져야 하는지의 딜레마에 빠지는 문제를 제기한다. 특히 측정 가능한 결과물과 책임이 중요시되는 현장 교육은 핵심 교과목의 시험 점수로 판단하는 성과 관리 지표에 더 민감하게 반응하며 학교가 학원화되는 경향을 보임을 지적한다. 결론적으로 이들의 주장은 변혁적 교육이 필요하다는 것이다. 학교는 실천 교육적 과업이 있다. 그러나 현장에서는 이를 규범과 가치를 가르치는 것으로 이해하는 경우가 많다. 통신 모델의 발신자-수신자 간

전송 개념과 다르지 않은 것이다. 이 점을 토대로 연구자들은 교육이 단지 전달의 과정으로 기능하는 현상을 지적하고 있다.

교육의 본질을 다시 고려해본다면, 이 논문에서 교육은 전달 중심이 아니라 변화의 개념이며, 참여에 따라 이루어지는 의사소통의 의미로 받아들여야 한다는 점이 핵심이다. 현시대에 적절한 교육론인 학생의 전인적 관심사와 변화를 다루는 실천 교육적 과업은 교육의 제반 모든 것을 포괄한다. 따라서 논문은 과학으로의 교육에 편향된 정부의 정책 기조에 변화와 성장으로의 교육이 다시 강조되어 교육의 근본 목적을 균형 있게 추구해야 한다고 주장한다.

20여 년 전 교육 선진국이었던 영국, 스웨덴, 네덜란드에서 강조한 교육과 학교의 역할 정체성에 대한 염려는 해소되었을까. 학술적인 논쟁을 떠나 현실 세계를 냉정히 바라보는 차원에서 현대 학교의 기능, 역할, 존재 이유는 과연 무엇인가? 특히 한국 사회에서 중고등학교의 역할, 기능, 존재 이유는 무엇인가? 교육이 학생을 변화시키고 성장시키는 역할을 하고 있는가? 이 질문에 학부모와 학생은 얼마나 공감하며 답할까. 입시에서 요구하는 자격 요건을 갖추고, 입시 행정에 필요한 성적 평가와 이를 공식화하는 행정 기능에 더 많은 비중을 두고 있다는 의견에 공감하는 대중이 훨씬 더 많지 않을까?

인간 경험의 풀리지 않는 미스터리 중 하나는 우리 삶에 형태를 부여한 가치, 사고방식, 자아 개념 및 이상에서의 중대한 변화에 대한 능력이다. 음악 속 숭고한 아름다움에 감동하고, 외국으로 이주한 뒤 새로운 삶의 방식에 몰입하고, 소설 속 인물의 용기에서 영감을 받거나,

신뢰할 만한 교사의 모범에 이끌린 우리는 우리 자신을 위해 새로운 길을 택하기로 결정했다. 그 길은 얼마 전에는 예측하거나 기대할 수 없는 것처럼 보였다. 우리는 이런 경험을 '변혁적'이라고 부르며, 우리를 만든 사람에 대한 감사와 그들 내면의 모호함에 약간의 경외심을 품으며 그들을 되돌아본다.

이것은 변혁적 교육 특집으로 편성된 《교육이론》 2020년 11월호에서 이 특집을 구성한 배경과 목적을 설명하는 글에 기술된 내용이다.[129] 특집에 게재된 논문들은 독일에서는 변혁적 교육에 대한 연구가 18세기부터 진지하게 진행되었으나, 영어권 국가의 학자들과 교류가 제한적이다 보니 학술적으로 확산하는 데 제약이 따랐다고 한다. 또한 교육학과 철학, 심리학 등 학제 간 교류가 충분치 못한 것도 학문적 발전이 더디게 진행된 배경이라고 설명한다.

확고한 철학적 근거가 없는 상황이나 방법, 교육적 경험을 변혁적이라고 표현하는 것은 아무 이유도 없이 '나는 이것을 좋아한다!'라고 말하는 것과 다름없다. 그러므로 이 논문들은 변혁적 교육에 대해 철학적·심리학적·실천 교육적 기초를 다지는 과정이 필요하다고 주장했다. 앞서 학술적 비판을 넘어 조롱 어린 비난에 가까웠던 하위와 배그널[130]의 논조와는 달리, 교육 이론가가 감당해야 할 책무성을 학술적으로 제시하는 것이다. 그러면서 변혁적 교육이 교육 이론으로 유효하게 자리매김하기 위해서는 다음의 주제들을 추가로 연구해야 한다고 제시한다.

① 규범성: 변혁적 교육 이론의 규범적 가정과 경계는 무엇인가? 변혁적 프로세스 중 어떤 기능이 가치 있고 바람직한 것으로 여겨지는가? 교육적으로 간주할 수 있는 것과 고려되어서는 안 되는 변화 과정이 있는가? 학생을 변화시키는 데 어떤 윤리적 위험이 관련되었는가?

② 생성성: 어떤 종류의 경험이 변혁적 과정을 유발하거나 생성하는가? 위기 경험이 변화의 잠재력을 가질 수 있는가? 고통이 변화의 시작에 도움되는가? 그렇다면 이렇듯 부정적으로 시작한 변혁에서 생성되는 변화는 다른 요인에 의한 변혁의 품질이나 가치와 어떻게 다른가?

③ 주관성: 왜 어떤 경험은 한 사람에게는 변혁적이고, 다른 사람에게는 실존적 중요성이 거의 혹은 전혀 없는가? 변혁적 교육 이론은 변화하는 과목의 미학적·인식론적·윤리적·개인적 성향을 어떻게 설명할 수 있는가? 스스로에 대한 어떤 개념이 변혁적 교육 이론의 기초가 되는가?

④ 적용성: 의도적으로 변혁을 일으키는 교육 프로그램의 개발에서 변혁은 정의롭지 못한 것인가? 어떤 유형의 변혁 혹은 변혁 경험이 가능한지, 그리고 어떤 품질을 가질 수 있는지를 결정하는 교육 환경에 의해 도입된 제한 사항이 있는가?

《교육이론》의 변혁적 교육 특집호는 그 배경을 설명하는 〈변혁적 교육: 철학적·심리학적, 그리고 실천 교육적 관점〉, 〈변혁적 경험 이론에 대한 철학적 근거〉, 〈변혁적 교육〉, 〈변혁적 교육의 가치 평가〉,

<자기 배신의 교훈: 변혁적 교육의 함정>이라는 다섯 편의 논문*을 소개한다. 철학, 심리학, 교육학(고등교육) 분야의 저명한 학자들의 논문으로 변혁적 교육을 다학제적 이론화의 입장에서 살피도록 했다. 아울러 《교육이론》은 이에 대한 비판적 논거를 담은 논문도 함께 구성함으로써 균형 있는 시각을 유지했다.

변혁적 교육을 체계적으로 이론화하기 위한 시도가 이것이 처음은 아니었다. 콕코스Kokkos[131] 등은 지난 40여 년간 변혁적 학습에 대해 이론적·경험적으로 고찰한 연구를 집대성하여 제시한 바 있다. 그러나 이는 하위와 배그널[132]처럼 비판에 대한 수용 부족, 연구 결과에 대한 의도적 선택주의 등의 지적에서 완전히 벗어난 내용이라 하기 어렵다. 변혁적 교육주의자들의 과학적 비판을 수용하는 문제는 테일러Taylor[133]와 놀Nohl[134]의 연구에서도 강조된 바 있다. 하지만 교육 이론가들이 《교육이론》에서 다룬 다학제적 접근을 통한 변혁적 교육의 이론화 과정은 이전에 제기된 여러 비판을 집대성하여 이론으로의 변혁적 교육의 현재와 미래를 제시하고 있으니 교육계 종사자는 꼭 일독해보기를 추천한다.

모두를 위한 21세기 실천 교육을 모델링하고 실행하는 데는 기업가정신이 많은 도움이 된다. 현대 교육에서 가장 전인적이고 변혁적

● 각 논문의 원어는 다음과 같다. 〈Transformative Education: Philosophical, Psychological, and Pedagogical Dimensions〉, 〈Philosophical Groundings for a Theory of Transformative Experience〉, 〈Transformative Education〉, 〈Transformative Valuing〉, 〈Lessons in Self-betrayal: On the Pitfalls of Transformative Education〉

교육을 추구하며, 실천 교육의 속성을 지닌 것이 바로 기업가정신 교육이다. 이는 자기 주도적 삶을 향한 교육으로, 자립을 경험하도록 하고 성인의 삶에서 자기 고용 가능성을 높인다. 교육의 궁극적 목적인 개인의 자아실현과도 직접적인 관계를 맺는다. 그리고 '그럼에도 불구하고'의 정신을 토대로 한 메리토크라시의 영역이며, 사회적 이동성을 창출하는 중요한 원천이라는 측면에서 포용적 교육의 의미도 함께 지니고 있다.

기업가를 전문적이고 체계적으로 양성하기 위해서는 교육 철학, 교육 심리학, 동기 이론, 학습 이론, 페다고지, 안드라고지, 변혁적 교육 등 교육의 전반적인 영역이 함께 어우러져야 한다. 따라서 기업가정신 교육은 모든 제반 교육 이론이 집대성되는 장이자 결정판이라고 할 수 있다. 또한 과학 기술, 경제, 사회, 법과 제도, 정책 환경, 국제 관계, 기업의 창업과 경영, 리더십과 커뮤니케이션 등을 필요로 하는 다학제적 융복합 교육도 제공되어야 한다. 이를 위해 창의적이고 비판적 사고로 다른 이들이 볼 수 없는 기회를 포착하는 방법, 기회 추구를 위해 계산된 위험을 감수하고 실행으로 옮기는 방법, 위험을 체계적으로 관리하는 방법, 실패로부터 회복하는 방법 등을 다룬다.

기업가 양성을 위해서는 대인 관계와 협상 등 현실에서 발생하는 미묘한 관계와 갈등 관리에 대한 교육도 필요하다. 기업가는 법과 제도의 범주 내에서 상당한 자유와 자율성을 가지지만, 그 결과에 대해 모두 책임을 져야 한다는 사실도 학습하고 경험하도록 해야 한다. 교육 결과는 정답이 정해진 표준화된 시험의 성적이 아니라 실제 세상

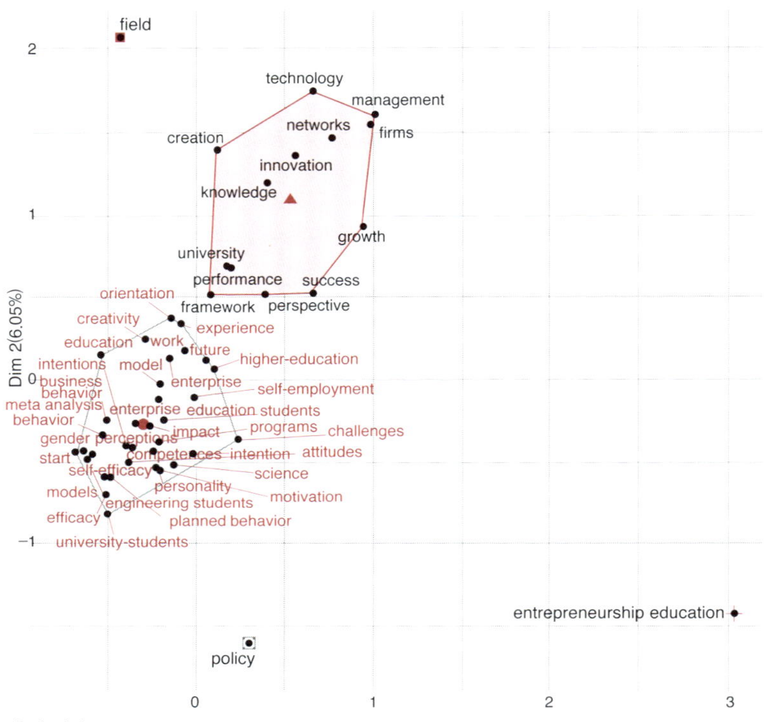

* 출처: 저자.

이나 시장에서 얻은 성과로 객관적인 평가를 받는다. 지난 20년간의 기업가정신 교육에 관한 연구 결과물들을 메타 분석해본 결과, 기업가정신 교육은 전인적 실천 교육의 전형이라는 결론에 다다랐다.[135]

기업가적 활동은 매우 역동적인 순환 학습의 과정이다. 가설을 수립하고, 시장과 고객을 대상으로 이를 검증하며, 이 결과를 반영하여 새로운 가설을 수립하는 일련의 과정을 반복해서 행한다. 따라서 프로젝트 기반 학습, 액션 러닝, 자기 조절 학습, 자기 주도 학습이 모두 적용된다. 경험 학습 이론과 변혁적 학습 이론 등이 망라되며, 교수자

주도 실천 교육인 페다고지적 접근과 학습자 주도 실천 교육인 안드라고지적 접근을 병행한다.[136]

　기업가정신 교육은 경계를 허물고 이를 넘나드는 활동을 요구한다. 학교나 전문 기관의 교사에 한정하지 않고, 성공이나 실패한 경험이 있는 현장의 기업가들도 교육자로 참여한다. 학생이나 학습자는 교실 수업에만 극한되지 않고 현장과 시장을 직접 조사하고 탐구한다. 친구나 동료의 혁신 현장이 교실이나 강의실 역할을 하기도 한다. 낮과 밤을 가리지 않고 교육자나 멘토와 소통하며 발생하는 문제를 즉시 해결한다. 특히 대학의 기업가정신 교육은 생태계적 접근을 기반으로 한다. MIT의 경우, 미국을 넘어 세계의 주요 국가를 넘나드는 생태계를 구축해나간다.[137] 우리나라의 한국과학기술원KAIST도 전공이나 단과대학의 범주에 묶이지 않고, 졸업 동문을 포함한 전 대학 차원에서의 기업가정신 교육을 전개한다. 기업과 산업을 포함한 국가적 연결과 협력도 생태계의 범주에 속한다.

　기업가정신 교육은 단지 기업을 창업하고 경영하는 것보다 훨씬 넓은 사회화의 범주를 포함한다. 그리고 궁극적으로는 자아를 형성하고, 자신의 잠재력을 발현하며 자아실현을 이루는 과정과 방법을 다룬다. 자신의 삶이 사회와 어떤 관계를 맺어야 하는지를 고찰하고, 창출한 가치나 그 과정을 어떻게 공유해야 하는지 스스로 답을 찾도록 하는 범주도 여기에 포함된다. 이런 이유로, 기업가적 경험이 전혀 없는 초보 학습자나 학생에게는 상당한 몰입과 헌신을 기초로 한 페다고지적 접근을 해야 한다. 이들은 교육자를 넘어 때로 멘토이자 동료, 후견인 역할까지 감당해야 한다.

여러 영역에 전문 교육이 존재하지만 이보다 더 넓은 범주를 전인적 관점에서 다루는 영역이 있을까? 이런 배경으로 기업가정신은 경영학의 한 영역으로 분류되는 게 일반적이지만, 기업가정신 교육은 학제적 범주를 넘어 주변과 유연한 협력 관계를 맺으며 행해진다. 전통 교육학자나 현장의 교육자는 자신의 교과목 혹은 전공 영역에 한정하여 가르치나, 경영학적 지식을 가진 기업가정신 교육자는 다학제, 융합적·변혁적인 관점에서 교육에 임한다. 기업가에 대한 평가는 시험이 아닌 고객과 시장으로부터 선택을 받느냐의 여부, 그리고 이것이 혁신을 평가하는 가장 객관적인 방법이라는 점에 대한 전문적 이해를 지니고 있기 때문이다.

경영학자의 교육에 대한 접근법, 특히 기업가정신과 경영 전략을 다루는 연구자가 전인적 실천 교육을 대하는 방법은 일반적인 것과는 다소 결이 다르다. 그들은 창업자와 기업가를 양성하고, CEO와 최고 경영자의 시각에서 효율성과 효과성을 관리하여, 궁극적으로 지속가능한 조직과 기업을 경영하는 시각에서 교육을 바라본다. 학생이나 학습자가 실효성 있는 기회를 추구하도록 이끄는 교육을 지향하며, 전인 교육으로 자아의 형성과 자아실현을 돕는다. 이를 위해 기업가정신 교육은 메커니즘과 생태계 맥락에서 접근한다.

실천 교육은 교육 리더십을 바로 세우는 데부터 시작된다. 일선 학교의 교장, 기관장, 교육 프로그램 책임자의 전문성 있는 교육과 함께 리더십이 바로 서는 것이 무엇보다 중요하다. 교육 리더십은 시대정신을 담은 교육 철학을 정립하고, 이 철학적 방향과 정체성이 현장 교

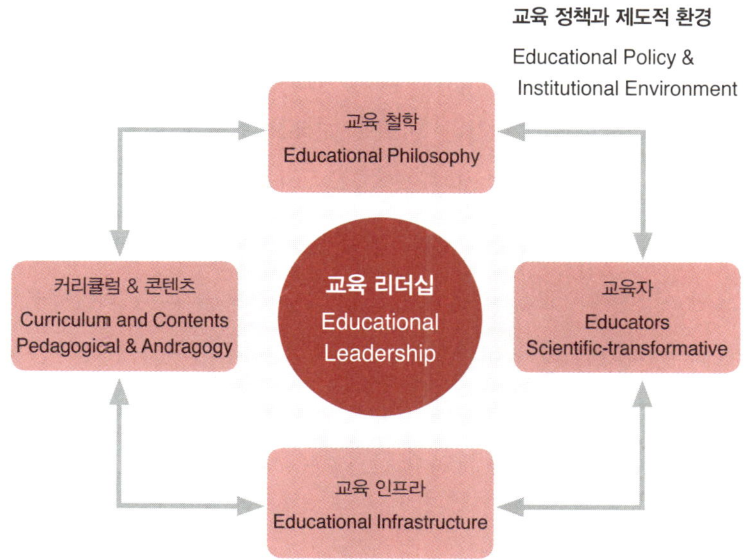

* 출처: 저자.

육에서 향해지도록 교육자를 선발하고 개발하는 역할을 감당한다. 그러기 위해서는 과학적 접근과 변혁적 접근이 균형을 이루는 사람들로 교육자를 구성해야 한다. 이들은 교육 활동에 깊이 몰입하는 동기를 부여해준다. 교육자들은 교육의 목적과 과정에 따라 페다고지나 안드라고지의 관점에서 교육과정을 구성하고, 필요한 콘텐츠를 마련한다. 그리고 해당 교육을 위한 최적의 교육 자원을 어떻게 구성할지 고민하고 실행한다. 이들은 학교나 교육 기관, 교육 프로그램의 범주에서 한 걸음 나아가 외부와의 적극적인 교류와 협력을 통해 추구하는 교육 철학이 내재화되고 실현될 수 있도록 교육 생태계를 조성하고 개발한다.

교육 철학-교육자-커리큘럼과 콘텐츠-교육 인프라가 정합성을 이루며 목표를 향해 나아가도록 하는 것이 교육 리더십의 역할이자 책무다. 교육 생태계의 조성자 역할을 감당하는 교육 리더십은 실천 교육의 출발점이자 종착지다. 변혁적 교육은 교육 경험으로 한 사람의 인생과 삶이 송두리째 바뀔 수 있다는 믿음에 기초한다. 따라서 학교, 교육 기관, 교육 프로그램의 리더십을 바로 세우는 것은 무척이나 중요한 사안이다. 교육 정책과 제도를 다루는 교육 리더십은 더욱더 중요하다. 국가적 교육 리더십에 따라 자신과 자녀의 삶에 극적인 변화가 가능하다는 점을 고려해본다면 이것은 꼭 필요한 과정이다. 우리의 교육 리더십을 다시 살펴야 하는 이유가 여기에 있다.

현실 세계에서 변혁적 실천 교육을 시행하는 것은 대단히 어렵다. 특히 정부 차원의 교육 정책과 제도가 현장 교육의 자율성을 제약하는 상황에서는 전인적 실천 교육이란 과업이 행동으로 옮겨지지 못한 채, 마치지 못한 숙제와 같은 무게로 교육자의 마음을 무겁게 하는 경우가 많다. 이때 빛을 발하는 것이 기업가정신의 본질을 쉽게 설명해주는 '그럼에도 불구하고'다. 현실의 제약과 한계들이 존재하지만 그럼에도 불구하고 마치지 못한 숙제를 함께 풀고 마무리 짓도록 하자.

비스타Biesta와 미데마Miedema[138]의 문제 제기처럼 학원화된 현대 교육은 교육의 본질을 잃어가고 있다. 표준화된 시험 결과에 따라 학업 성취가 결정되는 구조에서 학생은 고유의 가치를 잃고 표준화의 함정과 평준화의 함정에 묶이게 된다.

이제 우리는 '모두를 위한'이라는 표현을 집단과 전체의 관점에서 인식해서는 안 된다. 모두를 위한 교육의 본질은 개인이 지닌 고유성에 보다 관심을 갖고, 표준화와 평균의 함정에 빠지는 사람이 없도록 각자가 기회를 추구하고 자아실현을 하도록 돕는 것이다.

더 나아가 현대 교육의 사각지대에 있는 '위대한 삶에 대한 동기 부여와 방법론'을 제공해야 한다. 우리는 앞서 '호기심-학습된 신념-위대한 질문'으로 이어지는 위대함을 이끄는 3단 점증법인 위대한 삶이란 무엇인가에 대해 다루었다. 또한 창조적 혁신 역량, 불평등을 만드는 교육 격차와 관련된 영어, 기술 및 데이터 문해력, 기업가정신, 엘리트 대학의 제도적 경로 효과, 인도인과 유대인의 혁신 DNA, 강점 찾기와 강점 기반 교육, 이키가이와 그릿, 인생 프로젝트, 모두를 위한 교육 철학과 교육 심리학도 살펴보았다.

이 고찰은 개인들이 유전적·환경적 요인을 넘어서도록 하는 변혁

I도표 5-9I 현대 교육의 사각지대

■ 세계적으로 확산 추세 MOOC, Khan Academy, Univ. of the People, TED….
■■ 사이버대학 Univ. of Phoenix, Kaplan University….

* 출처: 저자.

적 교육 모델을 개발하기 위함이다. 따라서 고찰로 얻은 시사점을 커리큘럼과 교수-학습 방법으로 정리하고 구성하여 모두를 위한 21세기 실천 교육 모델로 만드는 과정이 필요하다. 고찰로 얻은 시사점은 비공식 유대인 교육의 내용과 매우 유사하고 많이 중복된다. 앞에서도 언급한 비공식 유대인 교육의 여덟 가지 특성[139]을 다시 한번 떠올려보자. 모두를 위한 21세기 실천 교육과 관련해서 다루었던 제반 사항과 유사하지 않은가! 고대 그리스의 플라톤에서부터 근현대의 존 듀이 등에 이르는 교육 철학자의 제반 사상, 교육 이론의 뿌리와 유대인 교육은 중첩되는 점이 많다. 이로써 각자의 기회 추구와 자아실현을 돕는 모두를 위한 21세기 실천 교육은 비공식 유대인 교육을 비종교적이고 범용적으로, 현대 산업 사회와 글로벌 환경에 부합하는 고도화된 방식으로 재구성했음을 시사한다.

모두를 위한 21세기 실천 교육은 성인의 삶을 준비토록 해준다. 특히 자립과 자기 고용 가능성을 담보하는 교육으로 자기 주도적 삶의 기초와 기반을 다져준다. 더 나아가 자신의 잠재력을 발현하고 자아를 실현하는 궁극의 목적을 추구하도록 돕는다. 이를 위해서는 페다고지 접근법을 취하는 것이 더 적합할 것이다.

모두를 위한 21세기 실천 교육을 미래를 준비하기 위한 기초 학습 7단계 모델로 정리해보았다. 이 모델은 자아에서 시작하여 계단을 내려가면서 실제 세상과 힘 있게 마주하고, 자아실현으로 위대한 삶을 이룩하도록 돕는다. 이는 자신의 직업을 찾고 준비하는 기초 과정이기도 하다. 이때 각각의 단계는 수업과 교실의 범주에 머무르지 않고

* 출처: 저자.

실제 세상을 기반으로 한 경험 학습의 모델로서, 교육이 직업적 삶으로 이어지도록 각자의 인생 프로젝트를 찾는 과정과 연계된다. 과학 기술, 정치, 경제, 사회, 문화, 예술 등 사회 각 분야와 연결될 수 있는 인생 프로젝트는 직업 지능과 감성 지능을 균형 있게 경험하고 개발하는 체계에 따라 수행되도록 함으로써 기업가형 전문가를 양성하는 교육으로 귀결된다.

기업가형 전문가를 양성하는 교육을 받은 사람들이 기업 활동을 한다면 각자의 전문성을 기초로 창업하고, 혁신 기업을 경영하는 직업적 삶을 꾸릴 수 있을 것이다. 기업이나 공공 조직의 구성원이나 독립적인 전문가로 활동하는 경우, '그럼에도 불구하고'의 기업가 마인드 세트를 토대로 각자의 영역에서 기회를 찾아 이를 실현하며, 유의미한 가치를 창출한다. 기업가형 전문가를 양성하는 교육을 통해 이 가치를 우리 사회와 함께 최적의 방법으로 공유하고 나누는, 온전한 자립을 이루고 자기 주도적으로 살아가는 사람으로 세워지는 것이다.

그 길에 방향을 제시해줄 모두를 위한 21세기 실천 교육은 다음과 같다.

첫 번째는 자아의 발견과 형성 단계다. 이로써 자신을 알고 이해하며 자신의 삶 전체를 조망하고 설계하는 경험을 한다. 이 과정에서 다면적 역할 모델을 찾고, 가급적이면 이들과 직접적인 만남의 기회를 갖고, 훗날 스스로가 누군가의 역할 모델이 되는 순환 관계를 형성한다. 어린 시절 만난 역할 모델은 한 사람의 삶 전체에 깊은 영향을 줄 수 있다.

두 번째는 인문·예술 문해력의 함양 단계다. 이 과정에서 사람에 대한 이해와 예술을 즐기고 누리고, 특별히 상상력의 힘과 가치를 경험한다.

세 번째는 창조적 혁신 리더십을 개발하는 단계로, 이 과정에서 다른 생각, 다른 시도가 지닌 가치를 경험한다. 스스로 혹은 함께하는 사람들이 창조적 혁신 활동에 깊이 몰입하도록 리더십을 발현하는 과정과 그 효과를 경험하는 것이다.

네 번째는 과학·기술 문해력을 축적하여, 지식을 기반으로 세상을 이해하고 탐구하는 경험을 쌓는 단계다. 시험을 위한 지식이 아닌, 세상을 이해하고 탐구하기 위한 지식을 깊이 학습함으로써 지식의 축적 동기와 과정을 달리한다. 또한 스스로 새로운 지식을 발견하거나 생성하는 경험도 시도한다.

다섯 번째는 엔지니어링 문해력을 축적하여 자신이 가진 아이디어와 해결책을 실제로 구현해보는 단계다. 상상에서 시작된 생각이나 아이디어가 지식과 결합해 해결책으로 만들어질 때, 이를 실제로 구현해봄으로써 유효성을 검증할 뿐 아니라, 문제 해결을 위해서는 기능성, 실행 타당성, 존속 가능성이 필요함을 경험하는 과정이다.

여섯 번째는 기업가정신 문해력의 축적으로 구현한 아이디어와 솔루션을 시장에 소개하는 경험을 쌓는 단계다. 이 단계에서는 실제 사회 및 경제 체계를 이해하는 가운데 창조적 혁신과 생산적 혁신의 전주기적 경험을 하게 된다. 실현하고자 하는 아이디어와 기회를 시장에 알리기 위해 필요한 자원을 조달하고, 존속 가능한 혁신의 산물을 만들어 이를 실제 세상에 소개하고 평가받는 과정을 겪는다.

일곱 번째는 글로벌 리더십을 개발하는 단계다. 이로써 글로벌 시민 의식을 함양하고, 자신의 삶에서 세계적인 영향력을 구축하는 과정을 경험한다. 국제적, 글로벌, 다국적, 초국적의 개념을 이해하며, 초국적 사고로 국경을 넘어 전 세계를 하나의 지구촌으로 인식하고 행동하며 영향을 미치는 일련의 과정을 거친다.

이런 단계들은 데이비드 콜브David Kolb[140]의 '경험 학습 모델'을 기반으로 할 때 가장 효과가 클 것이다. 특히 클라우드 환경이 갖추어지면서 전통적인 교육과 학습 방식과는 완전히 다른 여건이 조성되었다. 페다고지적 접근과 안드라고지적 접근을 동시에 취할 수 있으며, 국적을 넘나드는 실시간 교육도 가능하다. 기존 콜브의 모델처럼 1인 교사 지도를 중심으로 하는 교실 기반 수업의 '구체적 경험-새로운 경험에 대한 성찰-추상적 개념화-활동 실험'의 순환 주기에서 나아가, 각자가 자신만의 실험실이 있으며, 이를 토대로 실제 세상을 기반으로 한 프로젝트를 수행하는 교육을 전개한다.

이때 각자의 실험실은 대학이나 연구기관에 속한 실험실 기반의 스타트업과 같은 성격으로 간주되어 학습 목적을 실험하는 데서 그치지 않고 더 나아가 배움을 유효한 상업적 해결책으로 확장하는 경험을 하게 된다. 이 과정은 학습의 현장(학교)과 실제 세상 가운데 자리하며 다양한 기업가적 실험을 통해 자신의 직업적 삶과 연계되는 인생 프로젝트를 찾는 여정이다.

몇 년 전 한 지인의 조카를 만났다. 당시 유치원생이었던 아이는 대학생이 사용하는 스프링 노트를 가지고 다녔다. 그것이 무엇인지 물어보자 아이가 자신이 연구하는 고래에 관한 자료집이라는 설명과 함께 자신의 이름을 넣은 '○○○고래 연구소'라는 제목이 적힌 표지를 보여주었다. 현재 초등학생이 된 아이는 다른 연구소도 추가로 설립했다고 한다.

이처럼 어린이와 청소년, 대학생이 자신의 이름을 건 각자의 연구실을 만들고 학교생활을 한다면 이들의 학업 성취도는 크게 달라질 것이다. 어린이와 청소년이 자신의 직업적 삶과 연계되는 인생 프로젝트를 시행할 경우, 이는 몰입도를 높이고 동기 부여를 이끄는 원천이 되며 관련 내용의 학업 성취에도 유효한 영향을 미친다. 체스나 바둑에 깊이 빠져든 사람들이 수학 원리를 자발적으로 학습하는 게 한 예가 될 수 있다. 이는 단지 시험을 위해 수학을 배우는 경우와는 비교할 수 없을 만큼 결과와 과정 면에서 큰 차이를 보인다.

가벼운 호기심에서 시작해 자신의 연구실을 기반으로 이를 프로젝

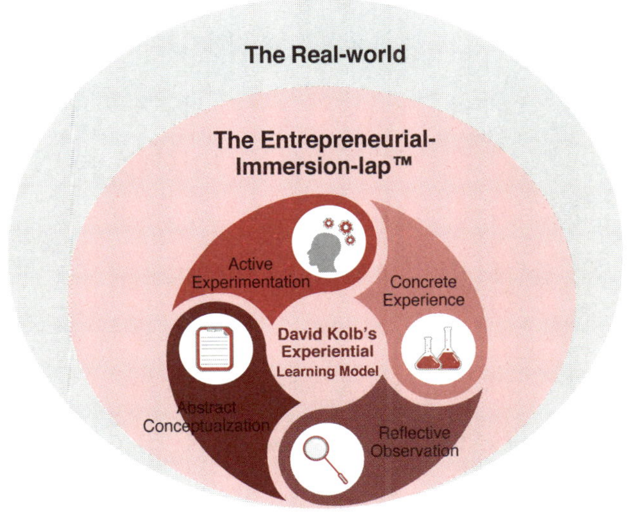

* 출처: 저자.

트화하는 시도를 계속하다 보면, 자연스럽게 자신의 인생 프로젝트와 만나게 된다. 어떤 호기심은 호기심의 수준에서 그치고, 어떤 호기심은 경험-관찰-개념화-실험 단계인 경험 학습 모델의 1차 순환을 완료하는 단계까지 이어지며, 인생 프로젝트가 될 수 있는지 기초 점검을 받게 된다. 이 단계를 넘어서면 공식적인 프로젝트로 진전시켜도 된다는 뜻이다. 이때 이 프로젝트를 스타트업처럼 실제 세상에서 전개하는 경험을 해보도록 교육해야 한다.

이 과정을 모두 거치면 개별 프로젝트가 자신의 인생 프로젝트로 채택할 만한 사항인지, 학습과 경험의 맥락에서 판단할 프로젝트인지가 자연스럽게 구분된다. 앞서 이키가이에 대해 살펴보았듯 인생 프로젝트는 가장 먼저 자신이 사랑하는 활동이어야 한다. 한국 속담에

빗댄 '뛰는 자 위에 나는 자 있고, 그 위에 즐기는 자가 있다!'라는 표현처럼, 자신이 사랑하는 활동은 지속해서 호기심을 자극하고 열정을 계속 샘솟게 한다. 이는 강력한 동기 요인으로 기능하며 결과적으로 잘하는 활동으로 이어진다. 햄브릭 등[141]의 연구와 카브레타[142]의 설명처럼 성취나 숙련도의 원인으로의 노력이 아닌, 동기의 결과로서의 노력이 뒷받침되기 때문이다.

또 잘하는 활동을 꾸준히 하다 보면 그 활동을 사랑하게 된다. 가장 이상적이라 할 수 있는 자신이 잘하는 활동과 사랑하는 활동 간의 교집합적 조합은 나의 인생 프로젝트의 필요충분조건이다. 이를 기초로 자신의 활동이 세상이 필요로 하는 것과 병합될 수 있는지, 경제 활동으로 연결되는지를 추가로 확인해본다.

이 네 가지 질문에 모두 '그렇다'라고 응답했다면 인생 프로젝트를 찾은 것이다. 어떤 경우에는 세상이 필요로 하는 정도나 경제 활동으로 연결될지에 대한 확신이 없을 수 있다. 이때 자신이 잘하는 활동과 사랑하는 활동의 조합이 여전히 유효하다면, 열린 생각으로 프로젝트를 계속 수행하며 결과가 나올 때까지 관찰해보자. 직업적 삶과 연계되는 자신만의 인생 프로젝트를 찾고, 이를 수행하는 사람은 강력한 동기를 갖게 된다. 그렇다면 성취하는 삶, 성공하는 삶을 향한 열린 문 앞에 선 것과 같다.

인생 프로젝트를 수행할 때는 기업가형 전문가 양성 모델에 기초하여 프로젝트가 진행되도록 하는 안드라고지적 접근이 필요하다. 우리가 흔히 이야기하는 전문가는 세 가지 의미로 나눌 수 있다. 첫째, '이론형 전문가'다. 관련 분야의 학위를 소지하고 이론적인 측면에서 전문성을 갖춘 사람을 뜻한다. 둘째, '학술형 전문가'다. 이론적이고 학술적인 전문성을 갖추고 추가적으로 실전에서 전문성을 발휘하는 현장형 전문가다. 셋째, '기업가형 전문가'다. 기업가정신이 내재화된 전문가로 이론과 현장 모두를 아우르는 전문가다. 개척자적 사고로 새로운 기회와 가능성을 찾고, 이를 현실화하기 위해 필요한 자원을 조달하고, 창의적이고 혁신적인 방법과 활동으로 해당 분야에서 새로운 길을 열거나, 와해적 혁신을 이끄는 전문가가 여기에 해당한다.

헥사곤 모델The Hexagon Model은 직업 지능과 감성 지능이 균형을 이루는 기업가형 전문가를 양성하기 위한 여섯 가지 세트 기반의 교육 모델이다. 이 모델의 목적은 각 개인이 행하는 인생 프로젝트를 직업의 삶과 연계시키는 데 있다. 먼저 좌뇌적 특성을 지닌 직업 지능의 영역은 지식 세트, 스킬 세트, 도구 세트가 각 산업 혹은 직능 영역에

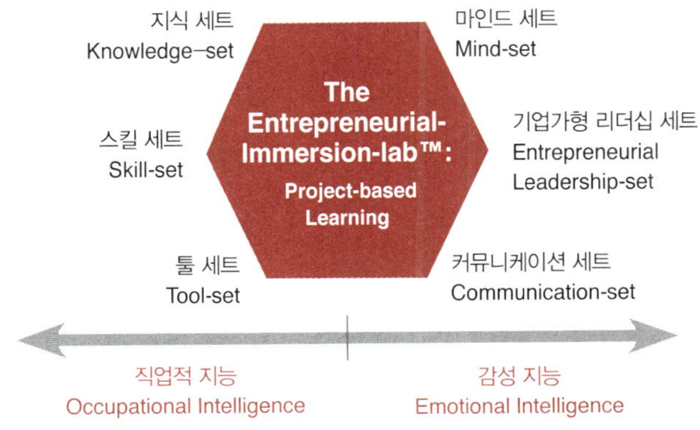

* 출처: 저자.

서 전문성을 가지도록 학습하는 사항이다. 여기서는 관련한 기초 수준뿐 아니라 가장 최신의 것을 배우도록 지도한다.

교육 현장에서 헥사곤 모델을 접목하는 과정에서 스킬 세트와 툴 세트의 차이를 어떻게 구분하는지에 대한 질문을 자주 받았다. 예를 들어, 한 스테이크 전문 요리사의 스킬 세트는 스테이크 요리를 잘하는 조리 기술을, 툴 세트는 복합 기능이 탑재된 신형 그릴을 능수능란하게 다루는 역량과 기술을 의미한다. 이를 산업과 성인의 직업 영역에 따라 설명하면, 스킬 세트는 기술력, 툴 세트는 기술의 개발과 활용에 필요한 제반을 능숙하게 다루는 역량이다.

우뇌적 특성과 그 결을 같이하는 감성 지능은 해당 분야와 정합성을 갖는 마인드 세트, 기업가형 리더십 세트, 커뮤니케이션 세트로 구성된다. 공적 영역과 사적 영역은 지녀야 할 마인드 세트 자체가 다르다. 의료 현장과 예술 현장에서도 이를 달리 적용해야 한다. 이처럼 헥사곤 모델은 영역별 마인드 세트가 정합성을 갖도록 안내한다. 기업가형 리더십과 커뮤니케이션 부문도 마찬가지다. 각 영역의 고유한 사항과 맞는 마인드, 리더십, 커뮤니케이션이 어우러질 때 직업 지능과 맞물려 해당 분야의 진정한 전문가로 자리매김한다.

지금까지 설명한 모두를 위한 실천 교육을 고등학교 과정을 마치기 전까지 충실하게 받는다면 대학 진학은 그야말로 선택(옵션)의 관점에서 판단할 수 있다. 그뿐 아니라 고등교육(대학 교육) 이수 없이도 자립과 자기 주도적 삶이 가능해진다. 이미 이 과정에서 요구되는 직업 지능과 관계 활동에서 필요한 감성 지능을 전문가 수준으로 갖추었기 때문이다. 그러므로 이 교육을 받고 대학에 진학하는 사람들은 대학이 지닌 고유의 실험 환경을 기반으로 본격적인 자기 주도적 삶을 영위하게 된다. 사회적 이동성을 만들어내는 교육이 있다면, 이는 바로 모두를 위한 21세기 실천 교육을 말하는 것이 아닐까.

08

한국의 미래 교육을 위한
짧지만 굵은 생각

우리나라 생애 전 주기 교육은 국제적으로 경쟁력이 없다. 스위스의 국제경영개발원IMD *의 조사[143]에 따르면, 2020년 기준 63개 조사 대상국 중 한국의 국가 경쟁력은 23위, 교육 경쟁력은 27위, 인재 경쟁력은 31위, 디지털 경쟁력은 8위였다. 우리나라 경제 규모가 세계 10위권 수준임을 고려한다면 상당히 뒤처진 것으로 볼 수 있다. 15세 이상 문맹률은 세계에서 가장 낮은 1퍼센트로 좋은 인적 경쟁력을 확보하고 있지만, 교육 경쟁력이 취약해 인재의 경쟁력을 배양하지 못하는 실정이다.

지금껏 우리나라 교육 혁신에 대해 많은 정책과 제안이 존재했지만

---

* International Institute for Management Development.

|도표 5-13| IMD 교육 경쟁력 평가 대한민국 현황

		2016		2017		2018		2019		2020	
		순위	지표 값	순위	지표 값	순위	지표 값	순위	지표 값	순위	지표 값
평가 지표	교육 경쟁력 순위	33	–	37	–	25	–	30	–	27	–
	GDP 대비 교육 관련 공공 지출(퍼센트)	30	4.9	26	5.1	27	5.1	22	5	36	4.3
	1인당 교육 관련 공공 지출	28	1,206.00	26	1,309.00	25	1,409.00	25	1,353.00	28	1,269.00
	학생 1인당 교육 관련 공공 지출(중등 교육, 퍼센트)	20	23.4	18	23.8	4	28.3	3	28.5	5	28.2
	학생 1인당 교육 관련 공공 지출(전체 교육 간계)	–	–	–	–	–	–	27	6,070.00	27	5,842.00
	초등학교 교사 1인당 학생 수(명)	43	17.3	40	16.9	39	16.8	36	16.5	38	16.4
	중·고교 교사 1인당 학생 수(명)	48	16.2	50	15.5	48	14.8	46	14.2	44	13.5
	중등학교 취학률(퍼센트)	10	98.1	16	96.2	10	96.6	11	97.4	9	98
	25~34세 인구의 고등교육 이수율(퍼센트)	2	67.7	2	69	3	70	3	69.8	4	69.6
	25~65세 여성의 고등교육 이수율(퍼센트)	50	50.5	50	50.5	19	43.4	20	44.4	20	46.2
	학업 성취도(P1SA2015)	–	–	–	–	9	520	9	520	6	523
	성취 수준이 낮지 않은 학생 비율(P1SA2018)	–	–	–	–	–	–	–	–	7	77.1
	P1SA 수학 성적(점)	–	554	–	524	–	–	–	–	–	–
	P1SA 과학 성적(점)	–	538	–	516	–	–	–	–	–	–
	영어 숙달도(토플 성적)	43	85	48	83	47	84	51	83	49	84
	대학 교육 지수	–	–	–	–	–	–	24	35.1	19	18.9
	15세 이상 문맹률(퍼센트)	–	–	–	–	–	–	–	–	1	1
	인구 1천 명당 고등교육 외국인 학생 수(명)	38	1.2	44	1.1	46	1.1	45	1.2	44	1.4
	인구 1천 명당 고등교육 유학생 수(명)	17	2.3	18	2.1	19	2.1	19	2.1	21	2.1
	초등 및 중등 교육(경쟁 사회 요구에 부합 정도)	–	–	–	–	–	–	47	4.7	44	5.5
	교육 제도	38	5	42	4.8	38	5.2	38	5.2	–	–
	대학 교육	55	4.2	53	4.5	49	4.8	55	4.4	48	5.3
	언어 능력	33	5.9	42	5.2	33	6	44	5.7	38	6.1
	경영 교육	52	4.7	54	4.6	47	5.1	51	5	48	5.5
	과학 교육	33	5.4	35	5.2	31	5.6	31	5.6	–	–

* 출처: e-나라지표.

** 원자료: IMD 〈교육경쟁력 분석 보고서〉(각 연도).

의미 있는 변화로 이어진 것은 찾아보기 힘들다. 우리나라 미래 교육은 어떻게 해야 혁신할 수 있을까? 통찰에 기반한 단순함은 힘이 있다. 따라서 자율과 책임, 대학 교육이란 세 개의 키워드로 그 혁신 방향을 제시할 수 있을 것이다. 한국 교육 혁신의 핵심은 대학 입시 제도다. 대학 입시 제도는 우리나라 교육의 블랙홀이나 마찬가지다. 모든 문제가 대입 제도로부터 파생되고 모든 교육 혁신 담론과 의제를 빨아들인다. 더 나아가 대학의 교육 혁신도 대입 제도 혁신과 연계되어 있다. 국제경영개발원의 조사처럼 우리나라 대학 교육 경쟁력은 50위 내외 수준이다. 사실상 대학 교육 후진국이라 할 수 있다. 그 핵심 원인의 배경에는 국가 만능주의처럼 대학 교육 전반에 정부가 과도하게 개입한 사실이 자리한다. 따라서 대학 입시 및 대학 교육 혁신을 전제로 하지 않는 국가적 교육 혁신은 백약이 무효하다. 대학 입시 제도와 대학 교육의 자율과 책임이 뒤따라야 한다.

이와 같은 맥락에서 한국의 미래 교육을 위한 짧지만 굵은 생각을 다음처럼 제언한다.

첫째, 국공립대학(도립대학 포함)을 ① 연구중심대학, ② 직업 교육 중심 대학, ③ 특수 목적 대학으로 삼원화하고, 각 목적성별 대학을 전국적으로 통폐합한다. 현 거점 국립 대학은 전국 단위-지역 캠퍼스 형태로 통합하고, 연구중심대학의 목적성을 지닌다. 직업 교육 기능은 현 폴리텍대학과 전국적으로 통폐합과 조정을 한다. 특수 목적 대학의 경우도 각 목적별 전국 단위 통폐합 조정을 한다. 과학기술원, 교육대학 등이 이에 해당할 것이다.

둘째, 통폐합 및 조정된 세 개의 '국공립대학 시스템(연구-교육-특수 목적)'에 대해 교육부, 정권의 변화 및 정치적 영향으로부터 독립적인 거버넌스를 구성한다. 이를 위해 가칭 '국가 대학교육 위원회'를 설치한다.

셋째, 국공립대학 시스템이 각 목적 기능에 있어 국제적인 경쟁력을 갖출 수 있도록 규모 있는 투자를 행하고, 성과 평가 및 보상 시스템 역시 국제적인 수준에서 다루어 국공립대학으로의 책임성을 다 하도록 한다.

넷째, 사립대학은 정부 차원의 재정 및 예산 지원을 최소화하고, 그 반대급부로 자율성을 대폭 확대하면서, 사실상 시장 메커니즘에 의해 기능하도록 정부의 관여를 최소화한다.

다섯째, 대학 입시 제도를 이원화한다. 국공립대학시스템(연구-교육-특수 목적)은 교육의 포용성에 대한 책임성을 기초로 개별 대학 시스템(연구-교육-특수 목적)별 독립적 입시 제도를 채택한다. 사립대학의 입시 제도는 개별 대학에게 완전한 자율권을 부여한다. 수학능력시험은 연간 최소 6회를 보장하고, 언어 능력 시험이나 자격시험처럼 개편하여, 그야말로 수학능력을 확인하는 기능과 목적성을 지닐 수 있도록 한다.

여섯째, 고등교육 시장을 완전 개방한다. 또한 영리 목적의 대학 설립과 운영도 허가한다.

이상의 여섯 가지 교육 혁신을 위한 원칙과 방향성을 교육 정책과 교육 현장에서 실행해 옮긴다면 한국의 유아-초중등 교육은 비로소 표준화된 시험을 위한 교육에서 벗어나 개인의 자아실현을 돕는 교육의 본래 목적을 빠르게 회복할 수 있을 것이다.

국가만능주의와 정부만능주의는 한국 교육 혁신의 가장 큰 장애물이자 걸림돌이다. 이를 극복하기 위해 교육부는 넛지의 원리를 이해해야 한다. 그러나 과연 스스로 그렇게 할 수 있을까? 국가 교육 거버넌스, 정부(교육부) 조직 구조나 공무원의 생리를 고려할 때 회의적이다. 결국 우리나라 미래 교육 혁신은 정확한 문제 인식과 깊은 교육 철학에 기반한 대통령이 자리할 때 가능할 것이다.

참고문헌

1장 기업대학

1   https://www.inc.com/justin-bariso/google-plan-disrupt-college-degree-university-higher-education-certificate-project-management-data-analyst.html.

2   https://grow.google/certificates/.

3   https://www.inc.com/justin-bariso/google-career-certificates-plan-disrupt-college-degree-university-genius.html.

4   Nixon, J.C. and Helms, M.M., 2002, Corporate universities vs higher education institutions, *Industrial and Commercial Training*, 34(4), pp.144~150.

5   https://www.nytimes.com/2014/08/11/technology/-inside-apples-internal-training-program-.html.

6   Kolo Philipp, et al., 2013, *Corporate Universities: An Engine for Human Capital*, BCG.

7   https://nymag.com/intelligencer/2020/05/scott-galloway-future-of-college.html?fbclid=IwAR0zS0bTkHov9SMdGB1r7o4fySWFo4lDcLZOVyGcYD5Gw49K7_Y8-dMwTCw

8   https://www.edx.org/microbachelors.

9   https://micromasters.mit.edu/.

10   https://www.jievents.in/.

11   http://www.mashelkar.com/.

12   http://jio-institute.co.in/.

13   https://analyticsindiamag.com/jio-takes-a-plunge-in-education-sector-set-to-launch-ai-data-science-courses-by-2021/.

14   http://jio-institute.co.in/reliance-embibe-investment/.

15   https://qteng.qq.com.

16   https://qteng.qq.com.

17   http://tech.cnr.cn/techgd/20171110/t20171110_524020262.shtml.

18   이영달 외, 2020, 〈'글로벌 유니콘 클럽' 기업의 특성 및 기업가치 영향 요인에 대한 탐색적 연구: 2019년 '글로벌 유니콘 클럽' 기업을 중심으로〉, 벤처창업연구, 15(6).

19   https://about.meituan.com.

20   https://www.zte.com.cn/global/services/categories/unicare.

21   https://www.chinasdg.org/article/top-corporate-universities-in-china-2020.

22 https://www.globaltimes.cn : Rise of corporate universities in China.

23 https://www.toyota-ti.ac.jp/english/about/index.html.

24 https://www.ttic.edu/about/.

25 https://www.toyota-ti.ac.jp/english/education/index.html.

26 https://ttic.edu/financial-support/.

27 https://university.rakuten.co.jp/about_us.

28 https://rit.rakuten.co.jp/about/.

29 https://global.rakuten.com/corp/about/philosophy/.

30 https://www.softbank.jp/en/corp/special/academia/.

31 https://www.softbank.jp/en/corp/news/press/sbkk/2019/20191206_02/.

32 주요 선진국의 대학 창업 환경 평가 모델 도입 방안 연구, 2013, 중소기업청; 과학기술특성화대학 기술사업화 선도 모델 구축, 2013, 과학기술정책연구원; 창업 교육 현황 분석 및 개선 방안, 2015, 중소기업청; 지역 기반의 지식 트라이앵글에서 대학의 역할 강화 방안, 2016, 과학기술정책연구원; 과학기술원 발전 전략, 2019, 과학기술원 공동 사무국 등.

33 https://www.dysoninstitute.com/about-us/our-story/.

34 https://www.sas.com/en_us/company-information/profile.html.

35 https://www.sas.com/en_us/company-information/profile.html.

36 https://www.businessinsider.com/sas-office-tour-2017-10.

37 이영달, 2018, Corporate Venturing & Global Entrepreneurship: A Global Perspective in Today's Business, 2018 한국벤처창업학회 추계 학술대회 주제 발표(키노트 스피치).

38 이영달, 2018, Corporate Venturing & Global Entrepreneurship: A Global Perspective in Today's Business, 2018 한국벤처창업학회 추계 학술대회 주제 발표(키노트 스피치).

39 https://www.chieflearningofficer.com/.

40 https://www.chieflearningofficer.com/2018/05/03/future-corporate-university/.

41 이영달, 2020, 혁신 생태계와 혁신의 유효시장 개발, 과학기술정책연구원(STEPI) 정책세미나.

42 이영달, 2018, Corporate Venturing&Global Entrepreneurship: A Global Perspective in Today's Business, 2018 한국벤처창업학회 추계 학술대회 주제 발표(키노트 스피치).

43 Satell Greg, 2016, Want to Do Corporate Innovation Right? Go Inside Google Brain, *Harvard Business Review*, June 01, 2016.

44 Sarah Lawrence College.

45 Mills Nicolaus, 2012, *Dissent; Philadelphia*, 59(4), pp.6~9, University of Pennsylvania Press.

46 Schrecker Ellen, *The Lost Soul of Higher Education: Corporatization, the Assault on Academic Freedom, and the End of the American University*, 2010, New York: The New Press.

47 Cote James and Allahar Anton L., 2011, *Lowering Higher Education: The Rise of*

Corporate Universities and the Fall of Liberal Education, University of Toronto Press.

48   McCartney Dale M. Metcalfe and Amy Scott, 2018, Corporatization of Higher Education through Internationalization: The Emergence of Pathway Colleges in Canada, *Tertiary Education and Management*, 24, pp.206~220.

49   Cote James and Allahar Anton L., 2007, *Ivory Tower Blues: A University System in Crisis*, University of Toronto Press.

50   https://knowledge.wharton.upenn.edu/article/how-ge-builds-global-leaders-a-conversation-with-chief-learning-officer-susan-peters/.

51   https://www.ge.com/news/reports/inside-crotonville-ges-corporate-vault-unlocked.

52   https://www.ge.com/news/reports/shaping-future-leaders-crotonville-comes-indonesia.

53   https://jobs.gecareers.com/global/en/crotonville.

54   Cappelli Peter and Tavis Anna, Mar/Apr 2018, HR Goes Agile, *Harvard Business Review*.

55   Agility in the time of COVID-19: Changing your operating model in an age of turbulence, Nov. 2020.

56   McKinsey&Company, Jan. 2018, The Five Trademarks of Agile Organizations.

57   Ries Eric, 2011, *The Lean Startup*, Grown Business.

58   http://www.aboutamazon.com/about-us/leadership-principles.

59   https://www.amazoncareerchoice.com/home.

60   https://slcanreview.mit.edu/article/betting-big-on-employee-development/.

61   LEARNERS ARE FROM MARS, L&D LEADERS ARE FROM VENUS: UNDERSTANDING WHAT EVERYONE WANTS FROM CORPORATE LEARNING, Tuesday, April 3, 2018 2:00pm – 3:00pm EDT, By: Kabir Chadha, Global Head of Customer Success, Coursera and Seth-Aaron Martinez, PhD, Program Manager, Technical Talent Development , Adobe, ATD.

62   https://www.td.org/magazines/td-magazine/confronting-ceo-expectations-about-the-value-of-learning.

63   https://trailhead.salesforce.com/mytrailhead.

64   https://www.customerexperience.com.au/post/using-ibm-watson-ai-to-create-personas.

65   https://www.ft.com/content/4fcd2360-8e91-11e8-bb8f-a6a2f7bca546.

66   https://www.theguardian.com/education/2019/dec/04/the-netflixisation-of-academia-is-this-the-end-for-university-lectures.

67   https://cloud.ibm.com/docs/personality-insights?topic=personality-insights-about.

68   https://azure.microsoft.com/es-es/blog/microsoft-s-new-neural-text-to-speech-

service—helps—machines—speak—like—people/.

69　https://www.forbes.com/sites/brandonbusteed/2020/05/16/corporate—education—will—never—return—to—the—classroom/?sh=90db6b529a01.

70　https://aws.amazon.com/machine—learning/mlu/.

71　https://grow.google/certificates/.

72　https://www.caterpillaruniversity.com/.

73　https://www.sothebysinstitute.com/.

2장 새로운 질서를 만드는 고등교육의 '스타트업'

1　National Center for Education Statistics.

2　https://www.apollo.edu/company—information.html.

3　https://www.apei.com/overview/default.aspx.

4　https://www.purdue.edu/newsroom/releases/2018/Q1/transaction—complete—for—purdue—global.html.

5　https://oag.ca.gov/news/press—releases/attorney—general—kamala—d—harris—files—suit—alleged—profit—college—predatory.

6　https://designthinking.ideo.com/.

7　https://venturebeat.com/2014/01/06/this—entrepreneur—is—trying—to—create—a—perfect—university—to—displace—harvard—yale/.

8　https://www.prnewswire.com/news—releases/minerva—remains—most—selective—university—301057235.html.

9　https://college.harvard.edu/admissions/admissions—statistics.

10　https://www.ivycoach.com/2020—ivy—league—admissions—statistics/.

11　https://www.minerva.kgi.edu/about/.

12　https://www.cgu.edu/the—claremont—colleges/.

13　https://www.minerva.kgi.edu/about/.

14　Minerva Project and KGI Partner to Launch the Minerva Schools at KGI, July 24, 2013, Melanie Vuynovich, Minerva Project / Paige Stein, KGI.

15　https://www.theatlantic.com/magazine/archive/2014/09/the—future—of—college/375071/.

16　https://www.minerva.kgi.edu/.

17　https://www.minervaproject.com/solutions/educational—solutions/.

18　https://www.minervaproject.com/solutions/forum—learning—environment/.

19　https://www.minervaproject.com/solutions/covid—19—support/.

20　https://www.minerva.kgi.edu/academics/student—achievement/.

21　https://www.minerva.kgi.edu/tuition—aid/tuition—fees/.

22 https://edu.google.com/why-google/higher-ed-solutions/.

23 https://wc2network.org/about/.

24 https://ec.europa.eu/programmes/erasmus-plus/node_en.

25 https://macaulay.cuny.edu/about-macaulay/.

26 한국 연세대학교 언더우드 학부, 일본 게이오대학 국제학부 등 국제화 인재 양성 전문 과정 기준

27 https://www.minerva.kgi.edu/.

28 https://www.theatlantic.com/magazine/archive/2014/09/the-future-of-college/375071/.

29 https://www.ptech.org/.

30 https://www.ibm.com/garage/whereithappens/.

31 https://www.amherst.edu/academiclife.

32 https://su.org/about/.

33 https://su.org/about/.

34 https://www.highereddive.com/news/singularity-university-planning-to-go-for-profit/42075/.

35 https://sec.report/CIK/0001723877.

36 https://www.forbes.com/sites/peterhigh/2018/02/20/singularity-university-raises-venture-capital-from-boeing-and-westriver-group/?sh=377745cb34b0.

37 https://su.org/about/faq/.

38 https://su.org/chapters/.

39 https://www.uopeople.edu/.

40 https://www.uopeople.edu/.

41 https://www.ted.com/talks/shai_reshef_an_ultra_low_cost_college_degree.

42 https://www.gatesfoundation.org/How-We-Work/Quick-Links/Grants-Database/Grants/2012/02/OPP1018774—.

43 https://www.uopeople.edu/about/uopeople/in-brief/.

44 https://www.uopeople.edu/tuition-free/what-is-tuition-free/.

45 https://www.uopeople.edu/about/leadership/administration/mr-shai-reshef/.

46 https://www.uopeople.edu/about/partners/corporate-partnerships/.

47 https://www.uopeople.edu/about/leadership/presidents-council/.

48 The global state of the art in engineering education, School of Engineering, MIT 2018

49 https://www.olin.edu/about/rankings-awards/.

50 https://www.olin.edu/about/.

51 https://www.olin.edu/about/.

52 https://www.olin.edu/collaborate/collaboratory/arrange-a-visit/frequently-asked-questions/.

53 https://www.olin.edu/about/at-a-glance/.

54 https://www.olin.edu/blog/olin-admission/post/the-real-deal-about-candidates퍼센트E2퍼센트80퍼센트99-weekend/.

55 https://issues.org/lessons-from-the-olin-college-experiment/.

56 https://courses.olin.edu/e4h/.

3장 신엘리트주의와 메리토크라시

1 French, J. R. P. and Raven, B., 1959, The Bases of Social Power, in D. Cartwright(ed.) *Studies in Social Power*, Ann Arbor, MI: University of Michigan Press, pp.259~269.

2 Young, Michael, 1958, *The Rise of the Meritocracy 1870~2033: An Essay on Education and Society*, London: Thames and Hudson.

3 https://dictionary.cambridge.org/dictionary/english/merit.

4 https://www.merriam-webster.com/dictionary/merit.

5 https://stdict.korean.go.kr/main/main.do.

6 Celarent, B., 2009, Reviewed Work: The Rise of the Meritocracy, 1870~2033 by Michael Young, *American Journal of Sociology*, 115(1), pp.322~326.

7 Young , Micheal, 1998, Meritocracy Revisited, *Society*, 35, pp.377~379.

8 Young, Michael, 1998, Meritocracy Revisited, *Society*, 35, pp.377~379.

9 Young, Michael, 1998, Meritocracy Revisited, *Society*, 35, pp.377~379.

10 Young, Michael, 1998, Meritocracy Revisited, *Society*, 35, pp.377~379.

11 Bell, Daniel, 1974, *The Coming of Post-industrial Society*, New York: Harper Colophon Books.

12 Allen, Ansgar, 2011, Michael Young's The Rise of the Meritocracy: A Philosophical Critique, *British Journal of Educational Studies*, 59(4).

13 https://press.princeton.edu/ideas/a-belief-in-meritocracy-is-not-only-false-its-bad-for-you.

14 Frank, Robert H., 2017, *Success and Luck: Good Fortune and the Myth of Meritocracy*, Princeton University Press.

15 https://www.theguardian.com/news/2018/oct/19/the-myth-of-meritocracy-who-really-gets-what-they-deserve.

16 Daniel, Markovits, 2020, *The Meritocracy Trap: How America's Foundational Myth Feeds Inequality, Dismantles the Middle Class, and Devours the Elite*, Penguin Books.

17 https://www.ft.com/content/f881fb55-8f06-4508-a812-815a10505077.

18 David, Goodhart, 2020, *Head, Hand, Heart: The Struggle for Dignity and Status in the 21st Century*, Allen Lane; Michael, Sandel, 2020, *The Tyranny of Merit: What's Become of the Common Good?*, Allen Lane; Peter, Mandler, 2020, *The Crisis of the*

Meritocracy: Britain's Transition to Mass Education Since the Second World War, Oxford University Press.

19 Mijs, Jonathan J. B., and Savage, Mike, 2020, Meritocracy, Elitism and Inequality, *The Political Quarterly*, 91(2).

20 Young , Michael, 1998, Meritocracy Revisited, *Society*, 35, pp.377~379.

21 Bell , Daniel, 1974, *The Coming of Post-industrial Society*, New York: Harper Colophon Books.

22 Sandel, Michael, 2020, *The Tyranny of Merit: What's Become of the Common Good?*, Allen Lane.

23 이영달, 2020, 혁신 생태계와 혁신의 유효 시장 개발, 과학기술정책연구원(STEPI) 정책세미나.

24 Bell, Alex et al., 2019, Who Becomes an Inventor in America? The Importance of Exposure to Innovation, *The Quarterly Journal of Economics*, 134(2), pp.647~713.

25 https://www.marketwatch.com.

26 Bell, Alex et al., 2019, Who Becomes an Inventor in America? The Importance of Exposure to Innovation, *The Quarterly Journal of Economics*, 134(2), pp.647~713.

27 https://nycteachingfellows.org/.

28 https://www.ptech.org/.

29 https://obamawhitehouse.archives.gov/blog/2013/10/25/p-tech-proof-what-can-be-accomplished-we-ve-got-have-courage-do-it.

30 https://www.pewresearch.org/social-trends/2020/01/09/what-americans-see-as-contributors-to-economic-inequality/.

31 https://word.tips/educational-divide/.

32 https://word.tips/educational-divide/.

33 Terasawa, Takunori, 2012, The 'English Divide' in Japan: A Review of the Empirical Research and Its Implications, *Language and Information Sciences*, 10, pp.109~124.

34 Terasawa, Takunori, 2017, Has Socioeconomic Development Reduced the English Divide? A statistical Analysis of Access to English Skills in Japan, *Journal of Multilingual and Multicultural Development*, 38(8), pp.671~685.

35 김희삼, 2011, 《영어교육 투자의 형평성과 효율성에 관한 연구》 KDI 한국개발연구원.

36 Blake, H. L. et al., 2018, The Relationship Between Spoken English Proficiency and Participation in Higher Education, Employment and Income from Two Australian Censuses, *International Journal of Speech-language Pathology*, 20(2), pp.202~215.

37 https://www.ef.com.

38 EF(Education First), 2020, *EF English Proficiency Index(EF EPI)*.

39 Gazzola, M. and Mazzacani, D., 2019, Foreign Language Skills and Employment Status of European Natives: Evidence from Germany, Italy and Spain, *Empirica*, 46,

pp.713~740.

40 https://www.linkedin.com/pulse/improve-your-salary-english-fluency-niklas-kukat/.

41 https://www.forbes.com/sites/davos/2010/05/28/it-pays-to-speak-english/?sh=1dcf32ee69bc.

42 이영달, 2019, 기업의 글로벌 성장 전략, (사)한국벤처기업협회 CEO 특강.

43 McCormick, Christopher, 2013, Countries with Better English Have Better Economies, *Harvard Business Review*, 15.

44 Fisher, Bill, Jan. 12, 2015, Why English, Not Mandarin, Is the Language of Innovation, *Harvard Business Review*.

45 National Research Council, 2002, *Technically Speaking: Why All Americans Need to Know More About Technology, Committee on Technological Literacy, National Academy of Engineering*, The National Academies Press.

46 https://www.iteea.org/Activities/2142/Technological_Literacy_Standards/126180.aspx#tabs.

47 *Standards for Technological Literacy: Content for the Study of Technology(3 ed.)*, 2000, Reston, Virginia: International Technology Education Association, p.242.

48 https://www.iteea.org/48897.aspx.

49 International Technology and Engineering Educators Association(ITEEA), 2020, *The Technical Foundation of America and The National Science Foundation, Standards for Technological and Engineering Literacy: The Role of Technology and Engineering in STEM Education*, The Technical Foundation of America and The National Science Foundation.

50 Garmire, Elsa and Pearson, Greg, 2006, *Tech Tally: Approaches to Assessing Technological Literacy, National Academy of Engineering; National Research Council; Committee on Assessing Technological Literacy*, National Academies Press.

51 https://www.qlik.com/us/bi/data-literacy.

52 https://thedataliteracyproject.org/posts/data-literacy-is-critical-for-the-future-workforce.

53 https://www.themuse.com/advice/why-every-employee-should-be-data-literate.

54 EDC-IBM, 2016, *Building Global Interest in Data Literacy: A Dialogue-Workshop Report*.

55 Henderson, Jessa and Corry, Michael, March. 17, 2020, Data Literacy Training and Use for Educational Professionals, *Journal of Research in Innovative Teaching & Learning*.

56 https://www.cnbc.com/2021/01/07/elon-musk-is-now-the-richest-person-in-the-world-passing-jeff-bezos-.html.

57　Halvarssona, Daniel, Korpib, Martin and Wennberg, Karl, 2018, Entrepreneurship and income inequality, *Journal of Economic Behavior & Organization*, 145, pp.275~293.

58　통계청, 2019, 2019 기업 생멸 통계.

59　Stevenson, Howard H., April 13, 2006, *A Perspective on Entrepreneurship*, 13, Cambridge, MA: Harvard Business School; Eisenmann, Thomas R., Jan. 10, 2013, Entrepreneurship: A Working Definition, Harvard BusinessReview.

60　이영달, '기업과 기업가정신', KDI 등 외부 강연 자료.

61　Dr. Edward G. Rogoff: "Entrepreneurship Is the Key to Unlocking Human Potential and Accomplishments."

62　Vladasel, Theodor et al., 2020, On the Origins of Entrepreneurship: Evidence from Sibling Correlations, *Journal of Business Venturing*.

63　Bell, Alex et al., 2019, Who Becomes an Inventor in America? The Importance of Exposure to Innovation, *The Quarterly Journal of Economics*, 134(2), pp.647~713.

64　하규수 · 이영달 외, 2015, 창업교육 성과평가 및 개선방안 도출 연구, 창업진흥원(중소기업청).

4장 실력과 매력이 학력과 재력을 이기는 시대

1　https://www.ted.com/talks/simon_sinek_how_great_leaders_inspire_action?language=en.

2　https://www.ted.com/talks?sort=popular.

3　https://simonsinek.com/product/start-with-why/.

4　https://www.ted.com/talks/simon_sinek_how_great_leaders_inspire_action?language=en.

5　https://sova.si.edu/record/NASM.XXXX.0494.

6　https://www.earthobservatory.nasa.gov/features/Langley/langley_3.php.

7　https://www.npr.org/templates/story/story.php?storyId=1469463.

8　Tobin, James, *To Conquer The Air: The Wright Brothers and the Great Race for Flight*, Free Press, 2014.

9　Kipling, Rudyard, 1951, *Something of Myself: For My Friends Known and Unknown*, London: MacMillan and Co., p.123.

10　http://scihi.org/samuel-pierpont-langley-aviation/.

11　https://sova.si.edu//record/NASM.XXXX.0494.

12　https://sova.si.edu//record/NASM.XXXX.0494.

13　https://www.earthobservatory.nasa.gov/features/Langley/langley.php.

14　https://www.sil.si.edu/ondisplay/langley/intro.htm.

15　https://www.sil.si.edu/ondisplay/langley/intro.htm.

16　https://www.sil.si.edu/ondisplay/langley/intro.htm.

17   https://sova.si.edu//record/NASM.XXXX.0494.

18   https://www.ted.com/talks/simon_sinek_how_great_leaders_inspire_action?
     language=en.

19   https://sova.si.edu//record/NASM.XXXX.0494.

20   Kipling, Rudyard, 1951, *Something of Myself: For My Friends Known and Unknown*,
     London: MacMillan and Co., p.123.

21   https://airandspace.si.edu/exhibitions/wright—brothers/online/who/1895/index.cfm.

22   https://www.centennialofflight.net/essay/Wright_Bros/wright_family/WR1.htm.

23   https://airandspace.si.edu/exhibitions/wright—brothers/online/who/1859/wilbur.cfm.

24   https://www.centennialofflight.net/essay/Wright_Bros/wright_family/WR1.htm.

25   https://airandspace.si.edu/exhibitions/wright—brothers/online/who/1889/printers.cfm.

26   https://airandspace.si.edu/exhibitions/wright—brothers/online/who/1895/index.cfm.

27   https://airandspace.si.edu/exhibitions/wright—brothers/online/who/1895/production.
     cfm.

28   https://airandspace.si.edu/exhibitions/wright—brothers/online/fly/1901/invitation.cfm.

29   https://airandspace.si.edu/exhibitions/wright—brothers/online/fly/1901/invitation.cfm.

30   https://airandspace.si.edu/exhibitions/wright—brothers/online/fly/1903/patenting.cfm.

31   https://www.centennialofflight.net/essay/Wright_Bros/wright_family/WR1.htm.

32   https://airandspace.si.edu/multimedia—gallery/5851hjpg?id=5851.

33   https://airandspace.si.edu/exhibitions/wright—brothers/online/fly/1899/forefathers.cfm.

34   https://airandspace.si.edu/exhibitions/wright—brothers/online/fly/1899/letter.cfm.

35   https://sova.si.edu//record/NASM.XXXX.0494.

36   https://airandspace.si.edu/exhibitions/wright—brothers/online/who/1895/biketoflight.
     cfm.

37   https://airandspace.si.edu/exhibitions/wright—brothers/online/fly/1901/apparatus.cfm.

38   https://airandspace.si.edu/exhibitions/wright—brothers/online/fly/1900/drawing.cfm.

39   https://www.nationalaviation.org/our—enshrinees/langley—samuel/.

40   https://airandspace.si.edu/exhibitions/wright—brothers/online/age/1914/typhoid.cfm.

41   https://simonsinek.com/product/start—with—why/.

42   Diener, C. I. and Dweck, C. S., 1980, An Analysis of Learned Helplessness: II.
     The Processing of Success, *Journal of Personality and Social Psychology*, 39(5),
     pp.940~952.

43   https://www.forbes.com/asap/1998/0824/032.html.

44   Chernow, Ron, 1998, *Titan: The Life of John D. Rockefeller, Sr.*, Random House.

45   https://www.uchicago.edu/about/accolades/nobel_laureates/.

46   https://www.rockefeller.edu/about/awards/nobel—prize/.

47 University Philanthropy Research Paper, 2020, The Cape Partnership.

48 이영달 외, 2020, 〈'글로벌 유니콘 클럽' 기업의 특성 및 기업 가치 영향 요인에 대한 탐색적 연구: 2019년 '유니콘 클럽' 기업을 중심으로〉, 《벤처창업연구》, 15(6).

49 이영달, 2019, 〈글로벌 유니콘 기업 현황과 시사점 연구〉, 《대한상공회의소 브리프》, 102.

50 Wai, Jonathan and Rindermann, Heiner, 2017, What Goes into High Educational and Occupational Achievement?: Education, Brains, Hard work, Networks, and Other Factors, *High Ability Studies*, 28(1), pp.127~145.

51 https://www.forbes.com/pictures/mfg45gdkf/by-the-numbers-education-of-the-forbes-400/?sh=4c3c26d776bd.

52 Bosma, Niels et al., 2012, Entrepreneurship and Role Models, *Journal of Economic Psychology*, 33, pp.410~424; Morgenroth, Thekla, Ryan, Michelle K. and Peters, Kim, 2015, The Motivational Theory of Role Modeling: How Role Models Influence Role Aspirants' Goals, *Review of General Psychology;* Abbasianchavari, Arezou and Moritz, Alexandra, 2021, The Impact of Role Models on Entrepreneurial Intentions and Behavior: A Review of the Literature, *Management Review Quarterly,* 71, pp.1~40.

53 Dickson, Pat H., Solomon, George T. and Weaver, K. Mark, 2008, Entrepreneurial Selection and Success: Does Education Matter?, *Journal of Small Business and Enterprise Development*, 15(2), pp.239~258; Bell, Alex et al., 2019, Who Becomes an Inventor in America? The Importance of Exposure to Innovation, *The Quarterly Journal of Economics,* 134(2), pp.647~713. Vladasel, Theodor et al., 2020, On the Origins of Entrepreneurship: Evidence from Sibling Correlations, *Journal of Business Venturing*, 12.

54 https://pitchbook.com/news/articles/pitchbook-universities-2020.

55 Wadhwa, Vivek, Freeman, Richard and Rissing, Ben, 2008, Education and Tech Entrepreneurship, Kauffman Foundation.

56 이영달 외, 2020, 〈'글로벌 유니콘 클럽' 기업의 특성 및 기업 가치 영향 요인에 대한 탐색적 연구: 2019년 '유니콘 클럽' 기업을 중심으로〉, 《벤처창업연구》, 15(6).

57 https://preferredreturn.com/blog/unicorn-university-which-school-produced-the-most-startup-unicorns/.

58 Wai, Jonathan and Rindermann, Heiner, 2017, What Goes into High Educational and Occupational Achievement?: Education, Brains, Hard work, Networks, and Other Factors, *High Ability Studies*, 28(1), pp.127~145.

59 Hambrick, D. Z. et al., 2016, Beyond Born Versus Made: A New Look at Expertise, *Psychology of Learning and Motivation*, 64, pp.1~55.

60 Macnamara, B. N., Hambrick, D. Z. and Oswald, F. L., 2014, Deliberate Practice and Performance in Music, Games, Sports, Education, and Professions: A Meta-analysis,

Psychological Science, 25, pp.1608~1618.

61 Dale, S. B. and Krueger, A. B., 2002, Estimating the Payoff to Attending a More Selective College: An Application of Selection on Observables and Unobservables, *The Quarterly Journal of Economics*, 117, pp.1491~1527.

62 Dale, S. B. and Krueger, A. B., 2002, Estimating the Payoff to Attending a More Selective College: An Application of Selection on Observables and Unobservables, *The Quarterly Journal of Economics*, 117, pp.1491~1527.

63 Wai, Jonathan and Rindermann, Heiner, 2017, What Goes into High Educational and Occupational Achievement?: Education, Brains, Hard work, Networks, and Other Factors, *High Ability Studies*, 28(1), pp.127~145.

64 Chazan, Barry , 2020, Chazan Global Insights, Columbia University Business School.

65 America's New Immigrant Entrepreneurs: Then and Now, 2012, Kauffman Foundation.

66 America's New Immigrant Entrepreneurs: Then and Now, 2012, Kauffman Foundation.

67 The Bay Area–Silicon Valley and India, 2019, Bay Area Council Economic Institute.

68 https://edition.cnn.com/2020/02/02/perspectives/indian–ceo–perspectives/index.html.

69 Chakravorty, Sanjoy, Kapur, Devesh and Singh, Nirvikar, 2017, The Other One Percent: Indians in America, New Delhi, Oxford University Press.

70 Pew Research Center(Social Trend, Fact Sheet).

71 https://news.ucsc.edu/2017/06/singh–book.html.

72 America's New Immigrant Entrepreneurs: Then and Now, 2012, Kauffman Foundation.

73 https://www.rediff.com/money/2006/sep/20indians.htm?print=true.

74 https://edition.cnn.com/2020/02/02/perspectives/indian–ceo–perspectives/index.html.

75 http://mitrakalita.com/.

76 https://www.nasdaq.com/market–activity/stocks/screener.

77 https://tradingeconomics.com/china/population.

78 https://tradingeconomics.com/israel/population.

79 Gold, Steven J., 2018, Israeli Infotech Migrants in Silicon Valley, *Journal of the Social Sciences*, 4(1).

80 https://www.jewishvirtuallibrary.org/jewish–nobel–prize–laureates.

81 https://www.industryweek.com/leadership/article/21973560/what–can–american–business–leaders–learn–from–the–israelis.

82 https://www.pewforum.org/2016/03/08/education–values–and–science/.

83 https://www.theguardian.com/world/2016/dec/13/jews–are–worlds–best–educated–religious–group–study–reveals.

84 https://www.pewforum.org/2016/12/13/jewish–educational–attainment/.

85 https://www.pewforum.org/religious–landscape–study/religious–tradition/jewish/

educational—distribution/college/.

86 https://happyedu.moe.go.kr/happy/bbs/selectHappyArticle.do?bbsId=BBSMSTR_000
000000216&nttId=3763.

87 Barry, Chazan, 2005, Toward a Critical Study of Jewish Education, *Journal of Jewish Education*, 71(1), pp.95~105.

88 Barry, Chazan, 2007, The Greening of "Informal Jewish Education" Talk, *Journal of Jewish Education*, 73(2), pp.115~118.

89 Barry, Chazan, 2003, The Philosophy of Informal Jewish Education; Barry, Chazan, 2016, A Philosophy of Israel Education, Springer Nature.

90 Barry, Chazan, 2003, The philosophy of Informal Jewish Education, *The Encyclopedia of Pedagogy and Informal Education*, Updated on July 16, 2019.

91 Woocher, Jonathan, 2012, Reinventing Jewish Education for the 21st Century, *Journal of Jewish Education*, 78(3), pp.182~226.

92 Stern, Miriam Heller, 2019, Jewish Creative Sensibilities: Framing a New Aspiration for Jewish Education, *Journal of Jewish Education*, 85(4), pp.429~446.

93 Kent, Orit, 2010, A Theory of Havruta Learning, *Journal of Jewish Education*, 76(3), pp.215~245.

94 Kent, Orit and Cook, Allison, 2012, Havruta Inspired Pedagogy: Fostering An Ecology of Learning for Closely Studying Texts with Others, *Journal of Jewish Education*, 78(3), pp.227~253.

95 Barry, Chazan, 2016, A Philosophy of Israel Education, Springer Nature.

96 Hambrick, D. Z. et al., 2016, Beyond Born Versus Made: A New Look at Expertise. *Psychology of Learning and Motivation*, 64, pp.1~55.

97 Cavarretta, Fabrice, 2020, Effort Is Dead, Long Live Effort: Performance as "Planning for a Good Trip", *Organizational Dynamics*, 49, pp.1~10.

98 Harms, Peter D., 2016, Grit: The Power of Passion and Perseverance(Book Review), *Personnel Psychology*, 69(4), pp.1021~1024.

99 Tynan, M. C., Crede, M. and Harms, P. D., 2016, Much Ado about Grit: A Meta-analytic Synthesis of the Grit Literature, *Journal of Personality and Social Psychology*, Advance online publication.

100 Powell, Kim Rosenkoetter, Botelho, Elena Lytkina and Tetali, Vamsi, Feb. 26, 2018, How CEOs without College Degrees Got to the Top, *Harvard Business Review*.

101 Hattie, John, Hodis, Flaviu A. and Kang, Sean H. K., 2020, Theories of Motivation: Integration and Ways Forward, *Contemporary Educational Psychology*, 61.

102 Harms, Peter D., 2016, Grit: The Power of Passion and Perseverance(Book Review), *Personnel Psychology*, 69(4), pp.1021~1024.

103 Anderman, Eric M., 2020, Achievement Motivation Theory: Balancing Precision and Utility, *Contemporary Educational Psychology*, 61.

104 Hambrick, D. Z. et al., 2016, Beyond Born Versus Made: A New Look at Expertise. *Psychology of Learning and Motivation*, 64, pp.1~55.

5장 모두를 위한 21세기 실천 교육

1 Fulghum, Robert, 2004, *All I Really Need to Know I Learned in Kindergarten*, Ballantine Books; 15th Anniversary Edition.

2 Linkins, Mark et al., 2015, Through the Lens of Strength: A Framework for Educating the Heart, *The Journal of Positive Psychology*, 10(1), pp.64~68.

3 Lowman, R. L., 2004, Donald O. Clifton(1924~2003). *American Psychologist, 59*(3), p.180.

4 Clifton, D. O. and Harter, J. K., 2003. Investing in Strengths, *Positive Organizational Scholarship: Foundations of a new Discipline*, pp.111~121.

5 https://www.gallup.com/cliftonstrengths/en/252137/home.aspx.a.

6 이영달·이선미, 2015, 〈기업가정신과 창업교육 효과성 제고를 위한 교육생의 기업가적 역량 진단 모델 연구〉, 한국벤처창업학회 춘계학술대회, 서울대학교.

7 하규수 외, 2015, 〈창업 교육 현황 분석 및 개선 방안 연구〉, 중소기업청 연구 용역.

8 이영달·이선미, 2015, 〈기업가정신과 창업 교육 효과성 제고를 위한 교육생의 기업가적 역량 진단 모델 연구〉, 한국벤처창업학회 춘계학술대회, 서울대학교.

9 https://www.fiverchallenge.org.uk/.

10 Linkins, Mark et al., 2015, Through the Lens of Strength: A Framework for Educating the Heart, *The Journal of Positive Psychology*, 10(1), pp.64~68.

11 https://www.gallup.com/cliftonstrengths/en/252137/home.aspx.

12 Clifton, J. and Bharadwaj-Badal, S., 2014, *Entrepreneurial Strengthsfinder*, Gallup Press.

13 Linkins, Mark et al., 2015, Through the Lens of Strength: A Framework for Educating the Heart, *The Journal of Positive Psychology*, 10(1), pp.64~68.

14 Lopez, Shane J. and Louis, Michelle C., 2009, The Principles of Strengths-based Education, *Journal of College and Character*, 10(4).

15 Rashid, Tayyab, 2015, Positive psychotherapy: A Strength-based Approach, *The Journal of Positive Psychology*, 10(1), pp.25~40.

16 Seligman, Martin E. P. et al., 2009, Positive Education: Positive Psychology and Classroom Interventions, *Oxford Review of Education*, 35(3), pp.293~311.

17 Anderson, E. C., 2000, *Affirming Students' Strengths in the Critical Years, Paper Presented at the National Conference on the First Year Experience*, Columbia, SC.

18 Anderson, E. C., 2004, *What is Strengths–based Education?: A Tentative Answer by Someone Who Strives to Be a Strengths–based Educator*, Unpublished Manuscript, Weber State University.

19 Liesveld, R. and Miller, J. A., 2005, *Teach with Your Strengths: How Great Teachers Inspire Their, Students*, New York: Gallup Press.

20 Lopez, Shane J. and Louis, Michelle C., 2009, The Principles of Strengths–based Education, *Journal of College and Character*, 10(4).

21 Seligman, Martin E. P. et al., 2009, Positive Education: Positive Psychology and Classroom Interventions, *Oxford Review of Education*, 35(3), pp.293〜311.

22 長谷, 川明弘, 藤原, 佳典, 星, 旦二, 2001, 高齢者の〈生きがい〉とその関連要因についての文献的考察−生きがい・幸福感との関連を中心に−, *総合都市研究*, 75, pp.147〜170.

23 https://ikigaitribe.com/podcasts/podcast01/.

24 https://ikigaitribe.com/ikigai/the–5–pillars–of–ikigai/.

25 Kozo, Tanno et al., 2009, Associations of *Ikigai* as a Positive Psychological Factor with All–cause Mortality and Cause–specific Mortality among Middle–aged and Elderly Japanese People: Findings from the Japan Collaborative Cohort Study, *Journal of Psychosomatic Research*, 67, pp.67〜75.

26 Kentaro, Mori et al., 2017, Sense of Life Worth Living*(Ikigai)* and Incident Functional Disability in Elderly Japanese: The Tsurugaya Project, *Journal of Psychosomatic Research*, 95, pp.62〜67.

27 Kono, Shintaro and Walker, Gordon J., 2020, Theorizing *Ikigai* or Life Worth Living Among Japanese University Students: A Mixed–methods Approach, *Journal of Happiness Studies*, 21, pp.327〜355.

28 Eller, Ryan, 2016, Ikigai And Higher Education: A Review of thd Literature, *Assumption University–eJournal of Interdisciplinary Research*, 1(2).

29 Hill, Patrick L. and Turiano, Nicholas A., 2014, Purpose in Life as a Predictor of Mortality Across Adulthood, *Psychological Science*, 25(7).

30 https://www.bbc.com/worklife/article/20170807–ikigai–a–japanese–concept–to–improve–work–and–life.

31 https://www.weforum.org/agenda/2017/08/is–this–japanese–concept–the–secret–to–a–long–life/.

32 Mathews, Gordon, 1996, The Pursuit of a Life Worth Living in Japan and the United States, *Ethnology*, 35(1), pp.51〜62.

33 Mathews, Gordon, 1996, The Stuff of Dreams, Fading: *Ikigai* and "The Japanese Self", *Ethos*, 24(4), pp.718〜747.

34 https://www.ted.com/talks/dan_buettner_how_to_live_to_be_100#t–1157233.

35 https://theviewinside.me/what-is-your-ikigai/.

36 https://ikigaitribe.com/ikigai/ikigai-misunderstood/.

37 Ikigai Worksheet by IkigaiTribe.com.

38 Mitsuhashi, Yukari, 2018, *Ikigai: Giving Everyday Meaning and Joy*, Kyle Books.

39 Duckworth, Angela, 2016, *Grit: The Power of Passion and Perseverance*, Scribner Book Company; 1st Edition.

40 Herskind, A. M., 1996, The Heritability of Human Longevity: A Population-based Study of 2872 Danish Twin Pairs Born 1870~1900, *Hum Genet*, 97(3), pp.319~323.

41 https://www.sdu.dk/en/om_sdu/institutter_centre/ist_sundhedstjenesteforsk/centre/dtr.

42 Christensen, K. et al., 1996, A Danish Population-based Twin Study on General Health in the Elderly, *J Aging Health*, 11(1), pp.49~64.

43 Ruby, J. Graham et al., 2018, Estimates of the Heritability of Human Longevity Are Substantially Inflated due to Assortative Mating, *Genetics*, 210(3), pp.1109~1124.

44 Duckworth, Angela L. et al., 2019, Cognitive and Noncognitive Predictors of Success, *Proceedings of the National Academy of Sciences*, 116(47).

45 https://www.westpoint.edu/admissions/frequently-asked-questions.

46 Duckworth, Angela L. et al., 2019, Cognitive and Noncognitive Predictors of Success, *Proceedings of the National Academy of Sciences*, 116(47).

47 Harms, Peter D., 2016, Angela Duckworth, Grit: The Power of Passion and Perseverance, *Personal Psychology*, 69(4), pp.1021~1024.

48 He, Xinyue, et al., 2021, IQ, Grit, and Academic Achievement: Evidence from Rural China, *International Journal of Educational Development*, 80.

49 Houston, J. M. et al., 2021, The Bright and Dark Aspects of Grit in the Pursuit of Success, *Psychological Reports*, 124(2), pp.839~861.

50 Kannangara, Chathurika S., 2018, All That Glitters is Not Grit: Three Studies of Grit in University Students, *Frontiers in Psychology*, 9(Article 1539).

51 Dugan, Riley, Hochstein, Bryan W. and Rouziou, Maria, 2019, The Pros and Cons of Grit, *TD: Talent Development*, 73(7), pp.44~48.

52 Duckworth, Angela, *Grit: The Power of Passion and Perseverance*, Scribner Book Company; 1st Edition.

53 Harms, Peter D., 2016, Angela Duckworth, Grit: The Power of Passion and Perseverance, *Personal Psychology*, 69(4), pp.1021~1024.

54 Macnamara, B. N., Hambrick, D. Z. and Oswald, F. L., 2014, Deliberate Practice and Performance in Music, Games, Sports, Education, and Professions: A Meta-analysis, *Psychological Science*, 25, pp.1608~1618.

55 Cavarretta, Fabrice, 2020, Effort is Dead, Long Live Effort: Performance as "Planning for a Good Trip", *Organizational Dynamics*, 49, pp.1~10.

56 Cavarretta, Fabrice, 2020, Effort is Dead, Long Live Effort: Performance as "Planning for a Good Trip", *Organizational Dynamics*, 49, pp.1~10.

57 Hambrick, D. Z. et al, 2016, Beyond Born Versus Made: A New Look at Expertise. *Psychology of Learning and Motivation*, 64, pp.1~55.

58 Gladwell, M., 2008, *Outliers: The Story of Success*, New York: Little, Brown, and Co.

59 Deary, Ian J., Penke, Lars and Johnson, Wendy, 2010, The Neuroscience of Human Intelligence Differences, *Nature Reviews Neuroscience*, 11, pp.201~211.

60 Barbey, Aron K., 2018, Network Neuroscience Theory of Human Intelligence, *Trends in Cognitive Sciences*, 22(1).

61 Yu, Cher et al., 2019, Testing a Cognitive Control Model of Human Intelligence, *Scientific Reports*, 9(2898).

62 Paz-Baruch, Nurit, 2020, Educational and Learning Capital as Predictors of Qeneral Intelligence and Scholastic Achievements, *High Ability Studies*, 31(1), pp.75~91.

63 Hambrick, D. Z. et al, 2016, Beyond Born Versus Made: A New Look at Expertise. *Psychology of Learning and Motivation*, 64, pp.1~55.

64 Gladwell. M., 2011, *Outliers: The Story of Success*, Back Bay Books; 1st edition.

65 Harms, Peter D., 2016, Angela Duckworth, Grit: The Power of Passion and Perseverance, *Personal Psychology*, 69(4), pp.1021~1024.

66 박노해, 2014, '천 그루의 나무를 심은 사람', 《다른 길》, 느린걸음.

67 Katherine, R. Von Culin, Eli, Tsukayama and Duckworth, Angela L., 2014, Unpacking Grit: Motivational Correlates of Perseverance and Passion for Long-term Goals, *The Journal of Positive Psychology*, 9(4), pp.306~312.

68 神谷, 美惠子, 1996, 生きがいについて, みすず書房, Tokyo : Misuzu Shobo.

69 Cavarreta, Fabrice, 2020, Effort is Dead, Long Live Effort: Performance as "Planning for a Good Trip", *Organizational Dynamics*, 49, pp.1~10.

70 박노해, 2014, '천 그루의 나무를 심은 사람', 《다른 길》, 느린걸음.

71 https://angeladuckworth.com/qa/#faq-125.

72 Wai, Jonathan and Rindermann, Heiner, 2017, What Goes into High Educational and Occupational Achievement? Education, Brains, Hard work, Networks, and other Factors. *High Ability Studies*, 28(1).

73 Williams, Joanna P., 2021, What Educational Psychology Means to Me: The Journey of a Reading Researcher, *EDUCATIONAL PSYCHOLOGIST*, 56(1).

74 저자의 오약 설명.

75 Deary, Ian J., Penke, Lars and Johnson, Wendy, 2010, The Neuroscience of Human

Intelligence Differences, *Nature Reviews Neuroscience*, 11, pp.201~211; Detterman, D. K., 2014, [Special issue] Acquiring Expertise: Ability, Practice, and other Influences, *Intelligence*, 45, pp.1~5.

76 Walker, Sheila O. and Plomin, Robert, 2005, The Nature – Nurture Question: Teachers' Perceptions of How Genes and the Environment Influence Educationally Relevant Behavior, *Educational Psychology*, 25(5), pp.509~516.

77 Rimfeld, Kaili et al., 2016, True Grit and Genetics: Predicting Academic Achievement From Personality, *Journal of Personality and Social Psychology*, 111(5), pp.780~789.

78 Plomin, R. and Deary, I. J., 2015, Genetics and Intelligence Differences: Five Special Findings, *Molecular Psychiatry*, 20, pp.98~108.

79 Plomin, R. and Deary, I. J., 2015, Genetics and Intelligence Differences: Five Special Findings, *Molecular Psychiatry*, 20, pp.98~108.

80 Paz–Baruch, Nurit, 2020, Educational and Learning Capital as Predictors of General Intelligence and Scholastic Achievements, *High Ability Studies*, 31(1), pp.75~91.

81 Hambrick, D. Z. et al., 2016, Beyond Born Versus Made: A New Look at Expertise. *Psychology of Learning and Motivation*, 64, pp.1~55.

82 Cavarretta, Fabrice, 2020, Effort is Dead, Long Live Effort: Performance as "Planning for a Good Trip", *Organizational Dynamics*, 49, pp.1~10.

83 Siegle, Del, McCoach, D. Betsy and Roberts, Anne, 2017, Why I Believe I Achieve Determines Whether I Achieve, *High Ability Studies*, 28(1), pp.59~72.

84 Ouweneel, Else, Schaufeli, Wilmar B. and Pascale, M. Le Blanc, 2013, Believe, and You Will Achieve: Changes over Time in Self–efficacy, Engagement, and Performance, *Applied Psychology: Health and Well_being*, 5(2), pp.225~247.

85 Plomin, R. and Deary, I. J., 2015, Genetics and Intelligence Differences: Five Special Findings, *Molecular Psychiatry*, 20, pp.98~108.

86 Bueno, David, 2019, Genetics and Learning: How the Genes Influence Educational Attainment, *Frontiers in Psychology*, 10(Article 1622).

87 Pokropek, A. and Sikora, J., 2015, Heritability, Family, School and Academic Achievement in Adolescence, *Social Science Research*, 53, pp.73~88.

88 Siegle, Del, McCoach, D. Betsy and Roberts, Anne, 2017, Why I Believe I Achieve Determines whether I Achieve, *High Ability Studies*, 28(1), pp.59~72.

89 Graham, S. and Weiner, B., 1996, Theories and Principles of Motivation, in D. C. Berliner & R. C. Calfee(Eds.), *Handbook of Educational Psychology*, New York: Simon & Schuster Macmillan, pp. 63~84.

90 Hajovsky, Daniel B., Chesnut, Steven R. and Jensen, Karissa M., 2020, The Role of Teachers' Self–efficacy Beliefs in the Development of Teacher–student Relationships,

Journal of School Psychology, 82, pp.144~158.

91 Bueno, David, 2019, Genetics and Learning: How the Genes Influence Educational Attainment, *Frontiers in Psychology*, 10(Article 1622).

92 미국심리협회(미국심리학회).

93 https://apadiv15.org/2017/02/05/what-is-the-difference-between-educational-psychology-and-school-psychology/.

94 문경숙, 2014, 〈잃어버린 조각을 찾아서〉, 《교육심리연구》, 28(4), pp.647~663.

95 김정섭, 2010, 〈교육 심리학 연구와 실천의 만남〉, 《교육심리연구》, 24(1), pp.235~253.

96 김종백, 2010, 〈교육 개혁과 교육 심리학의 역할〉, 《교육심리연구》, 24(1), pp.255~268.

97 최지영, 2015, 〈미래 교사 교육에서의 교육 심리학의 역할〉, 《교육심리연구》, 29(4), pp.677~698.

98 O'Day, Jennifer A. and Smith, Marshall S., 2019, *Opportunity for All : A Framework for Quality and Equality in Education*, Harvard Education Press.

99 Shields, Liam, Newman, Anne and Satz, Debra, 2017, Equality of Educational Opportunity, in Edward N. Zalta(ed.), *The Stanford Encyclopedia of Philosophy(Summer Edition)*.

100 Shields, Liam, Newman, Anne and Satz, Debra, 2017, Equality of Educational Opportunity, in Edward N. Zalta(ed.), *The Stanford Encyclopedia of Philosophy(Summer Edition)*.

101 한기철, 2013, 〈철학의 본래 의미와 교육 철학의 성격〉, 《교육사상연구》, 27(3), pp.295~320.

102 김현주, 2008, 〈교육 철학의 성격과 역할–실천 철학을 지향하며〉, 《교육철학》, 41, pp.93~118.

103 김현주, 2010, 〈교육 대학원에서 교육 철학하기〉, 《교육철학》, 47, pp.23~56.

104 https://news.mt.co.kr/mtview.php?no=2015010215488283126.

105 "정권마다 바꾸는 대입 제도, 또 누더기 만드나", 중앙일보, 2018.04.18.

106 https://news.joins.com/article/22545561/.

107 대한민국 정책 브리핑, "혁신적 포용국가".

108 https://www.korea.kr/special/policyCurationView.do?newsId=148855401.

109 Shields, Liam, Newman, Anne and Satz, Debra, 2017, Equality of Educational Opportunity, in Edward N. Zalta(ed.), *The Stanford Encyclopedia of Philosophy(Summer Edition)*.

110 http://www.inclusivekorea.go.kr/.

111 https://www.britannica.com/science/pedagogy.

112 박찬영, 2020, 〈페다고지에 대한 성찰 – 뒤르켐의 페다고지론을 중심으로〉, 《교육철학》, 77, pp.67~90.

113 Knowles, M., 1984, *The Adult Learner: A Neglected Species(3rd Ed.)*, Houston, TX: Gulf Publishing.

114 최항석, 2007, 〈교육 정상화를 위한 학벌 사회의 해체에 관한 성인 교육학적 연구〉, 《Andragogy Today: Interdisciplinary Journal of Adult & Continuing Education》, 10(2), pp.189~212.

115 최항석, 2010, 〈사교육을 위한 안드라고지적 재고〉, 《Andragogy Today: Interdisciplinary Journal of Adult & Continuing Education》, 13(3), pp.153~176.

116 최항석 · 김성길, 2020, 〈미래 공동체를 위한 안드라고지로서 시민 교육의 재고〉, 《미래교육연구》, 10(3).

117 박찬영, 2020, 〈페다고지에 대한 성찰 – 뒤르켐의 페다고지론을 중심으로〉, 《교육철학》, 77, pp.67~90.

118 김주섭, 2012, 〈멘토링과 코칭 과정에서 안드라고지의 원리와 주요 성인학습이론과의 연계〉, 《Andragogy Today: Interdisciplinary Journal of Adult & Continuing Education》, 15(4), pp.55~92.

119 Loeng, Svein, 2017, Alexander Kapp – the First Known User of the Andragogy Concept, *International Journal of Lifelong Education*, 36(6), pp.629~643.

120 Kapp, A., 1833, *Platon's Erziehungslehre, als Pädagogik für die Einzelnen und als Staatsp Dagogik. Oder Dessen Praktische Philosophie [Plato's Educational Theory as a Pedagogy for the Individual and as State Pedagogy, or Its Practical Philosophy]*, Minden: Essmann.

121 Loeng, Svein, 2018, Various Ways of Understanding the Concept of Andragogy, *Cogent Education*, 5(1), 1496643.

122 Pöggeler, F., 1957, *Einführung in Die Andragogik: Grundfragen der Erwachsenenbildung [Introduction to Andragogy: Fundamental Issues on Adult Education]*, Düsseldorf, Germany: A. Henn Verlag.

123 Knowles, M. S., 1984, *Andragogy in Action: Applying Modern Pinciples of Adult Learning*, San Francisco: Jossey–bass Publishers.

124 박찬영, 2020, 〈페다고지에 대한 성찰 – 뒤르켐의 페다고지론을 중심으로〉, 《교육철학》, 77, pp.67~90.

125 Biesta, Gert J. J. and Miedema, Siebren, 2002, Instruction or Pedagogy? The Need for a Transformative Conception of Education, *Teaching and Teacher Education*, 18, pp.173~181.

126 Howie, Peter and Bagnall, Richard, 2013, A Beautiful Metaphor: Transformative Learning Theory, *International Journal of Lifelong Education*, 32(6), pp.816~836.

127 Biesta, Gert J. J. and Miedema, Siebren, 2002, Instruction or Pedagogy? The Need for a Transformative Conception of Education, *Teaching and Teacher Education*, 18, pp.173~181.

128 Oelkers, J., 1985, *Erziehen und Unterrichten–Grundbegriffe der Padagogik in*

Analytischer Sicht, Darmstadt: Wissenschaftliche Buchgesellschaft.

129 Yacek, Douglas, Rödel, Severin Sales and Karcher, Martin, 2020, Transformative Education: Philosophical, Psychological, and Pedagogical Dimensions, *Educational Theory*, 70(5).

130 Howie, Peter and Bagnall, Richard, 2013, A Beautiful Metaphor: Transformative Learning Theory, *International Journal of Lifelong Education*, 32(6), pp.816~836.

131 Kokkos, Alexis et al., 2015, Celebrating 40 Years of Transformative Learning, *Journal of Transformative Education*, 13(4), pp.290~315.

132 Howie, Peter and Bagnall, Richard, 2013, A Beautiful Metaphor: Transformative Learning Theory, *International Journal of Lifelong Education*, 32(6), pp.816~836.

133 Taylor, Edward W., 2007, An Update of Transformative Learning Theory: A Critical Review of the Empirical Research(1999~2005), *International Journal of Lifelong Education*, 26(2), pp.173~191.24

134 Nohl, Arnd-Michael, 2009, Spontaneous Action and Transformative Learning: Empirical Investigations and Pragmatist Reflections, *Educational Philosophy and Theory*, 41(3).

135 Lee, Young-Dall, 2021, *20 Years of Research on Entrepreneurship Education (2000~2019)*, Working Paper.

136 Hägg, Gustav and Kurczewska, Agnieszka, 2019, Who Is the Student Entrepreneur? Understanding the Emergent Adult through the Pedagogy and Andragogy Interplay, *Journal of Small Business Management*, 57(S1), pp.130~147.

137 Ribeiro, Artur Tavares Vilas Boas, Uechi, Juliana Natsumi and Plonski, Guilherme Ary, 2018, Building Builders: Entrepreneurship Education from an Ecosystem Perspective at MIT, *Triple Helix*, 5(3).

138 Biesta, Gert J. J. and Miedema, Siebren, 2002, Instruction or Pedagogy? The Need for a Transformative Conception of Education, *Teaching and Teacher Education*, 18, pp.173~181.

139 Chazan, Barry, 2003, The Philosophy of Informal Jewish Education, *The Encyclopedia of Pedagogy and Informal Education*, Updated on July 16, 2019.

140 Kolb, D. A., 1984, *Experiential Learning: Experience as the Source of Learning and Development*, 1, Englewood Cliffs, NJ: Prentice-Hall.

141 Hambrick, D. Z. et al., 2016, Beyond Born Versus Made: A New Look at Expertise, *Psychology of Learning and Motivation*, 64, pp.1~55.

142 Cavarretta, Fabrice, 2020, Effort is Dead, Long Live Effort: Performance as "Planning for a Good Trip", *Organizational Dynamics*, 49, pp.1~10.

143 https://worldcompetitiveness.imd.org/.

메리토크라시

미래 사회와 우리의 교육 ❷

초판 1쇄 발행 2021년 8월 9일

지은이 이영달

총괄 방승천
책임편집 경정은
마케팅 이나경
콘텐츠연구 구민아, 김해, 박창훈, 이민영, 최설봉, 최예슬
홍보 고영민, 김영아, 신윤경, 이슬, 이재웅
교정교열 눈씨, 황남상

펴낸곳 행복한북클럽
펴낸이 조영탁
주소 서울특별시 구로구 디지털로26길 5, 에이스하이엔드타워 1차 818호
전화 02-6220-3962
팩스 02-6442-3962
이메일 book@hunet.co.kr

ISBN 979-11-89969-59-2
　　　 979-11-89969-57-8(세트)

- 잘못된 책은 구입하신 곳에서 교환해 드립니다.
- 책값은 뒤표지에 있습니다.

행복한북클럽은 ㈜휴넷의 출판 브랜드입니다.